國家古籍整理出版專項經費資助項目
國家社科基金重大項目「歷代道經集部集成、編纂與研究」（17ZDA248）資助項目
江西省高校人文社會科學研究項目「峴泉集研究」（ZGW20202）資助項目

道教典籍選刊

峴泉集

上

〔明〕張宇初 撰
段祖青 點校

中華書局

圖書在版編目(CIP)數據

峴泉集/(明)張宇初撰;段祖青點校. —北京:中華書局,2022.10
(道教典籍選刊)
ISBN 978-7-101-15826-7

Ⅰ.峴… Ⅱ.①張…②段… Ⅲ.道教-文集
Ⅳ.B958.53

中國版本圖書館 CIP 數據核字(2022)第 126819 號

責任編輯:劉浜江
責任印製:管 斌

道教典籍選刊
峴泉集
(全二册)
〔明〕張宇初 撰
段祖青 點校

*

中華書局出版發行
(北京市豐臺區太平橋西里 38 號 100073)
http://www.zhbc.com.cn
E-mail:zhbc@zhbc.com.cn
三河市宏盛印務有限公司印刷

*

850×1168 毫米 1/32 · 23½印張 · 4 插頁 · 420 千字
2022 年 10 月第 1 版 2022 年 10 月第 1 印刷
印數:1-3000 册 定價:88.00 元

ISBN 978-7-101-15826-7

道教典籍選刊緣起

道教是我國土生土長的宗教，歷史悠久，可以溯源到戰國時期的方術，甚至更古的巫術，而正式形成於東漢時期。它是我國傳統文化的重要組成部分，對我國人民的思維方式、生活方式、對古代科學、技術的發展，都産生過重大影響，並波及社會政治、經濟等各方面。

道教典籍極爲豐富，就道藏而言，有五千餘卷，是有待進一步發掘、清理和利用的文化遺産之一。爲便於國内外學術界對道教及其影響的研究，便於廣大讀者瞭解道教的槩貌，我們初步擬訂了道教典籍選刊的整理出版計劃。其中既有道教最基本的典籍，也包括各種流派的代表作，有不少書與哲學、思想史關係密切。所有項目，都選用較好的版本作爲底本，進行校勘標點。

由於我們缺乏經驗，工作中難免有失誤之處，亟盼關心此項工作的專家和廣大讀者給以指導與幫助。

中華書局編輯部
一九八八年二月

目録

耆山無爲天師峴泉集卷之五……三三七

五言律詩……四一一

前　言

一、峴泉集的作者

張宇初（一三六一——一四一〇）[一]，字子璿，別號耆山，江西貴溪人，明代初期著名

〔一〕張宇初卒年文獻多有交代，並無異議，但其生年筆者並不贊同部分學者以爲的一三五九年。理由有三：一是元明善編、明周召續編龍虎山志卷上人物張宇初條稱其「洪武十年（一三七七）襲教事，歲僅十七」。周召爲天師府贊教，其續編龍虎山志成書在正統十年（一四四五）前後，距離張宇初下世不到四十年，所以他的記載可信度是很高的。據此往上逆推，則易知張宇初生於元順帝至正二十一年（一三六一）。二是張宇初於建文二年（一四〇〇）生日時作有庚辰初度詩，云「四十年踰景日騰，歸帆又值泛滄溟」。「四十年踰」既可理解爲年齡過了四十歲，又可表時間過了四十年。若作後一理解，可上推其生年爲一三六一年，與龍虎山志記載相符，則其享年五十歲。如此，又暗合張氏逝前所説「五十年中，非圓非闕」（漢天師世家卷三），又與姚廣孝挽詩「去住渾如夢，斯須五十年」（挽張天師二首）相印證。三是峴泉集中收有通王博士書，張氏在信中明言「今生四十有三年矣」。王博士即王璲，據其弟王汝嘉撰故春坊善贊兼翰林編修贈太子賓客謚文靖王公墓表載：建文元年（一三九九），授應天府學訓導；四年（一四〇二），擢翰林院五經博士；永樂三年（一四〇五），升檢討，尋升右春坊右贊善兼前職。而對照信中「曩歲幸于姑蘇，請益山莊……未幾，執事以召入朝，往還京師……去秋（轉下頁注）

道教思想家、文學家、書畫家，正一派第四十三代天師，深得明太祖、成祖賞識。洪武十年（一三七七），四十二代天師張正常卒，年僅十七歲的張宇初襲教。洪武十三年（一三八〇），特召入京，授以正一嗣教道合無爲闡祖光範大真人之號，領道教事，賜法衣金幣，給驛券還山。洪武十八年（一三八五），命醮禱雨於神樂觀。洪武二十三年（一三九〇），入覲，奏請重建大上清宮，賜准。建文元年（一三九九），坐不法奪印誥〔一〕。成祖即位，

（接上頁注）復聞承恩，寵擢有加……間嘗不揆微陋，以精舍碑文爲請……未蒙付下」，可推知此書作於一四〇三年，則張宇初生於一三六一年無疑。

〔一〕關於張宇初被奪印誥的原因，文獻記載大多語焉不詳。大明太宗孝文皇帝實録卷一百二記載其「建文中，居鄉恣肆，數有言其過者」，至於具體何事不得而知。不過可以肯定，他在家鄉確實有過驕縱之舉，只是他不以爲意、不加反省，反而多次申訴「不意獲咎乃爾」（畣張司業書）、「罹不測之禍」（與倪孟沖鍊師論火候書）、「譖訣遽成虎」（步南澗作）。蓋建文帝時期，理學名家方孝孺、黃子澄等人當政，對道教管理相較洪武時嚴厲，稍有不慎即遭打壓。有部分學者認爲，張宇初被奪印誥是因與朱棣關係密切而受牽連，這不太可能。最直接的證據就是現存詩文集中並無與朱棣往來的記録，峴泉集雖佚失不少，其中不排除二人交往之作，但其與蜀王、湘王、遼王、安王等皇室成員往來詩文卻留存至今，何以獨遺燕王一人？況朱棣後來位登大寶，若當時有交往詩文，編排文集時必定放在顯要位置，何至於佚失？且自洪武十三年（一三八〇）始，朱棣就藩北平；建文帝時，又在北方忙於奪位，與遠在南方的天師幾無交往可能。但朱棣登位之初，張宇初即入京祝賀，公開支持，體現了他高度的政治敏鋭性，與其父張正常支持朱元璋異曲同工。

命陪祀天壇，並賜錢修葺大上清宮。永樂四年（一四〇六），命編修道書。永樂六年（一四〇八），特降旨申諭張宇初門下專出符籙。同年，敕尋訪張三丰。明年，命再尋。永樂八年（一四一〇），卒於龍虎山。時成祖駐蹕北京，皇太子監國，遣行人陳逵前往賜祭。次年，復遣行人蕭榮加諭祭祀。

張宇初博學能文，創作勤勉，爲歷代天師中著述最多、造詣最深者，除峴泉集外，著有道門十規一卷、元始無量度人上品妙經通義四卷，編有龍虎山志十卷、三十代天師虛靖真君語録七卷，校正華蓋山浮丘王郭三真君事實六卷，刪定漢天師世家四卷。除龍虎山志未見留存外〔一〕，其它均載於道藏。此外，張宇初還是一位藝術氣質濃厚的書畫家，擅墨竹、蘭蕙及山水，有道家讖語、宋拓黄庭經跋、墨竹（竹石圖）、夏林清隱圖等書畫墨迹傳世。

作爲正一派乃至全國道教領袖，張宇初在道教史上具有承前啓後、繼往開來之功績，對後世道教産生了深遠的影響。一是豐富和發展了道教思想。如在老子「虛無自然」基礎上提出「以太虛爲體」（沖道），視「太虛」爲天地萬物之本體，並將「太虛」與老

〔一〕詳參王文章龍虎山志的編纂及元本、張本、婁本間的承變，宗教學研究二〇一六年第四期。

子之「道」等量齊觀。又承襲莊子「太極」槩念，提出「心爲太極也，物物皆具是性焉」（沖道）、「太極者，道之全體也」（太極釋），視「太極」「心」與「道」爲同一物。再如他熱衷内丹修煉，對於正一派只重符籙科教的傳統修煉方式進行了深刻的檢討，倡導全真派的性命雙修爲内煉之本。這些皆可視爲其對傳統道教思想之發展深化。另一方面積極融匯儒、佛入道，吸收理學思想甚至佛教槩念來論述「道」「太極」「玄」「天」「理」「虚無」等槩念，如「心爲太極」，本身就是吸收了邵雍、陸九淵心學思想而提出來的。又如玄問開篇提出：「玄，天也，即道之大原出於天也。」把「道」的存在方式「玄」等同於「天」，「道」又原出於「天」，實乃融合儒道之新觀念。二是革新和整頓了明初道教。這集中體現在道門十規之中，他試圖從道教源派、道門經籙、坐圜守静、齋法行持、道法傳緒、住持領袖、雲水參訪、立觀度人、金穀田糧、宫觀修葺等十個方面進行整頓和改造，特别是對於如何規範道士行爲、加强道風建設、規範道觀管理方面提出了具體可行的規約，對當時乃至後世都有極其重要的影響，堪稱身體力行的道教改革家。

二、峴泉集的内容〔一〕

張宇初不僅是一位集領袖與學者於一身的正一天師，還是一位卓有成就的文學家。峴泉集在歷代天師著作中最富有學術、文學氣味，「於微妙玄通之理，内聖外王之學，無極無始之宗，陰陽動静之朕，以至五行五氣、養炁養神，無不包舉，無不淹貫」（文震孟序），是研究明初道教的重要史料。尤其是他的「詞賦詩歌，又各極其婉麗清新，得天趣自然之紗，可謂兼勝具美矣」（朱植序），達到了較高的造詣，深受後代詩家青睞，如錢謙益列朝詩集選詩六十五首，並讚揚説：「國初名僧輩出，而道家之有文者獨宇初一人。」王夫之明詩評選選録十四首，更譽其爲「國初第一好手」。

峴泉集，道藏本十二卷，四庫全書本四卷，皆收録不全〔二〕，唯有崇禎元年（一六二八）五十一代天師張顯庸重校耆山無爲天師峴泉集六卷收録最爲全備。現將其所涉文體、數

〔一〕蔣振華元明清道教文學思想研究（鳳凰出版社，二〇一八年）張宇初的道教文學思想一節，對筆者多有啓發，特此説明。

〔二〕據統計，道藏本録文一百零四篇，詩二百八十六首，詞十二首；四庫本收文一百七十三篇，詩三十七首，詞十二首。

量情況統計如下：

卷數	文體	數量	小計（總計）
一	襍著	14	14
二	序	18	32
二	記	31	63
三	墓誌	10	73
三	説	3	76
三	傳	3	79
三	書	11	90
三	頌	2	92
三	箴	1	93
三	銘	7	100
三	詞	12	132
四	題跋	18〔一〕	150
四	祭文	6	156
四	青詞	9	165
四	齋意	6	171
四	梁文	5	176
四	普説	3	179
四	疏	9	188
四	歌行	37	225
五	五言古詩	196	421

〔一〕底本目録載有薛處士墓銘跋，但因錯版以至集中未見文字，故不計算在內。

三	贊	13	113	五	五言律詩	136	557
三	賦	2	115	五	五言排律	7	564
三	騷	2	117	六	七言律詩	336	900
三	操	3	120	六	七言絶句	148	1048

從上表可以清晰地看出，張宇初在各種文體上都進行過嘗試。成績最爲突出的是詩歌，衆體兼備，數量最多，達八百五十九首，位居明代道教詩人之首。相較而言文的數量偏少，且集中在襍著、序、記、書、題跋上。以下僅就詩、文分而略論之。

（一）峴泉集中的詩

峴泉集中的詩歌内容較爲龐雜，幾乎涉及到古代詩歌的所有題材，這在道門詩人中並不多見。現按内容大致分爲山居、行旅、題詠、贈友等陳述如下：

山居詩。主要指居住在家鄉龍虎山時創作的反映其山居生活的詩歌，所呈現出的日常生活内容，多是其趣味之所在，亦是文人所著意的風雅意趣。但修道宣教始終是張宇初本職所在，即便是呈現日常生活的詩歌，也往往流露出道家風骨，生命之感悟、深邃之理思都蘊蓄其中，如晚霽：「夕陽媚春暉，浮翳方四展。喬木欣向榮，陰雪明孤巘。疎篁鳴晚風，寒霜曉初遍。悦鳥喧漸和，新流泛池淺。遥煙澹墟隣，雲磴盤幽蘚。落日襍農談，園蔬緑方剪。年增感易深，悔吝疇自遣？素業慨高懷，研心資礪碾。玩世適餘生，誰將睎真踐？」傍晚雪停，雲霧漸散，舉目遠眺，遠處的雪山林木、近處的鄉村蔬園盡收眼底，清淨空靈，清幽雅致。詩人置身其中，敏鋭地察覺到了宇宙、生命的節奏，既然生命終歸虚無，不如寄形田野、游樂人間，以超功利的審美態度來看待人生。該詩清朗淡雅，富有山林之氣，與韋應物、柳宗元的山水詩頗多相似之處。從立意構思看，又與謝靈運登池上樓、石壁精舍還湖中作等名篇中於山水寫景後又闡述理思的模式極其相似。無怪乎錢謙益説他：「五言古詩意匠深秀，有三謝、韋、柳之遺響。」（列朝詩集閏集卷一）

行旅詩。張宇初自洪武十一年（一三七八）明太祖首次召見於奉天殿，至永樂八年（一四一〇）去世，在長達三十多年的時間裏，奔波往返於家鄉、京師之間，足迹遍及南北，集中爲數可觀的行旅詩中便有詳細記録。在詩題上，多採用「動詞＋地名」的形式，如過富陽驛、遊何源、登陸文安公象山祠堂故址、入京口、宿武當別峰、別會江等，給人以出處不定、顛沛流離之感。又往往於寫景同時感慨路途艱辛，以致倦行思歸，如禾坪道中：「幽栖久欲放閑蹤，城郭徒看紫翠峰。文獻流風空第宅，衣冠遺事漫魚龍。曠遊自謂躭文舉，清賞何應愧仲容？憶昔韶華增感慨，浮生惟分侶雲松。」世事無常，人生易變，昔日文獻流風、衣冠遺事已成陳迹，但不變的是禾坪山水，所謂「六朝舊事隨流水，但寒煙、衰草凝緑」（王安石桂枝香金陵懷古）。

題咏詩。主要又是題畫詩，多達一百二十餘首，從中不難看出詩人對繪畫有着獨特理解和歷久彌新的藝術主張。如在題吴至靈葆和藏董元寒林重汀圖歌中認爲董元（源）的寒林重汀圖是「不將巧趣混天真，寒林杳靄迷煙氛」，在題董北苑秋江待渡圖歌爲汪大椿賦中則評價以「不粧巧趣合天造，雲煙澹漠江南山」。這裏的「趣」與米芾畫史論畫之「趣」基本一致，詩人對董氏的評價也承襲了米芾的觀點：「平淡天真多……峰巒出没，雲霧顯晦，不裝巧趣，皆得天真。」所謂「趣」，「對畫家來説，是在自然而然的狀態下，興之所至，描繪出一種情調與趣味」〔一〕，也就是説繪畫是畫家個人瞬間性情之體現，張氏的「巧趣」「不粧巧趣」即要求繪畫應率意而爲，少刻意工巧。

贈友詩。張宇初交游廣泛，官場民間、三教九流皆有友朋，故此類詩作佔比頗高。其中又以記録與友人之間真摯情感的詩歌爲上，也較有特色，如寄張司業：「成均校藝重師

〔一〕葉朗中國歷代美學文庫（宋遼金卷），高等教育出版社，二〇〇三年，第五〇〇頁。

儒，白首交情慨事殊。麋鹿閑蹤尋屐穗，鴛鴻故友候音疎。張衡漫綴思玄賦，唐次難通辨謗書。寒夜冰霜燈燼落，離懷不寐更煩紆。」張司業即張智，字玄略，兩人私交不錯，互動頻繁，還有親戚關係。此詩表達了分别後愁緒滿腹、難以入眠的情狀。詩人以麋鹿自喻，以鴛鴻喻友，一在地上，一在天空，表明會面無期。又以張衡漫綴思玄賦，説明自己常思己身之事；以唐次罷官奏辨謗略而君猶不悟，暗示張司業似乎也處於這樣尷尬的境地，文字中露出隱隱擔憂。最後直抒「離懷不寐」，一「更」字將詩人對故友的牽掛表露無遺。

（二）峴泉集中的文

峴泉集中文體種類繁多，但數量不佔優，較有意義的有以下三方面内容：

一是探討道家道教之理思或三教一致之思想，呈現的是修行的感悟與體驗，從中可感受其亦道亦儒亦佛的境界。這部分内容在襍著、記、説、普説等文體中得以集中體現。如沖道認爲「至虚之中」「萬有實之」，正因爲虚所以才能成就萬物之實，虚實各有作用，萬物生生化化不過是虚實動静的變化周流而已。張宇初根據老子「道沖而用之或不盈，淵乎似萬物之宗」的説法提出「沖猶虚也」，爲萬物生成之本源，本是淵源有自。具體的論述中又多采理學家之言：「盖心統性情，而理具於心，氣囿於形，皆天命流行而賦焉。

曰虚靈，曰太極，曰中，曰一，皆心之本然也。是曰心爲太極也，物物皆具是性焉。」綜合邵雍、陸九淵之説並爲己意，打通了理學與道的隔閡，融爲一爐。再如靈寶鍊度普説，實爲張宇初的説法記録，集中反映了他的道教神學觀。此文先叙天地生成之道，然後開演靈寶之道傳授神話，最後引華嚴經來釋痛苦之原，旁及佛法自性法性與因果報應，三教學説信手拈來，充分亦體現了張宇初道佛互補之傾向。

二是闡述文學思想尤其是詩歌理論的文字。如書文章正宗後集中探討了文章與品德之關係，張嘉定集序標榜風雅與漢魏風骨之主張。尤其是在雲溪詩集序中提出詩歌要「發乎性靜之正」，值得注意。「性靜」即心性沉靜淡泊，結合峴泉集其它論詩文字，這裏與「性情」意思差不多，主要指個人内在情感的表達：「「正」不是「真」，而是不偏不斜，「一般説來，詩學中的『真』和『正』是矛盾的：『真』是自然的槩念，『正』是倫理的槩念」〔一〕，因而，這裏的「正」帶有約束情感使之歸於「正」之意，强調的是情感表達的節制、適度、中和。在張宇初看來，詩歌是有限地抒情，而非無節制的情緒張揚和宣洩。至於如何不失「性静之正」，張宇初又説：「盖以道德爲之基，理義爲之主，而發乎詞章者，必得性情之

〔一〕查洪德理學背景下的元代文論與詩文，中華書局，二〇〇五年，第一四二頁。

正，而後合乎是也。」以「道德」「理義」爲基礎，所發之性情必然温厚和平，不偏不倚。換句話説，要得「性情之正」，作者抒發情感一定要合乎社會道德規範的要求。在評文論人時，張宇初還以之爲衡量標準，比如他在爲好友倪子正文集作序時云：「其詩歌篇什得乎性情之實，而韋、孟之閒雅，陶、柳之沖澹有焉。」在安素齋記中評價好友汪大椿「所志者無非得性情之正」。張宇初本人也是這種文學主張的身體力行者，他的詩文整體自然平和，絶少華貴靡麗之氣，故程通評價其詩文：「以言乎詩，則託物寫情，優游不迫，得詩人情性之正；以言乎文，則雄奇汪濊，鋪叙有法，得古人述作之體。」

三是墓誌、書、傳等，對於交往的儒士、道士記載頗詳，可補史乘之未備。如金野菴傳，傳主爲元明之際全真道士金蓬頭，在元人文集中出現頻率較高，但「此篇即是他生平行誼記述最詳的一篇文獻」〔一〕。有的對瞭解張宇初自身情況也極爲重要，如故紹庵龔先生墓誌載：「洪武庚午（一三九〇），始賓予家，其訓育務篤慤，間爲古詩文，簡而嚴。無何，予以誣咎趍京，君日禱之，既還，憂乃釋。質素多疾，丙子正月甲子（一三九六）以疾卒，享年六十有六。」知張氏曾於洪武年間，亦曾「以誣咎趍京」，只是未被採取嚴

〔一〕孫克寬寒原道論，聯經出版事業公司，一九七八年，第三四四頁。

厲措施。

三、峴泉集的版本

峴泉集問世以來，流傳頗廣，卷帙非一，經歷了從二十卷到十二卷、六卷、四卷的變化過程。

峴泉集二十卷的著録，首見於明初張正常撰、万历年間張國祥續補漢天師世家卷三，云「著成峴泉文集二十卷，遼王嘉而梓之」。遼王朱植與張宇初關係密切，不僅爲之作序，盛贊其詩文，還將其文集刊刻成書，此爲峴泉集刊行之始，惜今已不存。此後列朝詩集、千傾堂書目、明詩綜〔一〕、明史藝文志皆作二十卷。

至正統修、萬曆續修道藏編成，其所收峴泉集僅爲十二卷，佚亡不少。嘉靖晁瑮晁氏寶文堂書目著録：「峴泉文集四。」「四」後未載明是「卷」還是「册」。天啓年間道士白雲霽道藏目録詳注卷四將峴泉集分爲兩條著録：一在「轉」字號，爲峴泉集卷一之五；一在「疑」字號，爲峴泉集卷六之十五。這説明當時所見的峴泉集可能只有十五卷，二十卷

〔一〕四庫全書總目提要引朱彜尊明詩綜「稱其集二十卷」，查朱原書，未言卷次。

之舊已不復存。范邦甸天一閣書目著録「峴泉集十二卷鈔本」，應屬道藏本系統。崇禎元年（一六二八），五十一代天師張顯庸重校峴泉集，作六卷。清康熙初，板燬於兵，書亦少有存者，僅萬載張元逵藏一部，後歸張學齡。但其集失去一帙，後從江八斗藏書中借抄補足。乾隆十九年（一七五四），五十五代天師張昭麟以此爲基礎仍舊重刻。四庫全書編纂所收峴泉集爲四卷，四庫全書總目提要説是「江西巡撫採進本」「掇拾重編之本」，極有可能就是來自天師府的乾隆重刻本。

要之，峴泉集現存版本主要有：一、明正統十年（一四四五）道藏系統刻本（以下簡稱道藏本）〔一〕，十二卷，現藏國家圖書館、四川大學圖書館。二、明崇禎元年（一六二八）重校本（以下簡稱崇禎本），六卷，現藏北京大學圖書館〔二〕、南京圖書館。三、清乾隆十九年（一七五四）刻本（以下簡稱乾隆本），六卷，現藏江西省圖書館、上海圖書館、復旦大學圖書館、武漢大學圖書館、中國社會科學院文學研究所等。四、四庫全書所收本（以下簡

〔一〕上海圖書館與天一閣藏有鈔本，惜筆者均未見。一九八八年，文物出版社、上海書店、天津古籍出版社聯合影印正統道藏，所收峴泉集即爲十二卷本。

〔二〕沈乃文主編明別集叢刊第一輯影印的耆山無爲天師峴泉集，底本即是北京大學圖書館所藏。

稱四庫本），四卷。

四本之中，道藏本刻制時間最早、分類最細，卷數也最多，但收録反不如崇禎本全備，亦不如四庫本排列整齊；乾隆本據崇禎本，一仍舊貫，所收篇目基本相同，也涵蓋了道藏本所收篇目；四庫本多轉自乾隆本，不過「此本皆所作雜文，惟末附歌行數十首」[一]，文多詩少，收録反不如乾隆本[二]。總之，崇禎本是今存時間較早、收録最爲完備的本子，以此作爲底本對峴泉集進行整理，無疑是個恰當的選擇。

四、點校説明

一、本次整理以北京大學圖書館藏崇禎本爲底本（文字漶漫、明顯訛誤處輔以南京圖書館藏本），以文物出版社、上海書店、天津古籍出版社一九八八年影印道藏本、江西省圖

[一] 欽定四庫全書總目，中華書局，一九九七年，第二二八七頁。

[二] 當時張昭麟仍舊重刻乾隆本已經完成，江西巡撫的採進本卻是「皆所作雜文，惟末附歌行數十首」，可能是因爲峴泉集中有不少誇美明朝的詩文，若全部收録，難免有心繫前朝之嫌，甚至被人拿來大做文章，故而天師府進獻給江西巡撫的可能是乾隆重刻本的删改本，這樣也就不難理解爲什麽四庫全書總目提要説是「掇拾重編之本」。

書館所藏乾隆本、四庫全書所收四庫本爲校本。此外，張宇初詩文自明以來被不少文獻加以採録，整理中時有參校，相關文獻和版本羅列如下：

八閩通志，明黄仲昭纂，福建人民出版社，二〇〇六年。
三十代天師虚靖真君語録，明張宇初編次，道藏本。
石倉歷代詩選，明曹學佺編，四庫全書本。
史記，漢司馬遷撰，宋裴駰集解、唐司馬貞索隱、張守節正義，中華書局，一九八二年。
西江詩話，清裘君弘輯，清康熙刻本。
列朝詩集，清錢謙益輯，續修四庫全書本，上海古籍出版社，二〇〇二年。
全明詞，饒宗頤初纂，張璋總纂，中華書局，二〇〇四年。
江西詩徵，清曾燠輯，續修四庫全書本。
明詞彙刊，趙尊嶽輯，上海古籍出版社，二〇一二年。
明詩鈔，清彭孫貽輯，四部叢刊續編本。
明詩評選，清王夫之著，周柳燕校點，上海古籍出版社，二〇一一年。
明詩綜，清朱彝尊編，四庫全書本。
建昌府志，明夏良勝撰，明正德刻本。

貞白遺稿，明程通撰，四庫全書本。
重修龍虎山志，清婁近垣撰，中華續道藏初輯本，新文豐出版公司，一九九九年。
貴溪縣志，清楊長傑等修，黄聯珏等纂，成文出版社有限公司，一九八九年。
漢天師世家，明張正常撰，道藏本。
漢書，漢班固撰，唐顔師古注，中華書局，一九六二年。
歷代賦彙，清陳元龍編，鳳凰出版社，二〇〇四年。
還真集，明混然子撰，道藏本。
龍虎山志，元元明善編，明周召續編，中華續道藏初輯本。
續修龍虎山志，元元明善編，明張國祥、張顯庸續編，四庫全書存目叢書本，齊魯書社，一九九七年。

二、校勘中，文字間有改易者，必有他本可依。凡底本與校本文字互異且意義相近者不出校；意義有别又難判其誤者出校，但不易本字。

三、書末附有張宇初及峴泉集相關材料四種，部類居次，各以時代先後爲序：附録一爲佚作輯補，附録二爲歷代著録、題跋及論述，附録三爲作者傳記，附録四爲關於張宇初的敕誥、詩文，供讀者參考。

整理過程中，同事王賢明博士閲讀了大部分内容，提出了不少寶貴意見，謹此致謝。

段祖青於南昌

二〇二二年七月二十日

峴泉集序〔一〕

峴泉亭集者，無爲真人詩詞文辭行於世者也。真人世傳五千玄文，屢著靈異，得柱下又玄之眇，而殊途一致，復原本於六經，故其爲文，澹宕幽怪，疏通邃豁，不鈎棘而味厚力醇，蓋標鮮領異深於玄者矣。

夫真人以正法持世，以心精輔國，沿漢歷今，曆不一代，代不一姓，而真人根盤柱鎮，不啻巋然魯靈光。彼其所取於世，孕吸於太乙洞靈之祕密者，方且桃核齊崑崙，海籌滿十數屋。在太極之先不爲高，在六極之下不爲深，先天地生，長上古而不爲久且老也。以故真人一撰發於詩歌文詞，脱除吐納，屈伸偃仰，呴嘘之習氣，而以六經束其指歸。每一下筆，遂言語眇天下。梧卒讀之，纔十日而享大牢，驚怖其言若河漢無極，末學小子敢妄窺衆眇？

今年冬，慨然有訪道之意，趣裝走信州，伏謁今真人門下。停驂數日，縱觀真人丹成

〔一〕底本即北京大學圖書館藏崇禎本未見此序，據南京圖書館藏本補。

羽化之所，巖谷嶔嶒，淵澗浩淼，珍禽鳴道，潛魚聽經，藥臼丹竈，玉櫟琅函，一望杳渺恍惚。是日也，如登天庭，呼吸之氣幾通帝座。自信浮生夢夢，不克盜竽發塚，問渡人間，一旦載腐骨朽肉周游八極，何必減廣成空同乎？因憶真人詩詞文辭囊括造化，鞭駕風霆，俊得江山之助不少矣。今而後向集中索真人玄處，擴開眉宇，洗滌腸胃，庶幾谷神不死，緣督爲經，以事親，以延生，而緒餘爲天下，則旦暮遇之者得其解也。若夫文與道所以一貫之旨，則有王金華之序在。兹特以快讀奇集，聊紀勝遊云耳。

旹崇禎歲在戊辰仲冬月望吉，豫章法然道人伯傳甫鄒鳳梧頓首百拜撰。

峴泉集序〔一〕

三教之興，其來遠矣。以治世者爲儒，以出世者爲釋，惟道家之説處於治世、出世之間。然玄虚要眇，歷代以來，秉其教者，秦漢而降，若元魏謙之、趙宋靈素尤最著焉，而究無所契於大道。至我昭代，壹以道法歸於張氏，封爲真人，秩中一品，世世勿絶，遂與尼山之裔並同帶礪，而蔥嶺宗派，莫之與京，於乎盛矣！

予竊嘗疑之，謂洙泗統系，自唐虞聖帝遞相傳襲，至尼山始集其大成，以至于今。凡爲君爲臣，處國處家，繇其道則治，悖其道則亂。信如日月麗天，江河行地，食德報功，世極人爵，固其宜。爾迺張氏獨能參而兩之，宗門家瀼，捐去世味，辭榮割愛，耽空守寂，以求證悟。即函關五千，虚極静篤，玄牝衆玅，厥功匪易。而兹號天師者，不煩修證，不廢人事，自漢迄今，統緒秩然，彌遠彌光，履尊處厚，緋〔二〕袍玉帶，寶笈琅函，稱山中宰相、洞裏

〔一〕貴溪縣志卷九題作文震孟序。

〔二〕「緋」，原作「徘」，據乾隆本、貴溪縣志卷九改。

神仙，自天子以至齊民，咸致欽崇，靡有玩忽，斯遵何術哉？

比予輶軒所歷，一過其地，山水靈奇，氣候凝結，是宜有異人窟宅其中。閲其譜系，研精至道，嘿證玄真者，代不乏人。而峴泉集六卷出耆山無爲者，於微妙玄通之理，内聖外王之學，無極無始之宗，陰陽動静之朕，以至五行五氣、養炁養神，無不包〔一〕舉，無不淹貫。發爲文章，暢爲詩歌，又極詞人騷客之致，則所謂道沖而用之不盈，淵乎萬物之宗者也。繼往開來，弗替有衍，豈無繇哉？集以峴泉名，則無爲精舍在焉。

今真人九功，與其嗣君羽宸，予皆有傾蓋之誼。九功蔚然鸞停鵠峙，羽宸瓊琚瑶珥，翩翩藴藉，皆深於道術，綽有文韻，能紹無爲之風者也。蓋余曩登僊巖，自詑善載夫腐肉朽骨者乎！今復序峴泉集，而潁楮間且借潤靈源，習習乎附僊蹤而思御風矣。

旹崇禎四年仲冬長至吉，左春坊左諭德兼翰林院侍講掌司經屬事文震孟譔。

〔一〕「包」，原作「色」，據乾隆本、貴溪縣志卷九改。

耆山無爲天師峴泉集序〔一〕

天地間至精至微者，道也；至明至著者，文也。道非文不明，文非道不立。析而言之，雖爲二要，而歸其實一也。乾坤之所以覆載，陰陽之所以變化，寒暑之所以代謝，日月之所以往來，山川之所以流峙，草木之所以榮悴，無非道也，無非文也。其可離而二哉？又可以强而合哉？故聖人者作，因其自然之道，著爲自然之文，未嘗以一毫己意加之也。是故因其變化之理而成易，因其訓詁之體而成書，因其治化之蹟而成詩，因其褒貶之法而成春秋，因其節文之實而成禮，因其和暢之用而成樂。此六經之文，所以終天地、亘古今而不易者，以其出於自然也。後之言文者，舍是何適焉？

自周之衰，王道熄而百家興，競以私意臆説，騁辭立辨以相高，求弗戾於道者，百不一二焉。於時〔二〕有若老子者，其言以清静無爲爲道，著書五千餘言，後世嘗有以之爲治

〔一〕四庫本題作峴泉集序，貴溪縣志卷九題作王紳序。
〔二〕「時」，四庫本、貴溪縣志卷九作「是」。

而治者矣，其庶幾於道者乎？嗣教真人張公無爲，自其家世宗老子之教，至公凡四十三傳。公天資穎敏，器識卓邁，於琅函蘂笈、金科玉訣之文，既無不博覽而該貫，益於六經子史百氏〔一〕之書，大肆其窮索。至於辭章翰墨，各極其精玅，是以歷職天朝，皆以問學〔二〕之懿深蒙眷宁。凡殊褒前席之榮，歲賚有加，而王公貴卿縉紳之士〔三〕，亦莫不禮貌焉。蓋江右文宗，多吴文正公、虞文靖公之遺緒，而公能充軼之也。其所造詣，豈苟然哉？

間出其詩文若干卷，屬序焉。其詩之沖邃而幽遠，文之敷腴而典雅，讀之使人健羡不暇。視世之佔畢訓詁，拘拘以才藝自足者，爲何如哉？矧公領宗門之重任，專以化人誘善、輔國翊祚爲心。其見於此者，特其緒餘耳。雖然，予嘗考公德業，既本於無爲，是能遊心太初，與道爲一，而且沈酣於六藝之文，蒐獵於百氏之説，於是發於〔四〕文辭，理與意會，有不期工而自工者矣。其有補於老莊之道者，又豈神誕之誇者比哉？

〔一〕「氏」，貴溪縣志卷九作「家」。
〔二〕「問學」，貴溪縣志卷九作「學問」。
〔三〕「之士」，貴溪縣志卷九作「先生」。
〔四〕「於」，四庫本作「爲」。

公以〔一〕紳有世契，相與極論斯事，必撫掌劇譚而後已，故爲序。其曰峴泉者，因精舍之稱云。

國子博士金華王紳序。

〔一〕「以」，貴溪縣志卷九作「與」。

耆山無爲天師峴泉文集序〔一〕

峴泉集者，嗣漢四十三代天師張真人之所作也。真人學行淵邃，資識超穎，貫綜三氏，融爲一塗，旁及諸子百家之言，靡不暢曉，故其發爲文辭論議，雄邁偉傑，讀之令人擊節不已。予嘗愛其文如行空之雲，昭回絢焕，變化莫測，頃刻萬狀，曄乎其成章也；又如入秋之水，膏渟黛蓄，微風興波，萬頃一碧，湛乎其泓澄也。詞賦詩歌，又各極其婉麗清新，得天趣自然之玅，可謂兼勝具美矣。且聞龍虎名山，靈氣翕聚，鍾英毓秀，挺生列真，以道德相傳，其來遠矣。若道腴内充，華藻外振，以文雄一代者，乃今獨於真人見之。

洪惟我朝太祖高皇帝，混一寰宇，光嶽氣全，天運之興，文明三十餘年矣。今上皇帝踐祚以來，氣益昌而運益盛。雖遐陬僻壤，莫不呈材獻藝，摛文掞藻，以自見于時。況在文獻之邦，神明之胄，優游乎德澤，涵泳乎詩書，大肆厥辭，鋪張盛美，以黼黻太平之治，不亦宜乎？雖然，此特其餘事耳。至於真人超然獨得之玅，艷道之士又當於詩文

〔一〕原本無題，據道藏本補。四庫本題作序。

之外求之。

旹永樂五年秋七月吉日，遼王拜手謹識。

峴泉集序〔一〕

嘗聞〔二〕有其道者，必有其文也。日月星辰，天之文也；山川花木，地之文也；禮樂制度，人之文也。盖道爲體，文爲用，儒先謂文章爲貫道之器，不其然乎？龍虎嗣漢四十三代天師無爲張真人，神明之胄也。天資超卓，學問淵源。本諸中者，有道德之崇；著於外者，有文章之懿。嘗銓次其平日所作詩文凡若干卷，目曰峴泉集，英華焕發，照〔三〕耀簡編。以言乎詩，則託物寫情，優游不迫，得詩人情性之正；以言乎文，則雄奇汪濊，鋪叙有法，得古人述作之體。是以海内文人碩士，傳頌而稱羡〔四〕者比比焉。自〔五〕非真人學通百氏，道貫三才，體用兼該，精詣獨得，安能發而爲此耶？及觀集中所著

〔一〕原本無題，據貞白遺稿卷二補。
〔二〕「聞」，貞白遺稿卷二作「謂」。
〔三〕「照」，道藏本作「昭」。
〔四〕「羡」，貞白遺稿卷二作「美」。
〔五〕「自」，貞白遺稿卷二作「此」。

沖道、慎本、太極、河圖、原性諸篇，義理之玄微，研究之精極，議論之閎肆，其於天地造化、山川人物、禮樂制度，靡不該貫。雖專門擅業、皓首窮經之士，有不能及者。非惟有功於玄教，其於世教亦有裨焉。將見斯集流傳於天下後世，與峴泉相爲悠久而無窮也必矣。且真人嘗爲通著尚義堂記，俾先祖父之志行亦得託於不朽。斂襟三復，深有感焉。因書此于卷末，以致其私意云。

永樂五年秋七月甲子，新安程通謹識。

耆山無爲天師峴泉集卷之一

襍著

沖道

至虚之中，坱圠無垠，而萬有實之，實居於虚之中，寥漠無際，一氣虚之。非虚則物不能變化周流，若無所容以神其機，而實者有詘信聚散存焉；非實則氣之絪緼闔闢，若無所馮以藏其用，而虚者有升降消息繫焉。

夫天地之大，以太虚爲體，而萬物生生化化於兩間而不息者，一陰一陽，動静往來而已矣。凡寒暑之變，晝夜之殊，天之運而不息者，昭而日星，威而雷霆，潤而風雨霜露；地之運而不息者，峙而山嶽，流而江海，蕃而草木鳥獸。若洪纖高下之衆，肖翹蠉動之微，一皆囿於至虚之中，而不可測其幽微神玅者。所謂道也、理也，非道之大、理之精，其能宰乎至神至玅之機也乎？是所以範圍天地，發育萬物，以盡夫參贊之道者焉，故知道者不觀於物而觀乎心也。

蓋心統性情，而理具於心，氣囿於形，皆天命流行而賦焉。曰虚靈，曰太極，曰中，曰一，皆心之本然也。是曰心爲太極也，物物皆具是性焉。凡物之形色紛錯，音聲鏗戛，皆有無混融之不齊，而品物流行者，特氣之糟粕煨燼也。人與萬物同居於虚者也，然以方寸之微，而能充乎宇宙之大，萬物之衆，與天地並行而不違者，心虚則萬有皆備於是矣。何喜怒欣戚、哀樂得喪足以窒吾之虚、塞吾之通哉？庶乎虚則其用不勤矣。

吾老子曰：「道沖而用之或不盈，淵乎似萬物之宗。」沖猶虚也。莊子曰：「惟道集虚。」列子曰：「虚也，得其居矣。」惟虚足以容也，道集則神凝，神凝則氣化，氣化則與太虚同體，天地同流。而二氣五行周流六虚往來不息者，俶擾交馳同其用矣。苟虚心淨慮，守之以一，則中虚而不盈，外徹而不溷。若淵之深，若鑑之瑩，則吾固有之性與天德同符，豈不爲萬物之宗哉？是故養其體也，去芬華，忘物我，絶氛垢，以盡致虚守静之工，則復命歸根也，深根固蔕也，滌除玄覽也，抱一守中也，則谷神長存，思淨欲寡，虚極静篤，復歸於無極，則虚寂明通，物不吾役，而物吾役矣。充其用也，墮肢體，黜聰明，以本爲精，以物爲粗，以深爲根，以約爲紀，則未有以見。

夫天地之先氣，形質之始，曰太初、太始、太素者，混沌之昆侖也。及判清濁分，精出耀布，度物施生，精曰三光，曜曰五行，行生情，情生汁中，汁中生神明，神明生道德，道德生文章，陽不動無以生其教，陰不靜無以成其化。以之治國，以之愛民，託於天下而天下清靜而正也，是皆以清靜無爲爲宗，以謙約不爭爲本，其所謂内聖外王之道也歟？然塞乎無形無極之間者，皆天道之用乎？是有相盪相生、相傾相形、相倚相伏之不可齊、不可測也。其神之無方，易之無體者乎？而天地之機，事物之數，可以前知，可以秘藏。由虚則靈，而神運其中，發其知也，雖有萬變萬化，由斯出焉。

惟以誠事天，以和養生，以慈利物，則上天之載感通無間矣。非有甚高難行之事、非常可喜之論也，尚何譎誕神怪之謂也哉？特沖氣以和，順物自然而已矣。昔之用而驗者，廣成之授軒轅，曹參之舍蓋公，黄石之訓留侯，漢以清靜而治是也。或謂竊是以濟其術而自利，不知有害夫義也，殆亦過歟！而史稱黄老刑名，處士横議，雖襍老莊於管晏，以申、韓、田、慎、騶、孫、商、吕、鼂、淳、尸、吁〔一〕之徒出於是焉。流而爲蘇、張、甘、蔡縱横之術，因以其爲害慘矣。固不惟以虚無寂滅病之，蓋由魏晉劉、阮、王、何高談妄肆，倫理顛喪，而韓愈氏謂甚於楊墨而以老莊亡者也。奈何學之之徒，溺於偏而失於放，卒所以致傾敗之患亦宜，幾何其不取世之詆排訾斥也哉？殆有甚於刑名横議者矣。雖然，必審之精，求

〔一〕「吁」，原作「叩」，據道藏本改。

之約也，然後知老莊之道大且博焉。

噫！道一也，微玅玄通之體，神應幾微之玅，豈岐而二哉？且窈冥有精，恍惚有象。吾中黄之扃，内虚外融，暢於四體，合乎百靈，則五氣凝布，而與天地健順之德合矣乎！其要也，一其性，養其氣，遊乎萬物之所始終，而得夫純氣之守焉耳矣。抑司馬公曰：「萬物皆祖於虚，生於氣，氣以成體，體以受性，性以辨名，名以立行，行以俟命。」故虚者物之府也。彼之謂虚也，虚之爲行，始於五行，一六置後，二七置前，三八置左，四九置右，通以五十五行，所謂「虚以准玄」也，是亦術數之一端歟？惟虚其中，則窮神知化、原始返終之道得矣。

若夫制錬形魄，排空御氣，乘天地之正，御六氣之辨，神遊八極，後天而終，以盡返復無窮之世變。而遊心於澹，合氣於漠，以超乎胚腪馮翼之初，溟涬鴻濛之表，洞視萬古猶一息也，死生猶旦暮也，若蟬之蜕，若息之吹，前乎天地之始，後乎天地之終，皆吾虚之運乎！又豈徇生執有物而不化者比焉？苟徒竊名徼譽於時，其蔽於詖，陷於淫，孳孳汲汲，與塵垢粃糠者殆何異焉？其亦尸名盜誇之徒也。嗚呼！知致虚則明，明則淨，淨則通，通則神，神則不疾而速，不行而至，無不應，無不達矣。否是，則豈善學吾老氏哉？其可與語至虚也乎？

慎本

學必有本焉，經世、出世之謂也，故學非所當務，則不足志矣，其所當務者經世之學，則聖賢之道焉。聖賢之道者何？道德、性命、仁義之謂也。三代之始，道在唐虞，後之言道者，必曰是焉。蓋道明者三皇，德著者五帝，法備者三王。以堯、舜、禹、湯、文、武之爲君，盡君道也；皋、陶、伊、傅、周、召之爲臣，盡臣道也；孔子、顏、曾、思、孟之爲師，盡師道也。千萬世之所法者，未之有改也。聖賢遠矣，而其道具在者，六經焉。夫易以著陰陽，推造化之變通也；詩以道性情，别風雅之正變也；書以紀政事，序號令之因革也；春秋以示賞罰，明尊王抑霸之統也；禮以謹節文，明上下等殺之分也；樂以致氣運，達天地之和也。凡聖賢傳心授道之要於是乎具，蔑有加矣。然六經之精微幽竗悉具夫吾心，昭晰明著，何莫由夫是哉？

自堯舜相傳，惟曰執中、持敬、宅心而已耳。孔子之謂仁，子思之謂誠，大學之謂敬，孟子之謂心，中庸之謂中，其歸一也。能造乎天人一致之工，則致中和、存誠明，窮事物之理、盡人物之性，然後位天地、育萬物，裁成天地之道、輔相天地之宜，是以智周乎萬物，而道濟乎天下也。此君子之道，本諸身，徵諸庶民，考諸三王，建諸天地，質諸鬼神，百世以俟聖人而不惑。大而爲天地立極，生民立命，維持綱常，扶持世教，孜孜焉，矻矻焉。守之爲大經，行之爲大法，明則有禮樂，幽則有鬼神，故不可一日而廢焉，須臾而離也。必致戒謹恐懼之工於慎獨之頃、操舍之際，而後體立而用行矣。始則止而後定，定而後靜，靜而後安，安而後慮，慮而後得。久則曲能有誠，誠則形，形則著，著則明，明則動，動則變，變則化，莫不得諸己者。其惟盡性致命矣乎？居仁由義矣乎？斂之則退藏於密，施之則小而爲天下國家用，大而用天下國家者也。下逮荀、揚、董、韓、周、程、邵、張、朱、呂之言，皆所以載道，足以羽翼六經者歟？左氏、屈、賈、班、馬、李、柳、歐、蘇、曾、王之文，皆屬辭言道而作，非載夫道，雖工無取焉，是故蘊之爲德行，發而爲文章，皆得夫道之正也。

抑自秦漢以下，有記誦之學，詞章之學，智術之學，於是有别焉，舉無以逮夫聖賢之學也，其立言將以澤萬世，垂不泯也。窮天地之大，不知其智焉；合陰陽之和，不知其信焉；極鬼神之幽，不知其祕焉。又豈徒藻繪雕琢，剽獵緣飾以驚世衒俗之爲足哉？苟不求夫真知實踐，則何出處語默惟義之從哉？此孔孟間關列國，將以行其道焉。道不行則退而獨善，以全其進退於用舍之間而已矣。故高舉遠引之士，將欲超脱幻化，淩厲氛垢〔一〕，必求夫出

〔一〕「垢」，原作「姤」，據道藏本、乾隆本、四庫本改。

世之道焉，則吾老莊之謂是也。

老子始爲周柱下史，已而遷藏室史，其著〔一〕道德上下篇，所謂内聖外王之道也。其同老子者，鬻子之授文王，關尹之爲令，亢倉之居畏壘，莊子之居漆園，列子之居鄭圃，猶巢由之高，夷齊之潔，商皓之隱，皆持節不屈。其視名者實之賓，乃寧處污瀆而耻爲文犧也。日抱甕荷篠以自得，誠貴富貧賤、欣戚得喪一毫不足累其中焉。斯其一志心齋以得乎環中，而應無窮也乎？是能官天地、府萬物，以天地爲大爐，造化爲大〔二〕冶，宇宙不足喻其廣，風霆不足喻其神，江海不足喻其深，山嶽不足喻其高，鬼神不足喻其幽，乃蹩躠爲仁，踶跂爲義，澶漫爲樂，摘僻爲禮，足以一死生，齊物我，違窮達，獨立特行而不改者也。由是三才以之一也，萬物以之齊也，物理以之制也，形器以之寓也。

治天下猶土苴也。無爲也，則用天下而有餘；有爲也，則爲天下用而不足者焉，故以生爲附贅縣疣，死爲決疣潰癰，外生外物，而同於無欲者耶！則固多寓言雄論，放誕不羈，而宏且博焉。然而靜則聖，動則王，靜而與陰同德，動而與陽同波。其動也天，其靜也地，

〔一〕「著」，原作「注」，據四庫本改。
〔二〕「大」，原作「人」，據道藏本、四庫本改。

則命物之化而守其宗。凡囿乎形氣之內者，一不能介其中、㬥其外也。同乎天和，合乎天樂，休以天均，和以天倪，而委順萬化，獨遊乎天也，是其天守全乎？非體盡無窮而遊無朕，與天爲徒而能若是哉？其視膠轕攖寧於軒輊之途、聲利之域，亦復何預焉？是非矜僞以惑世，軻行以迷衆，欲爲矯傲怪誕之資也。其道固若是乎？後之學者不求道德之歸、性命之本，而欲以卑陋謬妄之習，而將窺夫太初混芒之始，吾見其不可得矣。

矧有聞者食藜藿，栖蓬翟，戚其容，薄其養，饑餓其體膚，壞爛其裳衣，使人視之殆有不堪者焉。所居也樵牧鹿豕，所樂也煙雲[一]魚鳥。其心固若死灰，形固若槁木。其自處也高，其自視也遠，其自待也重，豈外物紛華毫髪之可動哉？是雖結駟懷金不能至焉。苟强至之，倏忽去來，不礙其跡，不滯其形，道合則留，道離則去，惟安其素有者焉。又豈華美之奉，雕繪之居，權勢之位，足以羈㬥縻束之哉？此所謂高世之士也。其接輿、荷篠之徒也歟？或假是要世者則不然。其退也妄，其進也鋭，是將釣名沽譽於時。一旦起於草萊之間，欻然遭遇，即移所守，淫所習，華其服，甘其食，驕其氣，誇其辭，充斥其騶御，侈美其居處。所與遊也穹赫顯貴，左右奔走，趍爲儔侶，睢盱嘽咺，更相號於衆曰：「彼道也德

〔一〕「雲」，道藏本作「霞」。

也，學之精也，術之神也。孰得而不尊且大焉？」求其所以奔走競逐者，勢也，利也，尚何道德之云哉？

噫！假名以飾實者，若之何不取世之觝排攘斥也耶？是欲欺世悦時而作也。孰知縱駭一時之惑，卒無辨之者，其能信夫天下後世哉？此固有道者所不爲也。吾懼夫頽風陋俗，流而不返，挽而不止，日益滋熾，皆不知愼夫本而然也。抑亦君子之於出處語默，一失於義、乖於道，何謬且戾之甚乎？可不愼歟！知愼所本，則會道於一矣。舍是，則吾未知其謂學也已矣。

玄問

或問曰：「道家者流，其謂玄者，何也？」曰：「玄，天也，即道之大原出於天也。」曰：「其亦始乎老子『玄之又玄』之謂乎？」曰：「然。吾聞諸史氏曰：道家者流，使人精神專一，動合無形，澹足萬物。其爲術也，因陰陽之大順，采儒墨之善，撮名法之要。與時遷徙，應物變化，立俗施事，無所不宜。指約而易操，事小而功多。至於大道之要，去健羨，黜聰明，釋此而任術，則無所取焉。又曰：道家無爲而無不爲，其實易行，其辭難知。其術以虚无爲本，以因循爲用，無成勢，無常形，故能究萬物之情。不爲物先後，能爲萬物主，此太史氏之先黄老而後六經者也。

老子生周末，嘗爲柱下史，周衰述上、下經而隱。其徒則關尹、亢倉、莊、列是也，其言一本於修道德、全性命而已。内而修之，抱一守中，所以全生也；外而施之，不爭無爲，所以利物也。惟處乎大順，動合自然，慎内閑外，而純粹不雜。静一不變，澹然無極，動以天行，乃合乎天德者也。雖用於世，以慈儉謙約爲用，不過固守退藏，不爲物忤，一返乎虚无平易，清静無爲，柔弱素樸。是以天下之物，本以謙則無累，含以虚則無礙，行以易則無難，變以權則無窒，使民自化、自樸、自正焉耳矣。盖將全物之本然，而復乎一初也乎？故不拘乎仁義忠信、政教俗化之絲紛棋布也，非以是爲不可用〔一〕於世也。

矧周衰俗薄，亦將拯弊救危，以還乎純古者焉。其采儒墨之善也，孔子嘗問禮焉。其言曰：聰明深察而近於死者，好譏議人者也；博辨閎遠而危其身，好發人之惡者也。此孔子之謂『博古知今而聞諸老聃』云。楊子之兼愛，遇老子而舍者爭席，墨子之尚同明鬼，殆若類焉，而莊、列之書且襍其説。刑〔二〕名家者，則治國用兵，尚賢愛民近之；縱衡家

〔一〕「用」，道藏本作「周」。
〔二〕「刑」，原無，據重修龍虎山志卷十一補。

者，則翕張强弱，與奪似之。而傳世之久，爲道之宗，莫過精神專一，澹足萬物，去健羡，黜聰明爲要，是以虚無爲本也。若無欲而樸，不言而信，其挫鋭解紛，和光同塵，後其身而先焉，外其身而存焉。故曲全枉直，知盈守窪，知新守弊，則明而若昧，進而若退，辨而若訥，巧而若拙，直而若屈，不割其方，不劌〔一〕其廉，雖直而不肆，雖光而不耀，以全其用也。若其操以誠，行以簡，待以恕，應以默，盖以事物爲粗跡，以空虚爲玅用。故儒以其寓言放説，皆荒唐繆悠之辭，不切於世用。

雖然，抑亦不出乎通三才之理，序萬物之性，達死生之常，外事物之跡而爲言也。固〔二〕有以見夫天地之外、六合之先〔三〕，斂萬有於一息，散一息於萬有者歟？是曰凝寂，曰邃深，曰澄澈，曰空同，曰晦冥，信所以渾乎洋乎遊太初〔四〕乎？且天地之運，輕清上浮者，積氣也；重濁下沉者，積塊也。周流六虚，往來無窮，而詘伸消長，剛柔進退，通乎晝夜，代

〔一〕「劌」，原作「檅」，據乾隆本改。
〔二〕「固」，續修龍虎山志卷下、重修龍虎山志卷十一作「因」。
〔三〕「天地之外、六合之先」，道藏本、續修龍虎山志卷下、重修龍虎山志卷十一作「六合之外、天地之先」。
〔四〕「初」，續修龍虎山志卷下、重修龍虎山志卷十一作「虚」。

乎四時。其風霆流形，庶品露生，自生自化，自形自色，自消自息，萬物相渾淪而未離。其炁形質具，皆天地含精而化生，是故常生常化之不已。其晦明禪續，無一息之異也。所以外天地，遺萬物，庶出乎理氣之囿，而造化無極無眹之先，非聲臭之可測，象數之可求也。溟涬芒昧，超乎萬物而爲萬物根本，豈不至玄至微也哉？

揚雄之謂玄也，以數准易，設方州部家踦贏之用，其亦曆著之一端歟？非吾所謂玄也。史遷曰：『世之學老子者則絀儒學，儒學亦絀老子。』亦何互相譏議之甚哉！然而虛玄之長也，後之宗之者，舛誕偏繆而至也，豈皆老莊之失使然哉？善學者故必求夫虛無之本也，是之謂玄。」

或問：「子之言玄也，若本諸實，而經籍之謂，皆先天地而卑宇宙，陋霸夷〔一〕而尊王道。其所貴者，返求諸身，脩己以厚生，超形以遺幻，然後神化莫測，後天而終，與夫老莊之言何若異哉？」曰：「道一而已，豈有無虛實之殊也哉？予稽諸載籍，信不誣也。特老子之傳以道德上下篇爲本，後之人不失之褋，則失之誕。其謂内聖外王之説也，非無君人南面之術焉，特用之不同耳。其於修鍊則曰谷神玄牝，致虛守靜，守中抱一，守一處和而

〔一〕「夷」，四庫本作「功」。

已。後之倡其説者，則有真僞邪正之辨焉。若陰符之言兼修身治世，則與道德合矣。若龍虎上經之文，則與石壁、參同合矣。

然學老子者，舍仙道尚何從焉？其曰内丹莫不以神炁爲本，外丹莫不以鉛汞爲宗，金液與天地造化同途。蓋神室爲丹之樞鈕，日魂月魄爲真鉛汞也。陽升陰降，不離子午之方；日往月來，必居卯酉二位。陽火自子而升，至巳爲陽極，而陰生於午也；陰符自午而降，至亥爲陰極，而陽復生於子也。神室中虚逕寸，圓高中起，以混三才，即吾中扃也。出陰入陽以生真汞，内錬玄精則火自坎生，水自离降，是以坎离以南北爲經，砂汞乃其異名。惟水火爲乾坤之用，即金土二用也。其曰三五與一，天地至精，順三一而得其理，則三五相守，金火乃相運持。

丹砂生於真鉛之中，金火即真鉛也。故經曰：『鉛者金精，水者道樞也。』參同亦曰：『乾坤位乎上下，而坎离升降於中。坎戊月精，离己日光。』五行爲經，以坎雄金精，离雌火光也，皆居中宫。土德自震而起，至乾而滿，歷巽而消，至坤而盡，抑有無相制。白者金精也，黑者水基也。金爲水母，母隱子胎；水爲金子，子藏母腹。金歸性初，乃水金還性也。蓋丹砂乃木之精，得金乃并。金水既合，則木火爲侣。金木相縈，水土相配而成丹矣。其曰藥物也。

乾陽生坤，坤陰包乾，乾金生坤土，象乾之中爻，居坤之内，是乃金水同宗；象坤之中爻，居乾之内，乃木火同位。乾坤寄體坎离之中，而坎离乃爲乾坤之用。火之成數七，返歸〔一〕東震爲七返；金之成數九，反居北坎爲九還。故火鍊於土，金入於水，包裹飛凝，開闔靈户也。然必得火鍊鉛而成丹也。其曰火候也。

斗樞鍾律之運，本九一之數，合二六三九之數，終則〔二〕復始。含元抱真，播精於子，寅申爲陰陽之極。策數之法：蓋月以十二卦分之，卦得二日有半，各以本卦之爻行本卦之策。自八月觀卦以後，至正月泰卦，陽用少二十八策，陰用老二十四策。自四月大壯以後，至七月否卦，陽用老三十六策，陰用少二十二策。十二卦周，即爲一月之功；十二月周，即爲一歲之運。返復循環，無有餘欠。此與邵子先天圖周始具同，皆伏羲易象位次也。是故天根月窟之妙，陽始於復、極於乾，陰生於姤、極於坤，循環六十四卦，無毫髮異焉。此其陶冶萬類，終始無形，合乎大通混冥也乎！故深閎廣大，不可爲外；析毫剖芒，不可爲内，抑亦弗畔於道矣。

〔一〕「歸」，乾隆本作「居」。
〔二〕「則」，道藏本作「必」。

其納甲之説：乾納甲壬，坤納乙癸，震納庚，巽納辛，艮納丙，兑納丁，皆定位也。而坎納戊，离納己，初无定位也。且六卦之陰陽，即坎离中爻之周流升降也。朱子謂姑借此以寓其進退之候是也。則火記之作，其有本哉？後之人因砂汞假喻之説，遂有内外丹砂之别，各託文以詫世。然以人靈於物，又豈全假草木金石而後能造神化之機也哉？參同所謂『託號諸石，覆冒衆文』是矣。然雖諸子之所罕言，而即性命神炁之謂耳。若夫窮陰陽之至理，奪造化之至神，丹道其盡矣乎？矧丹之喻特假像耳，又何爐鼎、火藥、鉛汞、龍虎、嬰姹、牝牡之謂也？若關尹有曰嬰兒蘂女、金樓絳宮、青蛟白虎、寶鼎紅爐、誦尼土偶之類，老子之時無之，或謂僞書者，此也。苟執象泥文，舍源求流，姑好爲神怪譎誕，以誇世眩俗，皆方伎怪迂之言，少君、欒大、文成、五利、公孫之流是也。若抱樸子黄白變化之事類之，務以左道惑衆，僥倖一時，其肆妄稔惡，烏有不敗亡者哉？

噫嘻！善言仙者，止曰無視無聽，抱神以静，是以忘形以養氣，忘氣以養神，忘神以養虚而已矣。故執道者德全，德全者形全，形全者氣全，我未之能易也。抑虚極則靈明，靈明則神化，乃與天爲徒，遊物之初矣。輕清之氣上浮，則至陽之質與之俱升。或曰：聖人不師仙，是豈果誣世也耶？而求之之道，其惟守中乎？」

或問：「丹者守中而已矣，何教之設衆法異術之紛紜乎？是果亦守中之可盡乎，而必外資術數而然哉？」曰：「道豈岐而二乎？天也者，積氣也。上帝則天之主宰也。由溟涬未判之初，三炁化生，即梵清景、玄元始也。玅无者，性之始；玅有者，炁之始。由三炁而生九炁，即九霄也。虚無之界無窮，輕清之氣無體，而宰制之神亦無方也。以宰之有所隸〔一〕焉，是降經籙以訓之，符法以闡之，以是法立焉。而其傳尤著者，漢天師、茅真君、許旌陽、葛仙翁、丘真君也。曰三洞、四輔、清微、靈寶、神霄、酆岳者，洞輔之品經籙是也。清微始於元始，而宗主真元闡之，次而南岳魏君、陵郡祖君，祖宏四派之緒。倡其宗者，朱洞元、李少微、南畢道、黄雷淵、李虚極，而張、許、葉、熊而下，派益衍矣。靈寶始於玉宸，本之度人經法，而玄一三真人闡之，次而太極〔二〕徐君、朱陽鄭君、簡寂陸君。倡其宗者，田紫極、甯洞微、杜達真、項德謙、王清簡、金允中、高紫元、杜光庭、寇謙之、鎦沖靖，而趙、林、白、陳而下，派益衍矣，是有東華、南昌之異焉。神霄則雷霆諸派，始於玉清真王，而火師汪真君闡之，次而侍宸王君、虚靖〔三〕真君、西河薩君、伏魔李君、樞相許君。倡其宗者，

〔一〕「隸」，續修龍虎山志卷下、重修龍虎山志卷十一作「祕」。
〔二〕「極」，原作「虚」，據道藏本改。
〔三〕「靖」，原作「靜」，據重修龍虎山志卷十一、三十代天師虚靖真君語録後序改。

林靈素、徐神翁、劉混康、雷默菴、萬五雷、方貧樂、鄧鐵崖，而上官、徐、譚、楊、陳、唐、莫而下，派益衍矣。酆岳則朱熙明、鄭知微、盧養浩、葉法善。倡其宗者，左、鄭、潘、李，而派益衍矣。然究其要也，俱不出乎三炁五行之玅焉。

經曰：『三五與一，天地至精。』即河圖三五之數也。是以雷霆合九一之數，陽雷陰霆，雷生霆煞，樞陰機陽，雷善霆惡，皆藏乎太極之中。求諸身則中扃雷垣也，五炁五雷也。心爲靈府，五官之主宰也。以己之靈合三炁五行之妙，可以燭幽破暗者，以至陽而煉至陰，以至明而燭至暗也。南斗陶魂六，水數也；北斗鑄魄七，火數也。以煉己之工煉魂，聚其昏散之氣，超其沉着之念，而化生陽明之界，以脱陰晦之境矣。可以縱閉陰陽者，會二五之精，凝九一之氣。養之内曰丹，施之外曰法。以五氣激剥而成聲，雨暘之用備於呼吸之頃。以己之神役彼之神，則寂然之中此感彼應矣。所以發天地之煞機，合陰陽之制化，皆己之靈與之合德通神者也。

若驅劾邪魅，禦除烖癘，則猶末事耳。且古者籲天禴祭之設，流而爲禱祠禜禬者，自漢武以來有之。傳曰：薦之上帝，齋戒沐浴以祀上帝，皆所以達其誠也。雖蘋蘩澗沚之微，亦可事也，特寓其誠焉。故曰：『鬼神無常享，享于克誠。』『黍稷非馨，明德惟馨。』『務修德音，以享鬼神。』苟誠怠德虧，惟假外飾，文繡纂組，綴華繪綺，縱衡交錯，務極耳目之衒，以誇世駭俗。厥所事也，果鐘鼓玉帛云乎哉？矧道之設象，皆則夫天真地祇昭布森列之儀，是有科範儀典之制焉，皆致敬竭誠之端耳，使瞻禮之皈，斯有格也。後之人則不然，惟聲利是趍，藻黻是尚，皆棄本逐末，舍真競僞，又何異夫巫祝貪佞之徒，以僥口體貨財之爲計哉？且高其閫奧，異其蹊徑，神其機緘，以惑衆鼓類，使嗣之者習爲儔侶，不究諸內，惟眩諸外，豈不去道遠矣？尚何冀感通之謂也哉？

噫！雖授之之異，而殊途同歸，無二道也。善嗣之者，必博參而約守，以辨疑解惑而已，非徒號多鬻異之謂至也。法不云乎，真中有神，誠外無法。由是觀之，果符咒罡訣之云哉？抑古之謂師德者，草而衣，木而食，飢餓其體膚，摧礪其身心，澡滌其氣慮，物欲情垢，無一毫足以溷其中，制其外也，則混乎天人一致之工，神明與居，心與天一，吾心即天也。故以天合天，不可彼天此非天，彼玄此非玄也，則感應之機其致一也，豈有一髮之間哉？所謂純素之道，惟神是守，守而勿失，與神爲一，一之精通，合於天倫，不亦宜乎？舍是而汩於塵垢，流於聲耀，蔽於紛華，而更相師友，若蟻慕蜂聚，而曰『我仙也』『我靈也』，非邪則妄矣。豈莊子之謂大宗師者哉？

嗟夫！經所述也，微彭、魏則幾淪於方伎矣；法所秘也，微王、白則流於巫祝矣。然官[一]天地，府萬物，與鬼神合其吉凶，尚於予言廓而求之，所謂致命通玄也，將可默識矣。」

太極釋

太極者，道之全體也，渾然無所偏倚，廓然無得形似也，其性命之本歟？性稟於命，理具於性，心統之之謂道，道之體曰極，五居九疇之中曰皇極。書[二]曰：「會其有極。」詩曰：「莫匪爾極。」以是求之，即心也，道也，中也。周子曰：「中焉止矣。」程子曰：「太極者，道也。」邵子曰：「心爲太極。」朱子曰：「太極者，理也。」陸子曰：「中者，天下之大本，即極也。」理一而已，合而言之，道也。

夫五行陰陽，陰陽太極，五殊二實，二本則一。二實者，天以陽生萬物，地以陰成萬物。動而陽，靜而陰。陽變陰合而生五氣，由五氣而生萬物，故曰五殊也。五殊本於陰陽，互爲其根也。兩儀生而陽交於陰，陰交於陽而生四象，四象分而生八卦，八卦錯而萬

〔一〕「官」，重修龍虎山志卷十一作「觀」。
〔二〕「書」，原作「易」，據四庫本改。「會其有極」語出尚書洪範。

物生焉。是曰「一動一靜，天地之至玅也歟」！是以五氣布，四時行，萬物生生而無窮。五行一陰陽也，陰陽一太極也。太極散而爲萬物，則萬物各一其性，各具一太極，渾然全體，而靜者常爲主焉，兼有無，全〔一〕體用，涵動靜，爲萬化之源、萬有之本者，妙合二五之精焉。

朱子謂「太極，理也；動靜，氣也」。太極乃本然之玅，動靜乃所乘之機。機動則氣行，而陰陽運焉，理有不著者乎？蓋氣負理生，理由氣形，性爲之主，而陰陽五行經緯錯綜。合言之，萬物統體一太極也；分言之，一物各具一太極也。且鴻濛溟涬之初，則元氣爲萬物根本。其體謂之理，其陰陽流行不息者，氣也。是故未分之前，道爲太極；已形之後，皆具是理。則心爲太極，沖漠無朕，萬理畢具，陰陽既形，則理氣分矣。太極判而始生一奇一耦，由奇耦而生生無窮，則一分爲二，二分爲四，四分爲八，八分爲十六，十六分爲三十二，三十二分爲六十四。是非〔二〕聖人無以發之。伏羲始畫，以一象乾，⚋象坤，體吾心之太極也。一奇一耦以象變，重之而爲卦，拆之而爲爻，皆一陰一陽、至著至明之幾也。是畫也，至廣至幽，至精至微，非氣質形似之可見，非聲色狀貌之可求，昭昭焉，熙熙焉，虛

〔一〕「全」，道藏本、續修龍虎山志卷下作「存」，重修龍虎山志卷十一作「窮」。

〔二〕「是非」，原作「是也」，據重修龍虎山志卷十一改。

而靈，明而玅，散之爲萬殊，斂之爲一本，無須臾之間，毫髮之異，循環無端，浩渺無窮，若天地之運行，風雨之潤，雷霆之威，霜雪之肅，山川之流峙，草木之榮悴，飛潛之微，動植之衆，舉不違乎天命之流行，而同所賦受也，所謂有極以理言、無極以形言也。抑理之至極，本無形似，而言無則不能爲萬化根本矣。

邵子之曰「無極」，曰「有象」。有則言其本之實體，無即無聲、無臭、形而上者是也。其見夫道體者，固不可以無加於有矣。若老子之謂「無極」者，無形無窮也。莊子之謂「道在太極之先」是也。若河洛之數，先天之象，雖有詘信、進退、盈虛、消息行乎其中，皆以虛中爲極也。能虛其中，則太極本然之妙得矣，尚何晦明通塞之異哉？故易曰心學，萬事萬化，皆本諸心。心所具者，天地萬物不違之至理也。程子謂「有理而後有象，有象而後有數」。人道之始於陽，成於陰，本於靜，流於動，與萬物同也。然陽復本於陰，靜復根於動，一動一靜皆天地同流。惟主乎靜則性立，性立則中正仁義定矣，是以體用一源，顯微無間矣。

是圖朱子謂周子得之穆伯長，穆得之於种放，种得之於陳摶，以陳摶學老氏，故陸氏闢朱子，以無極出於老氏也。而易曰「有極」，未嘗言無。周子通書亦止言陰陽太極明矣。然朱子以無形訓之，亦弗畔於道矣。且考之潘誌，以爲周子自作無疑。或又謂周子與胡宿、邵古同事閏〔一〕州一浮屠而傳焉。然其説豈浮屠所知也？且先儒以周、邵之學先天、太極二圖，其理一也，其傳未必二焉。其體至大而無不包，其用至神而無不存也，故曰自天地幽明，至於昆蟲草木，微細無不合也，將以順性命之理、盡變化之道焉。萬古聖賢之心同也，非返求諸己，有以見夫遠而六合之外，近而一身之中，暫於瞬息，微於動静，豈言辭口耳之足知天也哉？必致夫會歸之工，探索之奥，則吾靈明静虚之體，充乎六虚，宰乎萬變，久則誠精故明，神應故玅，幾微故幽。其立象畫意，剖析精微，無不備於是焉。性命之道，死生之説，原始返終，於是盡矣。其銖視軒冕，塵視金玉，亦孰得而易之？敢爲疑者釋焉。

先天圖論

先天圖，伏羲作也。其卦爻次位皆本之始畫，非文王後天次位〔二〕比也。夫易有太極，是生兩儀，兩儀生四象，四象生八卦，乃陽上交於陰，陰下交於陽，生天之四象；剛交

〔一〕「閏」，四庫本、重修龍虎山志卷十一作「潤」。
〔二〕「位」，原作「立」，據道藏本、乾隆本、四庫本改。

於柔，柔交於剛，生地之四象。八卦相錯而萬物生焉，其位則乾一、兑二、離三、震四、巽五、坎六、艮七、坤八。四象交而成十六事，八卦相盪爲六十四卦，此先天之象也。

邵子所謂「一分爲二，二分爲四，四分爲八」，自乾至坤皆得未生之卦，若逆推四時也。傳曰：「易，逆數是也。」其位則乾南、坤北、離東、坎西、震東北、兑東南、巽西南、艮西北。自震至乾爲順，自巽至坤爲逆。陰爲陽之母，陽爲陰之父。母孕長男而爲復，父生長女而爲姤，是以陽始於復、陰始於姤也。傳曰：「天地定位，山澤通氣，雷風相薄，水火不相射，八卦相錯。數往者順，知來者逆。」明交相錯而爲六十四也。數往者順，左旋皆已生之卦；知來者逆，右轉皆未生之卦也。其六十四卦之序，即八卦成列，因而重之也，故下三畫即前圖之八卦，上三畫則各以其序重之，而下卦因亦各衍而爲八也。若逐爻相生，則邵子所謂「八分爲十六，十六分爲三十二，三十二分爲六十四」者，皆法象自然之玅也。此則四圖所謂先天之學也。

陽之類圓，成形則方；陰之類方，成象則圓。圓布者，乾盡午中，坤盡子中，離盡卯中，坎盡酉中。陽生於子中，極於午中；陰生於午中，極於子中。其陽在南，其陰在北。方布者，乾始於西北，坤盡於東南。其陽在北，其陰在南，此二者陰陽對待之數。自坤之息，歷艮兑而極於乾；自乾而消，歷巽艮而極於坤。震始交陰而陽生，乃震坤之接；巽始消陽而陰生，乃巽乾之接。圓圖陰陽，消長次第。震一陽，離兑二陽，乾三陽；巽一陰，坎艮二陰，坤三陰，皆自然之理。其數自一而二，自二而四，自四而八，以爲八卦。圓於外者爲陽，方於中者爲陰。圓者動而爲天，方者靜而爲地。方圓之象雖異，而其布卦次序，皆四圖所同也，故曰始自伏羲，非邵子所作也。藉令邵子自作，亦本諸伏羲而成也乎？且「先天」之謂，即「先天而天不違」也，餘則文王、周孔之所不言也。

或曰先天即河圖也。河圖之數，天一、地二，天三、地四，天五、地六，天七、地八，天九、地十。天數五，地數五，五位相得而各有合。天數二十有五，地數三十，凡天地之數五十有五，聖人則之而畫卦。或曰八卦即河圖。非也。況先天之卦，與河圖次序同異相半也哉？且河圖乾坤縱而六子横，爲數之祖，先天不可以數言也，其次位皆八卦之生數也。陽一而陰二，故陽之生陰，二而六之爲十二；陰之生陽，三而十之爲三十，是以乾始於一，而兑爲十二，離則十二而三十爲三百六十，震則十二而爲四千三百二十。自巽而坤，皆奇耦之生數也，釐之爲六十四卦，則以所生之數而乘之，此總數也。其自子中至午中爲陽，初四爻爲陽，中、前二爻皆陰，後二爻皆陽，上一爻爲陰，二爻爲陽；自午中至子中爲陰〔一〕，初四爻

〔一〕「陰」，原無，據乾隆本補。

皆陰，中、前二爻爲陽，後二爻爲陰，上一爻爲陽，二爻爲陰，三爻爲陽，四爻爲陰。在陽，中、上二爻則先陰而後陽，陽生於陰也；在陰，中、上二爻則先陽而後陰，陰〔一〕生於陽也。其序始震終坤者，以陰陽消息爲數也。此蔡氏之謂皇極經世者，皆本先天也。

蓋數皆起於一，其周旋六十四卦相生之數，若日月星辰，水火土石，暑寒晝夜，飛走草木，分隸於八卦，得生生之數。是以感而變者之善暑寒晝夜、性情形體、走飛草木、色聲氣味也；應而化者之善雨風露雷、走飛草木、性情形體、目耳鼻口，皆先天之數也。在經世，則天有陰陽，曰太陽、太陰、少陽、少陰也；地有柔剛，曰少剛、少柔、太剛、太柔，易所謂八卦也，是故陰陽盡而四時成焉，剛柔盡而四維成焉。天奇地耦之畫，陽九陰六之數，皆起於四數。朱子所謂視萬物爲四片也，則日月星辰之類，皆由八卦之變也。天地之變有元會運世，人事之變有皇帝王霸。元會運世有春夏秋冬，爲生長收藏；皇帝王霸有易、詩、書、春秋，爲道德功力，各相因而爲十六。十六者，四象相因之數也。凡天地之變化，萬物之感應，古今之因革損益，皆不出乎十六，十六而天地之道畢矣。邵子所謂「一動一靜之間，天地人之至玅者歟」！是曰「先天之學心，後天之學跡也」，是以圖皆自中起，萬化萬事

〔一〕「陰」，原作「陽」，據道藏本、乾隆本、四庫本、續修龍虎山志卷下、重修龍虎山志卷十一改。

生乎心也」。

又曰先天圖者，環中也。圖雖無文，吾終日言未嘗離乎是，盖天地萬物之理盡在其中矣。且圓者，河圖之數；方者，洛書之文也；弄丸者，以先天之圓象言也，皆順陰陽消長之往來而已矣。冬至居子之半，陽之始於復也。月窟乃乾遇巽也，天根乃坤逢震也。即自復至乾，陽也；自姤至坤，陰也。陽主人，陰主物。然乾至巽五卦也，即姤，爲月窟；坤至震五卦也，即復，爲天根。而其三十六宫者，積乾一至坤八之數。天根於時爲冬至，爲夜半，所謂天地心也。左方自震之初爲冬至，離兑之中爲春分，乾末爲夏至；右方自巽之初爲夏至，坎艮之中爲秋分，至坤之末交冬至，循環無窮。所謂一月一日一時，靡不有是理焉。其循環不息者，自姤至坤，陰含陽也；自復至乾，陽分陰也。坤、復之間乃無極。自坤返姤，則無極之前也；自乾接復，則有象之後也。乾坤交而爲泰，坎離交而爲既濟。乾生於子，坤生於午，坎終於寅，離終於申，以應天時。其陰陽生於兩傍，中虛即太極也。自冬至至夏至爲順，自夏至至冬至爲逆。和炁周流於一環之中，則皆春矣。

朱子謂「易中二十八卦，翻覆成五十六卦，惟乾、坤、坎、離、大過、頤、小過、中孚八卦反覆止本卦。以二十八卦湊八卦，是曰三十六宫也」。此皆天根月窟來往循環之玅焉，是以先天乃伏羲本圖，雖不假言辭，而所該甚廣。凡易中一字一義，無不出於是者。論其格局，則太極不若先天大而詳；論其義理，則先天不若太極精而約。而太極終在先天範圍之内，而物理本同象數無二致也。自初末〔一〕畫説至六畫滿者，所謂先天之學也。卦成之後，各因一義推説，所謂後天之學也。邵子所謂先天者，伏羲所畫之易也；後天者，文王所演之易也。伏羲之易，初無文，止一圖以寓其象數，而天地萬物之理，陰陽始終之變具焉。文王八卦之序，離南、坎北、震東、兑西、乾西北、坤西南、艮東北、巽東南，乃入用之位，後天之學也。孔子雖因文王之易而作傳，而十翼之中，如八卦成列，因而重之太極、兩儀、四象、八卦，而天、地、山、澤、雷、風、水、火之類，皆本伏羲畫卦之意，不以文王所演之易即爲伏羲始畫之易也。

或謂是圖邵子得之李挺之，李得之穆伯長，穆得之陳摶者，故與丹道同也。若曰自復至乾爲陽，自姤至坤爲陰，即乾坤定上下之位，離坎列左右之門。天地之所闔闢，日月之所出入。冬至之後爲呼，夏至之後爲吸，此天地一歲之呼吸也。冬至之月所行如夏至之日，夏至之月所行如冬至之日。春夏，子至辰巳；秋冬，午訖戌亥。其四正者，乾、坤、坎、離也。參同曰：「牝牡四卦，以爲橐籥。」坎離之數一二，以南北爲經道，以坎離爲真水

〔一〕「末」，續修龍虎山志卷下、重修龍虎山志卷十一作「一」。

火，爲六卦之主，而六卦爲坎離之用是也。陰陽二炁，皆從子午爲發生之終始。坎藏六戊，爲月之精，居於北，象水中生金虎也；離藏六己，爲日之光，居於南，象火中生汞龍也。自震而起，至乾而滿，歷巽而消，至坤而盡。象乾之中爻者，居坤之内，乃金水同宗；象坤之中爻者，居乾之内，乃木火同位。以乾生三女而居東，上巽中離下兑，兩陽生一陰也；坤生三男而居西，上震中坎下艮，兩陰生一陽。坎胎居於午，離胎居於子，西假金之元，東假木之祖，乾退位寄居於坎，坤退位寄居於離。

納甲之法：乾爲望，坤爲晦，坎離升降於中，即乾納甲壬，坤納乙癸，離納己，坎納戊，巽納辛，震納庚，兑納丁，艮納丙，皆與之合也。坤初變震，爲生明，月出於庚，再變爲兑，爲上絃，月出於丁。乾初變爲巽，爲生魄，月現於辛，再損成艮，爲下絃，其曰晦。至朔旦，則震受符，復卦建始，震受庚於西方，其象如震卦之納庚也。八日則兑卦納丁，十五則乾體純陽，而乾卦納甲，十六[一]則巽卦納辛，二十三日則艮卦納丙，三十日則坤卦納乙，是以壬癸配甲乙，乾坤括始終也，此與火候同也。而朱子則以先天八卦爲一節，不論月炁先後，且與納甲相應，謂天地定位、否泰相類者是也，故謂伯陽參同，恐希夷之學出其源流，

〔一〕「六」，原作「五」，據道藏本、四庫本、續修龍虎山志卷下、重修龍虎山志卷十一改。

蓋其卦位布置，皆與參同默符。其陽始於復，極於乾；陰始於姤〔一〕，極於坤，則十二月一月三十日，一日十二時，各行一周天。而六十四卦三百八十四爻爲一周天之數，以一爻直一日，俱與易準。

世以參同倣易而作，孰知陰陽之玅不求合而默合也？或以先天、太極圖同時而出，周、邵二子不相聞，則二圖亦不相通。其曰大而天地之始終，小而人物之生死，遠而古今之世變，皆不外乎消息盈虛之理也，此邵子之獨見乎？恍惚氤氳，變化回旋之始，朱子所謂向上根源者也。且謂但當日諸儒既失其傳，而方外之流陰相付受，以爲丹竈之術，至希夷、康節乃返於易，其說始明，信不誣矣。則其尊信是圖，豈小補哉！然是信非若揚子雲太玄擬易，方州部家皆自三數推之，關子明洞極列二十七象，司馬温公潛虛用五之數，五十五行，皆補湊成書而已，非得夫道之全者也。善探陰陽之賾、造化之機者，自太極觀天地，則天地亦物也，是知天地作於易，而易非出於天地也。人能盡太極之妙，先天之用，則範圍天地，曲成萬物，而造化在我矣，則先天一且亦無，尚何容言哉？

〔一〕「姤」，原作「復」，據道藏本、四庫本、續修龍虎山志卷下、重修龍虎山志卷十一改。

河圖原

易曰：「河出圖，洛出書，聖人則之。」即易繫曰：「天一、地二，天三、地四，天五、地六，天七、地八，天九、地十。天數五，地數五，五位相得而各有合。天數二十有五，地數三十，凡天地之數五十有五。」此孔子以河圖之數，而言所以成變化、行鬼神也，即天一生水，地六成之；地二生火，天七成之；天三生木，地八成之；地四生金，天九成之；天五生土，地十成之之數也。顧命曰：「河圖，在東序。」河圖八卦，伏羲氏王天下，龍馬出河，遂則其文，以畫八卦。禮記曰：「河出馬圖。」龍馬負圖而出也。論語曰：「河不出圖。」孔云：「河圖，八卦是也。」則伏羲之則圖以畫易明矣，豈得詎曰〔一〕妄哉？是圖蓋出於書契未形之先，天地自然之理也，包括造化之玅無窮，萬事萬物象數之源也。

鄭康成曰：「河以通乾，出天苞；洛以流坤，吐地符。河圖九篇，洛書六篇。」劉歆曰：「伏羲氏繼天而王，受河圖則而畫之，八卦是也。」「河圖、洛書相爲經緯，八卦、九章相爲表裏。」王肅曰：「河圖，八卦也。」王充亦曰：「河圖從河水中出，易卦是也。」關子明

〔一〕「詎曰」，乾隆本作「曰」，四庫本作「謂之」。

曰：「河圖之文，七前六後，八左九右。」劉牧曰：「河圖數四十五，陳四象而不言五行。」大戴記曰：「二九四七五三六一八。」傳云：「九寶，法龜文。」又曰：「秦以前文也。」

歐陽脩曰：「圖者，八卦之文也，神馬負之自河而出，以授伏羲。八卦非人所爲，天所降也。」「然則八卦者，人〔一〕之所爲，河圖不與焉。」若河圖之説，信乎生於神馬負八卦出於水中，乃天地自然之文爾，何假伏羲氏始作之也？王安石曰：「圖以示天道，書以示人道也。蓋通於天者，以象言也；中於地者，以法言也。」蔡沈曰：「自孔安國、劉向父子、班固，皆以河圖授羲，洛書錫禹。關子明、邵康節皆以十爲河圖，九爲洛書。惟劉牧意〔二〕見，以九爲河圖，十爲洛書，託言出於希夷，與諸儒之説不合。」又曰：「伏羲但據河圖以作易，則不必預見洛書而已逆與之合矣；大禹但據洛書以作範，則亦不必追考河圖而已與之符矣。」「而河圖數偶，偶者静，静以動爲用，故河圖之行合皆奇，一合六，二合七，三合八，四合九，五合十。」「河圖體圓而用方，聖人以之而畫卦。」

程子曰：「聖人見河圖、洛書而畫八卦，古之聖人只取神物之至著者爾。」「如畫八

〔一〕「人」，乾隆本作「天」。
〔二〕「意」，四庫本作「臆」。

卦，因見河圖、洛書，果無圖書，八卦亦須作。」「河圖、洛書之中數皆五，衍之而各極其數以至於十，則合於五十矣。」「河圖積數五十五，其五十者，皆因五而後得，獨五爲五十所因，而自無所因，故虚之則但爲五十。又五十五，五中其曰十者，分爲陰陽老少之數，而其五十者無所爲，則又以五乘十，以十乘五，而亦皆爲五十矣。」邵子曰：「圓者星也，曆紀之數其兆於此乎？方者土也，畫州井地之法其倣於此乎？」蓋圓者，河圖之數；方者，洛書之文，故羲、文因〔一〕之以造易，禹、箕序之而作範也。」朱子曰：「河圖與易之天一至地十者合，而載天地五十有五之數，則皆易之所自出。」「天地之間，陰陽之氣，雖各有象，初未嘗有數也。至於河洛之初，然後五十有五之數，奇耦生成，粲然可見。河圖之位，一與六同宗而居北，二與七爲朋而居南，三與八同道而居東，四與九〔二〕爲友而居西，五與十相守而居中，不過一陰一陽，一奇一耦，兩其五行而已。河圖以五生數，統五成數，而同處其方。蓋揭其全以示人，而道其常數之體也。河圖以生數爲主，而十數者，因五得數，以附於生數。積五奇而爲二十五，積五耦而爲三十，合是二者而爲五十有五。河圖主全，故極於

〔一〕「因」，原作「同」，據乾隆本改。
〔二〕「九」，原作「五」，據道藏本、乾隆本改。

十，而奇耦之位均。河圖之虚五與十者，太極也；奇數二十，耦數二十者，兩儀也；以一二三四爲六七八九者，四象也。」

吴澄曰：「河圖者，羲皇畫卦之前，河有龍馬，背毛有此數也。其數後一六，前二七，左三八，右四九，中五十，五奇五偶相配。羲皇觀於天地人物，無非陽奇陰偶，兩相對待，見河圖之數而有契焉。於是作一奇畫以象陽，作一偶畫以象陰，加而倍之以成八卦，又倍而加之以成六十四卦，所謂伏羲因河圖而畫八卦者，此也。河圖之數亦五，位合於天星五宫之圓，一六居北，二七居南，三八居東，四九居西，五十居中。河圖之位五，每位各有一奇一偶，數雖十而位止五。周之時，河圖與天球、寶玉同藏於玉府。」陳埴曰：「二圖互〔一〕爲正變，主河圖而言，則河圖爲正，洛書爲變；主洛書而言，則洛書爲正，而河圖爲變。二圖雖縱衡變動，皆參互呈見，此所謂相爲經緯也。」翁泳曰：「河圖陰陽之位，生數爲主，而成數配之。東北陽方，則主之以奇，而與合者偶；西南陰方，則主之以偶，而與合者奇也。」胡瑗曰：「河圖以生成分陰陽，以五生數之陽，統五成數之陰，而同處其方。陽内陰外，生成相合，交泰之義也。河圖數十七者，對待以立其體，故爲常。」

〔一〕「互」，原作「五」，據乾隆本、四庫本改。

胡一桂曰：「書之中，視河圖惟有五而無十，然一九、二八、三七、四六之合，環而向之，未嘗無十焉。此先儒深究陰陽造化之理，探幽索微，已極河圖之妙矣。然而同異之辨，不能無焉。」劉牧曰：「一六居北，二七居南，三八居左，四九居右，五十居中，洛書也；戴九履一，左三右七，二四爲肩，六八爲足者，河圖也，是以九爲河圖，十爲洛書。張文饒精於邵學，亦以九爲圖，十爲書。而邵子止言圓方，而不言數之九、十，亦以十爲河圖，九爲洛書，與夫子、箕子之言合。」

或謂邵傳於穆脩，劉傳於种放，皆得之陳摶。朱子謂陳摶以先天圖授种放，放授穆脩，脩授李之才，之才授邵子。放又以河圖、洛書授李溉，溉授許堅，堅授范諤昌，諤昌授劉牧。穆脩以太極圖傳周敦頤，敦頤授程顥。程亦本劉氏，及朱子力詆其非，此萬世不易之論也。魏氏復詆朱子，謂始以九圖十書爲劉長民作，託之陳摶。靖士蔣山復以先天爲河圖，五行生成數爲洛書，戴九爲太乙下行數。羅端良嘗謂受河圖於蔡季通，得於蜀隱者。其象如車輪，白黑交錯，而八分之，以爲八卦。白者純陽，象乾；黑者純陰，象坤。黑白以漸殺之，而爲餘卦。謝方謂嘗傳河圖於異人，其狀倣八卦爲體，坎離中畫而相交，類於丹道坎離之術。

張平子乾鑿度中九宫數即太乙圖，劉牧以爲河圖。或曰九、十二圖，皆河圖也，又豈紛紜至若是之餚〔一〕襍也哉？朱子謂：「以河圖、洛書爲不足信，自歐陽公以來有是説。然顧命、繫辭、論語皆有之。諸儒所傳二圖之數，雖有交互而無乖戾，順數逆推，縱横曲直，皆有明法。」其説至矣。歐陽公惟不見本圖，特承用注説，直以圖、書爲無，并疑繫辭非孔子作，何不思之甚哉？圖、書所具，皆包括萬物造化之機，孰有違乎是者？且聖人實因圖以畫卦，可即謂河圖爲八卦乎？而其所與洛書合也。

洛書與洪範之初一至次九者，合而具九疇之數。固出於洪範，而洛書以五奇數統四偶數，是以奇數爲主，二、四、六、八各因其類，以附于一、三、七、九之側。洛書之縱横十五，而七、八、九亦迭爲消長，虚五分十，而一含九，二含八，三含七，四含六，參伍錯綜，無不默合，此變化無窮之玅矣。是故河圖、洛書之數，皆五衍之以至於十，則合於五十矣。洛書積數四十五，散布於外，而分陰陽老少，惟五居中，則亦自含五數，而并爲五十矣。洛書主變，故極於九，而其位與實，皆奇贏而偶乏，陰陽之數均於二十。雖陰陽之數異，然五居中，太陽得五成六，少陰得五成七，少陽得五成八，太陰得五成九，則與河圖陰陽相錯，而爲生成之數無異也。洛書之奇偶相對，即河圖之散數未合；河圖之生成相配，即洛書

〔一〕「餚」，四庫本作「淆」。

之數合而有屬也。故先儒以河圖、洛書相爲經緯，八卦、九章相爲表裏者，此也。若大衍之數五十者，亦五數衍而成之，各極其十則合爲五十，亦不異焉。且河圖、洛書皆虛其中，即太極也；奇偶各居二十，即兩儀也；縱横十五，而互爲七、八、九、六，即四象也；以乾、坤、坎、離爲四正，以震、兑、巽、艮爲四偏，即八卦也。

先天圖之圓布者，乾盡午中，坤盡子中，離盡卯中，坎盡酉中。陽生於子中，極於午中；陰生於午中，極於子中。其陽在南，其陰在北。方布者，乾始於西北，坤盡於東南。其陽在北，其陰在南，未始不與河圖奇耦錯綜同也，此先天之爲丹道之祖也。而河圖者，陽之生數五，五行之本也；陰之成數十，萬化之根也。一、九、四、六各合爲十，金水同宗；二、八、三、七各合爲十，木火同體，總爲五十有五，分爲五方。一六居北，二七居南，四九居西，三八居東，五十居中。以生數除之，五方各除本數，乃五行之源也。又以成數除五方之本數，乃五行之本也。除外五方，各剩五數，共二十有五，爲五行之根，象戊土之體。復除五行之本，則北一、南二、東三、西四、中五，則北剩四數，象金，金本生水，而金反自水而生，如鉛自銀而有，即金虎也。金産水中，乃虎向水生也。而南剩三數，象木，木本生火，木反自火而有，如汞感鉛而結，即木龍也。木生火中，即龍從火出也。東剩二數，象火，火生於木，砂中抽汞，乃木汞藏於離，母隱子胎，曰七返也。西剩一數，象水，水生於金，一氣還元，乃金鉛藏乎坎，子歸母腹，曰九還也。虛中以象太極，四象相合而成十，乃真陰己土之玅理，是皆天地陰陽顛倒生化之機、至神莫測之玅用存焉。又豈太乙、曆緯、星數、方伎之所竊取可同日語哉？然或謂傳自希夷者，圖、書皆作圈，故謂三代以後，圖、書隱晦千有餘年，幸方伎家藏之，至宋復出。而方伎之所取用，不過以其數之多寡，以奇偶消長，配之刑德生殺，此特曆緯術數所本而已。先儒以參同爲不足道，殆亦過歟！

嗚呼！傳有之，河出圖，聖人則之，是倣之以畫八卦也，故不可以八卦即河圖也。且河圖出於伏羲之世，其間群聖人未嘗言，至孔子固嘗言矣，而不明言其圖。孔子而下，自關氏、劉氏以來，又紛紜各持其見，而卒無所指歸焉。然朱子之以十爲圖，九爲書，足以盡之。其或以先天爲河圖，或謂如車輪白黑交錯，或依倣八卦以爲體，或以九、十二圖皆河圖也，是皆無一定之見，使後世將孰從之？而繫辭之本文，自天一至地十，其中五爲衍母，次十爲衍子。自一至十五，皆本文自然之定位也。十五點之如星象，故謂之圖也，亦何涉於怪妄也歟？亦復何疑焉？

噫！程子之言曰：「有理而後有象，象而後有數，得其義則象數在其中矣。」自圖、書始止於畫上見義，其中反復往來，上下消息，自天地幽明，飛潛動植，微細無不該合，則易之順性命之理，盡變化之道，皆託象以明理而已矣。或溺於象數，而謂專爲卜筮設，不推義以求理，去道遠矣，所謂郭璞、管輅之學者也。其所謂極其數以定天下之象，著其象以定天下之吉凶者，得之於精神之運，心術之動，特其一端耳。卒本是以求易文，又豈能盡夫體用一源，顯微無間，以造死生之説，幽明之故，而彌綸天地之大也哉？以是而欲求諸聖人之端緒，固余之所未之信焉。

廣原性

性命之道一也，學者求道而已。苟求諸道於性命之源，其有弗見者焉。蓋求之未力，則見者鮮矣。韓愈氏之原夫性也，發乎未見以繼聖，然理有未明，將以廣之。古今之言性者多矣，得其本者復幾人焉？若夫堯、舜性之，湯、武身之，得性之本然也，故其命舜曰「道心惟微」是也，足以發王道之本焉。周衰，孔子生，足以繼矣，其曰「性與天道」「成之者性也」「各正性命」「知性則知天矣」。道之源，莫切著於是哉！子思之謂「天命之謂性」，天之命於人者爲性，知率其性則謂之道。孟子之謂「性善」是也，人心統乎性情，本無不善，所謂天命之性也。其具仁、義、禮、智，不假爲而能也，即繼之者善也。

蓋天之命於物，爲性善所固有。其惡也，所謂氣質之性也，即性相近也。由感於物，動於欲，蔽於習而然，是有上智下愚之分焉。則其善也，猶鑑之垢，水之昏，直不過太空之浮翳也。若垢淨而明固存，昏澄而清固澈，其本有之善，孰得而易？故於聖賢不能加，於愚不肖不能損焉。惟能盡其性，則物不能感，欲不能動，習不能蔽，則其至虛而靈，至清而明者，猶太空之昭昭也，又豈善惡可得而混焉？是以靜專而動直，誠立而明通，明睿生矣，是爲五官之統宰，百體之所從令，四端之所備，七情之所制。其大無外，性命之正，死生之理，幽明之故具焉；其小無内，洪纖之體，含類之情，形色之質係焉。充之爲周、孔，悖之爲桀、跖，行之爲伊、傅，潔之爲夷、齊，安之爲顔、閔，皆特立於明善之效也。其澤夫一世、垂之無窮也。和之爲禮樂，治之爲法制，率之爲綱常，繩之爲典則。凡得乎天秩、天序者，非天理之公用哉？且夫楊子之謂善惡混，特情習氣質之偏而已，豈天之正命也？

告子以「生之謂性」，是情之所欲所爲皆性也。荀子之謂「性惡」，以其善者僞也，又情習氣質之固於性之正，則相去遠矣。韓子謂「性之品有三[一]，其所以[二]爲性者五」「情之品有三，而其所以爲情者七」，則天之所命與者，何紛紛之多也？將奚自而立焉？凡出乎性者皆情也，又豈三品之拘，而又加五性焉？是蓋皆氣質之偏耳。後之論者，特以其秦

〔一〕「性」「有」，原無，據四庫本補。
〔二〕「所以」，原無，據四庫本補。

漢以來鮮言之，而愈獨發之也。歐陽子謂：「性非學者之所急，而聖人之所罕言也。」又何大本之未明哉？董子曰：「命者天之令也，性者生之質也，情者人之欲也，道者所由適於治之路也，仁義禮樂皆其具也。」王子曰：「性者，五常之太極，而五常不可謂之性。」庶幾若近道焉。而或有別於孟氏之言，而以荀、韓爲似是，何謬妄也哉？其亦未之辨焉耳。獨周子曰：「性焉安焉之謂聖。」程子曰：「天所賦爲命，物所受爲性。」性即理也，可謂著明矣。是足以繼孟氏者，周程而已矣。其度越諸子，槩可見矣。

然而老、釋之謂異者何？老曰：性即神也，元初不壞之靈也。釋曰：性即覺也，全其本來之虚靈也。必絶事物，去嗜欲，庶幾無所染奪，以澈其澄，以立其勁，則靈明之積神化著焉。是則以天地萬物凡有形氣者，皆虚空幻妄也，故虚無空寂而失理氣之實也歟？若其究夫死生獨善者，又豈與申、韓、楊、墨之徒共轍哉？抑亦天人之道一，故道之至精至粹，理之至幽至微，人之不能與天地並行而不違者，不能辨夫天理人欲之一間耳。是以不能盡聖賢之心也，能盡其心則盡性致命之道得矣。

問神

或問曰：「道家者流以鬼神爲務，是果有乎？」曰：「孰謂之無有也，特辨之不精而或疑焉。夫天積氣也，地亦氣之厚者，形而上者是也。炁行形之內，即天命之流行也，以其流行不息，必有宰之者焉。程子曰：『主宰謂之帝，玅用謂之鬼神。』又曰：『鬼神者，造化之跡，二氣之良能。』蓋陰陽之運跡不可見，而理可推焉；理之顯微有不可窺測，而神居焉。故雖聖人未始言其無也，特不專言之而已。若孔子之曰：『禱爾于上下神祇。』鬼神之道，敬而遠之。鬼神之爲德，其至矣乎！非果無有也，特子不語怪、力、亂、神，恐溺於誕焉耳。易曰：『陰陽不測之謂神。』與鬼神合其吉凶是也。夫心存則道明而理著焉。其爲陰陽之機，出入往來，非外乎吾心也。其吉凶故與鬼神同，鬼神非是則不能存，又何吉凶之云哉？惟顯道神德行者，有以合之以通神明之德，則大而化之之謂聖，聖而不可知之謂神，所謂妙萬物而爲神也，窮神知化之道於斯盡矣。此聖人體乎天地之玅用，合天人一致之極功，然後不知其神而所以神也。故曰事天明，事地察。

惟誠其心以感天，天感則發乎其機也，以不可見不可知者，則曰神存其間也。雖上天之載無聲無臭，而感於此，應於彼，未嘗間也。是以雖有惡人，齋戒沐浴，可以事上帝鬼神，享於克誠。惟知誠其心，則足以事天矣。其祀之禮，燔燎羶薌，見以蕭光以報炁也；黍稷肝肺，加以鬱鬯以報魄也，是皆氣感而至焉。若明之爲神也，鼓以雷霆，潤以風雨，滋以霜露。其晦明變化，倏忽萬狀，是非至神其孰能哉？幽之爲鬼也，不可得而跡求之。然君蒿悽愴之集，或聲，或狀，或旡感，或慮至，高而無形，卑而有物，其滯而不化，屈而不伸者是也。所謂精氣爲物，遊魂爲變，乃囿於陰陽屈伸而然也，此陽精陰魄所以爲鬼神之情狀也。惟觀夫造化之跡，則見其有無之端矣。」

問者曰：「有之理信矣，或見世之疾患者，輒曰：『某鬼神之害也，必血食禱之則免。』禱之應，則爭相告曰神驗矣。或不應，一旦有夭壽之變，則怨忿而謂曰：『某鬼之侵，神爲之助矣。』求其禱則果非天地社稷所宜祀之神，而皆淫祀者有焉。謂之神且不足稱焉，又豈能助夫鬼以賊人之天命乎？是豈非至愚也哉？」曰：「是非一朝夕而然也。蓋井巷之習，庸夫愚婦惑於流俗之言以驚世駭俗，因而成風矣。苟知乎生者氣之伸，死者氣之屈。伸者爲神，屈者爲鬼。魂氣本乎天，魄體〔一〕本乎地，則豈淫僻之足惑哉？能存吾心，精誠靈粹，與天地合其用者，若魯陽返戈止日，烈婦哭而降霜，韓子之開衡山之雲，驅鱷魚之暴可見矣。先儒亦曰：『有其誠則有其神，無其誠則神何存焉？』道之曰：『役諸鬼神者，發吾之靈明精一之神，合天地變化之神而已。』董〔二〕子之謂『縱諸陽、閉諸陰』者是

〔一〕「魄體」，原作「體魄」，據乾隆本改。
〔二〕「董」，原作「童」，據道藏本、四庫本改。

也。侍宸不曰：『先天之氣，真皇正法也；吾心之神，雷吏岳伯也。』殆是之謂歟？或未之詳，而病其爲方外之説，是豈果知神化之機、鬼神之變者哉？」

觀植

芒芴子行山澤間，見木之喬者偃蹇，低者蕃茂，曲者拳揉，直者森鬱，大者數尺圍，而小者不盈一指，豐暢薈鬱乎山崖澗谷間，雲煙與之上下，禽鳥托之和鳴。子顧而笑曰：「吾嘗愛物之藹然生意津津者，莫植物若也。彼翼而飛、鱗而潛、足而走者，非不皆賦物之性，而植之理最可見而可喜也乎？若四時之代謝，一花一草，或紅或紫，或白或黄，不違其時，不奪其色，而寒暑應節，萌孽兆焉。若其眩彩競妍，綺繡粉黛所不能狀。而春者不得而使其華於冬，夏者不得而使其茂於秋；節之踰者不可促其急，時之來者不可强其緩。雖居之堂室，培之盆甕，曲其枝體以取容，和其性質以就養。雖若不能順其天，害其性，亦莫知其傷於曲且隘，而不能遂其自然之質，卒死矣，亦伺時循節而華且茂焉，是果孰使之然哉？此其宰造化者之工也，至微至妙者於是可見焉。而物各賦物，而各一其性，所謂物各具一太極者乎？然而資於培養者，或時之所至而使然也，故不耗其實，不抑其長，理有不足怪焉。今夫山澤間也，糞壤之所不及，灌溉之所不至，若雨露之所濡，霜雪之所淩，燥濕〔一〕不時，寒暑不均，無美惡薰莤之異，一資於風雨之潤，土石之固而已耳。而其高者低者、曲者直者、大者小者，各遂其自然之性而蕃衍碩茂，無所不至也。其得乎賦物之性之全者，雖山葩野卉，爭芬並秀，亦不讓盆甕間者，又非一花一草之比也。故松柏梗楠足以爲棟梁，枏樟檜梓足以爲榱桷。其明者可以爲膏爲漆，其槁者可以爲器爲薪。實之甘者可食，本之佳者可藥，烝之瑞者可紀，且各適其材，而未始以其無所可用，而産於深山窮林以全其本也。其各一其性，得天者全，皆誠之不可揜也，如斯之廣且神哉！道之在天下，猶水行乎地中，無所往而不至焉，豈草木可謂之無情無知而能若然哉？余乃今知夫萬殊一本之理，古今之所同然，塞乎宇宙而不可易也，不知其樂之極矣。」

有笑於後者曰：「子何樂乎是觀也？」曰：「非爾所知也。吾觀夫植物之性，足以盡吾之性，故不知其樂歟！」笑者曰：「子之所觀者，特子之所遊息而目歷者也。尚孰知乎木之豐暢薈蔚者，閱歷盛衰，與時消息，豈一日而然哉？使非居乎山陵之險僻，一旦爭取群盜之罹，斧斤之禍，無老弱、曲直、堅脆、大小之擇，摧風霜，殞冰雪，不舍晝夜而摝之，刳而爲舟，揉而爲耨，琢而爲廬，斲而爲車，摧而爲薪，不可勝紀，皆明之爲害、質之爲仇也，

〔一〕「濕」，原作「温」，據道藏本、乾隆本改。

則木之性毁矣，尚何生意之足觀哉？直不過莊子所謂山木之支離擁腫，足以全其天年者或存焉。若所謂樗與椿之久且大也，則吾未之見矣。」

子不懌而去，乃顧之曰：「孟子之謂牛山之木常美矣，奈何旦旦而伐之。木之性傷，猶己之性伐，而不知存者也，豈特木之謂歟？矧邵子常達夫數也，雖木石瓦礫，各有一定之理存焉。余復何悲？抑亦賦物之性，固不得而傷也。其所適於用則有幸、不幸者係焉，是則其有定在者也。若才之美者，宜爲琴瑟簠簋，則薦之清廟；質之勁者，宜爲盤盂几席，則處之堂室。下者置之卑陋，朽者棄之埃壤，各信所遭者何如耳。於其本之全乎天者，孰得而毁絶之也哉？此之謂盡性。」笑者曰：「然。」

讀觀物篇

孔孟之書出而其道明，逮其道晦則王化弊。非書之不傳，言道者之不明也。列國而下，漢唐之盛，稱知行者寡矣。宋興而道著，周子暢太極未明之藴於前，邵子發先天無窮之理於後，由是而羲、文、周、孔之旨。繼絶學者，莫是若〔一〕也。

〔一〕「是若」，道藏本作「若是」。

聖人之道本乎心。易，心學也。邵子之言曰：「心爲太極。」「爲學養心。」「先天之學心也。」其言心至矣，其論理明矣。暨圖方圓，以盡易之竗。雖天地之大，陰陽之微，鬼神之幽，象數之奥，有無之變，物之至廣，理之至神，皆出乎太極，復歸於太〔一〕極者，斂之於一心而已。充而宇宙，散而毫忽。其潔靜精微，淵深幽眇，可謂詳矣密矣。此其所謂觀之以心，而觀之以理。又曰：「不以心觀物，不以我觀物，不以物觀物也。」若堯、舜、禹、湯之禪，有德功放殺之異；周、秦、漢、楚運祚之脩短，擇乎善惡而已，是知治亂由義利之所尚，邪正由言行之所致。

凡三皇、五帝、三王、五伯之事，若水鑑之燭，毫髪不能隱，則其反觀者，所謂聖人能一萬物之情哉？是爲窮理盡性至命之道也。大而化之，則天地陰陽之數，以無體之一以況自然，不用之一以況道也，用之者三以況天地人也，故曰：「無極之前，陰含陽也；有象之後，陽分陰也。」則天根月窟之往來，存乎無極之間矣，與周子之言豈不合歟？

自有易以來，後之疏議者千百其人，而造聖人之旨者幾何，能達夫未畫之先乎？然世之慕者，徒求之幽閑逸樂之餘，於其道則未知有聞焉。韓子讀荀，取其近孔子者，復以雄

〔一〕「太」，原作「無」，據道藏本改。

亦聖人之徒歟？若太玄之於易，方之邵子之謂「先天之學心也，後天之學跡也，出入有無死生者道也」「若用智數，由逕而求之，是屈天理而徇人欲也」，其見豈不相去遠矣？是足以知其見至廣，其聞至遠，其論至高，其樂至大。能爲至廣、至遠、至高、至大之事，而中無一焉，豈非至神至聖者乎？其亦〔一〕信不誣矣。孰得善養心者，與之言心學也乎？

嗚呼！或曰：「六合之外，聖人存而不論。」若邵子者，可謂窮神知化矣，復有謂之聖人所不論者歟？

讀董仲舒傳

予觀三代之下，周衰而王道息。秦承戰國之習，氣漓志悖，火詩書於灰燼，道之傳遂竟泯泯無聞矣。漢興而天下大治，而其腐儒曲士猶循故習，不能彰先王之教於既絶之餘者皆然。文帝號稱賢主，有一賈生而不能用，千載之下讀其言，尤有悲憤者焉。況有非賈生比者哉？

若董仲舒下帷講誦，三年不窺園，進退容止非禮不行，學士皆師尊之。武帝舉賢良文

〔一〕「亦」，原作「一」，據道藏本改。

學，而仲舒對策焉。當是時，君臣遇會〔一〕，又豈秦所敢望哉？其言足以發周衰之弊，得王道之正者，仁義禮樂爲之本也。性命情質之辨著，陰陽刑德之論切。由是觀之，天人相與之際，禮節修於身，善惡感乎天。堯、舜、禹、湯之相傳不已者，守一道而無究弊之政也，是豈秦漢庸庸之徒所能至哉？以武帝之英果，卒三策而不能略行之，乃出爲江都相，亦豈不爲當時惜哉？有如公孫弘希世用事，以治經得侯，乃嫉正論而遷之膠西。仲舒雖不獲倡其道，正身以率下，兩事驕王，而皆尊禮之，卒以脩學著書終於家，是非能全乎進退之道也哉？其言曰：「正其誼〔二〕，不謀其利；明其道，不計其功。」逮宋二程子出而後述明之，始足爲後世法。蓋當是時，已非班、賈、劉、楊之足倫儗，况其後也哉？

太史公以爲，劉向稱仲舒之才，伊吕無以加，管晏殆不及也，爲之過是，向子歆之言誤矣。使仲舒遇其君，行其道，亦豈不伊吕之效哉？又何管晏之足方歟？何也？以管晏特霸者之佐，所能行者霸者之事也，又豈王道之大者若乎？且以其師友淵源所漸，猶未及乎游夏，則周元公繼絶學於不傳，倡道於宋，至今學者皆宗之，道未始亡也，又豈淵源之爲戾

〔一〕「會」，四庫本作「合」。
〔二〕「誼」，原作「議」，據乾隆本、四庫本、漢書董仲舒傳改。

哉？使太史公其見乃爾，矧後之不足知仲舒者乎？而或知其槩者欲禮之於廟，配祀孔子，以不忘乎推明孔氏。抑出百家之明，而卒莫之行，豈不惜哉？然以仲舒之道之言，故〔一〕不係乎祀否也，抑亦何其遇知之難也，歷百代而同焉。夫以漢武之智，尤舍而弗用，矧下乎是者哉？其亦不足感也矣。

書文章正宗後

三光五岳之氣發而爲文，文所以載道也。文著而後道明，而必本諸氣焉。元氣行乎天地，而道所以立矣。古之有德者必有言，盖其和順積中，英華發乎外也。非道充義明，其能見於言哉？是以真文忠公集文章正宗，以得源流之正者曰「正宗」也。其編次之目凡四，其體本乎古，其指原乎經。否是，辭雖工不録焉。首曰辭命，次曰議論，次曰叙事，次曰詩賦。惟虞夏、列國、西漢及唐初之文，本於左氏，繼而可則者，班、馬、韓、柳，續以歐、蘇、曾、王首焉，餘所不載。其立法辨制嚴矣。

盖以道德爲之基，理義爲之主，而發乎詞章者，必得性情之正，而後合乎是也。由是

〔一〕「故」，乾隆本作「原」。

觀之，則雖古人之言，允合者亦幾希矣。矧後之未達乎此而妄謂之文，欲求名家合轍者，其可得乎？然亦惟道未之著、氣未之充焉耳。夫學也，所以窮理以致用，必本乎道、養乎氣。知所養則氣充而道立，文有不工者乎？

余志於文凡二十餘年，間探其要。六經而下，若漢唐諸家盡味之。將上溯三代之言，以究與經爲之表裏者焉。所愧學力駑怠，未之博洽貫通，深所自懼。及究是編而後明徹廓達，而信之益篤，得之益大矣。或所適未正，所養未至，而不足預是者，亦瞭然可辨矣。

嗟夫！世之鮮知此者。惟藻繪雕飾，纖碎委靡，視此不啻千里之遠，萬仞之危，孰知其行之未至，亦必由其方而後達也哉？其或知探源流之緒於菁華抹截者，求之無斁。其於文忠之餘意，孰無所得哉？且獲忝繼其末者，得不自幸歟？

辨荀子

荀子書三十三篇，其始於勸學、脩身，本諸仲尼而言，儒效、君道、臣道、王霸、禮、樂次之，似知王道之端矣，而富國强兵之辨雜焉。乃明言性惡之不可治，皆得之本然。而僞堯舜，闢思孟，是所以成李斯之亡秦，戰國縱衡之習，可得而逃哉？

斯師於卿，斯之亡，卿之道可見矣。當是時，孟軻與之時上下，曾不聞萬章之徒所記軻之言果何如哉?使軻之言性善,首對梁惠王曰:「亦有仁義而已矣。」其或不足法之當時,以及千萬世,則卿之言其患去楊墨豈遠哉?韓愈氏以爲倡道於不傳之餘,乃曰:「語焉而不詳。」是果不暇辨夫性惡之誤,而亦有未明者焉?其必以卿視軻之言未必曰非,特信有未及乎?抑齊襄時,卿以老師大儒見重,豈無一人能與論王霸之異,而皆宗師之?是非以哀公、堯問之説以誇誘之乎?盖以營巫祝、信機〔一〕祥之術然哉。此其後世惟知其言之善而鮮辨矣。

辨陰符經

史稱黄老者,以黄老之道同也,而黄帝之言未之見焉。若子列子之謂黄帝書曰者,大率與老同,而世傳惟陰符一經爲黄帝書。其文質而雅,深而要,非有道者其能是乎?昔唐李筌得之嵩山,云魏大武中寇謙之所藏。筌之言曰:「百言演道,百言演法,百言演術。道者神仙抱一,法者富國安民,術者强兵戰勝。而其句義,三〔二〕者未嘗不備。」邵子以爲

〔一〕「禨」,原作「機」,據道藏本、四庫本改。
〔二〕「三」,原作「二」,據道藏本、四庫本改。

戰國時書，程子以爲非商末則周末，終秦之先有是文也。

蓋以其先王之時，聖道既明，人不敢爲異説。及周衰道晦，才智之士鮮知所趍，故各以私智窺測而立言。又曰：「正言者，或駁不純。此獨用反言而合於正，其必有取。夫大要以至無爲宗，以天地文理爲數，謂天下之故皆自無而生有，人能自有以返無則善矣。」而朱子謂：「或曰：『此書即筌之所爲也。』」又「於筌本非深於道者也」，則筌之不能至也必矣。程、邵以其必商、周之文，非秦之先，則唐固所不逮矣，豈非儒者諱言仙，而必以其非黄帝作也？然朱子之疏，正以其「詞支而晦」「吾恐人見其支而不見其一也」。且夫觀天之道，執天之行，能若是者，與天地同體，則道在我矣。此爲一經之本。

天性人心其理一，而見乎機者二焉。立天之道以定其機，過動者變化反覆存焉，則天人合發矣。惟能立道以定之，則萬化定基矣，動静自得其常矣。雖脩鍊之道，亦可知矣。若五賊、九竅、三要、生殺、克制，皆盜夫機者使然。其盜既宜，則三才安矣。惟君子則知固窮而不敢妄作，小人則輕命而致患矣。蓋其莫能見，莫能知，其非不知不神之所以神哉。故聖功由是而生，神明由是而出矣。是以三返晝夜，以復其初也，絶利以守其源，則通晝夜、一死生矣。以其瞽善聽，聾善視，則其心專一而用師十倍矣。故天之大恩生於無恩，至公其存於至私，生死恩害，道無不然，皆理之自然也。惟至樂至静者，能合三返之道，可以動靜而復見矣。其所見者，天地之文理，人見其爲聖也，而我之時物文理，未嘗不同乎天地，所以謂之哲也。此愚人之所以以愚虞聖，以奇其聖，而我獨以不愚虞聖，以不奇其聖也。是以自然之道靜，而天地萬物生；天地之道浸，故陰陽勝則相推，而變化順矣。且天地以至靜生萬物，其道浸漸而長，則剛柔勝，而陰陽相推，變化無窮矣。此其至靜之中，自然之道，萬物生生之不息，以天地乃奇器也。雖律曆卦爻所不能測，故神機鬼藏也。

八卦甲子，即邵子納甲之説，皆陰陽相勝之術，是可以造乎卦象者也。其始末文理，未始不貫通也。然世傳褚氏、蔡氏本，皆止於「時物文理哲」。而下有二十一句，乃朱子所深取者，則褚氏、張氏本爲正也。推是而言之，三章之分雖曰各具一事，然明體達用，以至體立而用行，其非明乎動靜之機、死生之説者所能至哉？非黄帝之書，亦必商周隱君子所作也，信矣。孰可偏於道、偏於法術語也哉？

耆山無爲天師峴泉集卷之二

序

太上混元實録序

道之立教，先天地爲之始，而後天地不知其終也。其始於太上，世惟傳黄帝時號廣成子，帝嘗往問道崆峒山，後乃鑄鼎成丹而上升矣。及考之傳記，見之他書，皆曰生於殷，爲周柱下史，後轉爲守藏史，積八十餘年，太史公謂二百餘年。時稱「隱君子」，謚曰聃。孔子至周嘗問禮焉。周衰，去而之秦，過函谷關。關令尹喜候氣而迎之，强爲著書，乃述道德上下篇以傳世云。

按氏族之書，或謂周氏李乾娶于益壽氏女嬰敷，生子耳，字伯陽。又謂李氏出高陽氏子庭堅，爲堯大理，以官命氏爲理氏。其後李徵妻挈〔一〕和氏，逃罪於紂，食木子得全，遂

〔一〕「挈」，四庫本作「絜」。

改曰李。又謂李靈飛得道，妻尹氏生老子，諱弘元，字曜靈，或曰伯陽，或曰老萊子，或曰太史儋，其説非一。若黄帝之先，自三皇開闢之初已有之，而相傳歷代，應化神變，動百千刼而不息，是實録之作也，其必有考焉。

夫神之無方，可先後，可有無，其視千百載猶一息，故不可以形測、以跡求也。是故以不可言謂之道，以無名觀天地之始，以無欲觀其玅，故處無爲之事，行不言之教，以不爭不盜而使民無知無欲。此周衰將以厚俗拯化，以還乎素朴而已矣。使當是時，俗流化薄，而復訓以有名、有欲、有爲、有言之道，又焉知乎曲所以全，枉所以直，窪所以盈，弊所以新也哉？以是乃鎮之以無名之朴，不知孰爲道，孰爲仁義，則復古矣。故其言行於秦虐之餘，漢興以清静濟之，猶水之解炎也，此先黄老而後六經也乎？

蓋以一時之尚而言之，其謂「老子所貴道虚無，因應變化於無爲，故著書辭稱微玅難識」，良有以焉。後之君天下者，代師而用之見之，其緒餘者，秘之爲天經洞録，發之爲靈書隱訣，脩之於身可以登真躡景，施之於人可以濟世利物，是乃兼乎内聖外王之道焉。若拘夫鴻生碩士之説，一以莊列，若「散道德，放論，要亦歸之自然」，因雜之申韓刑名之流，直有不可者也。矧甚則以浮誕空寂病之乎？然實録之所紀載詳備若此，豈得一出於私所尊大，以取惑於世，而能傳之之久若是哉？

今皇上以天授仁聖，自有寰宇，首注道德上下篇，是資以清淨之治矣，吾道之幸孰有加焉？洪武十五年設道録司，吾山曹君〔一〕希鳴實職焉。希鳴以道行誠篤，日承寵光，度越前代，是豈非有以贊清靜無爲之化而然哉？暇日考訂是録，壽梓以廣其傳，間屬叙其端。顧某忝竊是懼，豈容述其首？然而神化玄通之道，六合之外，聖人存而勿論，於斯見矣。謹爲之序。

龍虎山志序

道之潜於至微，而顯於至著也。天地之大，陰陽周始，而理著焉；事物之衆，盛衰循環，而文著焉。此其至微之機潜於至著之間，人不可得而見矣，殆〔二〕夫歷千百載之下而不泯絶者而後知也。道之謂虚無玄默者，原夫天也。杳冥恍惚之内，而精粹朕兆存焉，是不可見而可知也歟？

吾太上之教，自軒皇文景之下，率嘗用其清靜無爲之説驗於世矣。或方之申韓刑名，或闢之方術怪誕，盖將有不得而毁斥爲異端者乎？故太史遷以其動合無形，澹足萬物，指

〔一〕「君」，道藏本作「公」。
〔二〕「殆」，四庫本、重修龍虎山志卷十五作「迨」。

約而易操，道家者流則古有之也必矣。是以關尹、莊、列之言，有以發其未盡，而柔弱謙退之言，有足以拯周衰之弊而範世軌俗，焉得以幽玄視之？且神道設教，豈將誣後世以取惑哉？迨列國而下，秦之茅君，漢之我祖天師，吴之許、葛，皆其尤著者焉。

天師鍾不世出之姿，親受于太上，由是三洞經籙符法之傳秘於九霄十極者，靈詮奧旨，盡降於世。乃遊蜀之吴，而鍊丹龍虎山。山之名於天下者，居福地之一，而與三茅、閤皂並稱焉。我張氏留侯而下四十八世矣，有非二山之足儗也。歷魏、晉、唐、宋，代有褒崇，典秩具備。若山川之勝，宫宇之麗，人物之繁，仙跡之異，道行之神，爵望之顯，代之慕擬歆艷者，或美之於詩文，垂之金石，相傳逮二千餘載。而嗣之者，愈久而愈昌；棲之者，彌遠而彌廣。孰非上世之濟物利生，禦灾捍患，其玄德綿遠，有以陰祐生民，上裨王化，而〔一〕能傳之不息若是之久且著哉？抑亦山靈川后有以呵護資毓而然也乎？是山志之不可無述也。

元皇慶二〔二〕年春，玄教嗣師吴公集爲三卷進於朝，詔詞臣元文清公、程文憲公實序之。而予曾大父留公、大父太玄公遭際寵光，烜赫當世，獲紀之典籍，榮亦至矣。我朝先

〔一〕「而」，續修龍虎山志卷中、重修龍虎山志卷十五作「故」。

〔二〕「二」，原作「一」，據道藏本改。

公沖虛公，在先皇之始元，累覲天顔，眷渥猶〔一〕至，而予之鄙陋，早襲教章，上承殊遇，宫宇易新。已而今上嗣位，首承召命，蒙恩兩朝博厚之仁，鴻庬之澤，莫得而盡紀也。間病舊志多疎淺凡近，竊有慨焉。或謂值兹盛世，非加以稽古索隱，以成一山之盛典，豈不使奇芬偉躅湮鬱涣漫，若珠玉之蔽於淵藪，其質可珍而忽不收襲，亦豈不自棄也哉？

予雖篤志，而學有未逮焉。講師李唐真清修篤厚，乃命搜訪其遺缺，而仲氏宇清志鋭而才敏，力贊成之，遂析爲十卷。將完，而善士某願壽諸梓，能無一言以志之哉？惟道之在天下，與天地並行而不違，其存於人者，昌大之而已矣。能志是而弗替，則善承其已著而垂裕於將來，宜與山川同其悠永，其有已哉？然世遠代異，或不能盡其紀載，而後之慕其餘風遺烈者，未必不有取於是焉。敬僭序于首。

漢天師世家序〔二〕

易曰：「顯道神德行，是故可與酬酢，可與祐神矣。」盈天地間古今不息者，道也。能

〔一〕「猶」，四庫本作「獨」。
〔二〕漢天師世家卷四題作漢天師世家後序。

顯明於道，則功用之神具見而合乎德者，故可與應萬變而贊祐於神矣，是所謂參贊天地之化育者也。太史遷曰：「道家無爲，精神專一，動合無形，贍足萬物，而與時遷移，應物變化，立俗施事，無所不宜。」良有以哉！

太上生於殷，爲周藏室史，復遷柱下史，以神化莫測之跡，代降於世，爲玄教宗。我祖漢天師蒙留侯遺澤，嘗親受道於太上，由是仙經洞籙秘劫不傳者，悉降於世。繼以降治妖魅，服煉神丹，功成沖舉，以劍印傳於奕代者，今垂千五百年。雖運移物改，繼承不替。其非以清靜無爲之教，功用之神，有合乎天德而足以贊化育者歟？迨今凡名山奥區，靈跡具存。此其子孫流芳之遠，榮達之久，信有以陰翊王度、博施生民者，蓋可見矣。

漢末而下，居龍虎山者，巖栖谷隱，脩煉以自壽。宋初，漸以道行稱於時。暨大觀、崇寧間，虚靖真君出焉。其神功玅應一發於御風〔一〕錬形之實，而後益振，有足〔二〕方駕於前矣。其下莫顯於曾大父薇山公、大父太玄公也。凡其禜禬禱祈之著，遭際寵渥之極，當是時，奇徵茂蹟，雖簪纓縉紳之士，莫不禮敬之，視前或有所未逮焉。

〔一〕「風」，道藏本、漢天師世家卷四作「氣」。

〔二〕「足」下，漢天師世家卷四有「以」。

及我朝先君沖虚公，光際聖朝〔一〕，混一海宇，其崇資偉望，昭赫一時，榮被終始，又豈昔之可倫擬者哉？其爲神明之胄，必若是乎？某〔二〕以匪材庸質，仰紹先烈，惟忝竊是懼，代蒙聖恩，猶深戰慄。間以世家顛末，未白於世，懼有遺缺。昔侍先君，手舊編一帙，授傅高道同虚〔三〕，謁宋太史濂序其首，而未暇整緝以行。然舊文辭意冗腐，僭用删校增次，以廣諸梓，庶以成先志也。

嗚呼！物理之有盛衰也，思所以承先啓後者爲難哉！末降以來，棄實趍華，競於勢利者衆矣。苟不能造詣其學，輝光其德，以亢厥宗，可得〔四〕謂之克纘前人之緒乎？是豈足知夫昔之授於太上者？德行之隆，勳烈之大，其相傳之無窮〔五〕也，果何使之然哉？抑神而明之，存乎其人。後之來者，尚必自勵，其有以章述者焉，斯爲不墜其教矣。其曰世家，則本諸史云。

〔一〕「朝」，漢天師世家卷四作「明」。

〔二〕「某」，漢天師世家卷四作「宇初」。

〔三〕「傅高道同虚」，漢天師世家卷四作「高道傅同虚」。

〔四〕「可得」，漢天師世家卷四作「其可」。

〔五〕「窮」，原作「第」，據道藏本、漢天師世家卷四改。乾隆本、四庫本作「替」。

張氏宗系後序〔一〕

古者受姓命氏，莫非聖賢之後，或以國爲氏，國滅而氏存，其世遠族湮者，固常有之。譜牒之製，史設局以掌之。及局廢，而學士大夫家自爲譜，所以叙昭穆，别親疎，使凡爲人後胤者，知存尊祖敬宗之心，是乃君子所務之大者也。

張氏姬姓，系出軒轅子青陽氏第五子揮，爲弓正，始造弓矢，張羅以取禽獸，主祀弧星，世掌其職，因賜姓張氏。殷張穆子、唐堯時張果皆以仙名。逮周宣王時，張仲爲卿士，其後張侯爲晉大夫。至三卿分晉，張氏五世相韓，太史公以爲張本韓公族也。韓滅，留侯良以擊秦始皇報〔二〕仇，遂更姓焉。舊譜始侯爲初祖，上無所載焉。嘗觀其略，因探索以備遺缺。

侯本沛之豐邑人，佐漢高有天下，遂封侯。起家至七世，多以功烈著傳。暨唐列爲安定、范陽、太原、南陽、燉煌、脩武、上谷、沛國、梁國、滎陽、平原、京兆等四十三望族，中出

〔一〕張仁晸留侯天師世家宗譜卷一收有此序，有撰寫時間爲「洪武丙子四月望日」。

〔二〕「報」，原作「執」，據乾隆本、四庫本改。

宰相凡十七人，封侯者八人。至十世而生漢天師，父桐柏真人自沛遷杭。嘗過鎮江之丹徒縣，有留侯廟，而常州仙跡亦名張公洞，意必德其惠而祠焉。其後因居浙矣。

漢天師生杭之天目山，是爲玄教之宗。嘗以脩煉神丹，及劾治魔鬼，道吴遊蜀，遂家信之龍虎山。其傳緒悠遠，盛倍於前。史弗之察，以謂留侯再世國除，即意其嗣絶，殊弗知流裔南北若是之繁也。自漢天師十世而下，丘隴之完，系序之存，凡居龍虎山者三十八世。計侯之上遠不可知者，通爲五十餘世矣。其支屬之殊同，出處之顯晦，則無所稽焉。或傳閩之石笋，信之上饒，其張氏皆族也。間見其子孫故老，猶能道説舊故，而求其世次，則亦無從考質焉。若夫江東、西之間，世稱穹爵令望，而國朝崇尚不息者，鮮與之倫。其非列祖之神功玄化，德被四方，而能若斯之昌且久哉？

抑嘗慨夫世之好誇譽者，每爲譜以自眩，其間攀慕貴顯、旁引曲證者多矣。其於孝敬之心，果何在哉？而我張氏以神明之胄，迄今千有餘載。論者徒以繼爵虚玄之宗而已，又焉知夫重珪疊組蟬聯而不替者代有之，特或文獻之有不足者歟？然其未能大白於世者，前之人於求本之志有缺，故當時鴻生碩士無一言以及之，是亦甚可愧惜者也。矧今宗裔視昔則十不一二，其消長盛衰，猶深有足感嘆者焉，可復失於整輯也哉？顧駑劣無似，弗克負荷，常懼駸尋墜絶，使後之人曷從而知源流之自？思亢其宗，慎其本哉。

或謂作譜之法，親者宜詳，踈者宜略，爲子孫者各詳所親，則略者亦可互見。後之人當體夫祖宗德澤之重，篤志樹立，使其流風餘澤無至顛墜，庶克繼其善也。昔韓魏〔一〕公之言譜家牒而不忘乎先塋者，學之大也，可不警勉焉？則古之譜牒之製，所以敦本之道，爲不虚設矣。兹述其槩於編末，以紀其所自，其發揚潛耀尚有俟於當世大手筆焉。

三十代天師虚靖真君語録後序〔二〕

宇宙之間，鍾光嶽靈淑之氣者惟人，而人〔三〕倏乎身也，有諸内必形諸外，固凡藴蓄之素者，其能已於言乎？雖老莊氏之學，墮肢體，黜聰明，凡役乎外者，一切斥絶，務一返乎内，而至於垂世立教之道，亦必因言而後達且著焉。由是觀之，遊方之外者，豈〔四〕以言爲

〔一〕「魏」，道藏本作「相」。
〔二〕三十代天師虚靖真君語録題作三十代天師虚靖真君語録序，序後多「歲洪武二十八年乙亥中元後上吉日，正一嗣教道合無爲闡祖光範真人、領道教事嗣漢四十三代天師嗣孫宇初齋沐再拜謹序」一段。重修龍虎山志卷十五亦題作三十代天師虚靖真君語録序。
〔三〕「人」下，三十代天師虚靖真君語録、重修龍虎山志卷十五有「之」字。
〔四〕「豈」下，三十代天師虚靖真君語録、重修龍虎山志卷十五有「盡」字。

無所用也哉？蓋其於言也，若太虛行雲，澄淵微瀾，隨其動止而成文，不可以跡求之也歟〔一〕！與〔二〕儒之於言也，達則雄邁放逸之情肆，窮則羈旅〔三〕感慨之語發者異矣。雖然，其道隆神化之久，與天爲徒，又豈必以言之有無而後謂之仙〔四〕哉？

三十代祖虛靖真君，以靈悟宿植，遭熙洽之朝。在崇寧、靖康間，徽廟崇道尤甚〔五〕，而真仙輩出，與真君上下一時者，若徐神翁、王文卿、林靈素也。凡祛禁妖祟〔六〕，平潮孽，祠〔七〕禜禬，往往有異徵。既而〔八〕國運艱否，預達災眹，及致風霆暘雨，特指顧間。其道神行著，誠足以羽儀天朝、澤被含品矣。雖相去數百載，至今人猶道慕之，豈務〔九〕誇一時

〔一〕「求之也歟」，三十代天師虛靖真君語録、重修龍虎山志卷十五作「見之也」。
〔二〕「與」，三十代天師虛靖真君語録、重修龍虎山志卷十五作「若」。
〔三〕「旅」，三十代天師虛靖真君語録、重修龍虎山志卷十五作「愁」。
〔四〕「仙」，三十代天師虛靖真君語録、重修龍虎山志卷十五作「至」。
〔五〕「甚」，三十代天師虛靖真君語録、重修龍虎山志卷十五作「篤」。
〔六〕「祛禁妖祟」，三十代天師虛靖真君語録、重修龍虎山志卷十五作「驅禁祟」。
〔七〕「祠」，三十代天師虛靖真君語録、重修龍虎山志卷十五作「驗」。
〔八〕「既而」，三十代天師虛靖真君語録、重修龍虎山志卷十五作「暨」。
〔九〕「務」，三十代天師虛靖真君語録、重修龍虎山志卷十五作「惟」。

而後竟泯〔一〕無聞者比哉？

舊傳應化録，載述勳行詳矣。凡真君流示世教之語，陶冶性靈之篇，又皆足以警迷啓蔽。非遊神於胚腪坱軋之初，蟬蜕於轇轕塵滓之表，無毫忽足以介其中者，其〔二〕造詣能若是哉？四方傳誦願見者，惜不得其全。往嘗刊布，久亦〔三〕遺缺。間求之〔四〕名山，重鋟梓以廣其傳。庶俾冠褐之士，慕嚮之流，探索於言外意表，以悟火符之秘，窮鉛汞之玅，有餘師矣。以是而進乎道德之域，若所謂廣漠之野，虚無之濱，當層峰喬木〔五〕之間，風清月霽之夕，哦咏其空歌靈韻，林倡泉答，又焉知其霓旌霞珮之不來降也哉？其可不與老莊氏之言而並傳也乎？

宇初忝嗣匪材，豈足以盡其贊頌揚美？嘗恐有所遺墜，姑序其槩〔六〕，以俟諸大手筆焉。

〔一〕「泯」，三十代天師虚靖真君語録、重修龍虎山志卷十五作「泯泯」。

〔二〕「其」下，三十代天師虚靖真君語録、重修龍虎山志卷十五有「所」。

〔三〕「亦」，乾隆本作「已」。

〔四〕「間求之」，三十代天師虚靖真君語録作「因采之」，重修龍虎山志卷十五作「因采諸」。

〔五〕「喬木」，三十代天師虚靖真君語録、重修龍虎山志卷十五作「高林」。

〔六〕「嘗恐有所遺墜，姑序其槩」，三十代天師虚靖真君語録、重修龍虎山志卷十五作「嘗懼有所逸墜，姑序其槩於首」。

悠然閣集序

夫物之衆，自萌茁兆露，而生生之意具焉。以及繁長盛大，而人鮮知也。其所可見者，越寒暑冬夏，敷榮凋悴之色而已。蓋未得乎其初也。物且然，況己之心，尤莫之[一]察也乎？人性之善，知覺既形，莫不有悠然存乎中者，與物同而物欲情慮蔽其私，猶寒暑冬夏之榮悴有不免焉，而能察其蔽，釋欲盡，則悠然之善本存。故爲學之道，由仁義，操禮節，所以持其中，復其初，則己心之悠然者，若實之有[二]仁，於吾無間然也。士之立身顯親，非求夫是而後達，不足謂之學也。

番陽甲江西他郡，以産殖貲貿之富，民廣其利。五季間，賢士巨室爭出，而周爲盛。迨元，集賢司直南翁公以學聞，居湖田間，山明水秀，覽而悦[三]之，遂搆悠然閣其上，或有取夫晉陶處士詩語也。未幾入朝，時大夫士咸有述。始南翁洎左丞伯温公皆顯宦，族姓

[一]「之」，乾隆本作「知」。
[二]「之有」，四庫本作「有之」。
[三]「悦」，原作「閲」，據道藏本、四庫本改。

且繁，而郎中公克復伯仲守世澤不墜。元季，兵興閣毁，而克復處仕途既還，若上世手澤，皆收襲具存。

予辱與克復契厚，間出所藏屬以言。是編辭藻增耀，有足見南翁遭際隆盛，而悠然乃未達之日所名。其諸賦咏，皆一時名卿碩士，美之於既達之日，雖眷眷桑梓間湖山之勝，與晉處士所適固異。求之世澤之愈久，其得乎一心之悠然，與景物之托興者，又有不同者矣。雖然，景物之代謝，常係於榮悴，且物俱囿於理氣，積厚者源深，若家世之遠近，亦由積之之厚薄也。

當元盛時，四方士人簪擁雲合，與周氏同輩者，視今能幾人哉？克復之善繼其業，且護重編帙，以示將來，是使知夫悠然其中有若是耶？抑余祖太玄公於南翁、伯温有世契，而余於克復，凡辱知三世矣，言可拒乎？惟其後胤，尚善珍之，則悠然之澤，非榮悴之足拘，必由至仁之著於無窮者焉。予因致其望於是者，敬序以復請。

丹纂要序

黄老之書出而吾道興。史載帝嘗問道廣成子於崆峒山，其言非神異深奥，而簡明要切，易知易行者也。至周穆王作草樓，延逸人，而後相尊信之。若關尹、莊、列諸子生戰國間，以時上下而言亦異同，然其授受之源一也，蓋其本則三洞九霄諸經品道藏者。其用世之説，則内聖外王之道，蓋公、曹參以清静而治是也。其要也，使有歸於無，實返於虚，順元氣之流行，而深根固蔕，返本還元，則性命混融，守其一真，復超乎無而已矣。

迨秦皇、漢武取惑方術，而其説淆襍。後之所謂金液大丹者，始金碧龍虎經、大上石壁歌。至漢魏伯陽，本金碧經作參同契，假易以明丹，述五行八卦陰陽經緯之説，詳火藥消長生化之機，或引金石草木之類以證體用，或託嬰姹龍虎之説以隱玄微。而踵其後者，全以金〔一〕石比喻之言，溺其要義以惑世誘俗，不惟内外丹之傳。由是迷逸而未知探訪者，一槩以藥石爲丹，舍身心之實，性命之理。因譔爲奇言譎語，以權衡學者，非特鼓惑一時，且流弊後世者有之。

蓋外丹之傳，采五金八石之精粹，按火候、陰符而烹鍊，與内丹升降進退之道無異，故内外之運用一也。夫人之形骸屬陰，皆由精氣凝化，必資金石之英、雲日之華以化鍊之，則靈化〔二〕之玅，可輕舉飄浮矣。故名山川間，丹爐藥竈，皆有遺跡。若吾祖漢天師、許太

〔一〕「金」，原作「木」，據四庫本改。
〔二〕「化」，道藏本作「變」。

史、葛仙公〔一〕之流，世傳尤著。故舍二者之傳，則皆妄也。元季間，有險薄之徒，爭倡邪説爲採戰之術，盜習成書，假先德之言以相引證，誑惑當世。富豪大賈之人，且多從之以延年縱慾，必喪身亡命而後已。其始作俑者，業識之報，當何如哉？予嘗欲抵斥之，患未能廣耳。又或持草木、雲霞、按摩、導引之文，以爲入逕之資，雖可養生延壽，求其成功〔二〕，亦緣木求魚，負薪救火，尤庶乎邪説暴行而已矣。所謂南北二派，其全真所宗金王重陽氏，南派則張紫陽氏。張之書多文而隱，王之書皆直而約。張氏之傳必内外合而後成，王氏則修内而已矣。然其授受之奥，必學者力究焉，有非書之可盡也。

予自襲教，蒙皇上眷念隆渥，嘗勉以精進道宗之學，今凡十餘載。嘗討論參訪於四方之士，不敢少怠。第以質下聞寡，無以上副國恩，以光宗教，是録平昔所覽經論詩訣，上自帝真師匠，沿流而止，探考異同，擇其精要，足爲學門軌範者，題曰丹纂要。不惟便於玩覽，實將發性命之理，神氣之要，一貫而萬備，可因誦心會，不惑於謬戾之病，亦無取於經世兼善者之訕議。其於黄、老、莊、列之傳，亦庶幾不失其緒焉。使傳之廣且久，則蒙吾道

〔一〕「公」，道藏本作「翁」。
〔二〕「功」，原作「工」，據乾隆本改。

之澤有自矣。況栖遁山林，日積月累，進之不已，豈登真躡景之不可繼哉？然尤在夫善根上器之士，有以自證者也，是序於卷首。

生神章注序

易曰「神者，妙萬物而爲言也」「成變化而行鬼神」。至神無方，聖而不可知之謂神。易之言神至矣。盖萬物自一氣生，氣分而太極判，兩儀、四象、五行，各位乎氣之中。由五行之氣布，而萬彙生生之無窮。其五行之運，陽極於九，陰極於六，二五九一之道又備乎五行之中。一爲萬數之根，而氣爲萬有之母。氣之流行統宰於神，然後變化出焉。

天以積氣而成，帝以統神而名。若一氣生三〔一〕氣，三氣生九氣，九氣生之無窮，彌滿六虛，皆氣之化生，是謂之諸天也。諸天歸之於虛無，言其不可以象求也，是以吾教之設，本乎虛無自然。其虛無自然者，神氣也。知養夫神氣，則性命之道脩矣。而脩之之方，雖或同異，其原夫三洞九霄之旨則一矣。

盖三境梵氣，結篆成文，非人世演説模倣塵言之類也。九天生神章經，道貫義明，其

〔一〕「三」，原作「二」，據道藏本改。

分章掊句，皆至賾之奥。每各府命元而有一天，其修煉之徑盡矣。内而鍊〔一〕己，外而度魂，故誦之九轉七誦，皆按數之玅，可以坐致自然，白日登宸，盖非讀誦使然。十乃成數，天地之造化係焉。人身備天地之造化，豈登真應化之道有不可得哉？況按金液返還之旨，九乃陽數也。

夫元始之演玅，神王之進請，其灾劫種之訓至矣。自赤明、開皇以來，仙曹之判選，若階而升。其不修善行、不求至道者，豈不於是深所感畏哉？其能修者，不惟度劫成真，乃上證僚擢，非由養氣鍊神，回九氣於萬靈，混三界於一氣而然乎？所謂知其神之神，不知不神之所以神也。抑於死生之説，則鍊己之神可以度幽，雖闡太上之慈恩，亦由修己之功莫大矣。故是經與度人、大洞、救苦之義表裏混融，其善習誦者，因文解義，於道之奥曰有所悟入矣。

清源董圭山，注釋明達，實幽明之津筏者也。暇日，某命工鏤梓，以廣其傳，其存心惠澤至矣。間書請序其首，予何足以開倡其旨，使人人知所皈向，況幽顯之大者乎？然遵是而脩之，久乃神靈旡化，躡浮駕空，返己之天於虛無之上，則高虛清明之景是所遊焉。

〔一〕「鍊」，道藏本作「脩」。

武夷山志序

世之謂方輿、職方、郡志之書，率於名山大川，靈蹤遐躅，莫之盡詳焉。蓋非載籍之遺缺，而代之鴻生碩士多病以虛誕而諱言之。然古之仙真，其神靈所寓無往不在。凡禦災捍患之異，有禱輒應，豈不足以陰翊皇度者乎？抑豈無參贊之功於世也哉？而或史之弗書，述之弗詳，則千百載之下竟遂泯泯無傳焉，是亦習教者之所宜盡心致力也歟？

建寧之武夷，爲昇真玄化洞天。按傳記晉陸鴻漸謂昔有神人受帝命，統録地仙，嘗降于山顛，自稱武夷君，山因以名。而白紫清傳列仙則謂秦人籛鏗嘗隱於是焉，擕二子，長曰武，次曰夷。其亦莫得而辯也。漢郊祀志：「武帝嘗祠武夷君于建，命祠官領之。」山有漢祀壇遺址。或曰秦始皇二年八月十有五日，上帝同太姥元君、魏真君子騫，設會幔亭峰之頂，虹橋接空，魚貫而上者千百人，呼鄉人爲曾孫，享以酒核，皆彩室綺裀，供帳華盛，靈樂迭奏，已而風雨且作，竟失所在。子騫始學道於山，從張湛、孫綽等十三人，遇控鶴仙人，受道皆仙去。下而唐宋迄元，得仙者常輩出。

沖祐觀始創於唐天寶間，迨南唐保大八年，李公輔於道有得，遂遷今址，賜額曰會仙。宋初，凡殿宇廊廡更新之，太宗寵以御札。祥符二年，賜田若干。熙寧初，秩二千石者領之。暨紹聖、元符、端平、嘉熙、紹定間，禱雨輒應，復加封號，錫田蠲税之恩累降。元天曆亦寵賚如前，而貞人介士代不乏焉，以是名於天下，與三山相後先也。蓋建之曰丹山碧水者，奇峰麗岫，層見疊出于一水縈紆之間，而巖姿屏色，趍抱拱挹，凡洞穴壇壝，不可枚紀，每皆勝絶，孰不有仙真異人居之？是故若朱文公、蔡文節公、劉文簡公，一時名賢鉅儒，亦皆讀書講學其間，則九曲之勝聞于四方者，亦豈偶然也哉？

予嘗異夫三茅山楊、許二長史之會于華陽洞天，麻姑之會蔡經、方平於仙壇也。稽之傳記，若劉向，漢稱博極群書，其言未必誣也。以是知幔亭之集必不妄矣，其可無所紀述也哉？而山志考載且詳，誠足傳遠矣。余嘗欲一遊而未遂，主觀者某間請序其首，余固不獲以淺陋辭，而亦尚圖詢諸遺老殘文，以補其未備云。

白鶴觀志序

自黄帝獲鼎學仙，丹成而上升，繼則周穆王作草樓召仙，而其説始殷。逮秦漢求仙之盛，而方士迭出，謬以神異誇誕，取惑好慕之君，淆襍虚玄之授，招時訕議者亦宜，然豈無真仙者潛遯窮僻、遺名棄跡以脩之？故其丹爐藥臼、靈書奥訣，或秘諸巖洞，或留世隱顯，雖其跡不同，自古相傳，代有之矣。

江西豐城之白鶴觀，在陳太建間，其地真仙甘君之靈跡也。甘君幼篤孝，以行聞於鄉里。學道有年，聞旌陽許君善，往師之。許君與偕往師丹陽女仙諶母，得秘授，法行日著，乃從許君積功江漢間。若其圖松禦怪，斬蛟蜃，祛蛇孽，以三尺劍致功，可益萬世，其名跡垂之無窮必然矣，況其功烈尤有不能具録者乎？而許君嘗有淨明忠孝之法行世，其説皆本大中至正之理，非他符訣咒步比也。甘君以孝行之著，成仙躡空，其功與道豈不得之忠孝尤多？矧仙之爲超脱凡俗之逕，未嘗去人道而必獨善也。此甘君道既成，事母終而脱去，則可謂兩全矣。抑凡仙真區宅，必山川雄勝，而豐城之佳秀，宜有以毓其質炁而然也。

予今春謁西山玉隆宫，還經白鶴觀，雖風雨之夕，探採遺逸，尤有足起慕焉。其地雖處闤闠間，景物幽麗，詢其兩楹，乃吾祖虛靖真君窪盈方丈，其前龍潭，真君飛幻處也。道會鄔某、耆士熊某主觀事，且出甘君所爲丹經洎觀志及真君與任首座書，言尤足以有發，而事畢名存，寧不重爲感惜者焉？越夏，某來山中，以觀志請序。余幼嗜名山水間，以窮幽索勝，嘗歎古今名跡不獲遍覽。若甘仙之神德優著，乃獲讀其言，履其境，叙不可辭。矧尤吾祖之遺聲逸跡間，可以詳夫紀載者哉！然某克盡其職，且編次成書，欲壽諸梓，可謂善究其本矣。使他日真仙之靈蹤異化，與是録同其弗泯，於吾道豈不甚盛事哉？繼者勉之。

張嘉定集序〔一〕

澹漠先生張公詩集若干卷，吾友大椿編次，屬序於予〔二〕，其不獲辭也。記髫齔時，嘗侍公於先君子之側，獲請益焉。當是時，稱鄉先生盧公伯良、夏公伯承〔三〕爲同門師友，而學業又皆齊驅並駕，而莫知其孰先後焉。

公爲吾里著姓，自宋元簪組相屬，多以文鳴。公幼岐嶷，才贍氣鋭。暨長，博學善記誦，猶長於詩。元季，隣邑以詩名者，若張公仲舉、黄公君瑞、危公太樸，皆嘗頡頏其間，而李先生仲公、祝先生蕃遠猶所師也。間挾所蘊走燕趙間，卒無所遇合，道吴楚而還。居無何，天下雲擾，豪俊並起，一時僭竊之徒，間聞而聘之，竟潛退不屈，而其流離忠憤，皆見乎詩，而雄放之氣毅如也。

〔一〕貴溪縣志卷九題作張宇初序。

〔二〕「屬序於予」，貴溪縣志卷九作「屬余爲之序」。

〔三〕「伯承」，貴溪縣志卷九，本書卷之二宗濂稾序，卷之三故後軍府經歷周公墓誌、故上清宫提舉矩菴胡公墓誌，卷之四草堂八詠卷跋作「柏承」，卷之三故道録司演法朝天宫提點曹公墓誌、華陽吴先生壽頌又作「伯成」。

我朝國初奄有海宇，首以遺逸徵公赴闕，授知嘉定州。秩滿，以老賜還，乃泝吴、越、淮、湘而歸。晚築畊林壑，杜門家授，於詩益工。州之民嘗有以誣禍搆連，逮數十人。公直其事，獲全，迨今人猶德之。

公之詩，其體裁風致本乎風雅，而浸淫乎漢魏六朝，若盛唐初元而下所不道也。蓋其氣岸魁偉，美姿表，故吐辭運思，捷若神助宿搆，不假窮索苦思，而成其雄渾淵永。若穹華之雲、長江之瀾，不可涯測而跡求者，是所以淺陋庸隘者所不能造也。此其知名王公學士大夫間，信不虛得矣。惜其平素撰述，中罹兵燹，散軼者多。盧公嘗拾襲其千百，圖永於梓，未完而歿，藳復逸不存。間愛而不能棄者，手録其十一，校大椿所録居多。惜予無似，嘗承教於公，而不能副其訓育，其敢妄序之乎？然公之學優辭敏，不惟騈華競秀於一時，而其盛德偉望已嘗見於事功，其遺聲潛曜，豈竟泯泯漸〔一〕墜者哉？矧吾大椿力學好義，將繼盧公之志，爲不難矣，又豈不樂爲斯文道哉？

公諱率，字孟循，號澹漠，門弟子以澹漠先生稱云。

〔一〕「漸」，道藏本作「漸」。

宗濂稾序〔一〕

予友倪君子正，少從學先師夏先生柏承，而授陸氏本心之説於彭先生孟悦。其踐履篤實、推信於鄉里者，雖庸夫愚婦，皆知其爲君子也。窮居陋巷，貧窶自守，慎交寡言，於師友請益不怠，而動容常若不足。間苦疾，鮮爲文辭，或强綴作，必稽諸經，一出於純正。

余嘗聞性理之説於彭公，其琢礪討論，皆君之益。凡交處十餘年，猶一日也。某年以薦辟除新建教諭，間兩還鄉里，獲與之研究古先賢哲前言往行，陶冶于疎林荒礀、軒燈池月間。其意味醇愨，求之古人不多讓也。洪武十七年春，服缺赴京，示微疾終。予悲不勝，嘗勉其子衡勿墜其手澤。後四年，衡持文若干篇曰宗濂稾，請曰：「先君居新建時，縣庠乃元江丞相宗濂書院也，故稾以是名。先君託知之深，莫公若也，願序其端。」

予不獲辭，讀之再而感曰：夫士之爲學，求足於人者多，求足於身者寡矣。君育天地之和，山川之秀，蒙先世之澤，質淳氣清，性行端潔，自非庸儒俗生所能至。内既足於身，

〔一〕貴溪縣志卷九題作明張宇初序。

而外亦無待乎人者也。故其言論風旨，一本諸簡易之理，精微之得。道不待究而自明，誠不俟立而自著，是所以得之本心也歟？宜其施諸事爲，訓諸講解，舉不淪〔一〕於口耳之習、言辭之辨，一存乎端本誠身而已矣。本端身誠，則聖人之道、經世之法具矣，尚何俟其繁贅也哉？其策問、講義、序説皆發乎正大之要，存養之方，陸門之楊、錢，殆不是過也。其詩歌篇什得乎性情之實，而韋、孟之閒雅，陶、柳之沖澹有焉。惜未之大用，無以發其和粹之蓄，豈聖代之可多見也乎？

今凡新建學徒，在當時嘗聞其言者尤有立，是豈其涵濡操勵之工爲少哉？惜其學本諸陸，而世之宗朱者或有不與焉。是故其特立不惑，宜世之鮮知也已。然究其會，同其言，可得而竟泯泯者乎？使其傳之不替，豈不羽翼乎周、程、朱、陸之言必矣？墓則友人吴君伯宗爲之銘。惜予無足以發之，姑以義弗辭，序其槩焉。

雲溪詩集序

孟子之言曰：「王者之跡熄而詩亡，詩亡然後春秋作。」夫詩豈易言哉？自三百篇古

〔一〕「淪」，道藏本作「論」。

賦之下，漢之蘇、李，魏之曹、劉、王、應，去風雅未遠，始有以變之。晉初，阮、陸、潘、左之徒尤未湮墜。逮六朝，鮑、謝、顔、張出，而音韻柔嫚，體格綺麗，則風雅之淳日漓矣。暨唐初宋、杜、陳、劉，盛唐韋、柳、王、孟作，而氣度音節，雄逸壯邁，度越於前者也。而集大成者必曰少陵杜氏，在當時，如高、李、岑、賈，亦莫之等焉。則杜氏之於窮達欣戚，發乎聲歌者，有合乎風雅，而足爲楷法矣。唐末，風俗侈靡。宋之稱善者，蘇子瞻、梅聖俞、石延年、王介甫、歐、蘇、朱、楊而已。及元，范、楊、虞、揭輩倡遺音於絶響之餘，直追盛唐。一時禁林之儒生，四方之士人，莫不宗師之。凡江東、西之間，言能詩者尤盛。

蓋得乎己者，高而宇宙山川之大，近而卉木禽蟲之微，無鉅細妍醜之辨，接於目者會於心，其操辭運思，若江海之奔而不可遏矣。故代之辭人墨客以是名者，駢華競秀，櫛比鱗次，及求之大章全帙，可以躋古而式後者，復幾何人哉？然則三百篇之删取，雖出於庸人愚婦之言者，其風刺美怨，皆足以薦之廊廟，裨之政化，而王澤具存焉。其曰詩既亡而以春秋續之，則爲詩者必欲繼其亡者焉。是以後之學者，苟不操源遡流，發乎性静之正、資養之實，務趍於模測雕飾，窺古人之餘膏剩馥，惟將和鉛吮墨、剽獵纖辭，騁駕於蘭茗月露之頃，以誇時自足，是豈足與言詩也哉？

余友楊君孟頊，世以詩鳴〔一〕。余丱歲嘗讀其伯父顯民詩，惜不盡見。今春延孟頊授業余甥，采其言論風旨，恨得之晚，且出其平素詩若干篇，獲盡讀之。及扣其家世，其先自伯起者，漢爲名儒，世稱關西夫子。迨隋唐多顯宦，有名某者官江西某處，因遷居進賢縣之水北里，實高宗麟德元年也。至宋，有諱仲博者舉進士第，擢長沙令，轉江西漕運使而終。又諱龍偉者亦舉進士，爲番陽簿。仲父季子，元爲中書檢校，遷禮部侍郎，終贈本部尚書。以是族日益蕃，今凡居水北者，二十有九世矣。其學則祖叔能，師宋監冑生見心危先生。季輔、顯民、季子，皆學於叔能，率以家教相承。季輔志識閑雅沖澹，晚節亦慕道家縱閉之説，延名〔二〕師篤教諸子。孟頊德充而學贍，其襟度辭韻清麗宏達，法於杜而備衆體者也。

蓋世爲簪纓家，其淵源之懿、研泳之習有素矣。予固知其不以顯晦榮悴累其中，而向使列之英俊之林，又安知其不可續清廟之音，以鋪張盛世之述作也哉？此亦其志夫國風、雅、頌之大者焉。抑余無似，退卧乎窮山密林，曠意風月寂寥之濱，其淺陋良有以麗澤之，

〔一〕「鳴」，乾隆本作「名」。
〔二〕「名」，道藏本作「明」。

又豈能盡知孟頊哉？然感夫世之知詩者，如〔一〕孟頊且鮮，況信能淩厲前古而與造物者爭衡也乎？間屬敘於予，情不獲辭，矧俟於異日，豈惟是哉？

許氏族譜序

嘗讀周官書，其小史之職奠世系、辨昭穆，以定邦國之制。雖古無譜牒而嚴大宗、小宗之法，自宗法不修而尚門地，由是而有譜牒之識焉，斯所以昭穆不紊、疎戚有別也。然代之譜其宗者，率欲光〔二〕其先，振其後，凡得同姓而顯著者，必將攀援附竊而成書。雖自欺以取誇於一時，而其尊祖明宗之法胥失之矣，又何代夫爲之後者？此學士大夫之所不取也。蓋遡而上之，莫得而詳焉，是或有所誣也歟？或不求門地之素、風俗之淳，而徒資産之厚、聲利之熾〔三〕，則以巨室名閥尊尚之。其於古之人久近之別，賜姓命氏之原，尚何自而考證之哉？

〔一〕「如」，原作「知」，據道藏本改。
〔二〕「光」，原作「先」，據道藏本、四庫本改。
〔三〕「熾」，道藏本作「盛」。

高陽許氏，春秋之謂齊侯、許男後也，春秋之後無復國，其後以封爲姓。按譜，漢許氏侯者七人，王莽敗，始失侯。東漢循吏許荆者，其下爲汝南人，各有聞。許靖爲蜀太傅，許褚事魏封侯。晉許孜徵孝廉不起，其後稱高陽爲盛。許邵爵唐安陸郡公，敬宗爲龍翔相，孫曰遠，天寶之亂以義死。宋祥符間，許遂爲將作監主簿。許怡，元爲江淮荆湖兩浙制置使，其後族大且蕃，累仕于朝。至某者，由某官遷撫之宜黄，因家焉，是爲江右著姓。某於譚爲世戚，外兄碧淵嘗以其譜牒屬序焉。予嘗感夫盛衰榮悴之理，駸駸于無窮者，一何甚哉！幼聞故家遺俗，莫盛於元。蓋以享國之久，恩惠寬厚，貨殖蕃碩，凡其有休聲餘澤者，靡不思以振復興起者焉。故不惟奢靡豪縱之習，而詩書之澤、孝友之風，猶彬彬間有之者矣。迨今凡三十餘年，運去物改，一旦鞠爲榛莽者有矣。其亦消長之數，信有定在也耶？矧以學行世其家者，非假譜牒之存以詳其支派之遠、嬋嫣之自，則祖宗之嘉猷盛烈，曷有不顛隮者哉？而能存其譜者亦鮮矣。其若許氏之能善寶其存，所推本者皆穹爵令望之士，可謂敦本知自者焉。惜乎未識用衡，而於碧淵之言可徵矣。是不辭，而爲之序。

贈御風子序

世之具形氣者，有生於無，而無復歸於有，故形載乎氣，而氣御乎形也。元氣運天地，而陰陽行焉。天之覆，地之載，日月之明，四時之序，晝夜之續，鬼神之變，萬物之衆，其運行而不息者，皆有無自相生化者也。古之善訓人者，惟使趍乎道而已。知趍乎道，則達有無生化之機矣。然世之謂學者，苟聲務華，飾外忘内，其於生化之有無，又豈能潛求默識也哉？

予居耆山中，間遊鶴松下，值一道者，蓬藟翛然，揖而言曰：「吾遊江海間久矣，嘗扣異人以金液還丹之道，信夫列禦寇指尻輪神馬之説，而有御風之神化者也。吾雖未知能也，其然乎？其不然乎？願有以發之。」曰：「風之爲物也，聲而不形，蒙莊氏謂之大塊噫炁是焉。其御也，果有凴乎？所凴者虚，則何致福之數數然也？所凴者非虚，又何福之可致耶？況數數也哉？是故難免乎猶有所待者也。孰若無所御而行，是無待於外矣。故乘天地之正，而御六氣之辨，以遊乎無窮者，彼且惡乎待哉？彼列禦寇之御乎尻輪神馬者，乃一氣之往來無窮，是託乎御風也，果何待哉？故其遊之不息，非以邊涯可得而測焉？況旬有五日而後返耶？有息而後返，返而未嘗不息矣。特有之所以乘無，無之所以御有也。及乎非有非無，而生生化化之機盡矣。子之於學也，必求夫天地之正、六氣之辨，脩之於己，日積月至，而後形神炁化，亦御乎尻輪神馬之無窮，則風不待御而行矣。其視致福，乃吾無所用者哉。舍是而欲之，雖使飛廉、列缺，侍乎飇車霆轍，駕乎雲道星衢，尚何能御哉？雖然，凡造乎道者，必去浮幻、絶識染，形如槁木，心若死灰，視世之貴者爲埃壤，身之重者若土苴，則其自待也輕，舉天下無毫髮之足累其中，猶馮虛而行，不假於御而莫知止也。雖天地之外，不可以跡限之也。矧子以剛勁之質、參究之學，使洞視有無之表，而遊乎逍遥之墟、廣漠之野。若萬竅之怒號，衆竅之爲虛，翏翏乎之不聞，刁刁乎之不見，又何衆竅之謂地籟，比竹之謂人籟，吹萬之謂天籟也乎？惟聽於無聲、視於無形，則有無之間皆一吹萬也。斯求造物者之所馮哉！而吾獨不得而至焉。子其勉之。」道者因請以自號，并録其言而别。

送琴士朱宗銘〔一〕序

樂之所以致和也，極乎天而蟠乎地，行乎陰陽而通乎鬼神，是故大樂與天地同和。其感於物而動，乃形於聲，聲成文謂之音，音之發有喜怒哀樂、欣戚邪正存焉。此君子之於琴瑟，斯須不可去也，故曰：「琴，樂之統也，君子所當御也。」

蓋凡接於耳目，具於四體，必禮以節之，而琴足以閑邪滌非，怡心養性，是得乎性情之

〔一〕「銘」，道藏本、八閩通志卷六十三作「明」。下同。

正焉。其與夫鸞和珮玉，雅頌之音，無故不徹也宜矣。其由羲、農、虞、舜、文王、孔子而下，伯牙、屈、宋之作也，或感於憂思，形於悲嘆，放於悅懌。始而淵泫沓瀰，劃然若怒，終而颯爽激烈，凄然若悲。其急也，風雨震而崖石裂焉；其緩也，波濤作而蛟龍興焉。其大也，騏驥驟而干戚舉焉；其微也，泉溜滴而蛩螿語焉。此其千態萬狀，不可得而盡也，信能與陰陽相摩、天地相蕩也矣。在夫得之心而應之手也，非習之有素，不亦難乎？且必得乎性情之正，而後不失乎聖賢之餘韻也，豈徒悅乎流俗之觀聽也歟？

昔之稱師襄、師曠、師文者，其去遠矣。其下損益者，雍門周、司馬相如、蔡邕、孫登、嵇康、桓譚、楊收之徒，各擅其說。近代之以是名者，惟曉山徐氏、子方袁氏、敏仲毛氏、伯振楊氏，學於徐、袁而鳴一時者起敬泠氏，是有江淛二操之辨，後皆徐、袁爲宗焉。予少嗜其學，聞於通都大邑，遇鳴於是者必叩焉。其曰淛學者皆然，而徒誇多競靡而已。求其音節雄逸、興度幽遠者，亦甚鮮矣。

閩士朱宗銘氏，師於袁，泠其友也。今春來遊吾山，相與掃石，鼓于峴泉之上。其曲也、調也，皆清深雅淡，雄逸飄縱，信非誇多競美者比也。采其論說，必以得性情之正爲要。少遊四方，多所資訪。我朝國初首以薦赴京，力辭獲還。凡閩之巨室大姓，更相延致之，而其齒髮向暮，乃得乎音之玅者，宜非一日也。然昔人謂之高山流水者，獲與之陶情寫意於風林月磵中矣。其别去也，豈不夢寐乎吾天籟雲濤之聽也乎？而亦果何爲黄鍾白雪之音也？特恐均不能忘乎耳哉！於其行，遂抱琴鼓之溪之滸，再鼓而不知其有離聲也，乃序其槩以爲贈。

遊仙巖詩序

予嘗觀夫世人靜躁勞逸之異也，其出處語默，必見乎性情之趍好焉，是豈得强而至哉？苟强而至，又豈造夫趣之真也？夫吾山仙巖，凡居二十有四，聞於四方久矣。由漢天師鍊丹兹山而龍虎現巖，因益名。由是天下士人，無貴賤老壯，凡偶經特謁者，靡不願一遊焉，以是遊帆曳棹而往者，歲無虚月矣。

洪武丙子季秋六日，予偕館賓楊君〔一〕孟頊、仲氏湛碧、吴甥汝緒，侍遊者王景山、吴處淵、袁止安也，命舟溪滸，壺〔二〕酒榼餚而發焉。縱波衝渚而下，不踰時而達。是夕息巖之左曰演法觀，乃漢天師祠也。危臺傑閣高出天際，水簾斗壇、丹竈芝巖交列左右，相與

〔一〕「君」，道藏本作「公」。
〔二〕「壺」，原作「崇」，據四庫本改。

偃息踰夕。明旦發舟，篙人指顧下上，應接睇眄之不暇，而泜島洲渚之間，怪石異木，幽葩奇卉，穠縟重馥，皆聯芳獨秀之可喜也。頃而旋汀歷溆，若坳窪抵岸之觸，側竇隱隙之險，惟鳥栖猱攀，而人跡莫能即焉。或依乎深林隘谷者，漁舍隱焉；或蔽乎荒榛野渚者，樵徑紆焉，是殆與武陵桃源不異也。已而開罇啜茗，溯流而下，顛崖絶壁突怒而起者，蛟騰豹躍，龍褰虎踞；俯首而伏者，屏列障闢，雲奔霧湧，千態萬狀，層見疊出。而穴其嵌空鍔眦者，庖庾疊牖，機杼梁堵，畢具其間，使人仰視慕羡，心融神釋，信不知其有人間世矣。下視澄潭一碧，靈籟四起，而其干霄麗日，排空而上者，岌業巀嶭，惟〔一〕巖峙谷聳，蒼嵁綺錯而已。遠而狂瀾淺渚，谽泫渟瀜，餘不知其有窮也。久之即巖下，摳衣而上，懸石萬仞，若垂盖覆宇，可坐數十許人，遂陳觴羅俎而飲於是。吟者歌焉，琴者絃焉，繪者圖焉，盡一日之懽，移夕乃已。時天風西來，怳若欲躡空駕浮，而興不可遏，遂命舟訪巖之右曰明誠觀者，吴大宗師河圖仙壇也。天且暮，乃明火趨宿。主祠者曰吴從善氏，善日者術，延談竟夕，明日乃還。所賦詩若干，不覺盈袖成卷矣。孟頊乃次第成帙而告曰：「人生行樂耳！今夫名山

〔一〕「惟」下，底本錯版，誤羼入卷之三紫虚元君傳自「命神仙，請隸屬南嶽」至文末一段，及金野菴傳自開頭至「輒愕而遁去，因得夷曠」一段，今删。

大川，爲仙真之窟宅，吾聞有年矣。不啻蓬萊、閬風、方壺、圓嶠之勝也，世之願一遊而不可得者多矣。或聞而以爲怪誕之誇，而未之信焉。今也幸遂一覽，若安期、羨門飛仙狡獪之適，盡在目睫間矣，豈不自幸也歟？願序諸作之首，以紀一時之勝集，而遺之無窮也。」余不辭而歎曰：「夫開闢以來，天地位而山川有焉。兹巖也，屹立曠劫，曷有傾圮？前乎千萬載，莫知其閲廢興消長之幾何也。其能同此樂者，已幾何人矣？後乎千萬載，孰知夫能同今日之樂者，幾何人哉？然則羈馽軒冕，没溺氛垢，或風雨之晦冥，人事之欣戚，不可勝紀，而不能從兹遊者，其相去豈不霄壤之間哉？矧是遊也，且有詞章絃詠之樂，視昔之赤壁、剡溪之興，亦未必多讓也，其能已於言乎？抑世之躁者思靜，勞者慕逸，其有得夫天趣之真否乎？」遂樂其請而序之。

還真集序〔一〕

仙道自古尚矣。由黄帝問道廣成子，世稱黄老。盖廣成即老子也，仙之説始焉。若唐之籛鏗，夏之嘯父，商之宛丘，周之王喬，三代則固有之，而周穆建草樓以延士，其説始

〔一〕還真集收此序，序後多「洪武壬申夏五月嗣天師張宇初序」一段。

著。殆秦皇、漢武惑方士藥石之術，雖有王次仲、東方朔之徒而不知師。而其邪説滋蔓淆襍，卒以殞身，則世之鴻生碩士並起而訾斥之亦宜矣。若漢魏伯陽倣易撰參同契，本古文龍虎經而充越之，於〔一〕是丹道倡明。不溺於金石、草木、雲霞、補導之術，一明乎身心神炁自然之理，假卦爻晷刻以則之，靡不合乎奇耦象數也。厥後由鍾離雲房授唐吕巖，則祖述其説，而歌辭論辨，庶得乎指歸之正，代亦不乏其人焉。若宋之張紫陽、石杏林、陳泥丸、白紫清、李玉溪、李清庵，皆一時傑出。凡其辭旨亦不下伯陽，而互有深造默會者焉。

夫相去千百歲之間，何言之若合符節者，不期然而然哉？此無他，千百世之理同也、心同也。其所以淆異者，必邪妄詭誕之説，非取誇於時，必鼓惑於後，其能果合於身心神氣自然之道乎？此古之人必得人而授，而道不虛行也。抑亦非師之秘玄藴奥不妄啓示，而學之者不累功積行之實，徒飾虛文僞，與馳聲揚耀者無異，尚何足語道哉？其能見諸言哉？

南昌脩〔二〕江混然子，以故姓博學，嘗遇異人得秘授，猶勤於論著。予讀其言久矣，間會於客邸，匆遽未遑盡究。今春，吾徒袁文逸自吴還，持其所述還真集請一言。予味之

〔一〕「於」，道藏本、還真集作「以」。
〔二〕「脩」，原作「臨」，據還真集改。

再，信達乎金液返還〔一〕之旨，其顯微敷暢可以明體會用矣。使由是而修之，雖上游紫陽、清庵亦未知孰後先也。矧予嘗憫夫世之膚陋狂僻之習駸漬滋久，有莫得而盡絶者，猶喜其言足以振發末季之弊也。庶或志士貞人，有碱砆美玉之辨焉，則遊神胚腪馮翼之初，煉氣混芒溟涬之表爲不難矣，是所以盡乎原始返終窮神知化也歟？尚容招黄鶴凌空而下，相與共論乎湘濵岳渚之間未晚也。是書于編首以竢。

記

蚊睫窩記

吾里象山之麓，綿亘數十里，起伏百折，隨其淺深遠近，皆秀結烝融，而幽室玄館必踞其會。篠嶺最幽而甫近，由嶺南行數十步至榆原，茂林曲磵，聲潺潺若環珮，泉石幽僻而愈勝。行不半里爲朋山，山之耆德士張君如愚栖息所也，以樂其勝與朋友共，因以名焉。

洪武辛酉，薙榛莽、築草廬數楹，環堵一室，左右竹樹交蔭，磵鳴鏘然。丁卯秋，予與如愚登龍井、象山，還即其廬，指而告曰：「此吾蚊睫窩也。予少讀列禦寇書，聞老商氏之道，

〔一〕「返還」，道藏本、還真集作「還丹」。

其言曰：『焦螟群飛而集於蚊睫，栖宿去來，蚊弗覺也。』螟至小而栖於蚊之睫，蚊非大而可容，況其睫乎？吾少志瀛渤，視湘海不啻坳水，山嶽不啻犂土，直欲遊乎無形，達乎無隅，栩栩而快，蘧蘧而覺，不知天壤間果何生何化，而時其來、順其去而已矣。今已息我以老，其放藪澤，逃榛萊，所樂也，衣短褐，食茂菽，庇蓬室。視昔之志者大，而玩物小。其大者若此，況其至微者歟？吾居窩中，不知其幾年矣。忘形忘物，不知有短褐之衣、茂菽之味、蓬室之覆，但存乎一息之微，亦不知其居蚊之睫也，亦不知蚊之睫果能容乎？果不能容也耶？」

予謂然若不知所止，與之徜徉樗櫟之下，坐臃腫之栂，執支離之疏而歎曰：「予聞之損一毫以利天下，去一毛以濟一世，士弗爲也。子非不以一毫利物，舍國而隱者歟？畊者，物之以其利而有焉，故不以一毫爲小也。矧損我一毫無益於世，世亦何用於濟？此非聃、尹、禹、翟所以異而不爲也乎？蚊之睫以一毛微於肌膚，螟栖而弗覺，此其忘於一毫之容也，尚何損益之累，亦無所用其覺耶？然蚊之睫，且望之不見，聽之不聞。惟心死形廢，以神視，以氣聽，然後見之若崇山之阿，聞之若雷霆之聲，其能以一毫利天下濟一世乎！始之不可聞不可見，而卒無不聞無不見也，其無形之與有跡之相去也，豈不甚遠矣哉？」遂兩俱默然，莫知其孰爲湘海山嶽之大而蚊睫之小也，亦不知卧於樗櫟之蔭也。惟栩栩而蘧蘧，亦忘其何所從來，復何所止也。返而命其弟子執簡，書以爲記。

靜復山房記

吾山上清宫之洞玄院，居宫之奥，地僻而林水最幽。東則象山巋嶷，其支隆然特起，院據其會，西則瓊林臺鬱然，前則雷壇、丹井在焉。其重屋奥室，皆畊隱劉真人元盛時所建也。其徒吴尚絅闢堂之奥室，以「靜曰復命」之旨扁曰「靜復山房」。一日請以記。

昔其祖張貴德氏職教幕間，延登覽焉。凡庭宇軒户，皆佳山美林，不知去纏會而幽僻者也。天光四明，幽趣互發，信足以凝神澹寥，日造乎道矣。而尚絅居是也，不寓於水木園池之好，不洽於塵垢凡易之見，而獨志乎靜復，可謂善矣。

夫學必靜而能復，復所以靜也。止者，動之君；闔者，闢之根。易之復也，動初之體，陰剥而陽復；道之復也，靜極之真。夫物芸芸，各歸其根，若冬之藏氣所以培，若夜之息動所以寧，物之復也。人不能復乎靜也，萬變汩其靈府，旦暮作息之頃，意慮交擾，機欲紛闢，動者流，闢者散矣。其體天地之運行，順陰陽之消長，潛於寂感之前，發於顯微之際。惟能審乎動靜賓主之辨，外物不能窒其虚，外欲不能蔽其明，則洞達融徹，周子之謂「無欲故靜」也。若循天地之盈虚，齊萬物之生化，流行不息，推符候以乘其進退，抱冥寂以絶其染奪，然後若太虚之瑩而不翳，止水之淨而不波，此守靜之篤也。

然儒之謂誠之復也，道之謂命之復也，豈至幽至微而與天地參矣？故非造天人一致之工，未足盡事物本然之性也。若翾飛跂行，不能離乎靜，轅趍軾憑，不能舍乎動。大而風霆之變，江海之奔，龍蛟之怪，始寂而忽喧，方往而倏返。其來莫測，其止無跡。惟能養其至者，所以備其神也乎？

抑余聞吳爲撫之望族，世以儒顯。尚絅少穎秀，質純〔一〕而氣清。余近職以文史，力從山中及江海高人異士究性命風霆之説。其志篤於自修，視古之超逸者，其將輝揚先德，有不惟吾之所謂也，豈徒使人歆艷誇譽之爲足哉？且學之至養之素，久則神發其知，竗著其用，視天壤猶一息。六氣輪轍，八荒庭除，不知遊乎溟涬胚腪之初，觀乎沖漠虚寥之表。非動非靜而與天爲徒，是豈一室之足居我哉？尚絅勉之，因記其槩以俟焉。

資深堂記

吾里爲天下名山川，故士生其間必多出類之才，而吾於黄君叔寅見之。叔寅少穎敏，有志習進士業，值元季弗利乃止，遂鋭意詞章，而尤業醫。時嚴、胡稱精于醫，皆師問焉，

〔一〕「純」，道藏本作「淳」。

是名一時。余識之已年七袠，與縉紳之士遊老且弗倦。觀其論議譚諧，常若無慮於世者，其非有得乎學哉？故其嗣孟律亦以學聞，有司薦擢永平推官，轉長州丞而歿。其孫伯儀，幼從良師，學業克習。嘗請曰：「某遷今之居也，廛湖、琵琶聳其前，華臺之山俯其後。東爲古象，西則雲錦。若夫澄溪激湍，層岑秀麓，朝姿夕態，舉在乎目睫間矣。間蒔花卉沿畦圃，或閱詩書之腴，或佇林泉之幽，適足以自娛。而尤有慕夫爲學之道，以『資深』名吾堂，願有以發焉。」

乃復之曰：儒之宗也孔孟。孟氏之謂「君子深造之以道，欲其自得之也。自得之則居之安，居之安則資之深」，其旨大矣。蓋君子之學必造乎道，乃所自得也。非自得者，皆外務末趍，豈能造道也哉？其自得也，故居處之安固，資藉之深遠，則日用之間無往而不值其本、逢其原矣。夫乾之資始，坤之資生，此萬物之所藉也，生生之不息係焉。是心也，乾坤之體同。吾所資也深遠，而乾坤始生之道存焉，則安愈固而深愈遠，是所以不息無窮也。伯儀之輩英騰茂，已譽於人，尚充所聞、擴所知，則仁義之趨、誠明之則，根乎心而備諸身矣。養其生生不息之仁，推其餘以濟之醫，則得乎内者博外之可娛者，皆所自悦哉？抑世之所患者，曠安宅而弗居，舍正路而弗由，故其所謂得者，特簪組之榮，紈綺之華，寶金玉而違粟帛，燕穹廣而陋卑隘，其盛衰欣戚有不免焉，其得之豈常也歟？惟得乎己者可終身焉。或不惟終其身，將以遺其後而不失者有焉。顧所持循之慎否乎？矧古之人所以過乎人者，非後之人異焉，在乎守之篤、行之著也。伯儀其勉之。則兹堂也，蒙祖澤之遠，據山川之美，思有以光其所付焉，則亦命扁之志歟？予既交其祖若父，尤與伯儀善，豈不樂道之？勵其進也，遂爲之記。

倪氏東園記

江西爲郡，與閩浙並雄於四方，故名宗大氏多出焉。吾里倪氏，始唐爲鄉之大姓。凡隣境邑，代推其盛，子姓皆簪纓相續，非他宗所及也。先輩倪君晉明甫博學有智略，少從鴻生碩士遊。元季兵革，嘗謀以寧鄉，里衆戴其安。暨天朝平一海内，君誓以有年，遂即所居之東園，闢畦圃，蒔花卉，建齋曰慎獨。齋之東，象山、雲臺巋然而特立，南則麈湖、琵琶卓然而隆起；臺山華顛秀其後，澄溪激湍帶其前。奇峰偉岫之覽，佳花異木之娛，圖書之列，詩酒之樂，靡不畢具。籬菊牡丹之殊品者，時則遺親友以花，餘乃貯之穹簷廣庭，烜爛若綺繡。年八袠餘，尤培撫不倦。暇日徜徉其間，擷幽芳而蔭喬木，聽遠籟而挹層岑，信忘其居乎塵闠也！

余家於倪爲世戚，去東園相望不數十步，若其幽勝雅麗，嘗或濡其故家文物之流風矣。問相謂曰：「余樂茲有年，可無一言以紀之乎？」夫時之代謝，物之盛衰，今古若夜旦然。若夫金、張、陶、綺之徒，誇侈於一時，使後之慕者求其雕甍綺閣之華，絲竹聲容之美，相去不數十載，遠而百餘歲，皆爲深榛餘礫、荒煙白露之墟，其能竟保其久哉？是惟世德之厚，猶本植而末茂，乃繁衍碩大之無窮也。

倪之系相傳數百載，可謂悠遠盛大矣。而東園之勝，雖遭時變遷而卒宥其存，豈苟然哉？況君以高年耆德與乎喬松鬱柏，齊其堅貞於嚴霜畏雪之表。爲其後胤者，宜思以不墜其先業，克昌其家。他日客有過東園者，則指而告曰：「凡其蔚然蒼者益固，煒然鮮者益繁，皆某祖之手植也，可不慎護之哉？」則視昔人之特爲耳目之悦，其賢豈不遠矣？惜余不足以發夫將來之志也，遂書其所樂者以爲東園記。

安素齋記

西原汪氏爲吾邑故姓，其上世九，膴仕、學仙者有之，以德澤之厚，族蕃而子孫多才也。大椿氏循秀雅飾，知嗜學，猶爲穎敏者。間偕吾友龔君克紹請於予曰：「鄉里雖原野之僻，而山水最秀，若雲臺、鬼谷、逍遥峰、諸葛嶺，皆四面環挹清流。曲澗抱其前，層巒疊嶂擁其後，腴田沃壤、深池茂圃錯列左右。某世居其地，而近復增廣之。事親之堂曰嘉樂，堂之西屋數楹間，凡山霏林靄，朝姿夕態，畢集於几席間。而某慕學之久，亦知素乎安適，不事進取，幸有以扁而記之。」

余曰：「子知素乎安適，豈非能安於素歟？宜以『安素』名齋。夫物生天地間，自形自色，皆稟其素有之質，而榮落聚散，乃若安於自然也。人靈萬物而乃不能素其所有，而皆有所役焉，何也？傳曰：『素其位而行，素富貴行乎富貴，素患難行乎患難。』是以先儒致戒謹防閑之工，必操踐存養以底于成立者。得夫素有，則能安而行之。安而行之，則庖鮮飲醇不足甘其味，裳綺衣縠不足麗其服，居華燕廣不足悅其處，金玉不足謂之富，爵禄不足謂之貴，則驕吝奢僻之習無自而入。惟學之趍之爲貴也，是乃不汩於利欲，不溺於嗜好，所志者無非得性情之正。其視内重而外愈輕矣，故處富貴福澤之常，遭貧賤憂戚之變，須臾不能動其心，盖一視得喪不易於常變而然哉。抑其係乎天者，具夫吾心同也。其休祥否泰在己，有以致之而後至焉。苟能持於儉約謙虛，心與天一，是存其素有者得矣。必充之以弗怠，無俟乎外，非安於素而然哉？若然者，家益固，德益厚，學益充，其光先裕後者，又可量哉？不徒己之安適而已耳！大椿未知以余言然否乎？」

曩姻且契，情有不得而辭焉。他日尚容登其堂，觀其規制，採其言論，必不惟耳目之娛以自足者哉。矧克紹得館授之賢，足以資所未逮。因幸質之余言也，遂爲之記。

紗靈觀記

天下名山川，古今真仙之名蹟，在在有焉，而大江之東西，猶爲仙真窟宅。晉許旌陽興於豫章，以地靈而法闡，既祛蛟孽，遺五陵八伯地仙之讖。嘗遊郡之建昌，道過南豐州，望軍峰之秀曰：「異日當産一地行仙也。」迨宋，王侍宸以道著，則其人矣。按行實侍宸姓王氏，名文卿，字予道，號沖和子，世爲撫之臨川人。後徙居建昌之南豐（今爲縣）神龜岡，去縣五里而近大溪，南環軍峰，北峙支阜，蜿蜒而氣集，昔〔一〕嘗産異龜，地因以名。

母夢赤蛇蟠於庭，紫雲覆上，因躡其首，蛇奮起化黑雲騰空而去。覺而有娠，生宋元祐癸酉二月五日也。幼卓異不凡，事親以孝聞，嘗爲詩〔二〕告其父有方外志。父殁，辭母遠遊。將度揚子江，行野澤中，雨暝失途，微見若燈明。前就之，有一老嫗若爲逆旅者，得書數卷，篝火燭之，乃致雷電役鬼神之説。因録之，紙盡繼以木葉。雨止天且明，乃息大樹下也。及渡江，遇異人舟中，神宇超逸，遂前禮之，叩其姓名，答曰：「吾乃玉府火師也，

〔一〕「昔」，原作「者」，據道藏本改。
〔二〕「詩」下，四庫本有「以」。

今治華陽洞天。子既得法，當佐君祐民，以應玄徵，他日俟子於神霄玉清之天。」復出絳囊秘文以授之，竟失所在。已而還軍峰，密脩大洞迴風合景之道，飛神玉京，遇徽宗駕於帝所，顧目之，進曰：「臣昔爲三天都史掌文吏陶伯威，降世爲王文卿，乃臣也。」會上夢亦然，召侍宸林靈素訊之，對曰：「臣向所奏王文卿是也。」即詔求之。時方以法稱驗，名聞江湖間，累召莫可得。

間遊高郵軍，皇叔祖廉訪巡歷淮南，且卧疾，有請，疾徐愈，遂聞於朝。詔真州守臣賈公望以禮聘之，力辭不赴。復詔道録董沖元同監司守臣厚禮之，乃行。時天子崇尚道教，入見，以肖前夢，問對大稱旨，拜玉府右極仙卿，寵賚益厚，每固辭不受。時宫人疾，詔劾祟禁中，俄雷震，擊白黿一。上飲之酒，拜太素大夫、凝神殿校籍，父肇贈承事郎，母江氏贈宜人。京師有狐爲妖，率祠祀之，又黑鯉爲妖，奉詔劾之，即築壇墠，置鐵甕，雷震，狐、鯉皆磔死。奏建司命府於壇上，未幾乞還。上命脩鍊度齋於内廷，若有現於前者，上神之。

是年冬，將有事於明堂，雨，命禱之，立霽。有詔奬諭，拜金門羽客，由校籍升侍宸，賜號沖虚通妙先生，加贈父曰承議郎，母曰宜人。淮南、北以無雪來奏，上憂麥，以命侍宸，遂雪，麥且熟，賜金帛，辭不受。盜起山東，徒黨號巨萬，累遣師不利。上召見便殿以爲言，對曰：「請醮於内廷，命神力助討。」他日，獻捷者言：「交戰之頃天大雷雹，賊乃潰。」

上遂歸功侍宸，轉沖虚大夫，獎賚有差。揚州守臣以旱告，上以命侍宸，對曰：「下民積罪，凡川澤帝命悉禁，惟黄河水可借三尺。」乃仗劍役之，數日，揚州奏得雨，皆泥潦，上悦。侍宸知天運有變，數以青犬之兆爲奏，請脩政鍊兵，不聽，遂請歸。

時三十代天師虚靖先生、林侍宸靈素、劉宗師混康會于京，侍宸嘗請於虚靖先生甲庚混合之道，深奬語之，復力請還。上繪其像，親爲之贊。會金虜〔一〕犯京師，欽宗受禪。靖康元年，賜還山。將上道，京師有於元夕爲妖，婦馮者來告，亟與符，遂愈。暨還，惟怡神山水間，郡有妖怪皆頓息。高宗都江南，聞侍宸猶存，累徵弗起。紹興二十三年癸酉八月二十三日爲酒食，召鄉里飲别，命弟子視，雲起西北，俄雷震，書頌而化。既殮，遂葬神龜岡，舉棺甚輕，盖尸解云。後或遇於龍虎、川蜀，其神化常莫測。

凡經籙科法秘奥之文傳於世，嗣其法系者，若上官氏而下靡不顯異。侍宸殁數百載，凡水旱疾癘，禱之輒應，是能福其一鄉而澤乎無窮者也。元至順三年夏，同知南豐州事蒲汝霖禱雨應，上其事於朝。時臨川道士唐樂真以法術承應内廷，亦禱雨應，復聞于朝，加贈靈惠真君。在元盛法大闡，由樂真發之也。

〔一〕「虜」，四庫本作「人」。

洪武二十三年庚午，予謁神龜岡。時祠墓榛穢弗治，遂命建昌之嗣法者章恢彦弘募官重構葺之。彦弘志惟謹，余仲氏彦璣克贊其成，以洪武甲戌某月某日始工，而是年某月某日落成。凡殿宇門廡、像設之具皆畢備，仍題曰妙靈觀。舊址在城之南，久益廢，因〔一〕更名是祠云。其明年，伐石請記其槩。

惟仙真靈化之跡所以相傳弗泯者，蓋其至神與天地並行而不息焉，侍宸之功行是也。代祠於其鄉，以昭其惠宜矣。今幸易弊以新之，孰知其神之不格降乎烟霞空漠之表歟？異時一鄉之人將千百世蒙其靈貺神休之被，又豈前之顯著而已哉？主祠者必慎其操束，善保其廢興，以相承而弗墜也，則其悠久尚何啻瓊宫琳館之無窮期哉？是不獲以蕪陋辭，爲之記。

正一玄壇題名記

道書所載洞天三十有六，福地七十有二，而吾龍虎山居福地之一也。山川雄秀，風氣融會，有非他山比者，是以名聞天下，爲道門之洙泗。東漢之季，我祖天師以豐功神德，親

〔一〕「因」，原作「曰」，據道藏本改。

受太上之傳，肇業伊始，而子孫世繼之，今凡千有餘載。自宋崇寧間，遷真僊觀爲上清宮，厥後莫盛於元。而上世之傳，以正月、七月、十月三元日，建齋於宮以傳經籙，願授持而有請禱者居其首焉。凡其澤幽濟顯，則隨所請而從於首者禱之，此其代傳不息，四方皈仰之衆，愈久而愈著焉。

余不敏，襲教以來，上際熙朝，聖神撫運〔一〕。凡故家巨室願有請者，歲無虚〔二〕。或聯驅並進，不期千里而同者有之，是按前製爲之建齋三日。而其齊明盛服，通誠天帝，羽節霓旌，星裾霞珮，敷闡玄範於陟降之間，恪盡寅敬，務竭孝感。若雨而月霽，晦而日麗，嚴烈〔三〕而風和，皎亢而露潤，所謂祥鸞瑞鶴飛繞乎上下，祥風慶雲升騰乎遠邇，時若有之。而形乎夢寐，見乎薰蒿，皆精神之所感，其祥祉之集、禬祈之感有兆焉。是蓋由乎神而通之，其冥合非可以法術徵測之也。然而所藉者，國朝之鴻禧〔四〕，祖宗之宏烈，山川之

〔一〕「上際熙朝，聖神撫運」，續修龍虎山志卷下、重修龍虎山志卷十四作「上際聖朝，垂紳撫運」。
〔二〕「虚」下，重修龍虎山志卷十四有「日」。
〔三〕「烈」，續修龍虎山志卷下、重修龍虎山志卷十四作「冽」。
〔四〕「禧」，續修龍虎山志卷下、重修龍虎山志卷十四作「德」。

神靈，有以默符潛運而至，是又豈余之行能足以致焉？

因恐其歲月之久，姓名無所紀載，日至迷墜，是倣古官署題名之製，刻石于亭。其氏名歲月之先後，用昭一代之盛典，非欲矜己之私以取譽於後世也。抑其默運玄機，陰翊皇祚，因以識之，亦抑惟恐有弗逮焉。間詢之故老，曩嘗立石，而後廢於兵燹，迨〔一〕不復舉矣，亦甚有足慨者焉。而四方之善士，其睹夫是也，尚必思夫吾名山之重天下，在在聞之，欲一叩而莫遂者有焉，矧獲紀名於無窮也哉？然其趍善之澤，宜有以同躋乎不泯者焉。

頤萱堂記

頤萱堂者，九江衛指揮僉事孫君奉親之堂也。堂成之明年，以書介其甥彦璣屬記於予，曰：「世爲鳳陽著姓，上世多顯宦。元季兵興，我先君以丁酉於揚州歸附。上度江之初，守禦嚴州。戊戌正月，克婺源，再克嚴州，以是僞吴張士誠寇盡平。己亥，克衢州。庚子，克和州，討浦城，策兵以應諸暨，復應衢州，攻紹興。壬寅，遷守金華，再轉諸暨，應建昌，取龍游，復遷金華。甲辰，取温州，五月以功除守禦正千户。乙巳，克桐廬、富陽、餘

〔一〕「迨」，原作「逸」，據重修龍虎山志卷十四改。

杭、杭州，悉平。吴元年，改除安慶衛正千户。洪武改元，戊申，討建寧、延平，遂涉海道，克蘭秀山，捕松溪寇寨，悉寧，復守金華。二年己酉，授流官。四年辛亥，贈大父某某官，祖妣某某夫人。九年丙辰，遷建昌千户。十一年戊午，誥授世襲武節將軍、建昌守禦千户所正千户。十七年甲子，以疾辭，某遂襲前爵。二十年丁卯，討贛州賴寨卜山，盜平。是年，復廣東程鄉、興寧、長樂、義化諸寨。二十七年甲戌，制下。是年，復以年深起赴闕，擢九江衛指揮僉事。二十八年，復討廣西，盜平，守建昌。時以女歸彦璣。」

予觀昔之興於一時，故皆雄特英鋭之姿，必有王佐之才以成之。若漢高起而其將皆産豐沛，光武興而其才皆出南陽，是豈苟然也哉？皇上混一海宇，一時大將皆鳳陽故姓，若千户公以雄才大略佐有疆土，是其天將降大任於至治，必假命世之資，而後成其股肱心膂之托者焉。若摧堅破鋭，儁功茂烈，雖廉、李、衛、霍殆莫是過也。此其家益大而裔益盛，天之報施亦有在焉。僉事君驍勇善騎射，尤温篤嗜學，如弗稱廪禄，養親以孝友聞。三十五年克五開，以天子嗣位，賞賚有加，擢河南僉事，則千户公之善尤可知矣。

母夫人頤甘旨於高堂之上，視子若孫，累蒙眷知，簪組相望，世之至樂，曷有逮此者也？昔曾子之仕也，三釜而心樂，復三千而心悲，盖以願養而親不待也。今君以厚禄穹爵以怡壽康之親，而九江爲地雄勝，匡廬、彭蠡森鬱奇秀，冠于江左，朝姿夕態交映乎几席之間，承歡膝下，化日悠永，又豈時之所多得也哉？予以仲氏某於君有通家之好，而雅相善，惜未能登君之堂，而徒欲誦其榮遇之至者焉。爲其後者尚克謹其承，世濟厥美而勿墜。詩曰：「焉得諼草，言樹之背。」惟公以之，是猶無媿乎忠節之大也矣。

福慶觀記

吾道之謂洞天福地者，皆據東南山水之奇勝，故非人跡所宜栖息，而必仙真之奥區也。信之玉山，又曰暉山，盖嘗産玉而有輝，因以名焉。舊之宫宇益廢，黄谷山始於道會李顔則也。洪武十五年壬戌，皇上聿興玄教，詔天下府州縣皆設司以隸從道者。吾山祐聖院李顔則以法術稱於人，有司檄至命趍闕，授縣之道會，以董治之〔一〕所未宜。

十九年丙寅秋，予入覲問指示之曰：「溪南之峰特秀整，下宜居，必往擇焉。」道會遂旋登之，遇樵者，因問諸樵，曰：「此黄谷山，昔謂大王峰也。其地去縣二里許，崇亢聳拔，高可數十步。山之半折逕而上，有泉出石竇中，布石爲井曰冰壺。逕左一石洞，去洞數步有石若鑼鼓狀，擊皆有聲。石前近溪爲大黄潭，溪之濱曰功曹山。山之下爲龍洞，唐相國

〔一〕「之」，乾隆本作「其」。

閻公立本宅。其東禪師貫休寺，其西東嶽祠，創寺之右即懷玉山也。寺之北爲三清山，峰秀若筆立。吴葛仙公玄暨德興李尚書某修鍊其間，宋端明殿學士汪澤亦居其下。青鰲峰拱列其北。」

二十年丁卯，道會乃剪蕪芟穢，中建三清殿，後爲法堂。堂之東曰紫雲軒，若廊廡庖庾皆畢備。翳以杉松竹柏，風磴雲檐，迂回隱約。軒之前，下俯鄽邑闤闠，近接袵席間，而其平洲遠水，奇巒秀巘，皆層見疊出於雲煙出没之際。惟身與太空爲隣，不知其有塵世，信所謂仙真之境也。

余趍京還，輒登而樂其成。道會請以舊額，合而命曰福慶觀。觀乃宋侍郎韓公某創于鄉，廢且久，因復以名云。玉山之東嶽祠也，山水雄麗甲他郡，由懷玉山之金砂玉龍洞爲江東發水之源，閩水逆出其東，而風氣會焉，故世稱其祠爲泰山之貳。余嘗謁其下，必低徊不能舍去，而黄谷山近在目睫間。其爽塏幽勝不亞外祠，是豈非宇宙清淑之氣發而爲山川也？待其人而後興焉？矧道會光際天朝，優眷非昔倫比，其統隸乎一邑也，必發揚吾道之玄德靈休，上翊皇祚於億萬年，則山谷相與無窮期也。使吾徒涵泳乎鴻釐之間，雖居閬風玄圃殆不是過也。後之繼者，亦必是志乎？則黄谷之謂，豈非吾老子谷神之旨也歟？

道會名顔則，字自勗，爲番陽令族。其秋還山，狀其實請記。因嘉山水之勝，是不能無以紀之。

翠微觀記

撫之翠微觀道士嚴與敬氏，間持揭文安公所撰翠微觀記，其修創之顛末，謁余文。余未遑執筆。今春，謁南豐侍宸王真君祠，道過翠微。其膏田沃壤，溪山迴揖，皆層青疊翠，蜿蜒十餘里，而岡阜支麓，起伏不已，信風氣所會之佳處也。

按文安公記，應真之山在盱汝之交，是爲金谿之南郡。唐天寶元年，有道士結廬其下，扁曰「谷林」。宋宣和元年，賜額翠微觀。元泰定二年，住持周君應悌復撤而新之，是爲之述焉。歲久弊陋，元季已爲榛莽之墟。我朝國初，金谿后車何氏以資力雄鄉里，嘗延盱之南城延禧觀道士羅則銘住持延壽觀，其徒則熊益謙、嚴與敬也。與敬於洪武六年請部牒度爲道士。七年，禮部起充太常樂舞生，未幾，丁母憂還。八年，起服，仍就樂舞員。十二年，以故得請賜還。益謙則居青州齊〔一〕府。十七年，道會疏延主翠微觀事。二十二

〔一〕「齊」，道藏本作「藩」。

年，則銘解化，與敬厚葬之，遂率徒黄用素、李用光領延壽、翠微二觀事。凡殿堂廊廡，多繕葺之。三十年秋，搆亭山之顛，松竹薈蔚，顔曰「翠濤」，且得文安公記於里之李尹誠所。抑符其增創之志，因重有請焉。

余聞古之仙真靈跡，率據山川之雄秀，所謂地因人勝者，信矣。吾郡山水豐麗，莫過盱撫，而翠微始於唐而興於宋元，豈非地勝而人傑也哉？矧獲託不泯於當世知名之士有如文安公者，可謂盛矣。而與敬以俊敏之姿，善鼓琴、繪畫。其興創改作，必尤有侈於今日也，則主觀事爲得人矣。余豈不樂道其成而記之？其山川觀宇之規制，已備前記，兹不復贅。

義渡記

南豐之爲州（今爲盱之上縣），山水崇秀，人物繁夥〔一〕，而商帆賈舶常往還爲市。其道則上通南、臨、袁、贛，下達盱、撫、閩、廣，而義渡適當其要衝，舟不可不設也。溪去縣五里而近，溪上重岡疊楚，引映若環帶。北面軍峰之秀，是爲神龜岡也。宋崇寧間，侍宸王真君以道行之著受知徽廟，晚瘞蜕其地，而神龜之徽益名。邑之賢良有鄒鐵壁者，嘗受法

〔一〕「夥」，原作「夥」，據道藏本改。

于上官氏。上官，侍宸甥也，已而復遇侍宸親授其奥而道亦顯。時有知南豐州事王質嘗師事鐵壁，及付受之頃，忽雷震壇上。鄒曰：「吾將度矣。」王驚喜，遂傾資奉之。鄒謝曰：「吾雲水徒也，用此奚爲？」王乃請以廣玅靈觀，以祠事侍宸。故舊觀在他里，乃遷而新之，以是凡旱澇疾疢者，居民禱之必應，懇謁者日至。而渡猶病涉，有不惟利趍之弗宜也，是設舟於渡而亭其上，因有以憩息之地焉。元季兵興，亭廢而舟亦毁。洪武庚午春，予嘗謁真君祠。時玅靈蕪穢弗治，是命盱之嗣法章恢募力新之。工既畢，歲乙亥復新候仙之亭，設舟以爲義渡，且施水田若干畝以贍舟師，而備易舟之費。其爲悠遠之計亦至矣，而惻隱病涉之仁具存矣。數徵文以記之。

夫義者，事之宜也，舟之象涣以濟不通，此聖人於物取象之宜也。雖凡溪渚不通者，皆得設而濟之。矧南豐爲之上縣，而神軀乃仙真之遺跡，流澤在焉，使無商賈往還之劇，舟故不可廢也。今彦弘推其慕道之心，博於仁愛，其亦功用之勤且篤矣。尤將托之以義，其爲悠遠孰大焉？蓋義之所在，會衆心〔一〕而一於久者也。衆必持乎義，以成彦弘克紹之志，尚何廢興云哉？然嗣其守者必公是心，以慎其出納，則雖久而勿墜，必資弊者可集，守失

〔一〕「心」，道藏本作「志」。

者可易，豈不仁人之惠無窮也哉？豈徒便於趍謁之一而已耳？予聞而樂其成也，遂爲之記。

詒善亭記

吾山上清宫之寮院凡三十有六，其源同而支異，故毁而復興者有先後焉。至正辛卯宫灾，越數年，延焰而毁者更新之。紫微李君仲冶作曠逸堂於丁巳冬。己巳歲，復構亭堂之南，友人周君孟啓爲顔曰「詒善」，仲冶揭扁於上，請記于予，曰：「吾鼻祖都監洪公，始得於淛之紫微閣，因號曰微叟。宋天聖間，入道於吾山。嘉祐間，知上清觀事，度弟子王太素等。時徽廟崇道益篤，太素嘗侍天師虚靖君，領祠事於朝，寵賚有加。及易觀爲宫，賜田畝，蠲賦税，築圜，靖通庵成而院亦就，因曰紫微者，示不忘也。派久益盛，五傳爲沖靖鎦公，道著孝、光、寧、理〔一〕間，宫賴以顯重。元戊戌、壬戌，院灾者二，隱居史公倡諸徒儗新之，嘗以上世曠逸金公有光於院，宜揭號於堂，致存思焉。言未就而殁。未幾兵興，先師汪君伯清遷安山堂，同草創故址間，方如治命也。而祖覺庵朱公嘗建玄潤齋，以訓其後。亭之建，尤不忘金、史二公慮迪之意，亦將若覺庵之有所資焉。故孟啓謂：『雖君之

〔一〕「理」，原作「里」，據道藏本改。

祖詒謀之善，而君亦善繼之，宜寘是〔一〕扁歟！』非賴一言以警勉吾後，可乎？」亭成，余聞而善之。仲治具告其志，此受托於其先者之盛心，能無言乎？抑心爲身之靈府，善吾所固有，其或欲蔽物奪，而有弗善焉？苟能克己自反，制諸外無移其内，則善固存矣。雖然，仲治學吾道者，其以禍福之戒之爲善，則與孔、孟、荀、揚施之事爲者異焉。然發乎心而復反乎心，理一也，是必抗節勵行汲汲於自修，則藴諸心而存諸躬者，無不善焉，則福不待希而集，禍復何自而至哉？然人人之宗祖，期於將來，拯於已廢者，莫不欲善而福，而後卒以不善而禍，古今何紛紛也？故凡爲人後者，視其先詒謀之善，豈不甚可畏哉？非慎持而敬守，其可謂之能嗣乎？矧仲治敏厚而文，於孟啓雅交厚，是扁深有契。夫望於其後也，其必求諸實。積深而培遠，則不徒繼乃祖之訓，亦以副孟啓之命，於余言豈不重有勉焉？是爲記。

企雲樓記

元運方興，天地渾厖之氣鍾其餘於山川者，一時鴻生碩士並起迭出，黼黻皇猷以成一

〔一〕「是」，道藏本作「其」。

代之盛典，而遺澤流芳不世而益永者，何其偉歟！盱爲江西大郡，山川之雄秀，人士之宏雅，風俗之淳美，他所不若也。是時程文憲公以儒而登顯要，光際累朝，文章德業之懿，穹爵令望，炫赫當世，有如趙文敏公、揭文安公、胡僉事公皆一時以學行名者，悉出公之門。凡懷才抱藝、紆朱曳紫之流，多所薦拔者焉。其言論文旨，雄毅贍蔚，具見于忠節集。晚以高年退老，猶時錫存問，宜其鴻聲峻耀垂之汗簡，光昭於無窮也哉！

公之子若孫，簪組蟬聯，代官翰苑，故以名家顯宦冠於盱焉。曾孫彦錫生於燕，暨長，侍提舉公南還。少穎敏有文，蓄先世手澤具存。以元季避兵遷嘉禾，因家焉，得西南爽塏之地卜居之。已而親老去盱，猶數舍身，不克侍養，而興旦暮之思焉，別構重屋數楹，日以企望之，因顔曰「企雲」，盖取夫狄梁公之義也。軍峰峙其北，神龜聳其南，大江環於前，崇麓負其後，而麻姑、芙蓉諸峰遠近映帶。乃引流爲池，植木爲林，而亭其上，若嘉禾之勝，舉集於目睫間矣。

洪武丁丑春，予因謁侍宸王〔一〕君祠，獲登其堂，而故家餘俗藹然具存。予之祖妣而下，世戚非一日矣。然而媢舊凋落，豈不重予之感且喜焉？間延覽于斯樓也，屬以記。予

〔一〕「王」下，道藏本有「真」。

辱媚婭，不獲辭。

夫人之營居室也，率嘗娱山水之秀、城郭之麗，溺田疇之養、植蓄之奉，此特苟一身之資而已耳！則託之得所，用之有餘，其志爲足矣。若斯樓也，山烟水靄之出没，商帆賈舶之往來，魚鳥之適，花竹之玩，皆足以悦乎心目，發乎詠歌者也。而彦錫眷眷不忘其親，一舉目之頃，猶侍親側，可謂知孝之大倫，而賢於庸衆人遠矣。是猶見夫詩書之澤，厥〔一〕有庭訓，其所企慕之切，有不惟梁公之望矣哉？且提舉公嘗迎養于兹，其奉甘旨，篤温凊，必踰年而後還，得不謂之盡孝矣乎？暨公捐館，且斯須不忘，時有松楸之慨焉，抑上世之休德嘉猷垂裕於無窮期也，而彦錫之企慕，亦將無窮也哉？後之嗣人尚克厥承，異日或復登斯樓，其聲華之著，殆不惟是而已哉？是爲記。

靈谷山隱真觀記

洪之曰名山福地、仙真靈跡之奥區者，莫甲於盱、撫，而撫之奇勝，必華蓋三真君居焉。按傳記，真君爲秦人，即古浮丘公也。王、郭其弟子焉，往從之遊，已而俱升真矣，世

〔一〕「厥」，原作「所」，據道藏本改。

謂三仙云。

靈谷山在撫之臨川，三峰峭拔，去郡邑三十里而近，高峻雄峙，冠於他山。山顛東有古牛石，南則漉酒泉，西爲石門關、退心石、瀑布泉，北連文印峰。山之半有南、北二井，水清洌不竭。井傍立駐雲亭、棋枰石，靈鶴常集其下。西南第二峰，爲謝靈運洗墨池，盱江之水縈迴於前。西若龍虎之麈湖、琵琶、雲林諸峰，暨巴陵、華蓋、芙蓉、軍山、麻姑、羊角諸山，皆環峙互拱於目睫間。其層見疊出，一舉而皆仙都真境也。宋大觀己丑冬十月，山人丘祐樵于山巘，遇星冠霞服者三人奕於地，遺祐以桃。奕畢，叱祐歸，倏莫之見。祐及家，越三載矣。祐復往奕所，掘地得陶燈器三、香爐一。衆異之，即累爲龕，像三仙祀之。疑奕者即三真君云。

正和丁酉，道士易安寧始建觀其上，請於朝，賜額隱真。凡民之旱澇疾疫，禱之輒應。元盛亦顯著，累毁於兵，旋復修創。我朝衆日益繁，而舉廢爲多。觀之張大順氏，洪武十五年壬戌授府之道紀。葉良貴氏，二十七年甲戌授山川壇署丞。或謂皆山靈之陰有祐焉，而皆以法術名。間請記於余，余方退偃林壑，有高蹈遠引之志，凡仙真靈異之跡，豈不願遊而樂道之？故不辭。

然余嘗觀堪輿家之言〔一〕，凡山川風氣所會，皆合乎天之星曜、地之精英聚焉，是故扶輿清淑之氣所鍾，亦豈苟然哉？若靈谷之勝，雖相去不數舍，聞而未即，而三仙之靈休偉貺在在有之。其著於是也，宜必與山川之壯同其無窮期矣。士產其間，亦豈非宿修預植而然哉？良貴温實夷靖，知其必能大先業矣。尚當挾泠風，擷飛珮，一覽其上，或將有異遇焉。乃記其槩以俟。

凝正齋記

凝正齋者，從兄用鼎名其燕居之室也。其言曰：「昔元盛時，我宗第宅之壯雄峙於閭里，皆彫楹彩柱，干霄麗日，而東南莫之能僢也。自燬於兵，而向之穹廣者率爲灰燼矣。是構居故址之側，丘園林麓環其中，溪壑洲渚固其外。其峰之卓然而秀者，山迴之；地之偃然而紆者，逕縈之。雖接闤闠而幽深自宜，吾於是樂。夫古之人謂小隱者，亦未絶乎市朝也歟？乃環吾居，植以佳花美竹，通以虛簷敞牖，蔚然而翳，菶然而滋，舉足以娱目適懷。乃闢一室，凝思怡神，以致力乎道家縱閉之工，因顔曰『凝正』，蓋有取夫易之鼎也。吾曾大父三

〔一〕「言」，道藏本作「書」。

十七代天師希微公，視先留公爲之伯仲，則某於子宜親且密矣。幸有以發之。」

予聞易以道陰陽，聖人所以極開物成務、微顯闡幽者，深矣大矣，是豈易言哉？夫五行根乎太極也。陰陽判而爲一奇一耦，而六十四卦由之以變易焉。鼎居二陰二陽，而兆體於臨遁，次革而受震。鼎之象吉亨，以木火從飪，而足以享上帝養賢也。以柔進而得中，宜致亨矣。君子之所以正位凝命者，觀鼎之象，端以正位，止以凝命，則正其所居之位，而凝重其明命也必矣。若初之顛趾，三之耳革，四之折足，皆能無咎終吉，蓋知慎所之也。其二之有實，五之黄耳，六之玉鉉，以剛柔節而無不利矣，豈非命凝位正而獲吉若是哉？是故天之明命，自降衷而具，夫人可不克修以致夫吉亨之道乎？奈之何悖而趍乎凶者衆矣。抑易之道有以見天地之至賾〔一〕，非惟鼎然哉？六十四卦吉凶進退靡不然也，是以聖賢必正心而後意誠，正德而後道凝。道既凝矣，其所以參天地，贊化育，成變化而行鬼神也者，亦未始與吾道異焉。

從兄嘗以文學見稱，而猶篤於致雨暘、劾〔二〕鬼物之説。求之於雷風相薄，水火不相

〔一〕「賾」，原作「頤」，據四庫本改。
〔二〕「劾」，原作「效」，據道藏本改。

射，鼓以雷霆，潤以風雨，剛柔相摩，八卦相盪之機，尚必資於易以充乎道也。則其探幽致遠，以盡乎窮神知化之工，將學益深而德益茂，使予之慨乎族姓凋落者，宜必有以振大之。抑予之志乎退藏於密者久矣。尚當洗心以聽餘論，或必有以啓之，是記其言以竢。

桃溪丹室記

凡山水之雄秀名天下者，莫吴若也，其地廣人繁，最名者錢塘、姑蘇，江右則會稽、上虞。予嘗愧不能遍探力覽以盡其勝，而昔幸托知於時彦，或從而詢訪江湖之故跡、閭閻之餘俗、文物之遺風，猶足以少慰凋落之感。相去不十餘載，舊交殆盡。予亦退卧山谷，志與世遺，間涉乎經行目歷之地，惟歔欷慨慕而已。此亦古今代謝，人情所寓之常也乎？

蘇之吴江有桃溪焉，去太湖三十里而近。東西洞庭二山，不數十步聯屬其上。大河繞其前，四面膏田沃壤。南連沈漲湖，東通驛河，西接苕溪，而桃溪縈帶左右。長堤小蕩，僅通舠艇而入。吴氏世家溪上，凡上世隴兆具據其會。丹室則文剛氏所創也，嘗以記請于予，曰：「世爲汴人，鼻祖諱充。宋神宗朝入相，其下數世皆顯宦。六世祖諱思賢，以護駕高宗至臨安，蒙錫田宅於蘇之松陵，因占籍焉，以是簪組代著。」而文剛雅不樂世味，自鬐稚慕道篤學，嘗棄生業，留志雷法鍼砭之術，窮探博究，東書千萬言，猶孜孜參問不怠。乃别居溪潯之幽，日與清湍脩竹、奇峰遠渚爲之賓友，可謂超逸絶塵者也。

夫士之窮達，或出或處，惟義之從，初未嘗容心於其間哉。然而存心養性之地，必山幽木腴，則穹若崖谷，茂若林麓，坻島垤伏，汀渚迴合，是乃崇其居、環其室而栖焉。則户庭之間，檻牖之外，有泉縈焉，有池湛焉，有卉莑焉。若山之高，溪之深，皆爭妍獻伎於目睫之頃，是乃心融神釋，内虚而外暢，足以潛心進道於寂寥閑曠之濱，其視轇轕塵垢、汩溺紛華者爲何如也？雖然文剛生貴富間，一旦能舍妄返真、棄末求本，抑亦賢於流輩遠矣。獨未知其曰丹室者，果神氣之變化、風霆之鼓盪、水火之運行，而亦金石雲霞之謂也耶？然其得乎溪山之適，心虚慮澄，發而爲法，養而爲丹，何莫由斯道也？他日浙水之西，能以符藥已人疾疢者，大其功用，非文剛而誰哉？因其志之足嘉也，是書以俟，充其未逮者歟！

歸明軒記

凡士之處顯晦榮悴，其窮達常相代也，此古今之必然。其少也血氣之剛，心志之鋭，凡耳目之嗜好，事物之酬措，櫛比綺錯於前，莫非聲色勢利之競，情慮交擾，旦夕無須臾之息，其能少寧乎中哉？及夫血氣之定，心志之一，其視向之膠擾乎耳目事物者，如脱氛垢、去桎梏。所謂聲色勢利競乎情慮之間者，雖燕趙之麗，鄭衛之音，綺縠藻繡之華，旌旄車馬之盛，舉不足以動其心，則拳拳乎反身修己是務，直欲絶紛華、屏〔一〕峻鋭、懲忿欲，而日趍乎高明正大之域，其有不造乎充實光輝者歟？雖然，求能一旦舍舊習故染，而思志乎是者亦甚鮮，其終身溺而忘返者衆矣。

饒之安仁箬嶺張氏爲邑著姓，其先皆以儒登仕籍。思禮之曾大父伯遠，元以能詩與黄公均瑞、張公仲舉並名當時。大父子東，嘗從遊趙文敏公，善真行書。父叔達，值元季兵興，以驍勇授職千户。叔達以老辭，冢子某襲，未幾不禄。姪某繼，不踰年，陞廣東指揮。遂家于番之雙溪，日有林麓魚鳥之樂，詩酒足以自娱，若忘乎富貴榮達者也。

雙溪據湖山之勝，湖水周環數里，丘樊墟浦挹其涯，洹島洲渚抱其中。其山之巋然而秀者，湖泛之；岸之穹然而高者，水帶之；浦之窈然而深者，阜縈之。若夫烟雲起滅，鳧鷖浮沉，與波光雲影上下隱顯，朝夕姿態舉集於几席間。堂既成，乃蔭以松筠蘭竹，被以菱芡葭葦，襍以魚鰕雁鶩，望之蔚然而幽，就之邈然而邃。凡遊觀藏息之美，悉專於是矣。

〔一〕「屏」，原作「并」，據乾隆本改。

思禮乃闢一室，以篤慕吾老莊氏之言，日致力於虛極靜篤之工。

今夏過吾里，與之道宿昔，叙契闊，請顔其軒。予告之曰：「吾老子之言曰：『用其光，復歸其明。』子嘗從問乎縱閉之説。夫以簪組之裔，撫事有道，是用其光也；而能探乎操存之要，是能歸其明也，斯足以顔之。夫老子之謂知子守母、塞兑閉門者，道爲萬物母也，得其母是子萬物也，故知其子復守其母，即返其本還其源也。能返其本還其源，必致塞兑閉門之工焉，則終其身而不殆矣。苟開其兑，濟其事，不知返求其母，則危而不救矣。是以其所見者大，小而盡其微，豈不明哉？所守者剛，柔而去其鋭，豈不强哉？以其能見小守柔，是以善用其光也，故善用其光則必復歸其明。用而不知歸，乃遺身之殃矣。此所以歸其明，則造夫天地之始矣。抑亦一陰一陽爲之闔闢，動静往來，周流不息。内而守之曰道，外而施之曰法，何莫非斯也？尚何縱閉雨暘、祛劾鬼物云乎哉？其有見乎是者，必重内而輕外，一毫不足以累其中矣。矧思禮生豪右之門，長奢靡之日，能無浮侈驕逸之習，乃知求乎返還之道也，可謂賢於流俗遠矣。斯軒也，湖山之幽勝，若有待焉？而嘉子之志，知樂夫静逸也歟！思禮勉之。他日或道過湖上，尚當相從於煙波雲水間，叩其所願講者，未知滄浪釣徒能與語是否乎？」

歲寒亭記

洪武三十二年春，吾邑長史林君子行來佐邑事。未幾，有善政。或謂其世業儒，誠方正士也。暨冬，予朝京師獲會焉。目其言論容止，知其譽信矣。頃以督務過吾里，且告曰：「世爲閩人，年未冠爲邑庠生。甫四載，居母憂，服闋，以薦貳教延平之順昌。洪武二十五年，謁告居閑，憲府辟郡從事，不受。送京師達天官，以故役淮西。二十九年，謫戍威虜。某年以薦來佐邑事。某之居塞垣，蹈桎梏，被艱涉險，非一日也。無異歲寒後凋之木，雖雖霜病雪，靡不磨礪，而幸不至摧圮。今復蒙國恩，食三釜之禄，猶履顛危而復坦道也。異日將以『歲寒』顔吾亭，以識是焉，請爲記。」

蓋士之處窮達得喪也，必以其心志之不移、行操之不改爲難能也。然求爲士之道則固當然哉？若夫平素居富貴，處安逸，事物之頃無不適其志意，則雖抱道懷義之士，猶未之見也。一旦不幸，遭困阨，罹險阻，事物之變，無不折其心神，而能凝心正慮以居而處之若平素，無悲戚憐悴之色，視去就得喪，初無容心于其間者，復幾何人哉？若吾子行先後凡經危難得喪匪一，而能攻苦食淡，不改其志操，而乃脱然若去榛棘而步康莊之衢，遽爾際恩命於休明之世，斯亦宜矣。是所謂不遇盤根錯節，不足以別利器也歟？此其謂歲寒也，不徒若世之士人，有取夫友于松梅柏竹以契其孤高迥絶而已矣。雖然，抑亦同夫四者之堅貞也。當凝寒沍凍、天地晦暝之際，與烟雲水石相吞吐。隱見於寂寥浩漠之濱，惟冰霜並潔，亦何異夫居洪濛之表也哉？是所以盡其固窮守約之操，益確而益固，然後能蟬蛻人欲之私，而春融天理之玅也。然而陰極而陽生，剥極而復至，故易曰「厲艱貞」，乃所以用晦而明也；「碩果不食」，君子之道不可消也。此其致命遂志之道而能終亨也乎？

子行以學行之懿，宜知之素而行之篤矣。來佐吾邑也，獨尚志節，不爲庸衆人之歸而澤夫人者，已悦於民矣。苟持其志之不怠，異日之光大顯赫，必若松柏之淩厲霄漢、傲睨風霜之不可遏，又豈暇顧競桃李之紛華也哉？予方高蹈乎穹山密林，以銷聲閟華爲務，亦若志乎歲寒者矣。惜予無似，不能有以發其未逮焉。若亭之規制景趣，以俟諸後記者。

孝節堂記

番陽周氏世爲宦族，而在元尤多顯仕。攻篆籀書名四方者，伯温父也。公歷仕于朝，暨出蒞江東海右，其冢嗣克復公未嘗去侍側。元季兵興，克復之官山東道。過廣德，值盜起，妻子奔竄。有女甫八歲，背母失所，向天下既定，亦聲跡不聞。洪武間，番商人往來於濡者告曰：「公女曩以兵革流濡，幸故契張光弼氏爲妻許明道，生子三人。光弼且訓以孝傳，女則克家有成立，甫長知求父矣。」公驚駭，悲惻久之。己卯秋，二甥彥升某竟走番迎養焉。公且愕且喜，詢其母年已四十有七，明道早卒，以節自勵。明日，鄉里姻故交賀焉。公益少自慰，已而與偕往焉。父子相去數十年，有死生之隔，感慨留連，道説故舊，聞者莫不異而悲。越踰年還番。今年秋，來遊吾山，且告其顛末而復感愴焉，曰：「子知我厚，幸記之。」予不獲辭。

夫孝節，所以勵風俗、厚彝倫也。予嘗觀劉向傳烈女，自三代而下兩漢，多善俗美教，而貞順孝淑者代有之。然能若曹娥、朱女，其孝行卓卓可稱道者亦鮮矣。今克復之家世承簪組詞章之後，其流風餘澤之薰陶，宜有自矣。使居庸下之質，亦將有以覺焉，矧其閨習之有素者哉？其所難能也，值時多難，奔竄流離之餘，猶能習詩書，亟求父所在而苦節自持，可不謂之賢矣乎？且兵興以來，若此者豈勝道哉？而公幸以耆年而存，生死一見則尤世所稀矣。而光弼亦可謂篤於友義矣，可無一言記之乎？是書爲孝節堂記。

澄清堂記

江西僉憲林君子潤，清漳右族，以胄監生授職憲臺，歷歷清要而有是命焉。蓋由皇上御極以來，勵精爲治，猶以憲綱爲重，以糾百司爲要，必遴選天下英俊之才任之，此朝廷所以澄源濬流之盛典也。子潤以成均令器，遭際昭明，足以展其涵蓄之素矣。間道過吾里，予獲承顏論，挹其辭氣之温，動容之粹，不大聲色而人知其爲寬厚君子也。今年秋，介書來曰：「吾以『澄清』扁官舍之堂，以警夫朝夕澄心清慮之志也。子知我厚，幸記之。」不獲以蕪謬辭。

惟君之志夫澄清者大矣，予幸目濡而耳接矣。其養夫内者，若水之淨，若鑑之瑩，淵乎澄潭之不激，浩乎長江之不竭，不以泥滓而溷也，不以炎涼而動也，不以垢穢而昏也，湛焉廓焉。其清明昭晰之體，莫非全天理之公，而人欲之私不能蔽焉。其見夫外者，若陽春之溢，凝冰之潔，不以矯亢爲能，不以苛察爲明，而凡郡縣聞風慕誼而見之者，莫不畏愛之也。是以所歷之治，必振風紀，勵俗化而事無不舉、無不敷也。此其不踰聖君慎簡之盛心，而抑亦善澄其源流，無不徹之驗也歟？

然而天之清者氣也，翳之則晦；地之清者水也，汩之則昏；人之清者質也，蔽之則味；物之清者性也，誘之則喪。所以聖賢之謂學也，致戒謹存省之功，惟養心寡欲之爲難也。子潤以充粹之質，窮經好古之學，已經明行修矣，非發乎至清至明之善而能哉？尚必濬流激濁，誅强鋤梗，而民必阜、物必育矣。則以子潤之才之賢，施之廊廟，去痍瘵之色，回中和之醇，其所澄者又豈一郡而止？澄之天下宜無不清也，亦豈昔之人之謂澄清者乎？且堂之構俯大江，臨雄藩，鑑之於水，滌之於心，其所涵泳宜何如哉？吾莊氏曰：「水淨猶明，而況精神。」水淨則明燭鬚眉，吾子潤可謂得矣。則斯堂也，他日豈不重吾民之思乎？是有以知君之善，不可以不記。

尚義堂記

徽爲文公朱子之闕里。朱子繼孔、孟不傳之學，大倡濂、洛之緒，天下後世莫不宗之。固其流風遺澤，猶耿耿在人耳目而不泯者，徽若閩猶最著焉。是以其民俗士風，習厚而義篤，皆詩書之澤有所致焉亦宜矣。

程君彦亨，忠壯公後也，爲徽右族，世業儒。大父德正〔一〕，父以誠，暨彦亨三世以義

〔一〕「正」，原無，據乾隆本、四庫本補。

顯。其言曰：大父德正以坐事徙邊，年且邁，彦亨上書陳情。高帝憫之，即詔所隸釋德正還。始其徙邊時，坐鄉人與俱。一日舍道傍，鄉人夜飲酒家，暴雨，水大至，行囊盡没，鄉人責償，德正償如數。未幾，至徙所，病且死，德正棺以葬之。鄉人子來省，中道聞死狀，亟返。越四年不至，德正命〔一〕彦亨負骸歸。子復不至，彦亨致骸其家，人稱爲長者。從父以忠，洪武間尹潮之程鄉，幾絶音，以誠趣其子往省，不行，以誠冒瘴險視之，以道病卒于吉安。時彦亨居太學員，請扶柩還，哀毁盡禮，鄉里賢之。彦亨官遼府長史，博學强記，有文聲。王嘉其賢，大書「尚義」二字以旌其堂，使來以記屬予，不獲辭。

夫世之於義者，不代見之，何程氏之訓其敦厚至若是歟？自德正逮戍，能周其鄉人；以誠復命，負骸歸，竟以視弟卒，皆人所難能也。彦亨獲生還其祖，而後終父喪、躋顯仕，豈非天有以祐之？而彦亨之食報也驗矣。他日程氏之昌大，又豈惟是哉？蓋君子之所尚者，莫先乎仁義之歸，莫急乎義利之辨也。觀其所尚，則知所趍矣。彦亨生朱子之邦，其尊仁安義，行之素矣。矧以是三者徵之，槩可見矣。兹以經明行修以佐藩屏，凡厥操踐，惟義是遵，是以受知賢王。德契志符，其爲一國之模楷，非彦亨而誰哉？

〔一〕「命」，原作「介」，據四庫本改。

予也銷聲遁跡，退卧林谷，抑聞而樂道之。彦亨尚必以是爲子孫訓，則伊洛之慶，其不在徽矣乎？

三峰堂記

撫之金谿吴氏爲邑著姓，自五季而下世業儒，往往擢高科、躋膴仕，簪組蟬聯，非他姓所及。殆今才儁有文必曰：「吴氏，其居曰吴塘新田，曰吉原，雖疏戚遠近之異，而皆自吴塘支分而派衍也。其地多據山水之秀，或謂風氣之會而然歟！」予嘗辱交元厚伯宗，獲讀其譜牒。凡書翰文辭，皆當時元夫碩士珠暉玉瑩焕耀几册間，信近所鮮見，而吴氏何獨得此哉？

孟啓之居吉原也，膏田沃壤，去吴塘不半舍。三峰卓然而起，峻拔若筆立。岡隴林麓，環抱映帶，中寬而外固；溪流畦圃，增濬益植，回視雲林。吴塘層岑疊巘，數十里皆黛蓄膏渟，獻奇發秀，若不可遏。孟啓築堂其間，修篁嘉卉植焉，泓池曲澗鑿焉，良疇廣陌闢焉。久之山幽木腴，豐暢薈蔚。日葛巾野服，枕藉芳縟，相羊乎喬林曠渚之濱，惟岩霏谷靄朝夕應接于目睫間，不知其有軒冕之足動乎中而枘鑿之足介乎外也。以是教授鄉里，有司薦，弗就。今年春，從子從之遊，始識之。端厚謹願，言動不苟。一日以記屬予，予獲託知數世矣，而孟啓且塾客也，言能已乎？

抑予聞古昔之以文鳴且顯者，非不多也，而其名卿巨夫求其胄胤之遠，克紹先緒之不替者，幾何人哉？是非志夫辭墨之學，而於聖賢之謂返諸身心者，求之鮮焉，其能遠且大乎？江右之學宗象山陸氏，而求合乎考亭朱子者也。吴氏世稱行修，其於誠立明通見諸身、淑諸人也久矣，宜乎詩書之澤，不徒衍廸于子姓。而其淳風厚俗有以被其鄉里，是以益久而益著，豈不與山川之勝同其悠永也哉？易曰：「履道坦坦，幽人貞吉。」予於孟啓之素履見矣，尚亦以是訓諸將來，則後之登是堂者，猶造乎朱、陸之閫奥，又豈聲利之〔一〕足盡吴氏之賢也夫？

端本堂記

饒之番陽守禦千户高君旭瞻來守饒，嘗顔所居之堂曰「端本」，階予弟彦衡屬記於予。其言曰：「世爲句容望族。洪武初，高帝有海宇，父某以武勳授撫之所百户，未幾，旭瞻襲爵。廿有八年，以功擢饒。」旭瞻質温而氣和，少嗜學，一無介胄習。予識而愛之，宜彦衡

〔一〕「之」下，乾隆本有「盛」。

相與雅厚也。

饒爲魚鹽之地，通江倚湖，其河山之雄曠，物産之豐庶，城府之壯麗，自昔甲於他州。是乃闤闠輻湊，雖洲島沍渚之間卑濕隘陋，而屋瓦鱗集，商帆賈舶簪盍襟擁，此塵氛轇轕之不足恃也。而其長江巨湖，千里一碧，波濤之衝激，雲煙之吐吞，鳧鷖之出没，與湖光山色下上，聚散於天塹之表，協遠瀨而凝遐飈，朝姿夕態，應接不暇，舉集於几席間，皆足以怡心悦目，而與造物者容與，蕭閒乎埃壒之外，宜非弓矢狗馬之好所能過也。而旭瞻乃於是亦無所嗜焉，獨有取夫周元公之謂端本者也，可謂知務學之方矣。

元公繼孔孟不傳之緒於千載之下，其立言垂世，實秦漢諸儒所未造，而濂洛獨得之。而天之所賦，若固有者，萬世人心之所同然也。其曰：「治天下有本，本必端。」蓋端本誠心，皆切諸身之謂也。由家而達之天下，在夫身修而已矣。身脩則本必端，而心必誠矣，豈曰齊之難而治之不易也哉？矧本端者末必茂，使致於治，其有不足者歟？則上而泝之，聖人之道入乎耳，存乎心。以誠爲之本，元亨之通，利貞之復，皆誠之所以具。夫五行之性也，雖天地之大，萬物之衆，不能越乎是焉，又豈齊治之效而已哉？

旭瞻於學優矣。以纓弁之胄際熙洽之朝，其有得夫本者信矣。尚力行而不怠，必以賢聖爲之模準楷式，則將見其大而忠君顯親以亢厥宗，小而捍禦疆土克盡智略，其不媿廉李之才必矣。異日爵望之重，可勝量哉？凡其胤胄，尚當以旭瞻是則焉。予因其志之足嘉也，是不辭，爲之記。

新城縣金船峰甘露雷壇記

江右真仙靈跡之勝，莫著於盱，若南城之麻姑仙壇，南豐之神龜岡，新城則金船峰甘露雷壇居其一也。峰高踰百仞，蜿蜒支阜數十里許，去縣十里而近。日峰削〔一〕其前，香山挹其後，峰之顛爲三濟禪師壇。元至正甲申，有爲白蓮師者虞覺海，聞閩之杉關戴某延、武夷山月閑汪真人禜禬有奇驗，遂迎居焉。

真人姓汪氏，諱道一，字朝道，世爲信之龍虎人，父文富。真人生有異徵，暨長，超悟不羈。丙子秋，武當山張真人守清來遊龍虎，嘗旅文富家，一見異之，謂曰：「是兒非庸質，幸侍我，後當爲令器。」遂挾入武當，守清授以金丹雷霆祕訣，一語有省，復往武夷禮蓬頭金公埜菴，卒其業。元季兵興，閩多疾疫，光澤、杉關爲甚，戴某、黄某聞其賢，首致之，皆驗。一日登高歎曰：「盱之新城，山水差秀麗，吾當往焉。」未幾，覺海果延居之，所治輒

〔一〕「削」，道藏本作「峭」。

神。邑大姓若范、張、王、劉者，皆禮之于家，以是凡雨暘疾魅，叩之皆驗。一歲三月不雨，士民遍禱弗應，縣令苗侯命釋、道禱，復不應。時達魯花赤貼木赤〔一〕獨延真人禱于靈山寺，真人穴地而坐，烟松葉爲雲，須臾雨大注。士民爭迎之，間乘竹輿從數十童歌呼而行，雨隨至。禱畢，即火磚撫身，自謂假以補真陽云。

縣北石硤龍潭，深瀜莫測。一日褰衣躍入，竟日乃出，衣不濡袂。或問故，語皆神誕，厥後言輒隱異，人莫之悟。迨辛卯，民罹兵燹，言皆驗，或復叩之，默不復語。壬辰，兵愈熾，覺海延真人居三際壇，登山右，低佪久之，見山勢奇絶，曰：「此勝地也，宜居之。」因藉茅栖焉。其徒陳覺堅復欲募衆充大之，真人笑曰：「焉用是爲？異日自有成者，是豈久耶？」翌日果灾，隨復新之。山素不泉，或請之，曰：「但居無憂也。」一日酒酣，踞山陰巨石，注酒其下，曰：「是當出甘泉也。」旋命工起石，泉奮出，且甘冽，雖旱弗竭，因題曰甘露雷壇云。已而或數日不食，或一日輒累食，人莫能測。癸巳二月，久不食，惟飲荆汁數斗，仍火磚撫身，起謝衆曰：「吾從此逝矣。」乃端坐而化，二月二十有六日也，世壽五十有三。衆瘞于山側，其徒盧濟川居焉。

〔一〕「貼木赤」，四庫本作「特默齊」。

逮我朝洪武癸丑秋，盱江李大顛同邑人黄德繼裒略庀材度工創正殿兩廡，未畢工，邑人裘可大募瓦石完之。大顛從子道弘克紹先志，禮裘爲師，力修飾之。甲子，建飛天法輪于堂後，凡殿廡像設，皆邑人江興翁、李黄琛成之，且甃路百丈，以便往來，復置水田若干畝以給衆。戊午秋，衆起藏塑飾事之，像儼若生。今年秋，道弘走謁余文，將伐石刻之。余嘗聞於閩人曰：「真人居武夷時，民有女疾瘵，叩之，諾，命闢密室，抵足卧塌上，女號甚。踰頃，蟲出於口，疾隨愈。時有爲邪所憑，亦叩之，召健兒數十人，以椎交擊，真人欣笑若常，憑者旋愈。」其怪誕神縱多若此，惜未能盡述也。予讀馬湘傳，觀湘狡獪奇誕，若投深淵踰日乃出，自謂項羽召飲，而酒氣猶逐人，未之盡信。今觀真人靈悟曠邁之跡不異於湘，始知其言之不誣也。

嗚呼！吾道之士一志於超脱幻化，必外形骸、絶氛垢，其視埃壒紛華，若蟻羶蚋腐，乃一切屏斥，卓然高舉遠引而遊乎物初。是以餓寒顛困〔一〕不足動其中，日與太虚溟涬爲徒，所適者惟恍惚寥廓，而無一髮之可拘也。故乃雲馭風行，而乘天地之正，御六氣之辨而超乎無窮，與後天而終者，其亦灝氣之專而然歟？其真人之謂乎？宜其委形若蟬蜕，初

〔一〕「困」，原作「因」，據道藏本、乾隆本、四庫本改。

不繫乎跡之存亡也。茲雷壇之建，葺飾彌備，豈不使真人若遊神閬風玄圃間，而或來歸也哉？此予聞而樂道之，後之人尚克謹其承，使悠遠弗墜，乃經始者之志焉。

易書齋記

上登大寶之改元，監察御史蔡公分按江西，郡邑之間，聞風嚮仰。其摧奸剔穢，不勞力而畏懾，而乃濟以寬厚詳審，以是民德之。是年冬道吾里，余適蹈晦林壑，獲挹其儀度，貌溫而氣和，宜有得乎儒先君子而然也。且告曰：「吾家廬之舒城，爲邑右族，嘗受易於先君子，而學書於芒先生，以是二〔一〕者揭於齋居，以勵志於學焉。子幸有以發之。」

予不獲辭，乃作而言曰：儒之謂學也，莫大乎六經，而經之所載凡道德、性命、仁義、禮樂、刑政、制度、學術，是非治亂、隱微鉅細靡不具焉，而潔淨精微莫妙於易，疏通知遠莫盡乎書。而易之本也，順性命之理，通幽明之故，盡事物之情，聖人將以憂患後世而作焉。故其有聖人之道四焉：以言者尚辭，動者尚變，器者尚象，筮者尚占，所以觀象玩辭，觀變玩占者，皆備乎吉凶、消長、進退、存亡之辭也。於是乎推驗陰陽奇耦之變化，有以彌綸天

〔一〕「二」，原作「一」，據乾隆本、四庫本改。

地之隱賾者焉。其至微者理也，至著者象也，孰有外乎是心之太極也哉？必審乎先後天之謂也。伏羲之畫而無文，此易之本，其精微奥密，必深玩力究而後知未畫之玅也，庶有以合乎文立而理備者乎？書之三墳，言大道也；五典，言常道也。其精一執中，世爲帝王相授之心法，故二帝三王其治本於道，其道本於心。純其心以事天，謹其心以治民，其爲訓模教令、典章文物，皆存亡治亂之具也，必得乎心，則危微之機可見矣。雖易之傳疏，自商瞿受於孔子，五傳至於田何，若漢之楊、施、孟、梁丘賀、焦、費、高氏、京房之徒，後漢之陳、鄭，晉唐之韓、孔，率皆卜筮名數之説。迨宋陳摶、种放、邵雍者出，而後明夫理致於王弼之説焉，而莫備於程、朱，則理象兩明矣。然後四聖之心法足以開物成務者，一旦昭晰乎體用一源、顯微無間之極矣。暨孔子删書，斷自唐虞以下。秦火之餘，孔鮒、伏勝僅存於屋壁，漢伏生得其殘缺作傳，授之鼂錯、張生，張授之歐陽生，至歐陽、夏侯而劉向亦爲傳。後漢賈逵、馬融、鄭玄，隋之王通，晉唐之陳、孔皆續焉，而未盡夫道也。逮宋蔡沈以朱子之授，始發乎堯舜傳心精微之本、經世廣大之用，非徒記誦訓詁、穿鑿模擬之謂也，其體立用行必一本諸心焉。噫！三才萬物之理，二氣五行之玅，凡備於河洛範疇之祕者，未有過乎是二經者焉。苟有得乎是也，雖官兩儀、裕萬物，以極參贊之功爲不難矣，豈特用之家國天下也哉？今公以積學之懿，由成均而登憲臺，上際聖明〔一〕之運，獻替補納，將必盡其職矣。至於本植而末茂，綱舉而目張，其振風紀、宏憲度者，皆已見諸平素所操，而適於今日之用矣。予也方退卧窮僻，山益高而林益深，其孤陋荒槁尚何以塞公之命乎？然公之揚芳邁烈方志於是，他日之所造就尚可量哉？抑何俟予之勉也歟？姑以致予之願，求正於公者以復焉，且因自勵云。

杏竹軒記

松爲浙之右府，且多佳山水，士生其間皆有文聲。余友江西左參議胡公爲松右族，世業儒。公博學有文，洪武〔二〕間，有司以能名擢春官，居無何，官署東偏杏數本、竹十箇，益繁且茂，公暇則適乎生意之悦焉。上登大寶，篤於爲治，以史事爲先務，首詔京之儒臣，以行能稱者纘輯焉，公預首選。今年夏史成，進奏間，上悦，寵賚有加，陞今官。予辱知雅厚，聞而喜且幸。未幾，會於吾山，且屬記曰：「吾曩居春官，杏竹之悦子所知也，其肯靳

〔一〕「明」，四庫本作「朝」。
〔二〕「武」，原作「氏」，據四庫本改。

一言乎？」予方幸公之佐吾郡也，豈不樂道之？

惟杏也，孔子嘗壇而植之；竹也，淇澳之詩嘗以美衛公矣，則之二物者，豈不有取夫聖人也歟？豈他植物者比哉？蓋杏之質文而表華，君子足以比言以暢其辭；竹之中虚外直，足以比德以勵其操。然杏之繁也，當春陽既敷，群芳競麗，力與穠艷鬱縟爭妍奪媚於和風煦日之際，風雨不摇其姿，其所悦者且皆遊士賞姬，相與誇多競美於粉黛間也。似與竹之静也，值歲律冬徂，霜雪沍凍，百木零謝，而獨挺拔森蔚凝蒼卓秀於寒煙肅露之表，寒燠不改其色，不逐浮脆摧靡，其所契者又皆幽人介士，相與抱道守節於清苦間也。則與杏之濃淡喧寂，將大有不侔者矣。雖然，而其材也，杏可爲楝梁爲欂櫨，竹可爲管籥爲簨簴，則皆清廟之器也，皆適於用也。其植于斯也，知幾何年矣？何晦於昔而顯於今也？其亦若有所待焉？矧竹與杏，京畿之廣何地無之，而獨有取于公？形之詠歌，可謂托根得所矣。

今公上際皇明撫運豐亨豫大之時，以夙德雅望見推於名公卿間，則前日杏竹之榮，豈非今日之休徵也乎？抑公也學聖人之道，經明而行修，其舒翹振華已名垂金匱，又可謂托不泯於千載矣。而公不假聲色，篤於撫綏康濟，使斯民濡公之德化，日躋於太和之域，猶植物之育春陽，而不知其盤根勁節之敷茂，雖淩厲霄漢莫之可禦矣，又豈區區佳葩美竹之悦而已乎？而予之望於公者，亦豈是若〔一〕哉？請記之槩以竢。

崇仁縣玉清景雲觀記

撫之崇仁以山水穹秀，道家所謂洞天福地者多居焉。凡邑里皆浮丘、王、郭三真君顯化之地，不啻數十區，輒據風氣之會而獲悠永者也。

景雲觀居縣之西，不數里而近，巴山屹其前，浮黎峰聳其後。由峰之隴蜿蜒數十步，觀建其支也。其南則澄溪激湍，北則方池涵碧，平衍虛曠，林木四翳，雖居闤闠，猶處山林之幽寂也。觀創於唐景雲間，因以是名。既成，額未之書，忽一道士夜至，篝燈大書而去，筆光煥動，急追之，顧曰：「吾蕭子雲也，其識之。」因珍飾以爲門扁，後危太傅全諷爲州將，奪寘黄田寨，乃逸去。盖以子雲嘗爲梁黄門侍郎，以善書名，後於玉笥山仙去而異焉。舊懸大鐘，一夕遯去，漁者或覩溪潭間，取竟弗起。後鳴者，開元二十七年物也。殿設大爐，上題旌陽許真君名，相傳皆以爲異云。

昔之穹檐廣宇，自黄巢之變迄爲灰燼。顯德間，彭城劉元載尹兹邑，乃延道士蔣道玄

〔一〕「是若」，四庫本作「止是」。

闢而新之。道玄善科典祈禬，乃復振焉，遂謁前進士樂史記之，皆開寶九年江南李氏未附時作也。暨宋復興，迨元，道士黃養素力新之，未仍舊觀，其徒傅自成克相之。洪武初，以樂舞員召赴闕，居祠宮者三十年。辛巳春，始獲請老還，復新其未備者，授教檄某法師采遺文，以記來請。

予嘗謁三真君，兩過其地。今年秋復叩焉，則删薙榛莽，建立殿廡，曩之狐兔霜露之墟，一旦豁然高出烟霞之表，是亦靈蹤奇跡晦於昔而著於今也，殆亦有定在矣。其非自成才能幹濟，將亦終爲荆棘埃壤也矣。尚能使山之秀者益明，水之麗者益瑩，草木之蕪蔽者益挺拔矣乎？矧自成嘗受法於仙官傅公同虚，究靈寶雷霆之奥，猶以道術稱焉，則他日之纘承先業者，能不失其所託矣。後之人尚必是志焉，則其悠遠弗墜也必矣，又孰知其虚寥冥漠之際，不有若浮丘公者擷飛珮、御泠風，自華盖、巴湘之山飄然而來下也？而其玄休靈貺其有涯哉？可無以紀之也歟？是次其實以記。

稽古齋記

聖人於易則曰「探賾索隱，鉤深致遠」，以其精微幽妙也。於書則曰「稽古、師古、學古」，以其危微〔一〕精一也，皆所以致力於學焉。聖賢相授，其曰博學切問，慎思明辨，盖非稽諸古以盡其幽微藴奥，豈足謂之學哉？是雖孔子之聖，猶曰祖述憲章，而於夏殷之禮，爲不足徵也。當是時已典籍散亡，而況下逮秦焰之餘也乎？故六經火於秦，後多漢儒穿鑿附會，失聖人之遺意者多矣，其非稽探考索之能至哉？余從子懋乎，穎敏嗜學，間請鄉先生楊君孟頊顔其讀書之齋曰「稽古」，謁一言記之。予雖志乎古，其能以己之不逮而淑諸人乎？

然予聞羲農而下，二帝三王爲世至古，爲道至尊。稽諸開闢之先，鴻濛溟涬，邃古之初，六合之外，不可得而盡知也。自結繩書契以來，墳典而下，鳥跡蟲書，孔孟之所述，惟黄帝、堯、舜，始太史所録，其稽諸載籍未之先焉。奈何世之嗜古厭常之士，鮮知求夫堯、舜、禹、湯、文、武、周、孔之謂道也？徒知寶夫三代、秦漢之器，若神農之耒耜，黄帝之裳衣，兑之戈，和之弓，垂之矢，軒轅之鼎，陶唐之鬲，有虞之敦，夏后之璜，殷之爵，武丁之卣，伯乙之罍，楚姬之寶，盤仲之誥，義母之匜，崇磬〔二〕離釜，湯〔三〕盤孔鼎，桓碑罘刻，岐

〔一〕「危微」，原作「微危」，據道藏本改。
〔二〕「磬」，原作「磐」，據道藏本改。
〔三〕「湯」，原作「渦」，據四庫本改。

陽之鼓，鄒嶧之碣，均所謂至古者也。人得其一，則緘縢庋置，扃鐍祕藏，若有神護而不敢忽。極其嗜好者，且求之故家大宅，山崖墟莽，仙蹤鬼塚，竭其才力而取之不倦，將以怪奇偉麗，有足誇一世之雄而然也。故雖湮淪磨滅破壞之餘，愈弊而愈貴之也亦宜。惜不能以是心求諸六經，皆上古取賢爲道之要，得之弗遠，搆之弗艱，返身而誠，皆吾固有也。古之賢哲是以孜孜屹屹，不遑朝夕，含英茹華，研精毓粹，於訓詁、詞章、史氏之末，若鬻、吕、楊、墨、荀、揚、管、晏、莊、列、申、韓、鄒、慎之述，屈、宋、班、馬、董、賈、商、孫、燕丹、淮南之言，靡不蒐羅纂拾，攟拾離合，該博參互，以充其識博其趣焉，庶將有以極其探索考輯之工也。

雖然，而其汗漫浩漠，雖皓首不能窮者有焉。夫聖賢之謂開物成務〔一〕也者，將以彌綸天地之道，輔相萬物之宜。凡形諸六藝，大而參贊化育，立民命，建人和，皆由得諸心而措諸躬也，必求濂、洛、關、閩之緒。非徒事編簡，惟操觚秉翰於佔畢之末，以爭妍取憐於雕繪剽竊之謂足也，則不徒志稽古乎哉。抑予家上膺祖澤，世載厥美，某知求乎古而不流乎貴富之習、驕逸之趨，則其度越庸衆，人之歸也必矣。尚必旁搜遠紹，涵泳膏腴，浸漬穠

〔一〕「開物成務」，原作「開務成物」，據道藏本、四庫本改。

馥，然後明體適用，真知力行以觀厥成也，則其所造詣又豈讓桓榮專美於前哉？此予之望於將來也，惜齒髮向暮，日就荒落，因嘉其知所趨也，姑以是勉其進焉。

存有齋記

浙東爲文獻淵藪，以婺爲首，稱其風習多尚節義，知詩書，是皆東萊呂成公之遺澤也，故宋元以來鴻生鉅夫每産焉，豈非山川穹秀鍾清淑之氣獨厚？而士生其間必英鋭卓絶之姿，皆沐其流風，亦豈偶然哉？其篤夫義者世稱鄭氏，由五代迄今數十世矣。一門之間藹然三代之風，凡其鄉邦里閈，皆目濡耳染其化焉。

馬君全初，世簪纓家，居諸暨，去婺爲隣邑，温粹有文，嗜古博雅。曩官廣東僉憲，改佐江右都司，所至有能聲，道過吾山，且告曰：「某鄉曰雲泉山，曰冠山。山産石，五彩，其下爲龍井，旱禱之，輒應。岡隴延袤數百里，自東海迤邐不絶，越之勾踐嘗居焉。東爲陶朱山、范蠡巖、島夷井，西則婺之東明、芙蓉諸峰近在目睫間，宜隱君子之所居也。且於胡文定公爲世姻，而得究學於諸孫間。吾師南郭黄先生爲顔齋曰『存有』以勉焉。願屬記。」予弗獲辭。

且存有之命大矣，而世所鮮言者，豈予之足知也哉？然儒學自宋季以來，多剽獵膏馥，惟希利禄是趍，其不知究濂、洛、關、閩之緒者皆然，此世之所謂學也。全初獨知求夫聖賢之道，是亦成公遺澤之所薰毓然哉！抑孔孟之謂存性、存誠、存心，其揆一也。吾之所受於天者吾固有之，特知志夫操省之工則存矣。苟失乎存則放舍而亡矣，是以返身而誠，不遠而復，時有以致戒謹恐懼於慎獨明善之頃，則塞吾體者充乎宇宙矣，又豈若珠璣、象犀、金寶、珪璧之爲世所貴者，惟有力者所可有也，其好而不能有者，雖歆艷嗟慕卒不能至焉。彼能有者，亦必窮力竭智得於巇危摧困之餘，而吾之所固有者，惟制物欲之蔽，絶膠轕之溷，則静虚而動直，至正而明達，不勞形苦慮而無不存也矣，抑惟持敬矣乎？予不敏，願學而未逮，其樂與全初講益者，必習之著、行之力，則其所造詣當何如哉？豈徒舒翹揚英角藝於仕進之途而已矣？因以期於全初者記之，并以自警云。

思植軒記

儒之以世德聞者，予行四方久未之見焉，其亦何鮮得也若是哉？蓋君子之於學也，德爲之基，文以華之而已。苟德弗之脩，雖誇於文辭無取焉。撫之金谿吴氏，世爲衣冠家，族大且蕃，重珪疊組蟬聯不絶者數十年矣，而子姓皆以文鳴，非隣邑他姓所可比儗，斯非世德之厚而孰使之然哉？率正氏居吉原之奥，由吴塘而支分焉。間致書耆山中曰：「某家吉原數世矣。其山之穹者泉泓焉，谷之幽者木蒨焉，池之湛者潤迴焉，故凡軒牖庭楹之闢，林巒隴阜之邃，篁木菱藻之茂，鳧雁魚鹿之稠，皆足以棲遲藏修以自娱適者也，是不忘其先德所致而然歟？而旦夕之思爲人之後者，敢不求以承先啓後也哉？然其所以克厥承者，非植德於將來復何逮焉？乃顔吾軒曰『思植』，非徒佳花美竹之玩、叢芳異卉之悦而已耳，乃所以永吾孝思也，幸爲記。」

予辱知吴氏頗詳，其能辭一言焉？夫人之於居處也，舍闤闠而宅幽勝，多志夫隱約潛退而後樂之，亦或非脱略榮耀而畢於無所用於世也乎？是故其居也，必窮經廣業以擴其體，其出也無不濟其用矣，豈皆曰忘情斯世而然耶？且吴氏之居皆山舒水抱，而其臨清挹秀也宜矣，而率正乃不誘於外適而切於惟德是植，豈不賢矣乎？且德之積於先也，施于後者可見矣。後復思以植之，孰不若木之根培者枝必偃矣，未有本植而末萎者也，是以植之力則已繁者愈茂，而未蘗者日滋矣。待夫春陽既敷，其豐暢薈蔚，雖干霄聳壑，有不可遏者矣。一或弛於培、失於植，一旦霜露殞悴，其摧折圮腐幾何？其不爲荒榛穢壤也哉？學苟怠焉，必德墜業毁，孰異夫是哉？

率正少警敏，從鄉先達遊，克志通經學古，間試其所用也。嘗尹湖之武康，居二考以能聞于朝，擢山西太原守。未幾請疾還，教授鄉里，學者無遠近皆從之遊。而率正怡情閑曠，學益充而德益懋，未嘗無山水之適，而獨懼夫德之未植無以訓將來，雖昔人孝思之感，迨〔一〕不是過矣。爲其後者必斯志是繼焉，則其追遠之思無窮，其克紹先德也必亦無窮期矣！是樂爲吴氏勉焉而爲之記。

建昌府武當行宫記

盱爲江右郡治之首稱，且多名山川，若麻姑之著於唐，王侍宸、丘河南之名于宋，皆他所莫倫儗，其亦仙真之奥區也歟？

武當行宫在府之南，去百〔二〕步而近，始南唐昇平間，以陰陽家拘忌，或謂不利午水之衝，因以祀玄天上帝而鎮之。且傳帝嘗降武當太和山，示創於盱，若有默符云。已而有司請于朝，賜今額。逮宋咸淳五年，安撫使西鄄程公飛卿命郡之延禧觀道士宋養浩主祠祀，而朱〔三〕沖虚繼之，已而宋社既屋，廢興亦靡常。元至正元年辛巳，翰林程文獻公鉅夫有

〔一〕「迨」，四庫本作「殆」。
〔二〕「百」，原無，據道藏本補。
〔三〕「朱」，道藏本作「李」。

聲于朝，宫賴以振。予叔母，公之四世孫也，施水田若干畝，以祀其先大夫敬甫公，而衆藉以安。至我朝高帝有海宇，凡郡治釋老之宫，總轄者咸新之。時嗣領者則張太古、危本初、危大有、利洞玄，皆以行能稱於人。洪武九年，大有懼其創始之艱泯而弗舉，命其徒王思微具顛末，請文刻諸石。思微善科典禜禬，克志葺治，凡像設法器，靡不繕飾之，增贍水田若干。予少遊盱，嘗即其地，雖處闤闠而爽塏可栖息，故仙真顯著之久其亦宜矣。

然盱之繁麗，嘗甲於江右，自宋元之更累冒兵燹，雖昔所謂大姓巨室，鞠〔一〕爲灰燼者有之，其亦造物者消息盈虚之常理也。而宫迺巋然獨存，廢興相續，則上帝靈麻神貺，信有自也。若叔母昭祀之孝，其不有所感而至焉？今兹增益之備，猶先志也。後之繼者守而勿墜，時能格神明、闢氛滓以貯其陟降，則儼然雲旌霞旆淩厲乎埃壒之表、霄漢之間，若盱之人必皆蒙其休矣。則其宏久之規，又豈亞於麻姑諸峰也哉？

〔一〕「鞠」，原作「掬」，據四庫本改。

耆山無爲天師峴泉集卷之三

墓誌

故上清宫提點樂丘王公墓誌

予友王君樂丘卒之二月，其猶子無逸狀君事行，泣以請銘。予辱知君厚，義不辭。君諱某，字亦顯，福州長樂人也。王氏世爲閩衣冠家。君自兒時無凡俗志，年十九以兄足事親，請從道。父命擇師龍虎山，遂禮崇禧院李公見山。性敦厚警敏，公甚器之。暨公營繁禧觀於溪濱，未完而殁，畢工而增大者，君力也。時予先大父太玄公遭際元盛，任才慎許可，以君淳謹命爲侍職，若吴大宗師之門南野毛真人、盤中李真人皆聲耀特著，俱勉進之。晚謁翰林虞文靖公、揭文安公於臨川，皆美以詩文。無何，運移兵興。壬辰，聞四方溷擾，以君善保持，觀賴以存。洪武初，以租賦繁劇，累以顛困，嘗傾私帑力扶樹之，尤汲汲以葺衰廢、度嗣人爲志，故殿廡益拯，徒不下數人，他所莫及。先君沖虚公嘗嘉其善，欲擢用之。君以宫才能讓，一志閑曠，間徜徉溪南、廛湖、琵琶諸峰。間得勝地，編茅爲舍，引泉爲池，植竹樹，闢田圃，日陶寫自得，素不妄與人交。鄉先生張公孟循、周公白士獨相契善，間過之，必樂飲而告曰：「樂哉！斯丘真子所居也。」有詩若干篇，因名其居并自號焉。十四年春，予舉爲宫住持。公謹不少怠，以修治爲己任，僅二年辭老，肆意山谷，延名師訓育子弟，營蜕藏于菴北。暮齒雖貧窶，接賓客，濟貧困，聞義樂爲，其敦厚每若此。少通經史大義，尤以古賢德性行爲慕，或爲古詩以自見。蓋嘗從山之有道者金公埜庵、何公心月遊，時有聞焉，晚則倪君子正、周君孟啓皆雅相厚。二十二年春〔一〕，予蒙上眷許新上清宫，以涖事非君不可。是年冬，致書千餘言，强起之，君倡義復出。今年春，有以觀役誣之者，如京事明，以疾卒於朝天宫，九月某日，享年七十有五。無逸扶柩還，訃聞，悲悼不能已已。或謂舊塋不宜，遷兆於其左，以是年十月某日葬焉。

嗚呼！予齒齠齔，知君爲温厚君子，及辱交垂十年，出輔教樞，端謹自居，處憂患進退猶一日也。矧受知予家已三世，其所推重宜有在焉。惜乎！既逸而出，未久遽止，竟以是而弗終于家乎！然得其壽，有其善，是故不足揜也已。其潛德信不可泯，況有請焉？遂不

〔一〕據續修龍虎山志卷中蘇伯衡重修上清宫碑文及皇明恩命世録相關敕誥，知洪武二十三年春，張宇初入覲，欲重修上清宫。此疑誤。

辭而銘曰：

世遠道晦言益墜，美質温粹篤操礪。夙躋盛隆沐先惠，克昌厥猶慎終衛。晚蹈林泉絶氛翳，玄樞振綱肅浮逝。邈焉天遊廓無際，刻銘幽宮昭百世。

故上清宫提點朋山張公墓誌

有篤厚君子曰：張公如愚，諱迪哲，福州長樂邑三溪里人也。其先叔祖見獨公爲教門講師，會元盛輔翼居多。公夙質慕道，年十六以親命入龍虎山，師事山外孫公于崇禧院。越數年孫殁，哭盡哀，治祠墓。且其時院徒尤衆，公以廉謹稱，有命俾董院事。不踰年，蓄廩有加，衆悦服。歲壬辰兵興，上清宫裁，院亦燬，時各散處。公嘆曰：「人生若夢泡，父生師訓曷能忘耶？」請還省親墓，且悲不能舍去，雖奔走間未嘗棄書。其里有觀曰朝元，公先世所塋，祠張氏，系時兵勢浸隔，因葺舊構，廣門廡，樹墉植木，闢岩洞，得深谷曰歸愚洞，釣鰲石，汲古泉，日與文士觴詠其間。時清碧杜公、泰甫貢公來閩，交益厚。適歲旱，邑請禱，公嘿坐一室兩三日，官庶神之，居六年迺還。先宫之推名者玄卿薛公、蘭雪周公、客翰林曼石揭公、詩士均瑞黄公，公因師禮之。由是詩文篆隸書俱精，猶究儒釋家言，若丹旨法奥、祕篆洞文亦極探討。至正間，山之有道者埜菴金公、心月何公嘗參叩之，故其平素涵泳自得，處得喪未嘗改容，而學且不輟。

洪武十七年，予擢爲宫住持，僅四年，請疾居榆原菴，常瓢笠杖屨曠意林壑間，雖樵竪值之，皆疑爲仙。間尋流而入，得僻奥地，樂之，結茅其麓以與朋共，曰朋山庵，室曰蚊睫窩，因以終焉。廿二年春〔一〕，予蒙上眷許募力新上清宫。及還，以公端厚宜謁顯貴者，秋八月如京，寓朝天宫，請命有次，辭翰猶動一時，上嘗優問焉。久之，謂弟子董仲璣曰：「吾志報公家，恐日衰不能見宫新，汝宜促還。」翌日就途，及抵山，不踰日寢疾。予往視之，語對如平常。越二日，疾且愈，言别側卧而化，閏月某日也。生延祐乙卯，享年七十有六，以是年十二月某日，奉柩葬于外石坱，其弟子上官某等録其實告曰：「知公辱素厚之，其學行不可以不銘，願有請。」予愴其辭，且感焉。

閩世爲詩書之邦，公生世胄，温厚博學，予辱交有年，不惟克輔教樞，而講習居多，惟其德操之純，無賢愚皆慨悼之，可不彰其潛曜也哉？是爲銘曰：

張氏著姓，族蕃于閩。公稟天質，學優行純。被蟢際盛，佐弼温文。發用玄造，雨布霆奔。師古克粹，譽顯志敦。出勤報功，問下明君。適還而逝，厥真常存。遐佩靈躅，歸

〔一〕據重修上清宫碑文及相關敕誥，知洪武二十三年春，張宇初入覲，欲重修上清宫。此疑誤。

神峽原。銘石斯立，庶貽後昆。

故後軍府經歷周公墓誌

洪武十四〔一〕年七月某日，後軍都督府經歷周公孟啓卒于官。予適留京，爲經紀其喪〔二〕事，命其甥某負柩還。越四月，其昆弟將卜葬，甥蔡孺敏狀其實，泣以請銘。予辱交厚誼，不辭，且其歿嘗告焉。予悲不勝，尚忍銘哉？

按公諱某，字某，姓周氏，世爲閩大族，自祖某由三山分處信之貴溪，遂家焉。大父某，以信行，鄉稱長者。父某，隱德有文，母倪氏，某書院山長某女。公幼穎敏，年十二三通書史，能屬文，有聲於鄉里。讀書夜至漏盡，祖母愛，止之，亦不怠。時縣之北鄉聶先生義方以進士業授徒於家，往師焉。業成，元季兵興，弗利乃止。鄉先生彭君孟悦明陸氏學，爲時所宗，公師之，久之於性理有得，先生益奇之。某年盜掠鄉邑，伯齡遇寇死，野曠罕人跡，公冒鋒刃遍求，得尸慟哭，日夕哀不已，聞者悲之。倪氏先幾年卒，繼倪氏有男某

〔一〕「十四」，據上下文意，當作「二十四」。
〔二〕「喪」，原作「襄」，據乾隆本改。

甫五歲，罹兵荒，貲産喪盡，迺教授鄉里，給衣食，養母撫弟，鄉里賢之。居無幾，皇朝混一海寓，郡邑累已〔一〕才聘，獲辭。

洪武十三年，上遣冑監生持敕符求士，縣以公薦，入試内廷，以文學授太常司贊禮郎。公恭謹，嚴祀事，侍天子親祀，引贊升降必盡敬，及祀陵廟亦然。處官舍甘澹泊，罕與人接，雖尊官顯人欲交，卒辭。十五年壬戌，以父喪未葬，請歸，得給驛還，太常博士薛公爲銘其墓。暨入朝，上命建湘府社稷壇壝，其府衛官以朝使務盛饌以禮公。公止不納，惟掄材木，善陶冶，以勸懲之，衆皆悦服。工畢還朝，御史驗裝於道，惟書、衾、服。陛見問，上嘉其廉謹，賜衣一襲。十八年乙丑，仍代祀皇陵，居太常凡八年，寮屬皆以敬慎推。二十年丁卯，蜀王守中都，奉命佐王祀皇陵者再。王嘉其誠篤，命譔詩文進，迺製詩以寵其還。二十一年戊辰，丁母憂，營葬哀盡。禮服除，入朝。未幾，授後軍都督府經歷，秩奉訓大夫，階五品，居官竭忠盡慮，朝夕無少怠，常懼耳聵多忘，恐失職。二十四年二月，弟某〔二〕甥某偕往省，某歸，勉留侍。七月二十日，奏給某官糧，誤批上旨，復奏改正，近侍紿以坐

〔一〕「已」，乾隆本作「以」。
〔二〕「某」，原作「其」，據四庫本改。

侵欺。公歎曰：「吾耳聵誤聽，何侵欺耶？」及夜，食浴就寐。凡夜必戒僕隸報更漏，五鼓則入朝，率爲常。是夜隸報四鼓，弗對，駭呼勉，急明燈視，乃自縊死，遺文置几上别同佐。及旦，都督木公以聞，上悵〔一〕悼之，命具棺以葬。九月，柩抵家權厝，享年五十有七，以十二月庚申葬某所。子二人皆夭死，以弟某之子爲嗣。女一人適劉。娶吴氏。

其詩文若干，在朝曰容臺稾、曰詠菜稾。有軒曰詠菜，素庵蘇公實記之，故皆尊稱曰詠菜先生。公少嘗從遊鄉之張先生孟循、夏先生柏承學古詩文，以才見稱。及仕，受知博士薛公文舉、僉事謝公原功、儒士戴公叔能，皆雄於文，故學亦贍。予及樂丘王公、子正倪公交最厚，嘗圖林泉，結托素庵，題其意云。

嗚呼！公生詩書家，少貧篤學，晚際明主，歷職清要，日承寵光，榮亦至矣。蓋其性度淵雅，於文辭精麗不苟，雖夢寐有得，必起燈以書，兩還鄉里，遂論友好，所益多矣。惜再任將幕，雖抱忠篤，不克顯用，而竟以懼終。聞者莫不愴慨，矧予託交之久者乎？强爲之銘，亦以致無窮之悲焉。銘曰：

維學也篤，以昭其身。維仕也慎，以竭其淳。維歸也誠，以潔其屯。遺德有輝，聲業

〔一〕「悵」，四庫本作「憫」。

斯振。孰啓嗣人，銘示弗泯。

故上清宫提舉矩菴胡公墓誌

世生大有爲之君，其承運而際者，多出類拔萃之才，故協贊其成者，亦必雄鳴潛躍之士，豈非時符氣合而然哉？先君沖虛天師國初受知皇上，凡宫之稱才者皆佐以行，而祐聖院胡公叔直披艱竭智之功居多。曁予襲教，尤協傳有年，此天之所以啓玄教之隆，而必産是人〔一〕以輝大之也。代固不乏其人，而豈不足方之其先者哉？洪武二十六年冬〔二〕，以疾卒於京。明年冬，將營葬，其諸孫李某狀其實以請銘。

嗚呼！予若先君皆公輔成焉。先君既往賴公，以夙勳元舊足以傳焉。方喜其康健，豈遽衰者未幾竟逝矣。惟哀之無窮，尚忍銘哉？

按公姓胡氏，諱某，字某，號矩菴。始祖諱某，自南唐從歙避地饒之樂平梅浦，因家焉。世業儒，爲昔衣冠家，曁宋，擢進士第者相望，高宗賜里曰梅府。淳祐間，昆弟四人同

〔一〕「人」，原無，據四庫本補。
〔二〕「二十六年」，據下文「廿五年秋，以宫事如京。十月十又三日，示微疾，終于寓舍。生延祐己未九月二十四日，享年七十有四」，當作「二十五年」。

登甲科，是建聯登書舍，鄉里榮之，因以訓礪其族人。公十五世孫也。曾祖某、祖某，皆隱德弗仕。父某，元皇慶間歷宣徽院使。公仲子也，幼穎敏嗜學，即有出塵志。年十五，辭親入龍虎山上清宮祐聖院，禮煥文朱公爲師。年十八，度爲道士。弱冠卓立有譽，尤究儒玄百氏之言，善歌詩駢麗，爲時所稱。若先輩李先生仲公、前博士胡公士恭、前翰林危公太樸、鄉先生張公孟循、盧公伯良、夏公柏承，宮之能文者董君蘭深、柯君天樂、張君鐵鑛皆所師友焉。歲己亥，先君始襲教，公披草昧，每身任之無難色，凡道家經籙科典皆綴飾之，因命掌焉。

洪武元年戊申，詔先君入覲，公侍行。越踰年又召，凡禱祠禜禬問鬼神之事皆贊翼之，禮部給符任教門掌書，謹靜有謀，先君深契厚之。十二年，新本院。十三年，予蒙召，首相行，承寵錫如舊典。十四年，升玄貞文肅淵靜法師、教門贊教法籙局都提點。十六年，皇太后崩〔一〕，有召予及道籙建黄籙國醮於京之紫金山，公職監齋，糾劾有文，衆咸傳伏。十七年，教疏升上清宫提舉，其柔退謙畏，常度越人。二十三年，予入覲，又侍行，奏

〔一〕「十六年，皇太后崩」，洪武朝無皇太后，又據下文故神樂觀仙官傅公墓誌「（洪武）十五年壬戌……孝慈皇后崩，召予建黄籙大醮于紫金山，皆公贊協之」，當作「十五年，皇后崩」。

建上清宫，上嘉納之。二十四年，道籙司承旨召赴闕，清理道教，公復相焉，奏護符籙，賜銅印，示六品，命公掌之。廿五年秋，以宫事如京。十月十又三日，示微疾，終于寓舍。生延祐己未九月二十四日，享年七十有四，其孫朱某侍側，負柩還。

公職教幕幾三十餘年，侍行幾十餘覲，及新宫宇，其協謀宣畫靡不致力焉。若天師世家族氏譜系及宫之仙籍，皆考訂詳盡。其里之聯登書舍經兵盡燬，出己帑新之，擇族之良子祀焉，又求當世名士大夫文以誌之。予數擢以本宫提點，力讓未遑。詩文若干篇，名某集。以廿六年癸酉十二月十又三日，奉冠劍葬里之壽春觀祖隴之次。

嗚呼！予觀古之人，身達而業舉，足以托不泯也，豈虚玄之教獨不然哉？若公之遭歷，前後於吾世有勳勞，而文彩尤足著其緒餘，此豈世之多得者哉？是次其實而爲之銘曰：

維胡之宗，文德是基。公挺玄胄，克贊明時。被榮際耀，實天人師。嗣爵既襲，曰傳曰持。金科寶訣，鵠旆鸞儀。領袖名山，温言淑姿。誣吝孰翳，遊神〔一〕天倪。空歌靈音，雲霞與馳。潛德弗泯，昭於銘辭。

〔一〕「遊神」，乾隆本作「神遊」。

故原宗傅先生墓誌

撫之金谿，在宋季已稱士鄉。予友傅君原宗生故姓家，與予有文章交，相聞十餘年。凡兩接談必極傾倒，文成必命從子槖以示焉。方惜同輩凋落，賴君未衰，冀有以麗澤焉。間爲序予稿，恨不盡以正其可否。而有召赴闕，未幾殁于京，訃聞，哀且慟，何天奪斯文之甚耶？越二年冬，將葬，其從子某以狀請銘。予知君爲深，義弗辭，然豈忍銘哉？

按君諱匯，字原宗，永和白膳里人也。曾大父某，太父某，父某，世業儒，皆隱德不仕。傅氏之先，自五常侍公某由上幕鎮之五岡徙居是焉，實唐文宗太和四年也。以學顯者五百餘年，而猶著於宋。建炎間，天下靡寧，有諱安潛者集鄉丁仗義，與里之鄧氏團結保障，衆賴以寧。五世祖字子雲，號琴山，爲象山陸文安公高弟。某年登進士第，授從仕郎、建寧府甌寧縣主簿，學者皆師事之，尊稱曰琴山先生云。

君温厚明敏，七歲入小學，舉動異群兒。長習進士業，從鄉先生葛公元哲遊。先生目其文首曰：「簡潔不雜，諸生莫傅若也。」學成值兵興，然研幾析微未嘗少輟。元至正丙辰〔一〕，

〔一〕元至正無丙辰年，此疑誤。

與從弟元藻同中江西鄉試。時南北道梗，不獲赴廷選，乃止。自是杜門克志古學，從遊者益衆，講説五經，論辨昭晰。時其里朱公元會師授吴文正公，以文稱於時，君獲卒業焉，是以文鳴。

洪武初，天朝一海宇，首崇學校，有司舉爲儒學司訓，居七年，砥礪有成，歲無虚，凡自撫之選者，必曰傅先生徒也。以是鄉試必禮君總之，學者得一言皆矜式焉，遠邇推重每若此。廿七年夏，有旨翰林，召儒士校書、經、孟子，君預舉列。七月，朝臣馳驛起之，即日赴京師，燕諭者再，退而注釋經傳。凡客一旬餘，君力居多。某月某日，以疾終于官舍，執政者聞於朝，上嗟悼久之，賜衣冠以殮，復御製文，敕禮部遣官吊祭。有司命下，孫某載柩還，朝之士人聞者靡不羡歎之。君生元至治癸亥，享年七十有一，自號西堂小隱。初娶劉，繼室倪，俱先卒。男二人，長某，次某，先十九年卒。女二人，長某亦先卒，次某適黄某。孫男一人某。經義、詩文凡五十卷，以十月某日葬里之南山。

嗚呼！古今以文鳴代者不一二人，非學之者寡焉，其在乎踐之之力、授受之明也歟？君以經行修明措之言辭，視不難矣。然居庠序，樂育才儁，足以充時之用。晚節操慕，有以副朝廷之眷。其終也，上寵悼之以文，君爲不死矣。其潛德幽光，可無以發之乎？銘曰：

維古之學兮，粹乎聖經。斯吾造之兮，既裕而明。有是而施兮，足以訓後。宜達於朝兮，蔚乎已榮。卓彼南山兮，林谷茂清。啓兹後人兮，昭于厥銘。

故上清宫提點了菴李公墓誌

有學道而文之士曰：李公仲治，諱弘範，號了菴，其先世居成紀，唐爲著姓，李衛公靖之後也。建中兵亂，上世南遷新安，有諱某者避黄巢於黄徒。仲子諱德鸞，因遷婺源之嚴田，南唐散騎常侍之後。諱仕言，宋嘉祐間復遷番陽之萬源，遂隸番江書院儒户，十一代孫也。曾祖諱夢科，咸淳貢元。祖諱又新，元縣教諭。父諱雷啓，隱德不仕。

公少穎敏，年十三請於親，從外兄金君蘭石學道於上清宫之紫微院，受業史公隱居。至元乙亥，得部牒度爲道士，會鄉先生祝直清父創陸文安公祠于里之象山，因從之遊。仲丁，與舍菜禮，以是遍究儒道家言。其秋，偕宫之方壺方君、叔祚吴君拜金公野菴于聖井山，復從蘧先生西州遊于鬼谷山，請益朱公覺庵。戊寅冬，謁李先生仲公父，跋板橋阡表，因命萬源祖祠曰思堂，是師事之，吴待制養浩實記之。己卯春，覺菴授玄學，嘗遊金谿之祈仙觀，會黄先生殷士偕儒彦講學半山池上，公極談陸氏本心之説，或異之，指曰：「此小鵝湖也。」至正辛巳，奔祖母喪，適母疾且亟，公奉湯藥惟謹。未幾母卒，喪祭如禮。庚寅，太乙天師張公命掌符籙。辛卯，上清宫裁，公奉祖命新其院，立紫微西院法派，其秋歸葬父于板橋。壬辰，兵興，建策宫之耆〔一〕儁，舉義保障。丙申，避兵于閩，蒙副都元帥吴按台不花咨聞東華天師保充延平路玄妙觀主領。壬寅，族議以元中仲子爲公嗣。甲辰，以師命買田若干，立儒道二書院，時先公沖虚天師命掌宫之文籍。丁未，遷安山舊居於院之故址。

洪武戊申，復買田，附祀宗遠。乙卯，陞副知宫事，屬院有出祖隴者，公爭於有司，逾明年〔二〕復入於宫。丙辰，作肇堂於琵琶山陽，翼以文潤齋以祀親。丁巳，易隣院基以新舊構，并建玄潤齋於西，承旨宋學士濂實記之，詒善亭則予記也。戊午，預卜兆成，復以白金搆水田，市屋入宫以祀木主。癸亥，嘗嘉號玄文真士。甲子，譜序成，攜孫侄拜萬源祖墓，會族而還。辛未，陞宫之住持提點，時朝廷以清理給印，視六品護宫，公掌之，越三年以疾辭。乙亥十二月某日，公無疾，適自外還，徒且出既還，笑曰：「吾待久矣，爾還斯往矣。」遂端卧而逝。生延祐丙辰，享年八十。

〔一〕「耆」，乾隆本作「奇」。
〔二〕「明年」，原作「年明」，據四庫本改。

惟公少有大志，有文尚義，累從名師考德問業，而端厚篤實爲時推慕，故於出處不易其操。予雅交厚，非忠謹之言不相告也，其匡贊之益不少矣。丁丑六月某日葬里之山田，諸孫狀其實，請銘焉。予知公爲深，義不辭，是宜銘，曰：

李盛於唐，番爲令族。公質純明，問學惟篤。早味玄言，嘉訓彌敦。涖職公敏，拯毁復存。廣業勤本，以紹以葺。克大儀刑，耆耇罔及。默探道腴，不疾而遺。允式後裔，永昭銘辭。

故紹庵龔先生墓誌

予友龔君，諱繼祖，字克紹，信之貴溪治南理〔一〕源人也。君之學行修於身，聞於鄉里，信於士君子益久矣。家世業儒，唐、宋多顯宦，而君温厚篤實，有古隱君子風，凡士之知言者，皆推其性行純潔。其上世受業予家，君是踵之，因獲託交焉。若其言論造詣，愈叩而不竭，而似不能言。嗚呼！可謂成德篤行君子也。

曾祖霆松，諱某，元漢陽府教授，博學能文，嘗輯朱、陸二氏書爲會同，爲時所推重。

〔一〕「理」，原作「裏」，據乾隆本改。

及受知曾大父留公，割地若干，築室鑿池以居之，遂遷吾里。若道門玄典增輯之，故漢陽敕皆留公力焉，今藏于家。世稱艮所先生，其自號也。祖某，某州學録。父某，隱德弗仕。

君少端謹嗜學，甫長，從鄉先生彭公孟悦究陸文安公本心之學，盡通經傳大旨，涵泳精粹，而猶切於躬行力踐也。元季兵興，遁跡山谷，抱遺經蓁莽間，諷誦自得，潔身無事，於時人亦莫知也。少孤鞠，於祖母克孝，既殁，每言必涕下，猶篤於友弟。一門敦睦，非他姓所及。家素貧，常教授里中。洪武庚午，始賓予家，其訓育務篤慤，間爲古詩文，簡而嚴。無何，予以誣咎趍京，君日禱之，既還，憂乃釋。質素多疾，丙子正月甲子以疾卒，享年六十有六。其疾亟也，予往視之，泣以別，殁則偕諸弟弔哭，賻紀其喪。妻張氏先某年卒，繼周氏，皆里故姓。子一人某，孫二人紹、武。是年某月某日葬里之城門，學者尊稱曰紹菴，而余與友生私謚曰純德先生。

惟君之善學也，去華反實，視古今之言學夫聖賢者，惟爭妍競麗之務，而戾於行義之實也，其賢亦遠矣。故其隱顯出處，志操不易，舉不違乎本心之明也哉？是以君子不哀其貧窶，而樂道其德業之固也。夫友之輔仁，不慎乎擇而能爲身之益哉？君於予世契而交篤，所謂仁輔而益友也，能不思以盡夫道乎？其仲氏克誠請銘于墓，予方悲夫失輔也，尚忍銘哉？銘曰：

道逾晦，經弗殞。履蹟貞，克純謹。志韜藏，德彌隱。銘于宫，昭不泯。

故道録司演法朝天宫提點曹公墓誌

道録司右演法曹公，以洪武三十年十一月十五日卒于京，其徒吴某奔訃，與柩還。明年十二月某日將葬焉，乃狀其實，請銘於予。予於公雅相善，義弗辭，且公之持安扶危，友誼最篤，吾道日就凋落，方賴公有克匡輔者焉。曩予免朝還，期必再會，遽爾遐棄，遂不一面，寧不深抱無窮之戚，尚忍銘哉？

按公諱某，字希鳴，號沖陽子，别號光岳道人，世爲番之餘干人。大父巨川，元以儒學授本州學正。父慶善，隱德弗耀。家世業儒，爲鄱之右族，猶明陰陽家言。公幼穎特，不偶塵習，貌奇古不常，父異之，命學道龍虎山，師事仙隱院太虚薛公，凡道家仙經洞籙玄奥，靡不精究。初，鄉先生孟循張公、伯成夏公皆師友之，尤善詩歌。時贑之紫陽觀元陽趙公以道行聞，公事之謹，盡究諸法品，益名於時。

洪武十年秋，上有祀於岳瀆，北岳遣公代之，明年復代焉，皆有異徵。十五年，設道録司，命下掄材赴選，上目之知爲純謹者，授司之右演法。踰年，正一員缺，公掌司事，并授朝天宫提點。公性素純篤，尤慎于焚誦，雖寒暑不少怠，衆遵服之，故於禜禬之頃無不應，上益嘉之。二十五年，公以宮之玉皇殿弗如製，請於上敕官新之。未幾，復廣三清殿，廊廡、三門畢具。二十七年春，賜洪鐘一。二十八年，賜壽星像凡若干軸。其年大祀，命分獻天下神祇。廿九年，分獻南岳。三十年，分獻歷代帝王，歲如式。是年春，宮中有初育兒夜輟啼，敕内侍索符，夜即止。上嘉其應，每譽于朝。廿八年，以科典試天下道士，悉度以文，未習者命再至，人皆德之。居職凡十五年，世累一不繫其中，凡道家内文祕授若太上實録、玄史皆捐貲廣其傳，四方聞者尤歆慕焉。蓋日潛心虛寂，處己歛約，有高視遠引之志云，故於易畫動靜亦善知來也。多寢疾，自視若常。卒之前三日，會賓僚酌酒極歡，語若有違世意，衆異之。未幾，示微疾終。十六日，左至靈吴葆和聞於朝，上嗟悼久之，即御製文，遣禮官祭於宮，遂殯焉。執紼者以千數，時人榮之。是年冬，吴某達京，至靈亦聞之，上悼之如初，賜楮若干爲道里費。生元辛未十有一月十八日，享年六十有七，葬里之通真橋某山。

嗚呼！公生詩書家，是於玄學之有聞也。洎官于朝，遭際寵榮，雖一時之穹赫者之所弗至，而王公貴卿皆以敦厚禮之，其終始暉耀若此亦宜矣。及柩還，而上眷不已，賚以内金。當是時，能蒙眷渥之厚，迨此復幾何人哉？吾道孰不光焉？是宜銘。銘曰：

有文之裔，克志虛玄。洞篆天章，志純學淵。夙被殊渥，昭祀名岳。旋佐道樞，益範先覺。於皇聖神，寵錫駢臻。繒衣紈綢，嘉譽如綸。奥論宏旨，廣探密啓。霓盖雲珂，式降繁祉。巍巍貝宫，厥跡孔隆。帝曰俞哉，鎮以金鏞。榮焕其逝，神應斯契。刻銘幽扃，永昭百世。

故岳州學正倪公墓誌

吾里大姓，世稱〔一〕倪氏爲右族，其紆朱曳紫者蟬聯櫛比，他所莫及也，非徒簪組之誇，詩書之澤亦不怠焉。故於予家爲稠戚，而先輩儀刑，猶於默菴公見焉。

公諱日新，字晉明，號默菴，其先真定稾城人。唐尚書右丞若水之曾孫康民避兵南徙，保歙之祁門，官兵部尚書，贈魏國公。子匡義，爲常之無錫令。子亞，昭宗時爲信之雄石鎮鎮遏使，鎮今爲貴溪縣，累官至銀青光禄大夫御史中丞，贈奉化郡王。家鎮西之仙源鄉，即龍虎山也，殁葬其地。久之，族大以蕃，以是名倪王里，迨公十七世。高祖應雲，宋沿海制置司參議。曾祖南杰，得朱、陸會同之説，元授徽州路紫陽書院山長。祖以忠，舉遺逸徵，弗就。父志文，善易學，授饒州路初菴書院山長，擢鎮江路儒學教授。母張氏，黄

〔一〕「稱」，乾隆本作「傳」。

岩知州張公與韶女也。

公幼穎敏，始就學，不伍庸兒，即岐嶷如成人。徵士公每鍾愛之，建家塾曰溪山書塾，延鄉貢進士祝先生蕃遠甫修明理學。公從之遊，日益有得，作堂於後以奉親。學且有聲，湖廣參政蘇公伯修舉以茂材異等，授岳州路儒學正，以養親辭。未幾，祖若父俱歿，始有仕志。值壬辰盜起，衆推公招義保障，鄉賴以安。雖奔竄山谷，凡先世手澤必負與俱。甲午歲，大歉，周貧困以粟。丙申秋，江浙行省以偉跡聞，授武略將軍、浙東宣尉司僉都元帥同知慶元路總管府事。檄下，公曰：「天已厭元，用是奚爲？」遂不赴。皇明有海宇，公年日益高，乃屏跡弗耀，即所居之東植花竹，闢園池，顔燕息之所曰慎獨，列古書名畫彝鼎之類，風日和美，每徜徉自得。尤善博雅，素不妄接人，若井巷浮薄者，妄慢之終不屈。翰林危公素、鄉先生張公率、盧公貞、夏公衍皆師友之。賓至，清談竟日，一言不及世慮，皆尊稱曰默菴先生云。

洪武二十八年乙亥十一月二十又二日，寢疾終。生宋延祐〔一〕辛亥九月二十又三日，

〔一〕據文意，倪日新於洪武二十八年（一三九五）卒，享年八十有五，則應生於元武宗至大四年辛亥（一三一一），「宋延祐」誤。

享年八十有五。娶金谿周氏，先公四十年卒。子男五人：長易，以賢良舉授高州府茂名縣丞，調湖州府知事，階將仕郎；幼厚，授夔州府達縣尹，階承事郎，皆有能聲；次時、曷、昱必皆先公卒，女一人適劉素。孫男七人：昂、旦、昴、景、愷、晁、隆，昂爲縣庠生，俊敏有學，孫女七人。曾孫男五人：政、理、信、憲、德，曾孫女一人。以戊寅冬十二月庚申，葬里之長湖山先塋之側，持其族叔祖彦敬所狀，請銘於予。予於公辱知厚，義弗辭。曩公嘗告曰：「吾老且病，異日吾墓非子誰爲銘？」予謹諾，矧諸孫之有請焉？而里閈凋謝，莫斯爲甚。求公之孤風遠操，他莫之倫，九原不可作矣，誠可悲也夫！是銘曰：

繄倪受姓郳武子，稾城儒宗蕃左史。析圭儋爵曜珩玘，維公淵靜而山峙。披艱攉兇保閭里，夷猶卉木誓弗起，厖眉鶴軀安足止。子裕孫謀才檟杞，清白爾模慎無弛。確懷雅操慨流駛，刻銘幽宫著千禩。

故神樂觀仙官傅公墓誌

龍虎之稱福地也，爲道家之奥區。凡學道者皆名宗美質，斯足以翊輔教樞者焉。神樂觀提點住持傅公，諱某，字若霖，號同虛子，撫之金谿人。傅氏五季爲縣著姓。大父文二，元學録。父艮齋，廣東路教授。公幼穎敏，有出塵志，甫九歲，艮齋命入山之崇玄院，師仁齋馮公習道業。既長，通經史，猶嗜符法，凡玄科真典靡不該究。年十五，嗣洞玄法於性安吴公，事之敬謹，盡授其要。元辛卯旱，公默坐，間若有神命其出，乃登雷壇召役天雨，已而有禱輒應。復嗣天章靈寶法於復齋戴公，公以夢號爲驗，徐得之，久復得「黄發」二字，復齋異其符，遂悉授之。是年，職宫之玄壇書記，凡科典訛謬者咸正之。丙申冬，本院灾，公之祖與齡祝公寓居東山，家益貧，公養之盡志。既祝歿，公以高道留京，聞訃還葬，祭盡禮。庚子夏，復旱，禱亦應，教檄授教門掌書記、法籙局書記兼靖通菴焚修。乙巳秋，捐己資新本院，録諸徒，相先君沖虚公入覲，燕賚皆預之。

洪武五年壬子，先君入覲，有旨選高道侍祠，以張鐵鑛、黄象南留京六年。癸丑，公亦應是選，居朝天宫，數召對，錫燕者再，嘗應制賦詩，講道德經，修較道門齋科行於世，教檄且授教門講師，禱雨雪復應，凡侍祠八年，寵眷有加。十三年庚申冬，請老還。十五年壬戌，詔設道録司，復召赴闕，以老辭。是秋，孝慈皇后崩，召予建黄籙大醮于紫金山，皆公贊協之。十七年甲子，教疏授洞玄文素貞靖法師、教門高士、龍虎山大上清正一萬壽宫提舉知宫。十八年乙丑，有旨於龍虎、三茅、閤皂三山，選道行之士充神樂觀提點，僉推公應召赴京。上悦，授格神郎、五音都提點、正一仙官領神樂觀事，敕禮部鑄印如六品，命掌之，仍依階給俸，公固辭乃已。

十九年丙寅正月三日大祀南郊，公導駕趍前，上顧曰：「卿年幾何？」公對曰：「臣年六十有五。」又曰：「卿出家年幾何？」曰：「時甫年十一。」上笑曰：「誠老山人也。」每歲乘輿大祀，輒道拜于前，上必呼曰「老仙官」。及還，目送者久之。是夏六月，有旨免朝。二十六年癸酉，教疏陞充本宮住持提點。二十八年乙亥，上致齋別宮，趍召仆地，上憫其老，賜還。越五日，頒誥獎之，暨辭闕，上眷餞之，居神樂者凡十年，蒙眷如一。八月及山，始任本宮提點，逾年謝退，恬養自適，捐己帑新鐘臺樓，作歸來軒於院南。己卯夏六月，公遍謁謝語諸徒曰：「爾等善自立，吾將返吾真矣。」未幾，示微疾，端坐而逝，七月二十有一日也，生元至治壬戌閏五月八日，享年七十有八。嘗於石硤原築藏蜕所，建祠曰老山人庵，前翰林編修蘇公伯衡實記之，故凡當世名卿碩儒，若翰林宋公濂、中書朱公孟辨皆相善，咸美以詩文。公能詩鼓琴，有觀光等集若干卷，其徒李唐真以明年某月某日葬焉，狀其實，請銘於予。唐真篤厚，善繼其志。

嗚呼！若公也贊輔我先君暨予二世矣，其嘉猷善跡居多，敢不諾而銘諸？抑公遭際寵榮，發揚道典，始終之眷弗替，及以老而歸，夷猶泉石，樂天而終，豈世之所多見也？惜公之逝，予方卧疾，不能問弔之，豈不慊然而悲乎？銘曰：

撫在五季，傳爲令宗。公生盛元，道器是充。早受玄旨，揮叱暘雨。克裨教模，累祠皇坻。宸眷益曦，祕宫鬱巍。啓奥演範，樂音禮儀。匪曰優耄，殊恩彌造。言旋故丘，鸞躍鶴導。再宏祖庭，金奏孔鳴。高逝悠邈，永昭斯銘。

説

太素説

子列子之言曰：「有太易，有太初，有太始，有太素。太易，未見氣；太初，氣之始；太始，形之始；太素，質之始。氣形質具而未相離，故曰渾淪。渾淪者，萬物相渾淪而未相離也。」夫氣形質之始，陰陽未分而體渾淪，分則竅鑿而混沌死，渾淪者離矣。然三者常包括終始，環互栖伏，外若離而須臾不離〔一〕於消息間者，去渾淪未嘗遠也。盖氣行乎天地者，爲風雨霜露、山川〔二〕溪谷，具乎人與物，爲四體百骸，雖飛潛動植，一本萬殊，皆囿於形質者也。未見氣之始，固莫得而測，其備於質者，可得而窮焉？

〔一〕「離」，道藏本作「違」。
〔二〕「川」，原作「谷」，據道藏本、四庫本改。

天之蒼蒼，太虛澄澈，其正色也。而晦冥變化，起於倏忽，蒼蒼之色遂翳，然非晦冥變化，不能盡其在天者矣。人稟氣質之正，其情熾欲濫，則剛柔善惡著，是漓其淳，襍其粹，涅其潔，若質之素則駸駸乎混矣。然非剛柔善惡，亦不能盡其在人者矣。物皆然，動靜往復，均不啻焉。故物之質者非文飾不華，味之真者非鹽蘗不調，音之澹者非律呂不和，此物性之必然也。人之所以必懲欲復初，而後淳者不漓，粹者不襍，潔者不涅，其清明之體昭昭焉具矣。是足以見吾剛柔善惡，猶天之晦冥倏忽，其本質之素未始有動靜者焉。雖然，世或持其説以自修，特養素而未能遊乎太素，非遊乎太素其能見質之始乎？抑質者常，華者弊，質者汩人，華者悦人。志夫道者必去華以返質，能返乎質則慮精神明，表裏貞白，萬物渾淪而不離，是非見其始哉？

君州武當山五龍宮高士練君太素，學博而行端，居吾山二十餘年，持踐克篤，常靜處一室，不與世接。昔先君常禮之，及予襲教，凡吾道家言多所資究焉，是豈不能遊乎太素而獨若然哉？今秋欲還，予固留不可，因謂曰：「古今名山川必仙真所居，皆所栖息，亦何限乎是歸也？然予聞是山奇秀冠天下，豈無若安期、羨門者潛逸其間？太素其將徵會焉，以廓其渾淪，而返乎溟涬之初，外乎形氣之囿，尚何求乎質之始歟？」於其行并合其説。

君〔一〕喜，請書以識別。

純一子說

盱江張彦弘氏，家世著德望。予去春謁西山、華盖，道盱而還，始識之，愛其姿純篤，因語焉，知求吾道，言尤切，嘗以純一子自號。值還，未暇論也。今春來遊吾山，予同弟彦璣與之遊龍井，觀塵湖、琵琶、雲臺、藐姑諸峰之秀，濯狂瀾，坐磐石，若與天遊，莫知其人間世也。彦弘因請曰：「嘗告以純一子之號，今獲侍兹遊，敢請發其義。」

予指水而與之言曰：「水，静物也，深源窮壑，泓澄一掬，及發其窟怒，騰躍百折，下走不知其幾千百里。大而江海，小而溪谷，觸石則怒，激風則鳴，雖遇棘而塞，遭穢而濁，魚龍宅其深，林木翳其幽，風雨晦其潤，無能禦滯之。晝夜不息，須臾莫可遏者，其勢之所遇然也。於其體之淨明，非棘能塞，非穢能濁，無不容而無不燭者，元氣行之。道之所謂法者本諸氣，水行天地間，猶〔二〕氣行乎身，動静往來，一呼吸之頃，盈虚消息具焉。人心制

〔一〕「君」，道藏本作「綀」。
〔二〕「猶」，原作「獨」，據道藏本、四庫本改。

乎氣，本淨且明，其虛靈昭昭若泓澄焉。惟其徇欲而蔽，感物而動，稍不加持治之功，其役於外者顛仆交錯，猶水之窟怒騰躍，勢不可禦。其氣散而爲思慮情欲，若塞而濁者宜矣，是故聖賢訓之，防閑其心，正以覺其誤，復其流，使求猶水之所遭者使然。其淨明未嘗溷焉而昭昭者，存而謂之道，行而謂之法，則周流六虛，與天地並行而不違者，發而爲風雨雷霆，若固有之，何哉？蓋河洛二五之數，與雷霆三五之道，萬有生息，一是本焉，是以養之爲至和，施之爲至神，乎以盪磨，通以誠慤，則玅用之契若返掌矣。特有幽明鬼神之異，彼所鮮言，吾兼用之也。夫是必純而後能一，一則性命之道備矣，尚何法云哉？故觀物之性則知己之性，能盡己之性則知天矣。知夫天則在我之天即彼天也，感通之道孰得而二焉？故内修之士多佯狂使酒，談笑怒駡，皆可役風致雷，顧豈苟然哉？彦弘既備究法奥純一之功，熟習而嘗驗者也，尚何言乎？且予聞其上世有聞道而超脱者，其好尚之篤，豈非宿習也哉？彦弘勉之。」

盱爲侍宸王〔一〕君之邑里，尚振其遺傳以啓將來，是所望焉。因請志之，遂筆於碉上。

〔一〕「王」下，道藏本有「真」。

志學説

學之大本，存乎性命道德而已矣。夫心統性情，而性稟天命之所賦也。四時五行，庶類萬化，莫不出乎命；四端五典，萬物萬事，莫不具乎性。然而萬殊一本，其理未嘗不一焉，是以率之之謂道，脩之之謂教，而必學而後知也。其始乎孝悌忠信，成乎升降酬酢，無時而不學也。經之謂學，肇於説命，曰：「學於古訓，乃有獲。」念終始典於學，此聖人〔一〕之學也。聖賢知全乎天理之公，則清明純粹之體具；愚不肖惟溺夫人欲之私、晦濁邪僻之偏，固學之者求去其蔽而復乎本有之善而已耳！故必究夫盡性致命、明善誠身之道焉，是以禮義爲之品節防範，以言行爲之涵養省察，然必隆師親友而後得，則持敬以居之，由義以行之，久之入乎耳、著乎心，無入而不自得焉。

今夫造父善御，羿善射，師曠之律，倕之弓，奚仲之車，杜之乘，雖工伎之小，且猶志彀而後中焉，矧學也聖賢之事乎？夫子既聖矣而不自聖，猶曰：「吾十有五而志於學。」當是時以及千萬世，豈有過聖矣乎而猶志乎學哉？其設也，在唐虞曰成均，殷曰太學，又曰瞽，

〔一〕「人」，原無，據道藏本補。

宗周之太學爲東郊，小學爲虞庠，此漢唐所以發之也。而唐虞之君皆聖矣，亦未始不師焉，若堯學於君疇，舜學於務成昭，禹學於西王國，湯學於成子伯，文王學於時子思，武王學於郭叔，此性之身之，亦有發焉。夫子亦嘗問禮於老氏，訪樂於萇弘，問氏於郯子，而孟軻學於子思之門，荀卿學於鄒衍，此儒之所相傳也。倡之爲董韓，繼之爲濂洛，卒求乎中正仁義之歸，而確乎其返身之謂也。

得乎六經之膏腴者，粹中閎外，足以參贊化育，而形諸至和者，著而爲之文，經緯錯綜，託以載夫道焉。是故衡璜琚瑀之儀，彝鼎簠簋之制，有不待飾而知其爲清廟之器也，豈徒若懷竊鼓鑄之流，誇浮文僞，惟雕蟲刻鏤，以爭妍取憐之是效也？苟不能達乎正大高明之域，徒競於喬宇嵬瑣之趨，若之何而謂之學哉？必造其指而底於成也。視向之得夫師友者，不啻言之於隱括，陶之於埏埴，不勞力而有矣。蓋得諸己者，道之精微，學之淵密，充實光輝而日益。其視錦繡纂組，不足謂之華；茵鼎圭綬，不足謂之榮，是雖絲縷菽粟之薄，蕭藋杯水之陋，不改其樂也乎？抑亦一毫不足累其中而然哉？然而騏驥一躍，不能十步；駑馬十駕，功在不舍。然其所至雖有疾徐之異，在乎息與不息哉，斯其聖人志而不厭也歟！

予猶子某純敏嗜學，嘗以伯氏某扁其進修之所曰「志學」，請一言申其義。予之於學也，探蹊而未入於閫者也，其能有以啓之乎？某尚勉之，使其習之至，行之著，予將見其所成立，詎可量哉？是爲説以俟。

傳

紫虚元君傳

元君姓魏氏，諱華存，字賢安，任城人，晉司徒舒之女也，魏齊王嘉平三年辛未生。天質卓異，少讀老莊言，即慕道，嗜閒居獨處。年二十有四，父母强適南陽劉文字幼〔一〕彦，生子二璞、遐。幼彦爲汲郡修武令。二子粗立，乃齋心别栖，絶飲食，反修初服。

太康九年戊申十二月十又六日夜半，感太極真人、青童道君、扶桑暘谷神王、景林真人、清虚真人來降，謂元君曰：「聞子密緯真氣，太帝君敕我授子神真之道。」遂出太上寶文、八素隱書、大洞真經、高仙羽玄等書三十一卷，授元君曰：「是書昔受之西城〔二〕總真君，今以付子。」且語以存思、指歸之訣乃去。元君時年三十有七。咸和九年甲午，清虚青

〔一〕「幼」，原作「幻」，據道藏本、乾隆本、四庫本改。
〔二〕「城」，原作「域」，據道藏本改。

童君復降，與藥二劑，使旋服之，尅期會洛陽宫。是月七日夜半，太乙遣飈車來迎，元君用藏景之道，託形神劍而化，享年八十有三，遂往陽洛山。明日，青童君、太極四真人、清虚王君再降，會元君於隱洞雲臺，衆真各標至訓，三日而去。元君積誦玉書，顔如少女，於是西王母、南極元君來迎，晨詣上清宫玉闕，玉宸大道君、太微天帝、金闕後聖君各致命，授以玉札金文，位爲紫虚元君，領南嶽上真司命，秩比仙公，使治天台、大霍山洞臺之中，主下教學仙者，次司命神仙，請隸屬南嶽。諸真乃與元君俱詣天台、大霍山洞臺，道過句曲金壇茅君叔申，燕會二日夕，乃共適霍山矣。興定二年乙丑六月二十三日，元君與衆真降句曲金壇楊羲家，華陽之傳始此，是爲上清第一代宗師。宋元祐間，進封高元宸照紫虚至道元君云。

金野菴傳

金蓬頭，永嘉人也，名志陽，號野菴，因蓬首中作一髻，世呼蓬頭云。生故姓家，鄉井德之。幼果敢，有大志不羈。甫長，知慕道，棄世慮，遂師全真李月溪。月溪，白紫清徒也，一見器之，命遊燕、趙、齊、楚求正焉。及參先德李真常，益有省。行經袁州，遇守城校尉顛軍子，狀貌偉，素日不與世接。夜宿神祠間，蓬頭異而師之，既久語，益有得。時紫山鄒廷佐慕道，建長春觀禮之。未幾，命其徒劉志玄典觀事，乃遊武夷、龍虎二山。時龍虎主先天觀者傅師正，館于蓬萊菴。菴據徵君、聖井、藐姑諸峰之會，蓬頭攀陟崖壑，侶鹿豕，藉雲霧，視以爲常。間夜坐磐石，蛇虎值於前，輒愕而遁去，因得夷曠地，命其徒李全正、趙真純築天瑞菴于峰頂。

時四方聞其道著，無遠近，有疾患輒叩之，以所供果服之，無不驗，由是禮者日集。嘗天旱，叩龍井，召龍出語，龍出聽，踰時漸小，躍入袖中，乃警以偈，龍騰奮入水，未頃天雨。元統癸酉，復隱武夷山，居紫清之止止菴，淛東元帥李太平聞而禮之，謂曰：「命嚴則君治，心清則慮寡。」李益敬歎。及叛賊李志甫寇漳州，國朝以其地同知吴公知寇道，命爲先鋒平之，其子仲良願師事之，不許。隨果夷滅，衆神服。或倦請謁者，衆謀藥死之。即預知，命徒鑿竅地中，果服出之，今名吐丹井云。至元正月一日，同輩桂心淵，世稱桂風子，坐解于廬山。旋聞之，於四月十日命徒書偈，坐逝。越十三日，面頳若栗，肢體温軟猶生，其徒瘞于菴側之古梅下。生前至元丙子五月四日。高弟則勞衍素、郭處常、李西來、殷破衲、方方壺，皆以道法聞世云。

芒芴子曰：「古之烈夫義士，必苦行潔身以成其志，故其視裂肌膚、摧筋力，若所固然，是以其卓絶特立，足以垂示千載，若金蓬頭是也。然欲立名於世，且必是而後可，況其超脱幻化者哉？求能若此而於道無成焉，未有也。惜能是者，代亦幾人哉？」

趙原陽傳

趙原陽，名宜真，吉之安福人也。其先家浚儀，宋燕王德昭十三世孫某，仕元爲安福令，因家焉。原陽幼穎敏，知讀書，即善習誦，博通經史百家言，長習進士業。未幾，試于京[一]，以病不果赴，久不愈，夜夢神人曰：「汝吾道[二]人，何[三]望世貴？」父遂命從道，已而篤嗜恬淡，學益進。初師郡之有道者曰曾塵外，嗣諸法要，間有缺文，必考述盡詳。復師吉之泰宇觀張天全，别號鍊玄。張師龍虎山金野菴，得金液内外丹訣，後復師南昌李玄一。玄一薦之師蒲衣馮先生，馮亦師野菴云。嘗遊白鶴山永興觀，乃西晉匡仙故跡，遂居焉。間以所授致雷雨、度精爽，皆有異感，聞者越千里走從之。

會壬辰兵興，挾弟子西遊吴、蜀。暨還，遊武當，謁龍虎，訪漢天師遺跡。時天師沖虚

〔一〕「京」，原作「言」，據道藏本改。
〔二〕「道」，原作「家」，據道藏本改。
〔三〕「何」，原作「向」，據道藏本改。

公深嘉禮之，欲留不可，宮之學者多師焉。還至贛之雩都紫陽觀，因居焉。凡道門旨奥，皆綴輯成書，或爲詩詞以自警，猶以醫濟人。且絶交遊〔一〕，寡言笑，聞者願禮不獲，其高行偉操爲時所推慕，從遊者益衆。歲壬戌正月朔，謝衆曰：「吾將逝矣，自今日始，鑰靜關，慎無有干。」迨五〔二〕月三日夏至啓關，祝弟子善自立。漱浴更衣趺坐。適縣導詔至，樂鳴，即書偈，擲筆而化，雷電驟作，白晝晦冥。明日，官庶瞻敬者群至，門人哀德淵輩請以棺殮，肢體若生。既畢，汗出周浹。越三日，瘞觀後之鳳岡，久之草淨，鳥不巢。其徒則曹希鳴、劉若淵，猶入室焉。有詩詞若干篇，已行世，凡奥密言論，則見諸法要云。贊曰：

玄門之書千萬言，内聖外王之道既備，其神仙長生語，特曰「虚靜恬惔、寂寞無爲」，可謂易知易行矣。故代之出世拔俗者，必苦行峻節以自持，信非志見卓異所不能造，又孰可一以眇漠病之也乎？若原陽，言足範世，道足啓後，曷可無以紀歟？然其昭昭不可泯者，亦何俟信乎是耶？

〔一〕「遊」，原作「處」，據四庫本改。

〔二〕「五」，原作「四」，據道藏本改。

書

通彭先生書

去春獲詢動履之詳，莫不推先生純篤自守，爲學明正，不爲事物所移變，素以古道自任，此某之願見之急也。第念志力駑鈍，讀書究理未知趍進之方，雖欲致鑽仰之工，不可得也。況日羈塵俗，跡與心違，負愧萬萬，雖嘗欲絶交獨處，以守道自期，庶幾有足繼乎古人之遺轍者也。猶恐世殊時異，動招訶議，惟坐歎其不可追也，然能不力致心其間乎？

蓋今之言學也，鮮與古先聖賢真履實踐有所契合者，非道不同，學之不同也。今之所異也，誠不過循習腐朽之説，以意見疑測，未明謂之明，未得謂之得，即輒自盈足。不惟以古人爲不足追及，或以爲不已若者有之，及求之奇言卓行，則甚相懸絶，又豈得以是責夫世哉？矧將以究濂、洛之緒，會朱、陸之異，則猶親師取友之難，而同異邪正不得不辯也。古之謂學也，先儒碩德之徒，言不可泯，行不可揜，此無他，皆由操踐之實也，豈苟且循習之可擬似也哉？既知所趍矣，必底乎是而後可，非是則不足師友矣。

子正兄嘗辱不棄，每相指明，其啓發琢礪多矣。若俗學淺陋之弊，故嘗粗知鑒燭而日有得矣。別後凡過山間者，皆未足以真實研究。人情薄惡，不怪以迂，必非以癖，豈果盡知所從哉？竊惟古之人以道德性命垂之萬世，具之經史子氏者億千萬言，充塞焕耀，流之無窮，而與日月並明、天地並久者，非積諸中者，至大至幽而發乎外也，能若是哉？其繼承末緒，何代不有之？而卒若牛毛之於麟角，又何若是之難哉？抑道之明晦，亦時之係焉，況文墨之小、道義之大也乎？故知言力行之士，特立獨行，其所造詣必異乎流俗者也。雖未足抗行古人，其無愧乎道則亦庶幾矣。士之所以擔簦躡屩，雖祈寒隆暑，驅馳道途，所以汲汲不自安席者，誠亦已分所當究而已矣。

先生相去不數舍，嘉言善行聞之於耳，見之於目，苟不知所從焉，是舍近而求諸遠也，豈不甚愧乎千里之行也哉？異日專圖躬侍講席，面究欲言。惟左右以先德接引晚學爲心，萬有以終惠之也，幸甚！

通蘇編修書

某不奉起居，倏已一載。前冬，處城人回，頁書想達。續於杭城領發下陋像，辱賜贊語，顧其塵容俗狀，何敢煩瀆？且蒙與拔之至，惟增愧赧。後數尋便奉書問，旆從赴召晉府，遂乃不果。及秋京還，聞已回至鳳陽，甚欲於杭候謁，復以人事窘冗而度留王門，必未即返駕，遂不獲一視顏論。此某之分薄心違，相去聲聞不遠而不遂一見，何賢士君子面提耳教之不易得者若是哉？迨今徒深悒怏，往來中每蒙齒記。及孟啓還，獲誦大文，并承命録登卷，此又所過望也。

某向之冒昧，達賤姓名，貢二三書於座下，蒙不鄙棄而教之。然某之有請者，非世俗黴譽於明公之門也。古今之道同，託言以顯道是不可無也。抑亦健而不息，明而不昧，塞乎天地，與日月並明，四時同序，雖川流山峙，鱗躍翼翔，靡不同乎是者。所謂理性命也，惟誠明中正以脩之，皆相傳不易之説，雖立言或殊，究其實踐，無以越此者也。凡修之於身，必行於當時，澤及後世。苟行無所立，必託言以自見，此文之得之心而所以載道也，故先世師匠觀其有德業文章者皆然。且三代列國有文矣，兩漢、唐、宋之文不愧於古，雖吾道若關、文、莊、列者，皆善於言，是於道勝者文不難而自至也。

某之志者，非欲眩俗誇時，記姓名而已，思有以造乎道焉。往歲蒙賜書，開性命之道，發經史之旨，爲學爲文之方盡矣，此某之至幸而至感者也。嘗研心編册，雖未知有得，必待磨光濯潤以揚其光澤，闢窒去疵以發其蓄藴。此非惟一鄉之狹陋，不足以自廣，求之四方亦鮮所契合，非有望於明公之門而復何俟焉？況此學者之所當盡心也乎？

兹擬删訂平昔所作一二，俟秋間躬謁庭下，以卒所願，惟高明幸不斥棄。先尋便下舟抵盛郡，納之以進，鎔其炁質，發其言辭，拔其沉溺，使淺陋者深廣之，卑隘者閎大之，一返乎高明宏遠之域。若道德之源，文章之授，必不待加驅策而盡得之，則其不能甘與草木同腐者，一旦可託之千載之上，非先生而誰之賜耶？非不親謁拮庠，以職所拘，諒不見咎，干冒清崇，伏祈寬宥，以冀終惠，不具。

通徐教授書

某久慕高風，無由瞻謁。曩者不愧庸陋，以仰慕之切，妄以堂名干大文，非惟賴傳永久，實候有以開發之。旋蒙不鄙，允以譔至，惟增悚恐。今歲秋京還，遂獲承顔接論，以及古文述作之訓。惟高明已不固靳，與之以進，教之以方。第某深愧，率然輕瀆，乃沐過愛，獎納甚至。諒某晚學無聞，何以得此於明公也哉？迨今徒益感愧，違教日久遠，惟文候起居康裕爲慰。

某自抵山，塵俗紛冗，幸以平素聞師友警策之言，不爲事物所羈，每求索於編册，雖未能有進，足以優泳於内，及發乎筆作，終爾蹇鈍。自揆養之未至，求之未達，若古人之所積蘊，未能混融故也。或居山菴，去塵濁，安寂靜，旦夕充擴所志〔一〕者，或有以自慰。惜去

〔一〕「志」，乾隆本作「至」。

執事日遠，音問日疎，不獲證是否於宗匠碩師之門爲歉耳！且今鄉邑間，求講學明道之益卒所未見，況文辭之大者乎？或往還郡邑者，特汲汲於口體之累，尚何足與論古人身心之事哉？

近蒙以古先聖賢格言至訓，開其隱奥，寢食欣快，私竊慶倖。惟執事既以允請，必不中棄。幸推儗師匠之法，經史之訓，賜之裁成，與之修潤。某雖志力駑困，不足以光斯文、顯傳緒，得無愧乎？今追乎古義之所在，豈不感於中而思以報也？執事實以道誼與之，故言不能已矣，是乃悉敷其情，萬乞鑒督心腑，何幸如之！兹便翔謹布區區，以致萬一之謝，遇便無靳賜教，不勝至望。臨楮無任瞻慕，伏冀愛重以揀〔一〕斯道，不具。

通吴待制書

某少有文好，嘗慕登先生長者之門，討索古文，探研經史，發其所藴蓄以卒業焉。初承鄉先生方壺、朗亭、草堂諸師，與之以進，開迪其説。未幾，師友淪謝，漸益荒怠，深抱感惜，於是數年遂鋭志求之京師及四方先達之士，且亦罕遇，豈果無其人哉？實未之遇也。

〔一〕「揀」，四庫本作「肩」。

盖以賤蹤往還迂逼，不能詳求力叩故也。

往歲獲侍顔論，以醮修拘暇，不獲請益。繼而嘗於闕下瞻覩儀采，亦不果盡其所請，迨今惟增慚歉。曩聞車從賜還田里，實深欣羡，以執事文獻名家，厥有端緒，是欲願見之切也。嘗過蘭江，念欲趍謁，間值令似直閤，相過必言療疾鄉戚間，相去稍遠，又弗果一聽誨益。諒非高明欲固鄙棄而然，何以緣羈分薄一至是耶？

然昔人之相慕，平生或合復離。盖其所願見也，欲究古明道而已。道同言侔，則若合轍同席，互有資益。其未逮也，必有以啓激之，非徒若世俗之謂學求口耳之辨，聲光之誇，合則就，不合則去而已。且嘗求之四方，鮮能有以激發頽靡、振卓沉俗者，正此也。

某嘗取六經百家之言，求其會歸，游泳晨夕，若知所趍，又嘗慕爲古文章，第未聞繩説而求之浙東西，間或得一二，庶幾有入。盖非欲勉强於言，以希名眩俗而已。維道之在，必託言以傳遠，固非學貫天人所不能也。況某空虚窮陋，所慕若此，亦豈不深不自量也哉？尚冀有萬一之遇，故舟便間累欲往見，盖有請於是焉。惟賢士君子必有以成人之美，宜不固靳也。後容叩謁，勿拒〔一〕其愚，銘感萬萬。

〔一〕「拒」，原作「詎」，據四庫本改。

答程訓導書

僕自未冠有志於學，若鄉先輩，靡不師以求之，未之有得而思之反復，求亦愈切。及長，親殁襲教，雖肆力吾道家言，而誠身脩己之道自見，必求諸濂、洛、關、閩爲備，遂易所習而力求之，卒無所逮。久之，先輩頓益淪棄，四顧凋索，雖志夫特立獨行，豈其才質學行所能至哉？況日以塵累之纏，憂患之逼，乍作復輟，始明復晦，求向之所得已日廢，而吾〔一〕能日進焉？

及奔走京師，上而館閣，下而所歷州邑，凡知名之士，莫不親益以達於成。而其施之言辭，昧於事爲，務誇一時，以取利禄者往往皆然，其誠能以周、程、朱、張之謂學者，擴其所聞，大其所養，以致君澤民爲己任，竊未之遇焉。矧文章家有諸内而形乎言，此其立言君子遇之尤難也。乃退而反求諸己，以自省思爲自昭之工，復每爲虚譽所牽，不能躬踐明公之訓多矣！雖然，豈能舍近而取遠以名自足而不知求正於友朋哉？

閣下以家世之舊、學業之素，於僕雖未之面交，而觀其求諸遠者，若是盖有可驗者矣。

〔一〕「吾」，四庫本作「何」。

況每往還吾邑，其往也，以敬君之心，不敢少怠，莫能延滯；而還也，又以桑梓在望，别去之久，其情益切，故所以不能少從容几杖間以承誨論，此素所慕而有歉者，寧不間於執事文字間與愧焉？

夏間忽辱臨顧，得遂欲言，曷勝慰浣？使平昔有所願講者沃洽於一旦，寧不私竊自喜焉？别去音問少疎，而常於往來者，詢動履之祥，益增慰快。夏末以召赴闕，羈留連月，縻跡粗安，回過溪上，甚欲胥會，又以匆迫不果。旋蒙惠書，辭義周至，獎拔過情，自非以家學之厚，其見趣言論豈能至是？第愧僕疎陋無似，不足以副所許儗者，銘刻何已。即欲奉答，以乍回塵務所稽，兹敬此以復，緩慢之咎，首希寬抑。辭不盡意，尚圖别究，所諭朱進士文就此發上，録畢，幸即擲還。辰中乍寒，餘惟珍愛，以益斯文，不具。

通倪教諭書

逼歲承别後，稍久不知音問。伏想抵京動定，履端百福，區區卧痻日甚，雖杖屨相從，而惡俗交沸，排遣之餘，徒增感惜而已。臨行，蒙發至陸門論太極往復諸書及諸先哲狀銘，抱疾研究，深所警發。區區力駑志下，其獲聞先儒之遺緒，皆託友愛之切、鄉里之重故也。銘刻高誼，豈能少忘？嘗欲充其見聞，雖修踐未至，常若洞徹清快於事物間，少所忤累矣。

自聞先覺之訓，與世推移，言寡合而行不侔，往返山舍，託興丘壑間，俯仰陳跡，切所自奮，惟加省察耳。雖不能表裏混融，較之汨没愈下者，或庶幾焉。此皆吾兄切磨之益也。奈何今之學者，率難以實理相究，縱有體認模測之工，守之不固，執之不確，其淪溺廢墜，特返掌間耳。此世之通患，而流蕩忘返者莫之知也。其亦斯文凋喪之極，師友授受之不明也哉？此正吾儕自持於識察之間，無所愧怍，所以不求知於人，而亦不侔之大端也。古之人於經世出世之道，豈視之兩途？故其出處有在焉，雖嘗致力求之，又豈能心符志合者哉？亦必惟超出獨立，邈與世絶，庶幾於己有得，無咎於人也。

書至，幸詳箴教，是所望焉。左右去就，想日見次第，有便萬即見示，兹便敬布區區。臨楮不勝拳拳，□間，萬冀以時自重，爲斯道砥柱，不具。

通王博士書

竊聞道之在天下，無乎不寓焉，雖天地之大，萬有之衆，舉不能違乎是也，何哉？蓋理無不存焉。由理無不存其間，而後知道之大也無不著矣。求道之有於己者，知率其性則道之在我也。若固有之，知存其固有也，則能立其本以齊其末，本既立則末不治而齊矣。然率性之道莫先乎窮理，理窮而後能盡性，此周、孔、思、孟之謂學也。其大中至正之謂歟？及夫致命之工〔一〕焉，舍理而言氣，不兼乎理氣，而專乎天命流行者言之，此老、莊、關、列之謂學也。是以自二帝三王之道熄，秦漢以來，楊、墨之言塞，而孔、孟之道晦，下而襍爲申、韓刑名，若前之荀、揚，後之韓、歐，以孟氏功不在禹下，以其闢楊、墨云耳。或謂韓愈氏足以配孟氏，以其闢佛老之功亦大矣。此無他，非吾老子之言有以取先儒君子之觝斥也。

蓋學之者不善師其道焉，若夫内而丹砂、方術、禜禬、祠祭之説，外而刑名、兵數、權謀、機符之用，老莊之言似是而非也。周衰之時，天下糜爛，直欲以是言拯時匡俗，以拔溺捄焚于已弊壞之頃也。豈必立其説以惑當世，而取誇于後世也哉？故其立教，初無神誕譎僞之詞，不爲怪奇可喜之論，其於窮神知化之機，六合之外不論也。後之爲其徒者，務蔽庸俗之所嗜好，而一旦舍源求流，眈爲狡獪詭異之習，飾華背實，蜂集羶附，號呼而起，其趍世競利猶有甚乎弁冠縫掖之士，於守中抱一之道、歸根復命之説，果何在哉？是亦何逃乎不取訾毁於當世也哉？奈何千萬載之下，豈無卓識獨行之士，或有見夫是也，一以清靜無爲、陰翊王化之言爲任也哉？亦豈無柱下史之職哉？亦豈無老、莊、關、列之謂道哉？

〔一〕「工」，乾隆本作「至」。

某也質愚且陋，今生四十有三年矣。少從鄉先生遊，所習者辭章翰墨而已。其於濂、洛、關、閩諸儒先道德性命之説，壯而後有聞，於是致力乎性理動靜交養之功，其於天人一致之理，或若微有入焉。而後一棄舊習之所爲，辭章凡六經二史而下，若夫孟、荀、揚、韓之宏深，左、馬、班、賈之精雅，柳、歐、蘇、曾之雄博，皆常研精覃思於佔畢之末，而未之有得焉。然後於守中抱一之道，益有以見夫内聖外王之實也，是以常歎乎其不足者，願求正乎朝之公卿縉紳。

殆夫湖海聞望之士，有若宋潛溪、吴蘭江、蘇素菴、徐林叟、高嗇菴，皆獲師友焉，獨以未謁執事爲歎也。曩歲幸于姑蘇，請益山莊，一見之頃，歡如平生，挹其言論風旨，自恨識荆之晚也。未幾，執事以召入朝，往還京師，幸托一日之雅，又獲承誨於客邸，雖匆遽不能少傾别緒，而一面之慰，何可言諭〔一〕？去秋復聞承恩，寵擢有加，此固執事名實之效，遭際之盛，積之有素，而發之以時故也，豈不於詞林交友之輩預有光矣？間嘗不揆微陋，以精舍碑文爲請，實以托雅契之厚，知學業之詳，必不固靳也。而閲時且久，未蒙付下，切恐玉堂應制事繁，未暇故耳，諒不爲世俗貴賤之棄也。且某之願託于當世名筆焕耀泉石者，

〔一〕「諭」，四庫本作「喻」。

非有勳業之盛，譽望之假，特所以記其歲月、述其出處而已矣，又豈將藉是以誇世駭俗以誣將來也耶？

矧某雖素庸鄙，承乏祖烈，其所深愧者，不能以蓋公之道上佐明盛，而其歷事兩朝，每沐隆眷，徒竊譽無補，此其寢食負赧，不能少效涓埃之報爲大咎矣，又豈能汙合流俗以鼓惑詫衆，苟徼一時之趨，而取議於後世也？是以恭默自守，隱約自固，毁譽不足動其中，抑亦薰蕕之不相入也。因皆短之曰：彼學孔孟者也，是舍其本矣亦宜，而又熟知某之學夫老子者與彼異歟？其躭玩泉石，若將高蹈遠引，超脱幻化，託空言於千載，而將亦視其無所用於世也。非託執事知之益深，愛之益篤，言不及是，且昔人云「士爲知己用，女爲悦己容」，以執事豈非知己也乎？孰不有以啓而勵之也乎？深愧縷縷煩瀆，惟執事裁而教之，幸甚！

與倪孟沖鍊師論火候書〔一〕

日者承過訪山舍，高論竟日，足洗枯寂鄙野之懷，甚慰甚慰！念欲少淹一宿，山雨夜

〔一〕道藏本題作與倪孟沖論火候書。

話，亦見林泉真味，何御風長往，飄飄然不可追及耶？遽增怏怏耳。繼辱示高製，洗心玩味，涵泳之久，誠有默識心通者矣。吾友之學可謂博贍宏遠矣，又豈僕之足盡窺盡聞也哉？然而正欲探賾幽微、攢礪隱奧者。

邇者罹不測之禍，譖諛浸長，僥僞競起，一時傾危覆奪之勢，若火之焚、水之溺，莫可得而避也。惟容之以默，委之以愚，引咎自責而已，尚復何辯哉？當是時，求能卓然不改，以禮節相扶，未之見一人焉。何薄於道義，趍於流俗者皆然？抑世豈無若馮驩、朱勃之才者，亦固鈐〔一〕口結舌，孰視而不發一言乎？乃爲濡足之故不救溺人，可乎？

幸賴高明在上，藉祖宗之遺澤，獲全而歸，而卧疾且久。人情世態，雷動川湧，何一變至有若是之甚？其亦可歎也已。是以處蹇困之中，將以省心克己，戒謹恐懼，修德以俟天命，此古人之處榮辱得喪，安於所遇而已。雖愛者戚戚而悲，憎者欣欣而喜，舉不足動其心、干其守也，故其居屯艱險阻，迺所以驗進道之力也。是以文王囚而作易，宣聖厄而修春秋，下而學業文章，未有若班、馬、楊、賈、韓、柳、歐、蘇者，亦常困於放逐貶竄，而其學不廢而德愈脩者，所謂不遇盤根錯節不足以別利器者，此也。豈欲文其過以欺後世哉？

〔一〕「鈐」，道藏本作「緘」。

矧僕以慎而取咎，思患而預防之，乃所以致患也，此非命與數而何？然而傳曰：「惟彼譖人，投之豺虎；豺虎不食，投之有北；有北不受，投之有昊。」今斯見之矣，其獨無愧乎中者？雖屈於今，未必不伸於後也。幸復苟安泉石，日與木石居，樵牧遊，其去野人幾希，迺得肆志於性命道德之言。視彼碌碌炎涼之輩，奸回譎詐，肩摩足躩，若蠅聚蟻附之逐羶鯹，然群議黨計，朝往夕違，亦獨何心哉？又孰知處進退存亡之道者，惟義是從耳，雖死生窮達之所不論，尚何奔競悅媚之下者哉？且人受命於天者必有定在焉，豈以一人之私可得而拒哉？此固非世之所能知，而亦古今之通患也。

而僕之潛心力究，於吾友之言深有取焉，而學之未逮，切有疑者，獨火候之傳。凡參討數十載，往來方外之士，靡不討論，鮮有契者。其言之荒唐謬悠者，悉歸於虛，則以卦爻晷刻之設，特其規式耳，循而不必泥也；其言之幽深微密者，悉詳於實，則以符候〔一〕斤兩之數，皆其法則也，守而不可違也，則二者孰善焉？

若夫乾坤坎離、金精木液、火龍水虎、水中之金、火中之木、返還顛倒之玅、鼎爐藥物之論，皆嘗聞其槩矣。獨百日立基、十月胎圓、脱胎神化之機、火符下手之工，卒未之決其

〔一〕「候」，原作「後」，據道藏本改。

疑也。而坎離之真陰真陽，升降往來，周流不息，即五行一陰陽，陰陽一太極也。由太極而生四象，四象生八卦，八卦演而爲六十四卦，六十四卦演而爲三百八十四爻，循環無端，往來無窮，雖天地之大，萬物之衆，有不能逃焉。此人身一息之呼吸，而與天地之道合，而人所以能盜天地之機也。

以是觀之，則一年十二月，一月三十日，一日百刻也。一月總計三千刻，十月總計三萬刻，三萬刻之中，以奪天之三萬年之數。一刻之工夫，自有一年之節候，所以三萬刻可奪三萬年之數，故一年十二月總有三萬六千之數，是以三萬刻，刻刻要調和。或有一刻差違，則藥材消耗，火候虧缺。火數盛則燥，水銖多則濫，火之燥，水之濫，不可不調匀，是故攢年歸月，攢日歸時，十二時中只一時也。其間晦朔弦望，沐浴刑德，盈虛進退，不可不知也。有曰：「南北宗源翻卦象，晨昏火候合天樞。隨日隨時則斤兩，毫髮差殊不作丹。」由來庚甲申明令，以時易日法神功。」其火候之有記，而聖人傳藥不傳火之言信矣。而又曰：「冬至不在子，大藥不計〔一〕斤。真火本無候，卯酉時虛比。箇中得意休求象，若究群爻漫役情。」則符候之謂信虛言哉？此必始於有爲，終無爲也。

〔一〕「計」，原作「記」，據道藏本改。

若天地一年一周，日月星辰一月一周，人身大藥一晝夜一周。一日之内，陽生於子、極於巳，陰生於午、極於亥。陽始於復，陰始於姤。一月之内，朔始於屯蒙，晦終於既未。自巽至坤皆未生之卦，故知來者逆，自震至乾皆已生之卦，故數往者順，則一年二十四氣七十二候。所謂「一月一還爲一轉，一年九轉九還同」，仙師之言，詳且至矣。

考亭朱子則謂火候之法乃以三百八十四爻爲一周天之數，以一爻直一日，而爻多日少，則去其乾、坤、坎、離四卦凡二十四爻，以應二十四炁，炁至而漸加焉。況一日之間，已周三百六十之數，而其一炁所加僅得一爻，重輕不相權，準其策數之法，蓋月以十二卦分之，卦得二日有半，各以本卦之爻行本卦之策。其策多少，陽即注意運行，陰即放意冥寂。十二卦周即爲一月之工，十二月周即爲一歲之運。反復循環，無有餘欠，是則大易之妙豈不與大丹允合也哉？以此抽添進退，必有消息增減之異，豈若沉空滯寂之偏，即禪宗所謂「黑山下鬼窟」者？蓋以默坐於陰趣故也，殊與吾命宗之旨大有逕庭矣。

惟吾友皓首窮研，遍歷湖海，必素會玄微，幸有以啓之，使僕齒日向暮，苟獲有尺寸之進以俟其成，其能忘所自哉？此非山林契合之久，鶉衣惡食，與世相絶者共論之，豈誇耀當世、苟媚聲利之輩之足語是哉？然亦察非其人，言不及是，庶不失於知言也。高文謹用，返璧拱竢，一發駑鈍，幸甚幸甚！

畣張司業書

去冬留京，獲承枉顧客邸，傾慰渴懷，誠如執熱而濯清風也。第以人事匆冗，弗克少盡款洽，臨行又不獲告别，迨今愧慊，何可言喻？及還，急欲貢書首謝，又以世道之艱，不敢造進，以此廢禮負咎知萬萬矣。諒閣下以媢契之舊，必不譴及，其如自愧，甚若芒背何？近便間附繆句至達善先生處，亦嘗附寄，未審一達聽否？益深怏怏耳。不面者，幾不知梧楓之又秋矣。方欲貢狀，遽承惠問，且沐鶴箋之賜，揮沐仁風，感怍不已。從諗履貺康裕，甚慰甚慰！

某也碌碌無似，叨襲宗緒，自揆德之不修，學之不逮，惟忝竊是懼。少從問學，數年以來幸獲從縉紳縫掖之士，遊篤於窮經學古之志，而道德仁義之説或有聞矣。而學不加進，悠悠駒景，復何成焉？比者以恐墮覆轍之戒，實出愚暗，盖以山林樗朽之資，不意獲咎乃爾。幸蒙苟全，誠出望蜀，自知運數蹇晦，學力荒陋，一至是耶！惟困卧泉石，期以自勵，奈何志僨願違，宗嗣無託，每一興懷，寢食不遑少寧，惟痛心疾首，益增悵惘而已。而晨夕切念，遭際兩朝，國恩未報，雖攄所抱己度，無所用於世矣。徒憂患日至，疾疢日侵，撫視少之所志，忙然若夢幻耳。雖欲綴輯一二所見，託空言於千載，固不足擬諸作者，而才思荒鄙，竟莫能就，俯仰愧歎，惟不能自棄而已，復何聞達之求哉？此固古昔之人處困亨夷晦之常也，特未知於天人一致之工，宜何如哉？

自非託知非一日言不及是，尚惟閤下憫而誨之，不咎其率直可也。詞林諸宗公巨伯，幸念平素之誼，明有以教之植之，亦仁人君子之篤於交處者也。昔人云：「士屈於不知己，而伸於知己。」閤下非知己何哉？抑亦士君子扶植斯道之盛心也。裁答簡慢，首祈寬宥，臨楮不勝馳情，秋熱自愛。

回吴文正公宅求親書

伏以陽回冬序，候應秋成。恭審某人尊親家叔翁，家承天爵，望重儒宗。臺候起居，神相百福。

某伏領華緘，深慚瓊報，尚祈曲鑒，庶迪淵衷。某啓牘馳誠，循彝致敬，尚期瞻謁，兹獲叙言。即辰菊綻暄風，梅含霽旭；敢冀善調茵鼎，樂御琴尊。茂介休禎，容敷悃愊。

某敬惟先學士文正公，道德淵源，文章模範。實當時之師表，垂奕世之輝光。簪組相承，芝蘭並秀。以紫電清霜之威略，兼烏臺柏府之權衡。世之所稀，古且未有。

恭惟某人尊親家叔翁，珠玉襟懷，丘山仰止。盛德冠名門之長，斯文紹家學之宗。宛蒙葑菲之勿遺，自愧葭莩之有忝。幸聯婣好，敢拒親盟？攀附無辭，含宏有賴。

某玄樞末緒，學域疎才。慕登四行之門，忝繼三傑之裔。昨以執柯之善諭，擬諧擇德之良緣。謂令姪孫祕譔，夙資英粹，才不下於馬融，而長小女粗習儀容，託必慎乎杜衍。蓋所尚者先儒道腴德博之尊，豈乃墮乎世俗銖較寸量之陋？特承雅命，欣挹嘉猷，猶俟吉占，先圖治復。

某僭易恭問貴門淑眷，高第賢宗，伏冀慶衍鴻熙，福資燕祉。引忱聲謝，不及別緘，或有委裁，拱俟條目。

回吴宅定聘書

揆辰臘霽松篔，春融梅蕚。恭惟某人尊親家叔翁，學專詩禮，志適丘園，盛德日新，嘉祥咸集。某采露華於仙掌，濡月穎於墨池。庸復菲辭，式干籤史。

某仰惟源分世胄，百八十載之名家；自愧派系仙傳，千五百年之流裔。當寰宇雍熙之日，並風雲步武之姿。祈茂著於芳猷，是克彰於慶緒。

某再惟廣經史而昌文獻，典模景仰於東周；叶帷籌而衍宗風，道德益綿於西漢。幸荷儒玄之重，復諧劉范之盟。感挹蘭金，慙依葭玉。

某伏承高誼，以令姪孫祕譔與某長小女爲姻對者，言念玉帛徽賢之後，衣冠侍帝之宗。起華盖之卧龍，旋青城之鳴鶴。唯此江南之閥閲，久齊海内之聲光。以先聖之甥，得大賢之嗣。

令姪孫才倫冰雪，長小女志謹閨闈。吴罕駕並於張喬，劉向言符於賈誼。期謀斯遠，結托猶長，不揆其愚，并有少請。俾室家之好既翕，而絲蘿之附維新。爰表一忱，次脩六禮，尚祈嘉納，允副崇瞻。

某敬問怡悦桑榆，雍和琴瑟。珠璧華棠之彦，雲霞裳被之儔。列致興居，咸膺景福。某才雖踈鈍，敢效役令，有事於斯，請問其目。

頌

華陽吴先生壽頌有序

余友華陽先生吴君至德，篤文行而年益高，垂六衺有四歲，十有一月六日其壽辰也。世家饒之安仁，爲邑大姓，近遷吾里。幼知嗜學，凡其鄉先生若李公仲公、張公子東、黄公均瑞，而吾里張公孟循、盧公伯良、夏公伯成，皆從之遊。其友則周君孟啓、龔君克紹也。

故凡翰墨詞章之學，靡不精究，而性敦克〔一〕，爲斯文所推重。暨授業於西塾，凡五六載，於吾昆弟相與研偲之助居多。

今年冬，壽將届，予孟弟彦璣持觴而告曰：「吴君學力而行修，爲吾從子師，歲且有成，矧講習之益尤至焉，於其壽願得一言以頌美之。」予喜而嘆曰：「斯文凋謝，莫甚於斯，若前之所師友者不可作矣，而旦暮所資迪者賴君耳，宜其獨年高〔二〕。經曰：『仁者壽，智者樂。』凡君之怡情乎林壑之幽閒，文籍之淵雅，莫非存乎仁則養於其心者，益充而益壽矣，然微吾彦璣嘉斯文之好、友誼之厚，其奬勵輝揚能若是哉？」予雖鮮文，敢不思一辭以永其壽焉？頌曰：

斯文之宗，蔚乎山嶽。粹德淵光，龍翔虯躍。凡我鄉邑，耳薰目濡。君爲時彦，涵澤茹腴。曰經曰史，聖訓是緝。遊藝其餘，繇羲斯習。漢跡魏模，晉唐實工。崖鐫石刻，遺尠曷從？悦懌無厭，日造其藴。微言大章，雲行霓暎。暨授我賓，惟貞惟純。式範有猷，介壽斯仁。既康且祉，孰匪天厚？偃兹丘園，采豐植茂。崇酒於觴，福履攸綏。峨冠博

〔一〕「克」，乾隆本作「厚」。
〔二〕「高」，原作「抑」，據乾隆本改。

裳，百禄是宜。惟我友朋，允資麗澤。撫凋感殘，永爾碩德。貽厥孫謀，是則是承。仰止先哲，協於嘉禎。

黍珠龕頌有序

晉王殿下既膺祖訓，光嗣大業，留神聖學，有取於存養之言，質諸方外臣芒芴生，曰：「子形如槁木，心若死灰，類以道自樂而不偶於世，乃鶉其衣、鷸其冠，與荷蓧抱甕之徒相忘乎大林丘山之間，所栖者鷦鷯一枝，尚何異夫居一黍之小乎？子之所樂而世之所悲也，其若是歟？然吾志造夫誠明之學，會夫虚静之工，嘗有取夫老莊氏黍珠之言。暇豫之頃，趺坐一龕，廓然虚中，心與天一，子能進一黍之得以告于我，不亦善乎？」

芒芴生起而歎曰：「夫物有生於無，實形於虚者皆然。心爲形之宰，形爲神之宅。非中虚則神窒而不通，心晦而不明，是以學夫栖神鍊氣之道者，虚玄關之規中，若浮遊之潜深淵也。始則固鼎爐，調火符，採鉛制汞以鍊之。已而金精木液，坎戊離己，不頃刻而會乎中黄之宫。一炁五行，周流六虚，化爲黄芽白雪，若粒黍之微而後返乎黍珠之中，陰滓盡而陽質成，乃所以爲仙矣。即釋之謂真如圓覺者，以其圓通周遍大千之界，凡所有相盡入無際光明藏中，皆此珠也。其質雖元始説經之前，空懸去地、衆真交會而入莊周，求之罔象，皆所以盡變化之神、有無之幻也，以是亦不知珠之爲中而中之爲珠也，則有無虛實之辨，復歸於胚腪馮翼之初，尚何究於言哉？抑守道之極，惟玄惟默，惟慌惟忽，生亦莫能造其極焉，莫能言其至焉。」乃稽首而獻頌曰：

帝青混芒，閟奥靈編。浩漠中扃，一黍空懸。博大真人，鍊質大淵。凝紗紫虛，養珠幽玄。闢乾闔坤，虎伏龍纏。茹和金宫，百靈翼翾。黄輿流液，玉芝産田。嘯咏九辰，動熙靜專。冥栖鬱藍，駕景雲駢。廓落遊初，青冥倏旋。梵樞洞陽，高視八綖。溟涬赤明，瓊文内研。佇膺寶書，浩劫綿綿。

箴

藏修箴

方寸之心宰乎一元，所以配乾坤而同體，爲三才而並立者，曷由而具焉？夫必曰：理以爲之主，極以爲之淵。非理不立，非極不全。不立無以制諸内，不全無以合諸天。藏以自晦，修以自率，庶不爲塗人而已，其無昧於虛靈者孰從？是以靜一以固其本，健順以濬其源。充之以仁義，裕之以辭篇。返而求己，用則以兼善當世之責，舍則以守吾之玄。此之謂遁世而無悶〔一〕，居敬而守中。古之學者孰越於是，吾何敢怠於希賢？雖然，究老莊之道，探周邵之言，固吾之自礪而不偏。惟斯言之確踐，必日夕以拳拳。

銘

書室銘有序

予年未冠知嗜學，有志儒先君子之言，凡詩書六藝之文，悉嘗記誦之。甫長，自揆於文章家未之盡究，凡通都大邑以學行著於時，謂之先生長者，又從之遊，於是經史子氏之書，逮老釋之文，庋置日衆，然後會其指歸，反身而誠，乃知皆備於我也。於道德性命之説，自孔孟而下，周、程、張、邵、朱、呂焉；文辭篇章之習，左氏而下，班、馬、韓、柳、歐、蘇焉。越周、程諸子而言學，則不足謂之學；違班、馬諸儒而言文，則不足謂之文。是以非載道之文，雖工不取焉。

古之謂學也爲己，豈岐而二哉？由是而充之，上溯墳典經傳不遠矣。其不探本索源，

〔一〕「悶」，原作「悶」，據道藏本、乾隆本改。

而足謂之學哉？豈徒纂組葩藻之習，以爲取利禄之具而已耳？所以克己誠身，乃希聖希賢之大端也。矧養諸中者，厚發〔一〕諸外也，和大而天地位、萬物育，幽足以承變化而行鬼神，明足以修禮樂而贊化育，豈惟致君澤民者哉？所謂經綸大經者也。

然而出世之道，必資於老、關、莊、列之言，又豈申韓刑名處士横議者，可同途共轍哉？若釋氏之特立獨行，明心見性，抑亦出世之一助也。其邪説戾行，則有不能無可訾斥者焉，烏可一以虚無空寂病之哉？下逮術數機〔二〕祥之文，則所不暇究也。所愧質性駑劣，不足善繼其志。嘗闢室以儲藏之，因銘于屋壁以自警，且貽諸將來，以勗厥志，其無忽諸！

銘曰：

緊自書契，稽于典墳。彝倫〔三〕由序，道義之門。惟帝降衷，皇建有極。天命流行，必順其則。純粹誠明，是復厥初。形役物化，孰潜吾虚？惟聖惟賢，昭示謨訓。慎思篤行，滌滓融藴。體立用行，動静克持。含英咀華，發見乎辭。心統性情，百慮一致。廣秩崇

〔一〕「厚發」，道藏本作「必修」。
〔二〕「機」，原作「機」，據四庫本改。
〔三〕「倫」，原作「秩」，據道藏本改。

篇，大音醇味。燭妄返真，探微造玄。氛垢洞釋，不違乎天。聚辨而居，孰貴圭組？永言珍之，尚友千古。

古琴銘有〔一〕序

蘇塊生家藏古琴一，或謂雷氏所斲也。生嗜琴尤切，嘗告芒芴生曰：「予生也後，道不能窺聖賢之域，志無聞達之期，其託跡於丘林者，惟鼓太古之音，與林風石泉相酬答，若之何而非羲農間人也？予雖非伯牙之善鼓也，而子之善聽，豈獨非子期之所謂高山流水者哉？是宜爲我銘。」銘曰：

質潤而清，于以發吾鳴；體圓而方，于以持吾莊。

恭默齋銘有序

芒芴子短褐敝裘，遊于鳳臺之顛，客有笑而告曰：「子學夫蒙莊氏者也，其所知惟淵默之道乎？其亦知夫吾儒之謂恭默也乎？」

〔一〕「有」，道藏本作「并」。

芒芴子避而趨，客曰：「子何懼歟？是果不願乎其外也耶？吾王賢而愛士，自胙土於安，非道德仁義之説未嘗入乎耳、存乎中也，是以力學篤行而不怠，揭『恭默』二字於坐隅，蓋將以自警，且遇子厚，豈無一言以進之哉？」

辭不獲，因作而告曰：「夫道之於物也，雖天地之大，萬彙之衆，無古今之殊，晝夜之異，極其微妙，窮其精粗，盡其消長詘信，通其往來變化，舉不違乎寸心之微，可以配天地之至大，萬有之至衆。陰陽動静，循乎無始無端者，雖萬殊之紛紜，而實具乎一本而已耳。操之要，執之固，則無存舍之失，而融會乎天理本然之實也。苟息〔一〕乎操，弛乎執，則人欲之蔽，何狂瀾逸驥頃刻千里之不若也哉？然操執之工，其惟恭默之謂乎？恭近於禮也，允恭以成其德，靖恭以守其位，克恭以致其節，是以禮盡乎恭而後安也。默近於道也，守之以慎默，思之以恭默，養之以淵默，而後極乎道之工也。若默識默容默契，不假力而至矣。雖然，其亦必有以致乎其中也，庶無過而不及者哉？故行不過乎恭，默不逮乎隱。則其恭也，盡乎禮之不可不恭；其默也，存乎心之不能不默也，則其動静語默，皆主乎一矣，非外欲之足汩吾中也。設宜恭而失乎殆，宜默而失乎操，是不足以盡隱微之至也矣。所

〔一〕「息」，道藏本作「怠」。

以恭則無息，默則無欲；無息則一，無欲則靜；一則足以制紛，靜則足以御動。若是也，雖極夫存心養性以全己之天，亦莫是過也。其遊乎沖漠之初乎？又豈雷聲之轟乎？幽默者獨何異哉？今賢王之有國社，即知考德問業，虔恭慎靖，孳孳焉以藩輔帝室爲心，其問學〔一〕之端，厥有源委。上際聖明在位，友愛彌篤。猗歟盛哉，敢系以銘。」銘曰：

於昭上帝，降衷在兹。凡厥懿質，斯具秉彝。卓哉賢王，允矣自持。克一克存，罔敢勿隳。于莊于敬，曰志緝熙。既恭既默，曷或殆違？穹齋言言，令訓巍巍。不邇華靡，高明是資。守之勿斁，執之足熹。益佐藩屏，益廣德基。世際厥美，皇眷赫曦。茂翼千祀，永昭鴻釐。

九光丹室銘有序

京口侯鍊師公勉學道馬跡山，世傳太上嘗降焉，遺馬跡而升，居福地之一也。性敦厚，嗜岐黄書，以求養生焉。洪武初，以選侍祠竹宫者有年，法術亦著于時。今皇上嗣位，授遼府典樂，善訓育，受知賢王非一日也。暇日，大書「九光丹室」寵之。公勉居開元，闢

〔一〕「學」，道藏本作「業」。

室燕處，揭扁其上，以昭寶翰之重、王德之隆也。走書黄箬山中，以言屬予，乃躍然而喜，曰：「吾道之榮幸也，亦何至歟！」公勉尚以昔所聞於其師者，修之篤，行之習，將見蓬壺中虚，黄輿運周，金液内凝，玉華流輝，則其神光燁煜，上衝璇霄，溢紫極而與三辰爭耀於穹漠矣。異日，挾羽翰，淩倒景，尚當囅然一笑，相從乎塵垢之外、廓落之墟也乎？遂爲之銘，以爲後之徵歟〔一〕！銘曰：

乾坤爲樞闢虚室，泰宇發光注金液。神丹九芒兆無質，火龍飛奔水虎逸。坎離媾精凝太乙，有夫峨冠珮鏘琭。寶書垂輝耀星日，風行雲馳駕軿軼。

古硯銘 小序

蘇塊生少嗜書，藏古硯一，紫質而白章。或謂端溪、歙者，疑若是矣。間請銘于石，以示諸將來云。銘曰：

質之澤因，以靜爲德。章之素因，以嘿而固。惟其容斯，以書不窮。

〔一〕「今皇上嗣位」至「以爲後之徵歟」，道藏本作「扁其所居曰九光丹室，走書黄箬山中，徵予銘」。

養性齋銘

虚靈湛然，淵澄鑑淨。毫髮溷漓，狂瀾垢鏡。秋宇涵空，寒江月瑩。孰持旡機，靜而後定。

晦息齋銘

萬有一源，洞然至理。操存以誠，端本克己。汩昏蔽妄，念慮紛起。動靜交養，復斯敬止。勗哉士徒，聖言是啓。向晦而息，惟仁吾體。凛焉廣居，慎求厥履。

贊

月鼎莫[一]真人像贊

心遊乎太初，跡超乎空漠。施之則彌六虚，斂之不盈一握。是乃佯狂於麯糵，亦或曠譚

〔一〕「月鼎莫」，道藏本作「莫月鼎」。

於糟粕。其餘事也，可涓滴以寓靈，即霆奔而川愕。世孰睹其身外之身，奚可得而描貌？

瓢笠像贊

猗予之生玄胄，少趍學問之門，長有圖史之癖。謂其爲顯也，則曷嘗析纓衣組；謂其非晦也，乃已嘗枕流而漱石。是豈不羈窮達之所移也必矣。惟其脱落於世故，凛乎若孤鶴之唳清霜，冏乎若澄淵之湛寒碧，夫又孰庸其博聞强識之所寄？抑將寓其高潔，聊託單瓢而自適者耶？

孔子問禮圖贊

孔李殊途，道本同源。禮吾所履，持敬克存。天地經法，商周典墳。大音稀聲，余欲無言。

伯夷叔齊像贊

商弊周隆，運移鼎逝。道在彝倫，確乎仁義。曷存曷亡，孰鑒孰眎？言采其薇，高風百世。

重陽王〔一〕真君像贊

道著元興，運移金墜。樓觀終南，蓮芳衍系。虯龍之姿，風霆之炁。廓然天遊，仙風奕世。

樂真唐真人像贊

縱閉玄造，光振真宗。肖形象外，合景規中。玅運風霆，心見帝則。宸眷赫曦，湛然淵默。

希夷陳真人像贊

華山白雲，惟意所適。曠謝浮榮，默守玄極。至人無夢，乃踵真息。控駕扶摇，象存太易。

〔一〕「重陽王」，道藏本作「王重陽」。

侍宸王真君像贊

宿資靈質，道契真傳。囊括暘雨，超乎象先。光贊宸猷，淵澤之會。木葉遺傳，啓我蒙昧。

雷淵黃真人像贊

博大之資，清明之炁。混融萬殊，了徹無際。玄經至道，妙範微言。俯仰今古，具乎一元。

衍素勞真人像贊

江海之器，山澤之臞。發揮玅用，莫測有無。秋空林籟，石室囊書。洞視遐邈，風霆卷舒。

貞白周先生像贊

於維皇元，顯達斯盛。德義之容，仁淳之令。有大厥宗，昭文斯永。平湖靜淵，冰雪齊勁。

潁〔一〕濱蘇先生像贊

雲日之姿，芝蘭之炁。忠肝萬言，文采百世。眉山蒼空，潁水天際。千載遺風，肅瞻光霽。

耆山羽服像贊

山林羽服，江海清衿。冰雪其操，春陽乃心。翔鶴扁舟，飛鴻素琴。匪象可圖，寥寥大音。

賦

澹漠賦

粤太初之沖漠兮，紛萬彙之資生。爰混沌之始鑿兮，列儀象以爲經。根動靜而始畫

〔一〕「潁」，原作「穎」，據四庫本改。

兮，迭奇耦以五行。曰圖書之是則兮，立三極以權衡。時俯仰於浩眇兮，互消長乎生成。維二五之玅合兮，宛歷環樞而内凝。絪緼以坱圠兮，煌耀而恍惚。漠虛靜而恬逸兮，求玄珠於象罔。湛一黍之空懸兮，儼雲蒸而霓朗。抱規中以潛淵兮，廓浮游以泂瀁。旋乾坤之復姤兮，協降升以轅輞。濯暘谷而遹皇兮，乘扶摇以〔一〕沆瀣。策茝旆而〔二〕聯蕙纕兮，謁靈君於輝晃。噏玉液與桂漿兮，翳緋纚之鬱泱。

乃授予〔三〕曰惟混茫兮，超澹漠乎寥闃。是庯滌此澒涊兮，返玄精於蘊質。駕黔嬴之曖曃兮，御六炁之豐蔚。貫離明以實坎晦兮，乃弭節而運一息。

何周始之無端兮，曰涫瀠而有淪〔四〕。期羨得而遐舉兮，由乃味乎醇真。松喬矯而壽考兮，奚椿柏〔五〕之與隣？彼豈信儉〔六〕生兮，潛崖谷之蕭辛。志冰霜之高節兮，眇幻有若

〔一〕「以」，原作「兮」，據歷代賦彙卷一百六改。
〔二〕「而」，原無，據歷代賦彙卷一百六補。
〔三〕「予」，原作「而」，據歷代賦彙卷一百六改。
〔四〕「淪」，歷代賦彙卷一百六作「倫」。
〔五〕「柏」，道藏本作「松」。
〔六〕「儉」，道藏本作「偷」。

漏塵。豈紛華之謂美兮，溺蠱穢何由論？慨予生之蹇鈍兮，徒留志乎昔芬。漫先訓之紛糾兮，悒余中之莫伸。怡惝佯〔一〕樂大化兮，蘋蘅槁而隱綸〔二〕。棄詑謾而釋策兮，叩厖鴻乎問津。絶桑濮之蛩嘒兮，大音浩乎若聞。胡康匏之見寶兮，又何顧乎商敦？慨枘鑿之鉏鋙〔三〕兮，若異〔四〕質於茜薰。

向可〔五〕眷燿焆兮，每希榮而歎悴。孰不固予之〔六〕操兮，仰老列之猶貴。伊揚雄之守玄兮，且美根而密閟。矧屈子之遠遊兮，亦中存其灝炁。濬沉濁以虚待兮，聊漱鑿而猶豫。遠婞嫽觀隅隈兮，宜殉潔以蟬蜕。惟賈誼之哀鵩兮，了死生以奚慮？孰若御厥泠風兮，造列缺之何繫？外爾躬之附贅兮，豈爲物之蝨蜎？

薄晨星之寥落兮，徒餘光之衍洩。悲埃壒之阨陋兮，獨惶惶而憯惻。紉蘭佩而欲遺

〔一〕「怡惝佯」，道藏本作「怊惝怏」。
〔二〕「綸」，歷代賦彙卷一百六作「淪」。
〔三〕「鉏鋙」，原作「鉏錇」，據道藏本、乾隆本、四庫本改。歷代賦彙卷一百六作「齟齬」。
〔四〕「異」，歷代賦彙卷一百六作「何」。
〔五〕「向可」，道藏本作「尚何」。
〔六〕「之」，歷代賦彙卷一百六作「異」。

兮，搴薜蘿以朁釋。睇芳躅之欲追兮，邈高騫而岞峈。粲露華於菊英兮，感質齹而形踖。齊物我於稊米兮，曠窮達而奚恤？仰威鳳之高翔兮，曷德輝之愔嫕？偲跛鱉之跬躪兮，騎膠轕而靡軾。將求之以叩丹丘兮，詎知無言之玄默？

求志賦

緊予生之抱志兮，惟慎獨以自持。託衡門以偃息兮，情卓犖而不羈。廓予心之芒昧兮，仰千古之同蹊。曷乾坤之汝隘兮，眇莫知其所爲。嗟垢氛之擁翳兮，託桑甕而潛逸。涉斯求志於隱居兮，爰栖遲以沉鬱。絶流俗之便佞兮，躭素履以貞吉。莽榛棘之塞途兮，涉宕冥其蕩潏。衝嶮巇之阨隘兮，號封狐之跌軼。獼磔虺之啖人兮，疾驅馳且徒怖慄。仰嶱嶭以浩歌兮，噉剛飈以箕膝。奚矯翮之霄崢兮，尚嘯群而墜矰弋。彼饕狼之肆摧抑兮，懽梟鴟之是儔。羌搆類以結族兮，曾蟻蛭之違羞。挾奸婾而骫髒兮，窮巢穴之探搜。幸高蹈於沍涸兮，藉鶉鷇以爲裘。慨往轍之緜邈兮，欻悲風之颼飀。頫源泉之不舍兮，樠操緊夫崇丘。曠杳眇其遐覽兮，仰明德以慎修。合絪緼於恍惚兮，庶一氣之周流。守中扃而寂默兮，又適以夷猶。徒組綬之蟬聯兮，愧中赤之莫投。

孟軻之鄙臧兮，猶歎魯之弗遇。董子之正義兮，卒江都而永棄。彼蓬麻之鮮儷兮，徒拳拳而結緒。播蒼蠅之簧鼓兮，感白珪而曷睇？聖且有是阨困兮，矧予茲之若寄。何窮達之累中兮，曰孅人之遐逝。激頹波之顛仆兮，徒鬱悒乎奚語？侶漁樵之閒逸兮，林壑閴其靚深。踞潺湲之曲澗兮，臨絶壁之嶔崟。傲箕潁以容與兮，沕淵潛之靡禁。恥睢盱其惋媚兮，怏若趨乎浸淫。睹下泉之清冽兮，蔚苞蕭之舊陰。豈膏肓之忘返兮，奈網縶之我侵。足僶俛以蹩躠兮，志又奚能以斯任？冠章甫而縫腋兮，聊采苓於高岑。哀道之行廢兮，惟明命之莫諶。駕言勗此貞素兮，庸孰契夫我心？

騷

停雲辭 有引

晉處士陶潛嘗尹彭澤，不能爲五斗米折腰，遂賦歸去來辭。謝官歸耕，以詩酒自適，其亦寓憤世嫉邪之感而然也歟？其曰停雲者，思親友而作，以序其園田之樂、朋游之思也。後之慕夫閑雅靜退者，率慕其爲人。雖然，或遭時不同，用舍之異，而其沉溺乎寂寥枯槁之濱，固安於恬逸，而寧無親友之懷也乎？予卧疾黄箬山中，寄跡於高蹈遠引者久矣。暇日用廣其意以識其思焉。辭曰：

停雲之思兮，思不能已只。予兮斯栖，有山有林有園有田只。山崖卓拔，居輒拮据只。林木蔽芾，時雨濛翳只。丘樊衍沃，味所茹蓄只。田疇嶕嶢，食以菑畬只。仰瞻扶輿，宇宙隨所寓只。來今往古，焉有窮只？予兮斯栖，復吾廣居只。仰止昔人，返吾誠只。道以爲逕，由適趍只。德以爲宅，直而方只〔一〕。體仁爲防，遵義爲範只。大中至和，心之醇只。閎文鉅章，道所載只。持敬弗愆，主厥一只。溥博其淵，慎兹獨只。制以衡轍，爲德輿只。操其淄澨，增澡礪只。執中無隅，神无方只。心君湛然，淨以虛只。聖哲同皈，永矢蹈只。停雲而思，遠遡遊只。麗澤其鮮，胡盍簪只？澆風頹波，曰〔二〕漂宕只。孰偕寤言，中心樂只。平陸修阻，慨邈悠只。舟車莫從，奚促席只？洞視千古，等須臾只〔三〕。伐木以歌，悵吾悲只。

擬鞠歌

鞠歌奚擬兮，感斯道之莫信。情欝悒兮無語兮，獨黯黯焉慨將乎自珍。乘騏驥兮靈

〔一〕「只」，原作「止」，據乾隆本改。
〔二〕「曰」，原作「四」，據四庫本改。
〔三〕「只」，原無，據文意補。

氛，駕駘竭蹶兮惟敬修以書紳。託空言以述古兮，或庶幾乎芳澤。肥遯爲心兮，乃循循其以明德。軼駕兮軾曷憑，數千百載兮邈乎靡勝。道豈實萎兮，則予孰得纘緒末馨？

操

耆山操

山之顛兮，莫瞻龜魯。山之木兮，莫中斤斧。山之幽兮，祇以栖處。志之遺兮，世獨予忤。皇初有作兮，嗟予焉覩？

歸樵操

我巢於林，孰覬其憂？伊我遐慕，曷敢不繇？懷古之人，惟守我常。樵斯我採，胡使我〔一〕傷？彼牛有蔚，我往曷銍？世莫予心，奚悲我音？

〔一〕「我」，道藏本作「伐」。

佩蘭操

蘭之芳兮，其質漪漪。我將佩兮，孰覿我思？瀞其遠兮，霜雪靡澌。陟其邇兮，榛棘維滋。我植而晦兮，悲其潛斯。潛兮潛兮，無揚爾馨兮，无華爾姿。

詞

沁園春 登真

溟涬鴻濛，肇自先天，无極之初。暨陰陽分判，乾坤定位，循環動靜，真宰中居。一點靈明，輝天朗地，亘古圓融無智愚。塵緣斷，看碧潭鏡淨，月瑩心珠。八荒洞照毋隅。中宵永，冰壺玉液酥。正真鉛投汞，坎離交姤，火龍水虎，橐籥吹嘘。白雪凝輿，黄芽滿鼎，雷震崑崙徹太虚。功成後，俟胎圓神化，同赴天衢。

水龍吟 法海

先天無象始，父母未生前。一真獨露光明，亘古著靈源。縱閉陰陽内運，顛倒五行攢既非心，又非法，亦非禪。幽微奧妙，簇，浩无養三田。發用殺機處，雷電震无邊。千金不與世人傳。莫認符塗咒訣，直悟玄關宗祖，將在自神全。瓦礫兼莎草，濟世自超然。

風入松問學

十年燈影夜相親，寒暑迭催頻。短窗幾度停犀管，殘編盡、知味何人？簾外雪深風緊，梅花偏旺詩神。　千經萬史足經綸，學業志彌倫〔一〕。天根月窟問今古，文章事、多少迷津？收斂虛靈瑩徹，杖藜隨處陽春。

無俗念參究

廬湖峰下，結雲松巢子，動忘昏曉。浮世衰榮无限事，一笑浪漚萍蓼。翠竹黃花，水聲山色，此味知多少？湛然瑩徹，色空俱自明了。　天光雲影徘徊，寫長空色，一鏡澄清沼。春去秋來心自在，付與野情魚鳥。海闊江平，月明風細，清籟傳音杳。便須飛

〔一〕「倫」，道藏本、乾隆本、峴泉詞、全明詞作「綸」。

步，滄溟朗吟天表。

水調歌頭 内工

至道无言説，寂默守規中。杳冥恍惚周流，一氣運元宮。採取金精木液，真土内擒鉛汞，頃刻顯神功〔一〕。測爻符，鳴橐籥，震雷風。坎離顛倒火飛，碧海煉真空。太乙含真有象，玉鼎流珠凝結，神化合玄通。歸去蓬瀛路，曠劫玩鴻濛。

滿庭芳 山居

折卻烏藤，便尋茅屋，誰知剩水殘山？鑿池種樹，梅竹任縈環。芳草閑花覆地，煙霞裏、蘚徑柴關。毋人到，春風秋月，松菊伴幽潺。簞瓢隨分過，無榮無辱，樵路漁灣。與林猿谷鳥，暮樂朝歡。掃淨情塵業垢，披衣坐、真息養還丹。優游處，孤琴隻鶴，霜露不凋顔。

〔一〕峴泉詞、全明詞以爲「功」後缺十字，是。

蘇武慢 消閑

悟幻尋真，參求幾載，自誓頓超生滅。風抄雪纂，夜讀朝吟，探究古今賢哲。道玅禪宗，萬殊一本，勘破底須分則〔一〕？這堂堂無礙，真空非與，太陰圓缺。　堪笑處、竹椅蒲團，松窗桂牖，返〔二〕步便同高潔。塵世相違，水雲爲伴，高卧故園風雪。駿馬貂裘，翠袖紅螺，過目浮華閒説。速回頭是岸，簾幃光透，性天心月。

滿江紅 閲世

憶昔少年，行樂處、都非舊景。聽海添，潮落綺繡，四城春永。歌舞樓頭憎日暮，管絃席裏嗔酣省。看目前、榮悴幾光陰，愁難整。　夢魂醒，塵慮并。漫堪嗟，空自警。慨蘭橈荻閣，水寒煙冷。無分江湖中緒斷，天心月到澄潭影。念浮生、識破〔三〕悲歡，川波靜。

〔一〕「則」，道藏本、峴泉詞、全明詞作「別」。
〔二〕「返」，道藏本作「邁」。
〔三〕峴泉詞、全明詞以爲「破」後缺一字，是。

酹江月 江湖

曾隨釣艇，弄秋波、見盡江湖浩漠。兩岸白蘋洲渚外，露冷荻花楓落。半夜潮聲，中天月色，更轉梅花角。推蓬試問，故人隨處蕭索。　發棹牧浦漁村，夕陽城畔，歸雁鳴偏數。緑酒黄花煙雨際，幾夢故園林壑。壞塔風高，海門山小，春盡垂楊郭。歸來林下，振衣高視寥廓。

望梅花 絶交

浮世無邊塵累，勘破幻緣能幾？億劫冤親，千生契識，薄似片雲情義。空自愧。奸巧機關，逞英雄、徒增業翳。　用盡深謀詭計，奔競是非名利。造物无私，靈臺自昧，苦海沉津如熾。淨抛棄。野水疎林，絶行蹤、月明風細。

解紅〔一〕了悟

本來真性體虛空，遍界圓明現。情塵揜翳心珠暗，溺重淵。靈光不昧，一點煇煌元非

〔一〕「解紅」，詞牌與詞文不符，據詞譜當作「解紅慢」。

遠。掃浮雲萬象，毋遮礙，天心見。野花啼鳥，閒中舒卷，看滄海桑田、幾清淺。衰榮代謝常消息。盡愁山苦海，流浪難轉。　猛省來、乾坤總妙玄。松筠畔，寂寞細玩真源。曹溪路口，無陰樹，非法非禪。直待一陽生坎，光騰如波捲。誰會取、靜飲刀圭，浮慮遣。視無形，聽无聲，言毋辨。這落魄、逍遥真可羨。白雲堆裏容癡倦。共寒泉枯木，高隱壺天。

風入松 和虞學士韻

江城淹病酒難酣，踈鬢訝朝簪。暑消已覺秋光遍，紅塵遠、斜日回驂。蕙帳累留殘宿，青〔一〕霜猶濕春衫。　秦淮潮定碧如藍，歸燕息呢喃。白雲幃幔寒偏早，更誰問、雁字魚緘？早晚棹聲歸也，黄花白酒村南。

〔一〕「青」，道藏本作「清」。

耆山無爲天師峴泉集卷之四

題跋

潘默成先生書跋

宋稱道學最明，凡業儒者皆有踐履之實。雖片言一字，使後世歆慕不已，而良知或有警發者，豈泛然也哉？

今觀默成先生潘公遺新州太守手帖，首戒廉謹不苟爲上，俯仰無愧怍，正自可樂，未及澹然無欲之心，爲至大至剛之炁，躬行之外又以告之後學，誠古君子之用心也已。豈不使貪夫庸士有所感愧而興起耶？然讀其言而不能身踐之，筮〔一〕仕而每墮是者爲何如哉？宜考亭朱夫子、文獻黄公、待制柳公皆推仰若此。其非嘉言善行，有足爲千載模範而至是也夫？惜世之知之者鮮矣。予留京獲觀，喜而敬題于後。

〔一〕「筮」，原作「視」，據乾隆本改。

應化録跋

右三十代祖虚靖真君應化録，止堂易真人所述，天樂柯講師論讚者也。真君生有異徵，長而敏悟，以髫齔襲教，而遭際徽廟崇道之至。若治蛟解水，馘祟内庭，暨禱禳呵禁之神，已非有道者所不能。而其忠君愛國之實，且累形于辭、數驗於兆，使徽廟具造道之見，杜〔一〕禍於未萌，亦豈不于宋朝運祚有所裨益者乎？而乃使耳聞面覿之言卒成虚遇，豈不深可感哉？然真君之道行卓卓，垂之後世不泯，非國之存亡可得而繫焉。況世運既否，一旦示化，若脱懸解，久之復顯幻川蜀間，或謂仙之説虚誕，是可謂之誣哉？此吾道之盛由真君而特著也。

凡世家所載，率或遺略，惟是書爲詳。抑止堂非有見聞，苟失譔次，遂亦缺墜。而天樂富於問學，不加贊述，以傳之久永，復何稽焉？然歲久罕存，某忝膺宗緒，仰止無補，因校遺文，壽梓以廣其傳，非足以盡報於其先也。而四方知識者願聞之，若即所見，則真君之神功玅行亦庶幾不泯也乎？

〔一〕「杜」，原作「度」，據乾隆本改。

李霽峰先生墓誌銘跋

右霽峰李先生墓誌及文集序各一通，皆黄文獻公所譔也。予嘗讀公集至先生墓誌、文序，深加景慕，恨生晚不獲趨下風以瞻餘光焉。而尤欲求之文憲，將遍觀其文章，意尤親〔一〕其人也。嗚呼！斯文日就凋落，而〔二〕……

九龍卷跋

……以丹砂名，其於火龍水虎之説，所得者又豈特此而已哉？其徒郭仲亨氏持以請言，若翰林危公識諸題述之備，不俟予贅矣。爲其後昆者尚善寶之，則不徒傳永也。觀是

〔一〕「親」，乾隆本作「覲」。

〔二〕「而」下，底本錯版，誤羼入卷之三故上清宫提點樂丘王公墓誌自「惜乎！既逸而出」至文末一段，及故上清宫提點朋山張公墓誌自開頭至「知公辱素厚」一段，今删，原文已不可得。

圖以求集虛之德望，宜有足啓焉，是爲題其後。〔一〕

書劉真空傳後

吾道之傳，多晦於誕逸。史以老莊流於申韓，代稱黄老刑名，百氏之書則混曰方術者有之。於道之實凛然有不可揜者，其高節苦行，雖縉紳之辨、介胄之勇所不能逮，而卒無所紀焉，豈不深足慨哉？

夫内蓄者真，外固者術，積於己而德於人，故不可以槩言之。自秦漢而下，以道行名者，其養形命以自全，必資於術，而卓立固守於窮岩峻谷間，汲汲以了死生自期，尚可以術欺之也歟？丹之説有二，其謂内、外者，體一而用二，故有不資于術者，惟内修性命之真焉。而名山川或有鼎竈遺跡，是資於所養而因可德於世也，是以吾道操識之士，不志乎是不能無責焉。

吾山真空劉公有道行，以丹世其業，其愈世祖之疾而所問對，非有道者不能。且出入

〔一〕據底本目録，李霽峰先生墓誌銘跋與書劉真空傳後之間尚有薛處士墓銘跋、九龍卷跋二文，因底本錯版，二文僅可見「以丹砂名」至「是爲題其後」一段，知爲九龍卷跋末尾部分。

禁闥，寵以寶玉，一毫不足累其心，此世之謂尤難能矣。及獲歸，結八卦庵，修鍊而終，宋太史爲之傳。若真空行術之備，託史氏傳之永久，可謂幸矣！然予嘗即其菴之故址，久益蕪廢，而荒煙野水，猶可想見乎斯人也，故樂有是託，而悼彼不紀於世者，因并致焉。其徒黄君集虚亦以丹稱，年八十餘，純謹有先輩風，豈不得於是傳也乎？而爲厥後者，猶宜無墜也，是爲識。

檜堂奏稾跋

古今國之賢良、鄉閭之才士、山林之英傑，皆乘一代運興而生，自非氣質庸下力學所能至也。吾家自漢相傳迄今二千載，凡國運更立，主教者必有過人之資，山中翼副之士皆器識魁特，舉措必異於常，故玄德克修，家聲無墜，蓋有自矣。元初，高祖簡齋天師赴召，時君臣遭際皆英偉卓絶而相成者，又多通道能文，其顯赫一時、光耀前後宜矣。崇禧院檜堂黄尊師時侍行，凡箋表供醮之文皆所撰述。辭意温雅，志行純篤，非惟姑存典實以備後日觀覽，讀其言亦足見當時寵遇尊隆之至，使後之人知所祖述者也。如愚張公暇日出以示焉，獲睹先世之盛烈，豈不有所興發者乎？然山林凋悴日甚，觀此尤重感惜而已。元逮今已百載，其遺宗故老若蘭雪、如愚，皆篤實有文，故能珍襲彌久。視彼文獻故家多片墨不保存者，爲何如哉？後之繼者，尚無墜其志，庶副所託焉。

王達善先生梅花詩跋

右錫山名儒王君達善和中峰禪師所賡馮翰林梅花詩百首。予趍京道過其地，出求予言。夫詩之賦情詠景，各由所得而成，如馮居苑闥，遭時貴顯，乃獨意於梅，或其處家山故林，興味有所不忘而感發然也。中峰融造禪妙，才氣縱逸，走筆成賦，故不難矣。二公相去今百年間，罕續其後。達善以學業之富，必有契夫孤高迥絕者，宜其詩思有不能自已，而韻度清贍，宜成章之麗也。然古今尚梅者衆矣，必求夫操行之潔，有所自同，則不徒嗜其清標而已矣。予亦愛梅者，遂爲之題。

何滄洲竹譜跋

予嘗稽諸畫法，竹之始於唐及五代，皆鈎抆設色法也。故崔、趙輩祼以花鳥擅名，特不過殘坡野渚間風枝雨葉曲盡妍態而已。求之高林奇芳、老嫩晴雨之狀，交錯互映，而汀煙水霧，幽思畢具，大而怪崖顛壑，清冽怒號，層見疊出，使俯仰屋壁若行其間者，絕未之見也。

唐末李頗始作墨竹，至南唐後主李煜爲盛，逮宋文同倡其神悟，而蘇、黄繼之，墨竹之大成集矣。善學者代不一二間，惟得渾濁之炁、纖媚之姿，自成壯弱之筆者皆然。逮金惟黄華父子，頗飄逸出群。元初高房山、趙松雪、李息齋、柯丹丘一時競出，各擅所長，其名耀一代豈偶然哉？

息齋竹譜傳世，已備刻本，學者必由而入。先師壺公天挺奇資，寫竹尤工，其高弟何君伯度少與予同門師焉，克造三昧，善繼絶學者也。暇日爲仲氏湛碧圖是譜，雖枝葉幹節，皆同息齋，尤稍增益之，而雄逸過焉。所謂高林奇芳、怪崖顛壑者，舉備諸體，使吾湛碧穎敏之資力進而擴充之，有不惟是而已哉？裝池就，索題其末，而先師之學獲家承而人習之，豈不私自喜快焉？遂爲識。

李氏族譜跋

予嘗觀古今士人之家，盛衰存亡固係乎德積而善著之若何哉。而文獻之後，乃多淪弭無聞，豈必德善有不足焉？然其秀鍾粹發，頓長則驟息，理不可測者。抑近世雖通都大邑，趨馳凡千百里，求故家大姓之足徵者，不徒叩其風俗之美、子孫之盛，而於學行之歸，亦甚鮮矣。此非氣習有使然哉？

番陽李氏爲饒之著姓。吾山李君仲冶敦厚而文，於族爲長，急於究其氏姓之源，嘗示徽饒會譜之略。按其始唐德宗建中間，因盜叛，乃南遷於新安，逮僖宗廣明間，黄巢叛，故避地黄徒。有諱仲臯者，則肅宗時李衛公靖後也。仲皋生三子，初遷徽之新門，嘗卜以從田爲吉，故一居新門之敷田，一居浮梁之界田，一居婺源之嚴田，皆代至顯宦，在宋元爲尤盛，而詩禮之風藹然可尚者，今且猶然。其諱仕言者，宋嘉定間自浮梁遷番陽，爲萬源始祖，仲冶其十一代孫也。觀其源流之衍，不啻宗家望戚〔一〕之盛，其非有德善之素而然哉？予雖不及盡識，而仲冶篤於求本，惟恐有所顛墜，其志之賢可槩知矣，豈不使嗣之者有所興勉焉？因其請，遂感而爲書其末。

定武蘭亭跋

予觀晉永嘉、義熙之末，時距一二載，興衰相續，朝同而夕異，皆一時乖於禮度誼烈之風，習於狂放。其視國之重器、身之大節，猶空浮土苴，故移其廟廊宇社之心，一置諸嘉山

〔一〕「戚」，乾隆本作「族」。

美流而弗之顧，豈時之不可爲而遂勿爲也哉？故傳之久，因有賴於標韻者宜矣。

王右軍禊帖爲書法本，傳之著而愈重，雖視王、陶、温、謝勳跡有殊，而於書之久，亦過於泯然堙腐者焉。世傳數體，有梅花、定武，諸辨而求之，逮古者絶所少見。若時遷代異，多唐、宋摸搨於石者，故各相淆襍，雖豐瘠逸伏，亦始離而間合，代之蓄者非善辨不能也。

予友吴君志德〔一〕博雅嗜書，搆此本於姻生王氏家。王仕于元，凡翰墨多所藏襲，宜爲搨之佳者。以予尤嗜之篤，裝池畢，屬識其故，校予所藏奎章虞公所跋本，則甚類矣。使志德之書既善，尤潛味於此，其所得之不已，尚予所可及哉！幸世珍之。

趙文敏真書千文跋

魏國文敏公爲宋宗裔，以書擅于元，雖時之相去上下，世莫不本之。予嘗讀公狀銘，其得肆志於翰墨，凡晉、唐諸名跡，每臨摹不下千百次，是使其故王孫宗室餘神末度傳之不泯者，亦豈非元之寬平隆盛有以養其氣習者然哉？

〔一〕「志德」，本書卷之五雨中懷吴徵士至德，卷之六答吴至德謝惠芍藥韻、吴至德自安仁故居來訪飲賦次韻作「至德」。

凡目所歷，或家藏而人襲者，真書爲最少見，而其可刻石者，尤爲書之最難。予友吴君志德藏此有年，體畫楷細，毫髮無不至，是所以人之爭愛而垂之宜久也。然或謂公書始法李邕，雖後力入鍾、王而終有類邕者，間亦參之邕書，公大有過焉。抑善學者由是而入之黄庭、方朔間，若履階而升，必達於閫奥，豈可若恃盈肆者一并之庸腐而不暇論哉？此厭常嗜古之士不得不辨焉。志德既習之久，善充其所造詣者矣。因示之，遂爲識其末。

書俞烈婦傳後

予嘗觀劉向傳列女遺事，深足扶綱厚俗爲百世法，而於節行峻卓者，讀之使人髮立神悚，果豈易得哉？蓋爲女婦之持節也，於貧賤顛沛者爲難，而遭時喪亂，冒兵刃無辱者尤難。以資力自全者固不足取矣，矧以貴富而迺失持者哉？抑由天質之素、剛勁不折者有之，而或歸於世家大姓，聞詩書之化，能省立者有之，及其以一婦人凜凜然有烈丈夫志，與清冰烈日比潔並明，傳之不泯，豈不偉哉？

嚴陵烈婦，俞童士淵妻也。值元季兵亂，顛連奔竄間，官軍剽掠，以身翼姑與子，且累逼汙之，雖折肱皮面，義不辱身，繼以無辱告其夫而卒。其不媿所天者，果何如哉？此古之爲難也，況世降俗薄，而能自持不屈如是哉？是必由天質之素，而又蒙俞氏詩書之化，孝姑事夫已見之平時，而一旦從容就義，視不難矣。然詩書之教，惟行義是先。若俞氏世以文學相授受，而有是烈婦，適足以彰其學業之實，於俞之光有不惟是而已矣，宜流馨史册於無窮也。其子英才來試邑弋陽，爲吾郡之有聲者，嘗以徐太史傳請題。予誦之，敬歎者再，能無一言哉？是所以爲不泯者慶焉。

草堂八詠卷跋

右草堂八詠，先師柏承夏先生所蓄，當時賢俊題詠之作也。先生少從鄉先生長者遊，皆一時知名者，是以其問學淵粹，文行端純，有非他所可同日語也。其先英公遺裔，始家番陽，後遷安仁。元季兵興，復遷吾里，因家焉。草堂作於乙巳歲，先生受知先君子沖虚公，予伯仲皆從之遊。凡道德詞章之學，莫不切聞而篤訓也。惜予駑下無似，不足以副其琢礪，未足見其有成也，而其銘心盛德，豈能少忘也哉？無何，先生以壽終，冢子亦繼往，此予深抱無窮之悲也，其於始終道義，得不有愧感者焉？

孫護嘗請字於予，予雖欲撫而成之，使其克立，以昌大其後，未知異日何如也？暇日因識此卷，不能不重予之悲焉。因念兒時侍先生之側，凡優於詞翰者畢具於此。及予長，或師或友之，豈不私切自幸焉？今相去不二十年，十無一存者，是尤增予之悲也。護也尚珍藏之，凡一展玩其手澤，乃心祖訓以志顯揚，則予之望於先生之後者可竢矣，故識于卷末。

張長史帖跋

右張長史旭草書十七字，迺唐人硬黄搨本也。世稱顛素爲草聖，蓋其筆勢翩翩，險怪莫測，霆鼓電馳，蛟騰豹躍之勢，非心手融放所不能至也，信不誣矣。或者不求風神變化之玅，而特以飄逸之過爲嫌，又豈真知書者哉？予學書三十餘年，嘗臨摹千文墨刻，愧不能造其三昧，雖間探其遺意雄度，尚何足以名家傳遠也哉？因觀是書，并識其感夫世鮮知者，而愧己學之弗逮也。彦益素嗜博雅，不妄示人，其亦知書者乎？宜珍之至矣。

姚少師書蘇文忠公書跋

右蘇文忠公遺寶覺、佛印二禪師書，少師姚公書以贈金山適中禪伯者也。文忠公以文翰雄一時，數百載之下猶仰之，若岳峻川奔，其垂之不泯也亦宜。矧於禪悦法喜之好尤深，當是時，禪林巨擘有若寶覺、佛印者，豈不與之默識心通也哉？而我少師公今以雄才博學光際皇上龍飛之日，寵賚彌厚，又以元勳宿德贊輔青宫，其穹爵令望，又豈彼二禪師者可比儗哉？使獲與文忠公磬同堂共席之論，其歆艷禮敬尚當何如也？且少師公書札精妙，與文忠公之辭珠聯璧合，照耀先後，其以遺適中也，猶足以見其下賢導後之篤，固非以貴富自重者，豈能若是耶？

予也山林疎朽，嘗辱知於公，獲一披玩，敬羡無已。適中其世珍之，豈不爲禪門之一盛典也哉？是識于左方。

俞紫芝草書千文跋

予齒及冠而少三齡時，嘗侍先子遊錢塘。紫芝先生俞公，趙魏公高弟也，於晉、唐諸書體悉通。凡所臨贋，去古人毫髮無異，遂名浙右。予獲執筆從公遊，時年將八旬而康健，其風度標格，玉堂餘韻，藹如也。凡書法之妙，幸盡究之，而得公之書居多。久稍逸去，未幾，公捐館矣。數年往來京師，間或見一二，令人愛不釋手。

草書千文一卷，其里褚文焕氏所藏，尤爲佳者，雖臨倣之工而出入諸體中，若鸞停鳳翥之粹，風馳電躍之神，靡不備矣。昔人謂如淮陰出師，多多亦善者，此也。考公書時，去予從遊特四載耳，轉盼之頃凡二十餘年矣。而錢塘凋謝，故友迨〔一〕盡，撫卷不勝悲慨，公不可作矣。文焕尚善珍之，因爲書之右，而并致予之感焉。

楊氏族譜跋

予嘗讀史，觀三代世表、十二諸侯年表，皆歷譜牒而後詳焉。自殷以前，諸侯不可得而譜，周以來乃始可著。孔子因史文治春秋，序尚書，則紀〔二〕元年，集世紀，五帝三代以來，終始五德之傳尤可考也。及讀蘇子古史，則譏太史公之失亦不少矣。蓋代遠事湮，有不完焉，故譜牒之製而後帝王世序乃明。春秋之後興壞不常，至漢，法古之製尤存。凡學士大夫家乃人各爲譜，而官設局以掌者廢益久矣，以是大宗故姓莫知有考者多矣。華陰〔三〕楊氏，在漢赤〔四〕泉侯喜、太尉震始見傳記，楊氏之顯者率宗焉。歷唐尤盛，

〔一〕「迨」，乾隆本、四庫本作「殆」。
〔二〕「紀」，原作「糺」，據乾隆本、四庫本改。
〔三〕「陰」，原作「陽」，據乾隆本改。
〔四〕「赤」，原作「亦」，據史記項羽本紀改。漢高祖五年，楊喜封赤泉侯。

遂分華陰、蜀、浙、閩四派，皆世顯宦。由華陰而居醴陵，仕唐，宰于高安，除臨江刺史，遂居新淦者六樓翁也。三子俱仕，仲子諱正，唐景雲元年來守撫州。開元初，寓臨川小郱里。宋開禧丁卯，六世孫浩復遷金谿之印山，由是分爲上下派，莫善於印山也，譜皆可考證焉。

予少讀顯民詩，知楊氏世以儒名，及交孟頊，其家學源委從可知矣。近世稱著姓者，子孫弗克繼其業，使故家遺俗一旦顛墜不舉者常有矣。如楊氏以穹爵令望著于代，其後又克大之，豈苟然哉？宜當世之士具有稱述者，因爲題其後，以勉諸來者。

邵典籍詩文跋

國子典籍邵公原性，瑰琦偉特士也。曩遊吾山，挹其言論，味其詞章，卓然以氣節自尚，恨見之晚，於是定交焉。辱公不鄙，而公適間關〔一〕道途，而顛倒之戚恬不形于辭色。相去凡八九載，每惜江海舊遊，求如公者，絶未之見也。

前秋忽會于京，文益奇而氣益壯，相與抵掌旅邸，懽如平生，已而幸會之數而麗澤之

〔一〕「關」，原作「開」，據乾隆本、四庫本改。

益有焉。間秩其詩文若干篇示焉，伏而讀之，若夫蛟騰豹躍之氣，霆奔川遡之音，珠明玉瑩之質，鏗鍧炳煥，照耀文林，間不可得而形似者，淵泫浩蕩動千萬言，皆足以植世教、翼經史者也，其非發乎悲憤感慕而然哉？宜乎一時元夫碩士莫不推許之，而每以剛介不偶於時，迨晚方受知明主，此故縉紳縫掖之士所深惜，而公亦邈無介焉。

昔韓子謂非三代兩漢之書不觀，故蘇文忠公以爲文起八代之衰，韓子法於千萬世，直欲方駕孟、荀，而董、賈未足多也。而公氣識雄深，使其才驅氣駕，亦將繼武者耶？斯其一以古學自任，而舉世少所契許也哉。予也山林荒落，何足以知之？辱公雅厚，能無言乎？然世不求狷介蹇愕之士則已，如苟求之，非公而誰歟？是書以歸之。

祭文

先祖妣胡氏元君遷葬祭文

惟川岳之英，毓秀令門，物必有所歸賴焉。嗚呼！天錫淑姿，生風憲之後，配我神明家。其處躬柔惠，蒞衆寬和，母儀婦則，持踐克篤。遭元盛教興，爵位穹赫，飾華耀綺，他莫與倫。而内則相助教樞，協承寵渥，樹植鄉衆，凡廿又八年，内外戴之。其若舉弊益嗇，濟困扶傾，一時皆德之。至於嗣生晚器，食德之報，實陰有自焉。無何，罹變位移，撫鞠弱孤，匡家畢葬。時群黨爭鋭，危甚一髮，卒以和順將成，保時固本，仁愛結心，嚴介立節，遂歸者復衆。晚值兵興，且募義保障，遠邇賴寧，不數載，位返教崇。

先君光際天朝，均被顯榮，安享耆壽於甲第，已而綸言荐降，榮者朝野，非德博智明足以回天寬璧，尚克是哉？比還居三載而壽告終，福備德全，足慰後人之心，啓當時之羨，斯亦至矣。不謂前兆弗宜，厝柩壽藏之側。不逾數年，而先君仲父繼逝。若婦若孫，仰藉祖宗休靈，龔武無墜。矧以多故，不獲隨構佳城，愧罪曷眚？兹卜地南山，先隴相望，幽宅信吉。靈輿將以舉道，哀不自勝。追思遺德厚恩，言孰能喻？謹陳觴以告，惟至神昭赫，垂鑒于兹，尚相我後人。嗚呼尚享！

祭周經歷文

維某年某月某朔日，友人張某謹以清酌之奠，致祭于亡友後軍都督府經歷周公之靈，而言曰：

惟公之生同里，而學同門。予在未冠，其相切磋也，猶馳於駿奔。及以薦辟而仕，雖始不忍别，復遂會以究論。嘗兩告歸以憂省，實喜溢於誨諄。果慰平生者，研泳古道於斯文。故出入班、馬、韓、歐，浸灌陶、謝、韋、陳。豈非以其所長，又厭沃於縉紳？蓋當世之凋謝，若我同輩，猶晨星之麗秋旻。宜其志趣之合，非籤帙之間，則雲水之濱。況即其所踐者，廓然並見乎寸心。其居職也能温篤自持，以格於聖神。而涖事之謹，又能不屈於移淪。繼不勝於旅擢也，實繁夥之必親。雖恐慮之莫計，意必籌練於熟循。豈謂終乃長逝，值予會以具陳。

予之處朋友之分，而情親義篤，寧不力勉於自新？曷期二旬之聚，忽死生之要，一付其屈伸？世雖謂或不得其正，而公自視者，足以守道而全身。然遠邇知識，皆惜公才學之懿，以若用之弗宜，是曠視於歸真。愧予不足以盡其託，而忍銘之以文：

惟抱耿耿乎中者，徒愴慨於塵氛。期彰公之宏文麗藻，足示永以弗湮。兹乃封窆以訣別，其永違於九原。惟靈昭昭之弗昧，千載曷泯于斯言？此慟予之嗟感，惟吾道之孰存。是潔誠於一觴，其來鑑乎吾聞。尚享！

祭紹菴龔先生文

嗚呼！先生竟遂已乎？其生也育質名胄，授業良模。在昔平盛，方駕坦途。問學該貫，味道之腴。允紹遺光，世賓我塾。於昔先猷，貞純淵穆。是晝是持，維矜維勗。克廣玄休，實裨化育。人惟求舊，足副厥資。醇篤其訓，温粹其辭。凡我女任，令善由基。方期久齡，豈曰遽衰？雖苦疾疢，或作或愈。伊此別懷，傾我中緒。繼兹壽康，適欣且慰。旋聞困痾，驚惻罔喻。亟趨以奔，湯液具陳。日企夕望，莫療其源。既以面訣，尤懷必存。終殞斯疾，媿義靡敦。曙星麗天，曷翳其明？芳蘭在谷，曷揜其馨？斯文凋謝，甚若攴傾。矧復云亡，傷哉斯情。世豈無友，孰厚且仁？再更晨昏，靈旐〔一〕兹舉。惟我伯仲，曷忘素誼？酹此一觴，泣涕如雨。清明孔昭，來格其至。嗚呼先生，哀慟何已！嗚呼尚享！

祭曹道録文

惟公篤生令宗，才識純裕。儒玄具師，探索淵邃。恢度益閎，辭華豐鋭。從祼帝庭，衡嶽穹峙。玄教聿興，百司佐隸。宏玅闡微，誠感神至。矧贊以文，猶啓冥戾。克大琳宫，珠輝玉麗。百工告成，金奏旋備。廣録宣儀，幽遠咸類。帝曰爾誠，優眷彌譽。雖其寅寮，寵渥靡預。予忝襲宗，匡翊實美。篤厚友情，淳誠道義。被嬉際榮，忻躍恐懼。凡厥巨微，忠深愛屢。世謂膠漆，炎涼莫諭。違別五載，馳情益累。詞札往還，疇滌懷睇？

〔一〕「旐」，原作「祧」，據乾隆本、四庫本改。

且期晤言，疎晦是傳。曷云歲阻，驚聞哀訃？摧慟寢興，形神罔顧。吾道何萎，遽失儀羽。不亡者存，千齡非駐。皇詞天漿，寵際特御。山林被光，度越前世。奈此凋謝，孰庸倚鑄？仙靈孔昭，千里歸祔。祖道郗歔，悲感交注。再瞻神容，明德沖豫。永垂休聲，以綿胤祚。嗚呼哀哉！

祭胡贊教文

嗚呼！代之輔吾教者，必才能卓立，足以翼贊其成也。惟公生於名胄，挺秀玄門，早輔我先君，克成教爵，其遭際天朝，而陳綱振紀，凡經籙科典，靡不竭力相衛焉。歷職玄幕，累遷再擢，故其元勳茂跡，在一時同輩，未可倫儗。暨先君示化，予即襲教，其力於協持，視往弗怠，故予事之，猶邦家之元老，未嘗一有慢易，而衆益加尊信焉。曩貳丈席，温靜不苟，未幾，朝廷精異符籙，護以銅章，首命掌之，豈非其恭默有以至焉？及累升首席，力讓未遑而亡，何誣構橫至，竟殞於行，是豈天之吝全其終耶？而生化之機囿於運數而然耶？

嗚呼！使予聞訃，顛沛摧慟，哀無所容，何奪之太速，而禍之遽甚也哉？然公夙探玄奧超曠之言，其無累乎中，視生滅乃反真之遊，又豈足傷其明哉？矧其佳言麗藻，宜與冥鴻遼鶴騰神廓寥之境，是乃不死者存，尚何悲歟？茲歸神幽宮，永隔千載，是一觴決别，以致其哀，惟靈其鑒之。

祭傅仙官文

嗚呼！方外之學，超逸是尚。翊教之得，才必名宗而貞亮。當亡元之運否，慨山林之凋喪。我先子之聿興，值皇明之大暢。首推慕於玄風，競雲從而川向。際真主之龍興，密清光於天仗。敷辭藻於文林，著靈蹤於四望。早侍祠以顯庸，校玄科而綢創。暨予襲乎教樞，力匡持而協相。焕黄籙之標儀，振瓊音於篁䆗。累遭際以錫還，澹夷猶於峰嶂。主丈席以儀刑，屹耆英之足仰。敞宏構之清輝，鬱仙壇之穹壯。俄微疾以愆和，候返真乎鯨上。甚名山之頹靡，空撫感而悒怏。茲靈輀之介道，陳一觴以别餉。神其鑒之，情辭益愴。

青詞

己巳年酬醮宿啓青詞

伏以天壽趨朝，仰效國恩之報；教宗負任，惟依帝造之宏。況奏陳懷預患之憂，而禍咎有橫貽之變。夙攄醮禱，允藉終全。潔芹藻之一誠，畣聖真之鴻澤。俯膺中惕，密徹丹忱。

伏願聰鑒昭明，睿慈溥博。釋愆瑕於既往，咸錫陶鎔；集安裕於邇來，悉垂涵育。冀款言之上格，資靈貺以潛敷。教脉延禧，協春和而日茂；皇圖介福，回陽候以時雍。

張宇〔一〕明薦父青詞

自天降質，情有禱于玄穹；由父生身，恩敢忘於幽壤？攄忱請命，惕過陳詞。

伏念先考某，生際時昌，殁逢家難。襁懷綺綉，早罹失怙之哀；步陟荆榛，粗遂賁園之託。届誕之辰適近，云亡之日乃先。親違終養之嗟，而弟有溺淵之恨。累欲陳於醮拔，竟連阻於塵羈。爰致薦修，俾諧超悟。

伏願丹書釋罪，青簡垂慈。性地朗明，悉洗無涯之沉滯；泉扃洞照，普資已往之迷淪。凡屬含靈，均齊解脱。

〔一〕「宇」，道藏本作「氏」。

酬醮早朝青詞

乾道統天，爲凡世民彝之主宰；皇中建極，啓玄科請禱之梯航。秉叩夙符，陳情昭謝。伏念臣某，傳宗未冠，襲職孔艱。灾非鼎沸之屢貽，繼嗣淵臨之數見。志實乖於脩滌，躬有賴以祈禳。時歷因循，圓寶臺之萬遍；恩垂罔極，畣睿澤於一誠。仰懷高厚之慈，尤冀回旋之造。朝儀曉肅，盟款是酧。伏願釋宥無方，矜容有在。仙曹録命，早育秀於春陽；玄教增暉，日齊明於景曜。洪禧誕布，巨澤咸濡。

正醮青詞

乾坤覆載，時倏届於誕辰；科範昭宣，齋并酧於素款。仰希靈貺，恭致謝言。伏念臣某，嗣職年踰，撫躬夕惕。驅馳非訟，幸身衆之復安；昭事宗祧，感繼承之未遂。晨夕之懷憂甚切，省修之勵己維新。葴醮禱於沖科，竭忠〔一〕誠於宸鑒。

〔一〕「忠」，道藏本作「衷」。

伏願皇猷鼎固，教脉珍符。曰壽曰康，介萱席春暉之永；宜家宜室，開蘭闈晝日之長。是慶衍於仙基，至恩臨於悃愊。年齡益茂，髫稚咸寧。

本宮大殿慶成正醮謝恩青詞

伏以易昭大壯，是宫室之由興；道焕重離，喜殿廷之遂構。仰依覆造，恭致謝忱。伏念臣某，嗣職有年，省躬無補。上承帝渥，幸錫賚之寵頒；周率衆誠，賴施金之咸集。歲月之稽縻良久，斧斤之經始惟艱。獲楝宇於落成，罄衷盟於醮悃。伏願皇圖天廣，教範春輝。宜民宜人，介萬姓壽康之祉；爰清爰静，安一山寧謐之基。及慶衍於宗傳，至恩覃於鼎固。百靈拱衛，五福攸同。

懺紫微臺青詞

伏以北極拱辰，宰乾坤之生育；中天御政，司人世之權衡。恭叩真科，敬陳衷悃。伏念臣〔一〕某，忝承宗緒，仰拜綸恩。千里趍朝，國社適逢於繼統；一心祀帝，醮修有

〔一〕「臣」，原無，據道藏本補。

命於薦先。矧川途驅役之囏，多星運遲留之慮。是款寶臺之虔禱，幸符金籙之圓成。庸致懺忱，并伸酬謝。

伏願紫微昭焕，潛回吉曜之暉；黄道開明，茂衍遐齡之慶。教模增顯，眷序咸寧。

懺臺早朝青詞

伏以〔一〕維皇上帝，總司主宰之機；欽若昊天，式重權衡之任。懼灾衰之罔測，嘗懇禱以預禳。禮誥周圓，攄誠懺謝。

伏念臣某，嗣承越歲，亟歷多艱。顧罪業之彌深，致憂危〔二〕之疊見。照臨有赫，庸敷首過之祈；降鑒無違，是罄朝元之典。馳忱緑奏，齍款玄穹。

伏願皇極昭回，帝心簡在。教範光而家道泰，壽考益寧；萱闈永以眷緣昌，宗祧協慶。愆尤冰釋，福祉春融。

〔一〕「伏以」，原無，據道藏本補。

〔二〕「危」，道藏本作「虞」。

甲申普度酧醮滿散青詞

伏以維皇建極，幸歷事於三朝；上帝降衷，愧未脩於一德。攄誠答款，首過陳情。伏念臣〔一〕某，早嗣仙宗，累逢昌運。愆尤山積，致貽灾否之屯；疾疢日深，猶切室家之難〔二〕。請禱之忱兩叩，安寧之喜再生。符關雎正始之期，協中饋閑家〔三〕之望。庸敬酬於素款，并追拔於先靈。爰潔蘋羞，上祈藻鑒。伏願帝臨有赫，天聽孔昭。丹簡標名，回禎祥於否曜；玉符度命，起沉滯於幽扃。教範安隆，眷緣寧逸。

普度早朝薦拔青詞

天高地厚，惟德澤之難忘；日往月來，倏古今之代謝。攄誠請命，竭己陳情。

〔一〕「臣」，原無，據道藏本補。
〔二〕「猶切室家之難」，道藏本作「難保室家之好」。
〔三〕「閑家」，道藏本作「承祧」。

伏念臣某，襲爵懷慚，省躬悔過。追報幸資於遠邇，傷悼彌深；超遷仰及於幽冥，謝酧敢後。所懼愆尤之莫首，必祈懺滌以均消。爰潔清朝，并周素款。伏願九幽拔罪，五苦停酸。保命生根，咸證逍遥之果；登真樂界，全回發育之春。教範光亨，眷緣協吉。

齋　意

己巳酬醮齋意

宿慶幸基，早嗣宗傳之爵；國恩是荷，歲趍聖壽之朝。慮接對之孔艱，念風濤之涉遠。仰祈醮禱，已沐玄庥。昨陳外累之除，實藉終全之祐。忽罹横撓，旋遂安還。嘗殫禳叩之皈，并畣資扶之造。伏願帝臨在上，靈降有嚴。鑒人欲之衷誠，宥積愆之瑕垢。皇圖鼎盛，日增教統之光；家祉春融，克協宗風之振。門庭彌永，寧謐咸孚。

本府年經齋意

歲曆云周，幸叨安於四序；教樞是荷，惟昭畣以一誠。況云爲多積於悔尤，而修進常疎於惕勵。若灾非土木之干，并人事疾痾之患。每陳皈叩，屢沐保全。庸遵餞臈之規，敬致酬恩之悃。

伏念某，均依祖澤，仰戴國恩。缺温清於晨昏，念憂勞於寒暑。匪資懺釋，曷遂首禳。伏願忱悃上通，康寧荐錫。聖域咸春，至化克揚於宗教；福基開泰，祥符允協於家庭。凡冀未來之祐，悉希大造之仁。壽永蕿華，榮齊棠棣。

圓臺酬醮齋意洪武二十五年降香華盖山

帝君寵臨，爲儲君而請福；微躬疾困，賴慈母以祈安。況官非誣横之干，有遠涉風波之慮。省己宜於恐懼，希恩必以祈禳。神祐默扶，醮盟是踐。伏願天錫洪庥，星輝景緯。家慶日增於遠大，仁壽同躋；邦基時協於隆平，睿慈克廣。萱闈椿永，棣鄂蘭馨。

建普度齋意

伏念某，早嗣仙宗，累承帝渥。祖宗功德，愧未報於初心；言行愆尤，慨莫修於寸善。各從傾逝，罔測升沉。兼酌祈懇之誠，益重勳勞之念。庸資薦拔，并遂首禳。惟大德之好生，實不言而善應。伏願東極垂慈，南炎受煉。玉符金簡，即開五户之明；丹界朱陵，洞焕九幽之燭。恩覃有造，澤被無窮。

甲申普度酬醮齋意

伏念某，忝承仙緒，叨歷聖朝。極慚罪業之深，莫遂愆瑕之滌。顧病痾之久困，致家室之靡寧。叩兩款以攄誠，幸一忱之有格。恭陳菲醮，上答宸庥。伏願聖造昭回，帝心簡在。悔尤蠲釋，旋否癘之亨通；幽壤開明，運慈悲而超悟。教風鞏固，家慶蕃昌。凡在甄陶，均祈生育。

圓臺建醮誠意

日照月臨，皆機衡之所囿；陽消陰長，恐憂患之靡寧。仰期潛回厄運之屯，敬致上籲昊天之禱。禮誥懼稽於四載，始生特畣於一誠。報款愆期，酬恩俟命。伏願皇覽昭明，帝慈溥博。教統永隆於山嶽，五福咸臻；宗風益茂於蘅薇，百祥駢集。灾非冰釋，嘉慶春融。

梁文

三清殿上梁文

伏以三境神洲，珠黍現虚無之上界；五陵福地，宗壇開龍虎之名山。昨逢塵劫之推移，復覩龍虎之壯觀。帝恩罔極，道化無方。

欽惟皇帝陛下，乾坤同大，日月並明。經綸正始於萬方，文軌會歸於四海。豐功盛德，大成至治之基；聖子神孫，益廣皇猷之永。玄門推重，華構維新。

仰惟三清三境天尊、虚無至真上帝，位三界之元尊，爲萬天之主宰。玄元始成文而有象，梵清景結氣於無窮。紫檢丹書，闡十極九霄之内典；金科玉律，衍七經八緯之靈〔一〕章。是龍文鳳篆之彰，致虎衛鸞驂之會。象貝闕琳宮之遐仰，聳璇〔二〕臺蘂閣之雄瞻。不日而成，於斯爲盛。

〔一〕「靈」，原作「文」，據道藏本改。
〔二〕「璇」，原作「旋」，據道藏本改。

再惟神樂觀仙官、本宮住持提點傳〔一〕，蓬閬仙姿，煙霞儀表。振青瑣紫宸之步，領雲門大護之音。多貴達之經營，實山林之柱石。

再惟道録司主領提點、左演法尊師曹〔二〕，黼黻文章，宰玄綱之樞轄；嘘呵風雨，握祕笈之機衡。日承寵錫之繁，深竭謀維〔三〕之力。

又惟住山提舉李〔四〕，玉韞山輝，珠藏淵潤。探玄科於法海，輔教席於清都。暨總務之群才，及施金之多士。佳聲俊望，嘗光霽於明時；美譽芳馨，共清揚於化日。斯神道之設教，而風霆以流形。焕然繡柱雕甍，淩空耀日；偉矣彩楹綺户，擁霧迴風。高明合景於始青，空洞混真於大赤。奇峰靈岫，儼蛟騰鳳翥之儀；疊轂高幢，聳霞繞雲蒸之勢。宜萬靈之環拱，實千載之宏規。爰舉脩梁，敬陳善頌。

梁之東：五雲瑞氣靄空蒙，日華烜耀金銀闕，山嶽交輝萬壽崇。

梁之南：千峰萬岫翠堆藍，霓旌羽節浮空下，一黍高懸北面參。

〔一〕「提點傳」，道藏本作「傳提點」。

〔二〕「尊師曹」，道藏本作「曹尊師」。

〔三〕「維」，原作「爲」，據道藏本改。

〔四〕「李」下，道藏本有「尊師」。

梁之西：瓊林瑤草白雲齊，靈岩列秀〔一〕青城表，萬劫丹光接太微。

梁之北：象麓圓高天一色，漢壇玉局萬靈尊，福著皇鼇朝萬國。

梁之上：霧輦霞車鸞鵠仗，玉京縹緲太清家，神明區奧非無象。

梁之下：洞訣神經遵妙化，虛皇壇上月華圓〔二〕，靈璈四擁真仙駕。

伏願上梁之後，皇圖益廣，玄教增輝。四宇八荒，均被涵濡之澤；群黎萬姓，咸資清靜之風。道域無窮，仙宗有永。

敕建祖師殿上梁文

伏以炎漢教興，龍虎乃神仙之官府；留侯系出，圭璋〔三〕爲世胄之典儀。夙崇天道之歸，寧拒劫塵之換。人謀注久，帝力維新。

欽惟皇帝陛下，九五開圖，一元正統。宏模巨智，立皇極以建中；盛德豐功，總天官而

〔一〕「秀」，道藏本作「岫」。

〔二〕「圓」，道藏本作「明」。

〔三〕「璋」，原作「章」，據道藏本、四庫本改。

授曆。湯武之鴻基益振，漢唐之茂績斯彰。懷禹貢以來庭，集虞韶而制禮。而儲器正元良之望，兼親王隆國社之安。宜華夷咸樂於雍熙，而道域特沾於殊渥。謀猷日廣，柱石天開。

恭惟祖師正一沖玄神化靜應顯祐真君，道尊玄省，教闡清都。神氣風霆，實冠冕三山之重；簪裾劍佩，著源流奕世之宗。累斂福於邦民，是培芳於嗣胤。矧際天朝之優眷，頓宏神宇之雄瞻。千載洪規，一時壯觀。

再惟將相良才，閫垣英質。及四方之碩德，同一代之休光。斯道其有在焉，至神而無方也。六合天經而地緯，五城日烜以雲從。嘗驅龍吏以運偉材，旋捧鶴書而求碧瓦。奇木既成於月府，南金時至於雲庭。紫府十二天，幻成蓬閬；瑶京三萬户，移自方瀛。宛然貝闕丹臺，廓矣蕊階瓊殿。鳳麟洲渚，春融三島而回；鸞鵠旌幢，樂徹九清而下。駢虹駕霧，耀電摩霄。非山川壯麗，無以表師相之尊；由地位高明，是〔一〕足冠人天之仰。故靈祇拱衛，風雷長挾於仙都；而珠璧鮮張，星漢上通於帝所。瓊書琳札，惟許葛之可方；璧薤金莖，或茅丘之足擬。當披承四十三傳，復建立千五百世。雖神運之有孚，亦地靈之所至。因時而就，不日而成。六偉敬陳，雙梁用舉。

〔一〕「是」，原無，據道藏本補。

梁之東：氣分光嶽道猶龍，春回曆象朝暾麗，盡在春〔一〕風長養中。
梁之南：廬湖高與華衡參，雲旌霧節排空翠，日護長生白玉函。
梁之西：仙臺岧岫與雲齊，碧池瓊樹煙霞表，時有天書降紫泥。
梁之北：道祖飛神超莫測，絳衣魚鬣儼層霄，漢家自古神明〔二〕宅。
梁之上：列帝高居千仞廣，靈璈時謁太清遊，玉府樞機傳世掌。
梁之下：虎衛龍翔羅鳳駕，玉書光照五雲中，億劫空同非晝夜。
伏願上梁之後，聖壽天長，皇圖鼎盛。輔東儲之光大，濟寰宇之謐寧。勳名期將相於蕭曹，家業冀士民於楊郭。福瀰川海，玄風克振於丕基；德著璠璵，教脉益隆於震器。宗壇有永，道化無方。

三門上梁文

伏以龍虎名山，著清虚之福地；鳳麟别島，開廣大之法門。昨經离焰之灾，是復鼎新

〔一〕「春」，道藏本作「和」。
〔二〕「明」，道藏本作「仙」。

之建。道模克顯，神化用昭。

仰惟三境高尊，十方列聖，祖師正一沖玄神化靜應顯祐真君，啓正一之宗風，闡玄元之玅化。得山峙川流之形勝，弘天經地緯之規繩。寶訣瓊文，衍千五百年之仙胄；珠宫貝闕，崇二十四治之神功。門通日月之往來，户象乾坤之闔闢。奂輪斯美，陟降是臨。

再惟住持提點、神樂觀仙官傅〔一〕，北闕歸來，領烟霞之舊席；東山燕息，衣雨露之殊恩。嘉焕號之顯榮，實玄門之儀表。

再惟住山提舉尊師，玉質金聲，上謁龍章之黼黻；明珠完璧，儼居鶴署之經綸。其贊晝於大成，尚謀猷於有永。

又惟道録提點、尊師左演法曹〔二〕，文史清襟，風霆偉度。寵錫金鏞之重，恩覃寶閣之尊。尤匡贊於山林，是相成於棟宇。暨神寶之職司，及良工之才轄。豐功偉迹，宜光輔於玄樞；美擢佳聲，共大膺於清選。惟人有物而有則，盖神無體以無方。赫然綺閣雕楹，排雲擁霧；倏爾璇題壁繪，飛電騰空。琅璬協駕於霓旌，閣道降靈於羽節。琳峰琪樹，藹龍翔豹躍之

〔一〕「住持提點、神樂觀仙官傅」，道藏本作「神樂觀仙官、住持傅提點」。

〔二〕「尊師左演法曹」，道藏本作「左演法曹尊師」。

姿；雲珮霞裾，儼鶴佇鸞趍之步。斯百靈之拱衛，乃萬姓之瞻依。快舉雙虹，特陳六偉〔一〕。

梁之東：日華朝聳海暾紅，靈壇儼有風雷護，紫氣浮闕曙彩中。

梁之南：丹輿絳節下鸞驂，明庭遠錫天香降，帝闕綸音耀寶緘。

梁之西：瓊林爽氣藹岩霏，瑶壇夜燭丹光徹，金井靈泉爀紫微。

梁之北：蕊殿朱楹開瑞色，虚皇真境聳中天，琅函遍度群靈格。

梁之上：雲漢昭回來彩仗，玉京縹緲五雲浮，邦國鴻釐符有象。

梁之下：羽佩朝珂須並駕，玄風四海啓民瞻，五福咸歌均聖化。

伏願上梁之後，皇猷〔二〕天廣，玄德春輝。百福千祥，均戴陶鎔之澤；五風十雨，悉皈覆育之中。道化丕彰，真風益振。

正堂上梁文

伏以周穆建草樓，仙品位尊於上爵；漢高賜大第，邑封顯著於列侯。由大教之始彰，

〔一〕「偉」，原作「律」，據道藏本改。

〔二〕「猷」，道藏本作「圖」。

得兹山之最勝。代思偉觀繼作，維新耆山高士。早振玄綱，荐蒙天眷。演濟世神明之化，襲傳家靜謐之宗。紫禁楓宸，累際天顔之優渥；瓊函蕊笈，嘗披祕典之精微。宿志有符，高風是[一]挹。脱穎謂出群之驥，處錐猶履薄於冰。

念報國之在躬，職勤頌禱；顧匡家之是任，意必恢弘。涵泳滄溟，究性命本源之學；菑畬淵海，探古今子史之言。千燈無處非禪，一塵忘言是道。鍊已得丹中符火，康時由掌上風霆。悦古多金石之文詞，資學每縉紳之言論。丹青特胸中丘壑，毫墨乃筆下虬龍。居客盈門，家藏充棟。因悚王侯之愛敬，莫辭朝野之聲華。詞林錯比於鄭虔，册府敢追於張烈。富貴蓋源流相續，謀謨在胸宇所鍾。得失與時而盈虛，剛柔視易之終始。此非曠視於高明，是乃怡情於閑雅。言葺其宇，寧無穹簷廣厦之足居；有悦乎心，别愛翠水丹崖之可鞠。信可樂也，其有待焉？況爲留國之故基，永賴川靈之默相。幸成侖[二]奂，喜就謀謨。

仰惟聖主洪恩，王庭大德，内緘之寵錫歲承。再惟玄門上宰，烈祖休光，殊澤之滋腴

[一]「是」，四庫本作「足」。
[二]「侖」，四庫本作「輪」。

日至。惟塵湖峰若帝座尊，其華山麓如雲屏秀。孰匪千生之慶，允祈百世之昌。清恬有契於輞川，錦繡何慚于金谷？遊岩歸隱，寧期高帝之招；于頔山居，不吝戴符之價。汀梅雪霽，覽重洲遠渚之衡湘；簷桂秋高，對絶巘層巒之嵩華。月露清華，雲烟吞吐，總是詩情文思；波瀾起伏，水木蒼森，都存道味天機。送飛鴻，招黄鵠，寫懷聊適於冰絲；鏘羽佩，度瑶笙，洗耳間聞於靈籟。曷擬追周柱下史，敢自謂羲皇上人？孰不云賢配之助多，其勿訝後昆之託晚。山川用回佳運，歲月允協良辰。且美且完，爰居爰處。必效南華經，肆奇言而道大；須如鶡冠子，栖深谷以書成。嘉猷遠播於流芳，先範有光於前席。且桓榮藉稽古之力，故陸贄有克家之稱。爲我嗣焉，必吾志也。今則立柱迎霄，舉梁耀日。衆陳六偉之章，敢布一言自述。助爲巴唱，以發郢歡。

梁之東：象山積翠日華中，此心瑩徹如淵鑑，千古無傳玅理同。

梁之南：塵湖高聳碧堆藍，翠峰萬疊爭朝拱，奕世簪纓與並參。

梁之西：圖書萬卷照青藜，方瀛只許仙家住，一曲川流即剡溪。

梁之北：上界星河繞樞極，爐熏朝夕耿丹心，百代清芬戴君德。

梁之上：幻出仙都非罔象，雲宫天闕望非遥，吾道虚空與同量。

梁之下：絃誦雍熙美朝夜，紫芝瑶草遍崆峒，琴書自足娱清暇。

伏願上梁之後，皇圖鼎盛，萱壽春榮。慶衍宗祧，福祉所綏之有永；壽綿家室，禎祥懋集之天來。瑶華茂蘭玉之芳，神構冠宇寰之仰。束書雲塢，其樂只於玄珠；授訓雪庭，尚資崇於文憲。道隆川嶽，德著璠璵。

後堂樓上梁文

伏以地位清高，留國著仙家之第宅；天基廣厚，漢壇開道統之謀謨。偶崇樓閣之瞻，適壯山川之觀。皇恩罔極，祖澤彌深。耆山逸士師友，淵源琴書興味。風霆炁脉，抱一極於黄中；海嶽矜情，擅一丘於方内。許葛之玄蹤莫繼，班楊之儒雅益勤。懷帝握於寬閒，仰先猷於静謐。

爰輯奂輪之美構，式符燕處之良辰。馬周市宅，來棟宇於瀛洲；徐鉉盡貲，易林丘於玄圃。訓子尚容於晚節，館甥允協於明時。言優片玉，何招議於郗超；義重千金，曷足慚於裴楷？松柏色輝於璧府，楩楠焕彩於丹丘。宛然芝館薇垣，宜此雀屏雁幣。花臨綺席，陽回鶴圃之春；菊綻瑶堦，雨霽鵝池之月。飛雲擁霧，麗日干霄。非溪山勝槩，無以盡登覽之雄；由圖籍駢繁，是足極探研之用。故衣翩鶴氅，招楊許於三神；而曲度鸞笙，候佺期於八表。無偏無黨，庶王道之可遵；有德有言，其斯文之是重。高興豈倫於庾亮，宏襟尚美於陳蕃。多懿範之匡維，亦忠誠之贊畫。遂吾託矣，不日成之。快舉雙虹，用陳六偉。

梁之東：日華烜彩五雲中，春回川岳和風動，佳氣從今長鬱葱。

梁之南：溪山列秀翠於藍，地靈拱衛雄今古，鳳翥蛟騰降旆驂。

梁之西：蓬島瑶華接太微，天禄圖書開璧府，神光五夜照青藜。

梁之北：山聳蘅薇戴留國，琪花瓊樹四時春，氣勢何須並秋色。

梁之上：烈祖休光垂上相，雲霞星漢接空冥，孫枝世世居蓬閬。

梁之下：奎璧文章光照夜，繼承端在振家聲，清白應殊珠玉價。

伏願上梁之後，睿算天齊，萱齡日永。家室遂燕安之樂，宗枝蕃嘉慶之祥。真風益振於熙朝，盛業遠垂於名代。箕裘奕世，福祉千春。

普説

三元傳度普説

太虚沖漠，玄範幽微，至極難言，玅亦難思。夫無聲無臭，無形無名，溟涬大梵，寥廓毋光。當爾之時，文字未立，不可思議，莫可度量。自赤明開圖，生天生地，萬有畢具，百千萬重道炁結爲雲篆，發爲靈文，然後萬範開張，五篇敷落，保制劫運，與天長存，真聖相傳，爲道則一。

蓋自元始説經於黍珠空懸之景，衆真監度，以授玉晨道君，大範始張。開皇之後，復授靈寶大乘之道、紫微飛天十部之書，實元始洞玄靈寶赤書玉篇混洞太无靈文。元始鍊之於洞陽之館，冶〔一〕之於流火之庭，乃元始靈寶之玄根，空洞自然之真文，生天立極，開化神明，施鎮五嶽，安國康民，是以太上演説玉局，靈文誕布，而我漢祖天師，降生應化。

昔於上皇元年正月十五日，無極大道太上老君修注上化八治；無極元年七月十五日，修注中化八治；無極二年十月十五日，修注下化八治。漢安二年正月十五夜，感〔二〕金闕後聖玄元道君降西〔三〕蜀鶴鳴山，授正一盟威都功修真延生飛化祕籙、肘後經訣。是年七月十五日，修立二十四治，以付嗣師。又於十月十五日，建四治，以應二十八宿。故

〔一〕「冶」，原作「治」，據道藏本改。
〔二〕「感」，原作「朝」，據道藏本改。
〔三〕「西」，原作「而」，據道藏本、乾隆本、四庫本改。

治有二十四氣，氣有二十四職，男官女官二十四官，男職女職二十四職。受任之後，依按科格，領户化民。其有好道樂法心專志一者，度厄延年，攝邪歸正，除害去妖，濟生度死，大可以飛神躡景，度品登真，使三五之教永劫無窮，正一之風流傳不息。是以授受之者，對治度神，臨壇分券，以表盟誓之重也。

蓋聞道君曰：「吾昔降蜀都，其二十四治皆二十八宿之獄，謂之陰景黑簿之司，乃開紫陽南宫玉宸正一内殿，授正一盟威都功祕籙，遂得籙中交乾履斗之道、三步九跡之要。」嘗告祖師真君曰：「正一之道，生於混沌一炁，玄黄未形，純素尚結。至太樸將散，澆風日侵，吾憂道民爲邪所亂，一氣混襍，鬼魔相纏，灾害横生，不得道真，天年不竟而爲中傷。吾所降盟威諸籙，盟誓外邪，内正一炁，故號『正一』。叩者觀之，不失一源之道，故吾此法爲衆法之門，上清靈寶、十變九化、大丹〔一〕隱書、三九素語也。」祖師真君亦嘗授王真人曰：「混元之炁本一，一生二，二生三，謂之三元；三生四，四生五，是謂五行。此三元五氣者，經綸天地，變化萬物。是故正一之法本一炁而生，動化於五，故號『三五法』也。奉其法者，帝君三元靜位，五行守理，日月貞明，陰陽順序，雷霆无非震，風雲

〔一〕「丹」，道藏本作「赤」。

无妄興〔一〕，萬物滋澤；天下無征伐之勞，人民無疾疫之苦，則奉正一之法大感也。」

真君始居嵩陽，遂歷江東名山，沿流巨壑，乃入蜀，戰鬼降魔，分幽獄爲二十四福庭，降鬼帥爲二十四陰官，遂遇玄元道君，復授以正一盟威之道、三八飛仙延生之術，拜真君爲泰玄都正一真人，攝玄元後聖之位爲玄中大法師，封泰玄都正一平炁宫主者。由是六天魔鬼平治俱息，修煉功成，三天命下，遂白日上昇，位賓九清矣。故二十四品祕籙之傳，皆攝邪皈正，大興靈化，以福萬民。降二十八宿之炁，脩二十四炁之治，佩法籙之符章，役治炁之將吏，功滿德備，三官保舉，刻書玉名，尸解變遷，位登真人，七祖父母超升福堂。由是三洞四輔經籙之傳，宏衍祕玅，普度无窮。上所以保鎮國祚，與天長存；下則福利存亡，普天稱慶。其於紫陽内宫玉晨正一祕典，開闡玄微，良有以也。迄今四十三傳，仰蒙聖眷，流演宗壇。

兹遇上元令節，天官校録之辰，都壇首弟子某，齎金效信，祈降玄恩。十方參佩之士雲集宗壇，是以法海高朋，講筵〔二〕清衆，洗滌身心，欲聞至道。嘗聞經曰：「虚无自然，道

〔一〕「興」，道藏本作「動」。

〔二〕「筵」，原作「延」，據道藏本改。

所從出，真一不二，體性湛然，圓明自足。不墮諸見，遠離塵垢，學無所學，修無所脩，於中了然。不去不住，無死無生，是真解悟。」豈不深切著明也哉？内而脩之，乃金液返還三五之道；外而施之，即靈寶十回真一之玅，演之爲紫樞飛梵之文、赤書靈圖之録，普度天人，其功無量。是以太上諸品經籙之傳，出自是者，其感通應化之道於兹備矣。

盖知造化之津，可以化吾之民。若天降地升，環之以日月，發之以雷霆，推〔一〕測機械之運行，不言可以利群生。是知具夫人者，非智〔二〕愚之可加損，在乎反求諸己。則本有之善，念念皈真，純一不二，而後抱玄守一，復樸全真，則盡性致命之道具矣。是以萬殊一本，與天地並行而不違也，故虚無恬惔，寂寞无爲，乃吾道之本，而修之家國，施之天人，无適不可。其感應無〔三〕間，皆自真文靈笈，有以回祥弭患，誠有自也。夫若是，則不徒福利存亡而已，沐我太上涵濡之惠，信無窮也。兹夕陞此法座，上帝高真爲作證盟，六凡四聖咸所聽聞，略爲敷揚，願臻玄悟。一切善信人民，凡在有情，均躋仁壽，無邊幽滯，道岸同

〔一〕「推」，原作「准」，據乾隆本、四庫本改。
〔二〕「智」，原作「至」，據道藏本、四庫本改。
〔三〕「應無」，道藏本作「於兩」。

登，久立珍重。

靈寶鍊度普説

伏聞洞真妙戒，靈寶玉符，上保國祚於萬年，下超苦爽於浩劫，威禁至重，神力難思。今對道前，依科傳度，尚慮亡靈，宿違真道，甘受輪迴。先當普宣法乳，開明真性，俾令解悟，出〔一〕離冥途。

原夫无極之始，大梵沖漠，溟涬無朕〔二〕，由是而大樸始散，陰陽始分，生天立極，發育萬物，三才並立，人居其中，陽變陰合，而五行混凝，二炁周布。萬物與天地並生，均禀一炁而有形，形生而性具，乃天命之流行。若三光並明，五岳分峙，雷霆之威，霜〔三〕露之教，無洪纖巨細，皆有生知之全，無一物不具此太極也。神道設教，度世化人者，惟此而已，故曰：「天地之道，其爲物不二。」在孔孟曰仁義，在釋迦曰圓覺，在莊列曰虚无，在荀揚曰

〔一〕「出」，道藏本作「早」。
〔二〕「大梵沖漠，溟涬無朕」，道藏本作「太初之先，無兆無朕」。
〔三〕「霜」，道藏本作「雨」。

權衡，在班馬曰文辭，流而爲千工百藝，不離寸心，特殊途同歸，萬殊一本也。奈何天地與萬有俱屬形炁，囿于生滅聚散榮枯成壞者皆然？

人之有生，知覺一動，晝夜頃刻，交擾紛紜，無一息之寧。耳聽目染，口味心思，莫非欲蔽情纏，境奪物誘。盖性流爲情，情熾爲念，念積爲慮，慮久爲識。故七情六慾，五蘊三毒，凡貪嗔憎愛，欣怨横逆，纏縛互至，愈深愈固，遂溺於根塵，縛於執想，甚至恩愛情慾，或生有所負，致結冤仇，遂爲眷屬。一切眷屬妄認冤親，冤親相纏，互相報復，乃緣隨境起，境逐心生，凡一切逆順好惡境緣動成障礙。

物之有形，自一念之萌，逐妄迷想，百千萬劫，流轉不已。東升西没，頭出頭入，雖木石無情，亦嘗感化，皆由一念之差，遂種千生之苦，使己之靈昏沉漂蕩，散亂顛倒，無有出期。初則受想行識，卒入成住敗空，是有天堂地獄之報，皆由心造而然，罔知地、水、火、風四大假合。一切聲色，盡是空花；一切有相，皆是幻妄。自從曠大劫來，一段無相圓明，永劫自昧，九幽長夜，苦惱無邊。由是太上有好生之德，開方便門，起大慈悲，接引一切，使之捨妄皈真，均證無上道果，獲福無量，永出沉迷。

謹按元始天尊在始青天中懸一寶珠，登引千真，説經演妙，以授玉宸靈寶道君，而靈寶三品之道遂出。次傳五老上帝、妙行真人，又命玉清真王開朱陵火府，出破地獄符命；

青華大帝開青華左府，出九龍符命；韓君丈人開朱陵右府，出拔幽魂符命；三佐真人開黄籙院，出黄籙真符。由是上古三師以黍珠經法演成煉度玄文，超度死魂，澤及群品。靈寶天尊傳之太清道德天尊，次傳之大羅无極神公、鬱羅翹、真定光三真人，流演以及徐、葛、鄭三真人，大振其教。而飛天十部玉字隱書，由是發其微奧，源源相授。至漢，我祖天師授太上正一之傳，其文猶闡。

矧龍漢之初，混洞赤文，梵炁彌羅，天真皇人按筆所書，皆洞章靈符。上以保制劫運，度厄消灾；下則死魂受煉，生身受度。普告三界、無極神鄉、北都泉曲，疾除罪簿，落滅惡根，然後魔王保舉，地祇送迎，拔出地户，登真度命。惟此无量玅旨，昨自世降俗薄，靈文奥典，祕於天府。信乎玄科四萬劫一傳，自非宿植靈根，常培善果，少能契遇，實以玄襟至重，豈洩慢之能造其微玅哉？

然靈寶之妙出於度人，度人之功備於靈寶。嘗聞仙師曰：「靈寶即金丹，金丹即靈寶。」若木金間隔，水火潛飛，安得性命混融，還元返本？必立乾坤之鼎器，煉坎離之藥物，擒兩曜之烏兔，會二炁之龍虎，採先天真一之炁爲根基，取陰陽運行之機爲法象，動則起於陽九，靜則循於陰六，按六十四卦爲周天之火候，體三百八十四爻爲升降之符節，顛倒之玅，逆順之機，母隱子胎，砂中取汞，雖億千萬言不能載，故毫髮差殊不能成，妙在三五歸一之道。啓偃月，運天根，循黄道，行周天，取西四之金於北一之水，而制東三之木於南二之火，復歸五土之中，追二炁於黄道，會三性於元宫，然後陰剥陽純，脱胎神化，玄珠成象，太乙皈真矣。昔无上元君得九五之道，而五雷君得三一之道，與此無殊。

蓋河洛二圖所同，實天地生成之本也。其謂之靈寶也，神凝爲靈，炁聚爲寶，亦必採混元杳冥之炁，煉日魂月魄之精，歷南箕，涉東井，動至陽之真火，降太陰之黄華，使坎戊月精，離己日光，會融五氣，周天一匝，無質生質，逕上朱陵。是乃普受開度，死魂生身，魂度朱陵，受煉更生，即虚一以象太極，復皈於无也。故至人修之以煉己，推之以度人，實乃天地之真陽點化陰魄，時刻升遷矣。是知靈寶亦金丹之異名也。

汝等沉魂苦趣，歷劫有年。今以會首某，修建無上大齋，千生慶會，得沐道慈，頓令開度。如上妙義，一歷耳根，永爲聖種。惟汝自性法身，本無垢濁、無〔一〕生死，自緣染著幻妄，无有解悟。經曰：「三界衆生，本無輪轉。真一道炁，本無生滅。苦海无邊，回頭是岸。」故曰：「了即業障本來空，未了應須還宿債。」如智者或有聞見，惡知惡覺，亦須掃除；愚者全毋趍向，昧性冥行，猶須猛省。居富貴者，念念纏縛；處貧賤者，念念攀緣。

〔一〕「無」上，道藏本有「本」。

造此業因，豈逃輪轉？是故前代師德，休去歇去，如寒灰死火、枯木頑石，只爲息此一念，方能照了諸妄，不着一塵。況來無其始，去无其終，生本无生，死本无死。一靈竗有，亘古長存。

蓋由結愛爲根，積想成業，故有種種受生，種種償〔一〕報，千生輪轉，萬劫苦惱，轉轉不息，罔自覺知。座下四衆，受度亡魂，我以非舌言，汝以非心聽，向非言非聽處猛烈悟來，畢竟不落萬緣、超出萬幻，則三業六根一時淨盡。回頭頓省向來一切苦樂纏縛，了不可得，於此直下體認。昔本無生，今未嘗死，求向繫縛，尚不可得，況一切有无亂想，尚何有哉？不可認生前具此，死後已無。不問出劫至劫，舍身入身，汝應無壞，但汝自昧，若了明自性，觀汝妙淨〔二〕明心，昭昭靈靈底，不落語默動靜，不着有無際畔，如垢盡鑑明、波澄月現。不空之空真空，無念之念正念，頭頭動徹，念念圓通，真所謂「千江有水千江月，萬里無雲萬里天」。若不打破藩籬，終存窩臼，直須覿面承當，更莫當場蹉過。百千法門，無量妙義，盡向一機會悟，從此一念不生，萬緣俱寂，塵沙罪業，亦遂滅除。惟此本來面目，便

〔一〕「償」，原作「儻」，據道藏本改。
〔二〕「淨」，原作「汝」，據道藏本改。

是真仙佛〔一〕祖，尚何地獄惡道苦輪不息之繫哉？究竟至此，畢竟萬幻俱空，一真獨露，太空無相，乃汝實相。

大衆聞此法音，頓然解悟，識自本真，絶輪回道，慎無退轉，常自護持，則廓然圓明，了無罣礙，視彼色相，竟復何有？是乃超淩三界，逍遥上清矣。其或下界沉滯之魂，於此尚未洞契真常，故宜傳以戒法，免致淪墜。敬以九真玅戒，逐一宣傳，是用先皈依三寶，庶有依憑，咨示衆魂，各宜遵奉。

授法普説

原夫太極之初，溟涬始判，陰陽由是而分。天地位而萬物育，五行兆而萬化生，以是而生生化化無窮焉。五行一陰陽也，陰陽一太極也。以天命之流行，而賦與萬物爲之性，性萌而理具于中，理著而情見乎外，皆由乎陰陽之生殺，五行之升降，所以水火相激，雷霆相搏，剛柔相摩，八卦相盪。鼓之以雷霆，潤之以風雨，而行乎陰陽二炁者，神主之宰乎？萬物之消長者，帝主之然，而動静無端，陰陽无始，在人心則曰主宰謂之帝，妙用謂之鬼

〔一〕「佛」，道藏本作「道」。

神。天地之大，陰陽隸〔一〕焉，孰毋以主宰之乎？是謂帝者，此也。

吾道玄元之宗，由元始天王於開皇之後，以靈寶大乘之道、紫微飛天十部之書授玉宸大道君暨神霄九宸上帝，後降娥眉〔二〕山授天真皇人，是出鍊度之法。龍漢之初，九陽自然之炁，元始命天真皇人按筆成文，祕之於洞陽之館，及開朱陵火府，遂以起死回生之文付之，是以黍珠經法演成煉度之文。又於龍漢劫中，授道君以清微玅玄之道，授老君以玄初應運内法，以是靈寶天尊授妙化天帝清微通玄至式，太上授之吾祖漢天師，口口相傳，是爲清微正宗，及元上侍宸一輝祖元君然後合之，是曰清微、靈寶、道德、正一是也。太極徐真人修真成道，奉太上命，授靈寶十部妙經，徐真人授之三佐真人，凡濟度之事悉隸焉。三佐真人授之太極左宮仙公，由是靈寶之派流芳演派。倡其説者，若杜、陸、甯、張最爲大盛，而流之後世者，莫詳於林、白二宗師焉，是曰洞真，出書度人，强名元始。洞玄嗣教，易曰靈寶。洞神演教，名曰道德。三者雖殊，其實一致。

昔元始天尊命玉清真王開朱陵火府，命青華大帝開青華左府、韓君丈人開朱陵右府、

〔一〕「隸」，道藏本作「繫」。
〔二〕「娥眉」，道藏本、四庫本作「峨嵋」。

三佐真人開黄籙院，出玉清破地獄等符，若三簡五符之文，凡行持鍊度，告下幽關，莫不開悟，是曰神霄，自清微而下皆其文也。故高上神霄玉清真王長生大帝專制九霄三十六天、三十六天尊，惟大帝統領元象，主握陰陽，以故雷霆之政咸隸焉。昔无上玄君得九五之道，是以經曰：「得九五之道者，而帝雷霆也。」五雷君乃得三一雷霆之道，三乃東之祖數，一乃北之生數。仙師曰：「太一元君泄至真，顯宣三五度凡人。」在靈寶言之，天地之大，日魂月魄，升降陰陽而不息，其所以死魂受鍊、生身受度之道，以我陽神鍊彼陰魂，然後交姤陰陽而歸太極，混合性情而返真元，故曰「凝神爲靈，聚炁爲寶」。

神即性也，氣即命也。蓋空洞降靈，太虛生神，空氣金胎，真中之真，故藏神炁於三田五藏之中，取在天〔一〕三光五行之炁，直不過攝情還性，攝性歸根，水火既濟，性命之道備矣。是以道取自身之日月，法取水火之法象，以己陽明之性，覺彼陰靈之魄，假九霄九陽之炁煉質蕩形，乘上帝之慈光，開九泉之幽暗，然後罪滅神全而化生矣。夫東三之木，合南二之火，是龍反生於火也。西四之金，合北一之水，虎反生於水也。戊己乃中意之土，三五合一之紗，正所謂「坎離既濟悉歸中，到此方知三五功」。其於符篆簡咒、科

〔一〕「天」，道藏本作「夫」。

法〔一〕儀文，則法門之品格，所以爲入道之梯航、求真之逕路而已。苟不求諸己，其能以度己之功度人也哉？稽之至理，未始不一。

夫五雷君得三一之道，乃二斗之妙用，即河圖之數，故三一無殊於九五。盖樞陰機陽，雷善霆惡，陽雷陰霆，總攝雷霆七十二司，故魁罡爲檄雷召霆之司。以雷霆者得天地之中氣，甲庚爲雷霆之號令，即九五之用，壬爲雷霆之局，丙爲雷霆之會，子爲雷霆之宗。故子爲雷局，卯爲雷門，戊癸爲雷火之司，所以雷霆之威，榮枯萬物，生滅四時，皆由合乎九五之妙也。由火師汪真君、侍宸王真君得雷姥之傳而盡泄矣。

人稟一靈，並天地而爲三才，一身之造化陰陽，與天地並行而不違也。我之一點靈明，輝天朗地，亘古亘今，了毋人識，儒曰虚靈不昧，釋曰竗淨明心，直下悟取，非心非法，非道非禪，覿面相逢，煞機在我。經曰：「天發煞機，龍蛇起陸；人發煞機，天地反覆；天人合發，萬變定基。」其所謂天人合發者，豈非樞陰機陽也哉？人之合乎天者，沖炁以爲和；鬼神者，二炁之良能，以我縱閉之機役之，則此感彼應。始乎大梵沖漠混洞赤文之先，然後五篇敷落，萬範開張，則五文開廓，普植神靈，故無文不度、无文不生也。大可以

〔一〕「法」，道藏本作「範」。

保鎮國祚，證道成真；小可以保己寧家，濟人利物，皆一炁之往來，五行之生剋。以我曠劫之元神，役虛无之神，神靈炁合，氣至將靈，故不離當處常湛然，覓則知君不可見。其爲法門之設曰神霄者，若掌心之包裹陰陽，斬勘之發號施令，使者之斗激天河，雷門之交運水火，洞玄之開合陰陽，社令之策役神祇，箭煞之沖激星耀，下而酆岳之文，一炁一訣，皆出身中玅用，非徒帋上之文，故曰「萬法一法也，萬神一神也」。

蓋道乃法之體，法乃道之用，故法行先天大道，將用自己元神，充之則彌滿六虛，斂之則不盈一握，豈不一神動而萬神隨哉？仙師曰：「法法皆心法，心通法亦〔一〕通。」能通乎心，則知夫「收爲胎息用爲竅，此是法中真要妙」。故參學者必須先究夫玄關玅用、水火真源、歸根復命之玅，則可會萬于一，百慮而一致矣。苟不内明性天道法，心地雷霆，其能靜則金丹、動則霹靂乎？然必戒行爲之志節，精勤爲之蹊閫。師曰：「真中有神，誠外无法。」是以存誠養炁之爲體，洞玅握機之爲用，果能抱元守一，御炁凝神，六識淨消，一真獨露，我即雷霆大法王，尚何符咒罡訣云乎哉？雖上賓三境，超出萬幻，亦不難矣。其爲濟利之功，泥丸蓑草，皆可寓炁栖神，是故譚笑風霆，特吾餘事耳。然而授受之奥、符文之

〔一〕「亦」，原作「一」，據道藏本改。

祕，皆雲篆天書、金科玉册，必自盟天而傳，庶無始勤終怠之患。是以天真玅寶，按劫以傳，實天真元降科條，盟誓至重。

今壇下弟子，千生慶幸，獲陟仙階。今者上聞高厚，依科付度，是用宣演靈詮，使知源舍流，求本棄末，則反求諸己，有餘師矣。必毋致輕泄漏慢，有違禁條，惟宜精脩戒行，探究玄微，久而進工不逮，物我俱忘，神明合一，得不躡景登真，與太虛同體矣？畢竟天地未分之前，從何下筆？萬法皈一，一歸何處？爾各勉旃，佩受毋忽。

疏

演法觀修造疏

本觀始於漢季，創自唐初，暨元盛改創以來，歲久凋弊，已嘗修葺，功力浩繁，敬叩賢門，幸思補報，以成勝事。

伏以祖天師以魁星降世，嘗孕瑞於蘅薇；雲錦山乃梁楚鍾靈，固儲祥於龍虎。廟宇始崇於漢代〔一〕，殿庭曩建於唐朝。歷今千二百年，真風益振；由昔二十四治，道脉彌尊。

〔一〕「代」，原作「之」，據道藏本改。

奈〔一〕風雨之震零，致廊廡之頽圮。雖教統所當修葺，亦真徒之合結緣。筆下生春，會見王長桃再熟；目前願力，指看趙朗鼎重輝。幻成貝闕珠宫，不異丹臺紫府。名著長生籙，等霑福慶之綿綿；功顯〔二〕大有書，咸覩祥禎之秩秩。玄風有永，國祚無疆。

靖通庵題緣疏

靖通庵者，三十代天師虚靖〔三〕真君修煉處也。真君生宋熙洽之時，嘗結圜山頂，功行既著。迨崇寧間，徽廟崇道猶篤，同王侍宸文卿、林侍宸靈素，遭際特甚，禱祠禜禬，皆有異徵。未幾，宋社既遷，而真君皆先後坐脱，凡其超辭茂蹟，具載紀述。而菴之建於宋元者，歷經兵燹劫灰，更創非一，矧以歲久日遠，不無傾圮。雖本山之修葺宜先，而力之弗逮，必假衆緣，是持短疏，遍干好施長者，揮金以成勝事，庶幾真君靈貺，同垂不泯云。

伏以道尊漢室，正三十代之仙傳；教闡宋朝，悟五千言之祕奥。屬徽廟尊隆之日，協

〔一〕「奈」，原作「禁」，據道藏本改。
〔二〕「顯」，道藏本作「題」。
〔三〕「靖」，原作「静」，據道藏本改。

侍宸顯著之功。立勇將于殿庭，揭妖蛟於潮汐。蒼龍白虎，猶翠竹而碧梧；赤馬紅羊，仍青編而紫閣。既飾皈崇之地〔一〕，敢忘葺弊之勤？爰欲圖新，必干衆助。鶴歸遼海，還瞻瓊館翬飛；舃化泗州，喜見瑶臺傑出。共資宸貺，均被靈休。

本山上清市修路疏

伏以上清勝槩，肇跡冠于東吴；龍虎名區，儲祥始自西漢。屬聖治昭明之日，當玄風盛大之時。襍冠盖于通衢，壯閭閻於廣市。綿延巨路，正浮渚以臨溪；浩蕩洪濤，乃傾圮而礫岸。匪葺飄陵〔二〕之暴，幻成久遠之規。爰舉正工，必于衆助。鄭涯治道，復看砥柱一新；管仲失途，共喜街逵四闢。尚資善力，同積福田。

上清市五通廟題緣疏

伏以五顯靈官，嘗著靈於徽婺；三山勝境，獨占勝於仙都。昔由元運之興，遂纏唐祠之

〔一〕「地」，原作「道地」，據道藏本改。
〔二〕「陵」，四庫本作「零」。

建。晨鐘暮鼓，壯福地於東隅；春祀秋祈，鎮名山於西序。道尊龍虎，景著鳳麟。昨因風雨之震零，兼以劫灰之變幻。致兹摧弊，必仗一新。自非遍叩於賢豪，豈獲成工於土木？施泉貨，擲金聲，慶衍源源之祉；種善因，揮兔穎，福增步步之高。安樂公何須托跡於王瑜，道鎔師從此顯靈於史卞。即覩棟梁之焕爛，竚看金碧之輝煌。國有禎祥，民臻康泰。

臨川寶應寺題緣修造疏

伏以臨川絶境，名推擬峴之溪山；寶應禪林，法演筆峰之勝槩。蜀僧伽如尚在，晉浮圖已何存？徒聞真卿有説戒碑，謾記靈運遺繙經石。劫緣所遇，修葺乘時。筆下目前，便是見世、來世中布種；人間天上，要於即心、非心處悟求。无量福因，河沙功德。

南唐虎溪東林寺題緣疏

本寺始自虎溪一脉，相傳故名東林，古稱大刹。昨毀於兵燹，已復從新，創建道場，塑立佛像。緣功力未圓，莊嚴靡備，必資喜捨，果願同圓。

伏以龍樹佛現自在身，如滿月輪，无相實相；虎溪寺得袈裟地，若大千界，不空亦空。本南竺之心宗，實東林之勝跡。曩因業海揚塵，也作劫中飛燼。幸資一念，已結衆緣。但百丈金身，尚資陪於妙色；更千年寶藏，未照耀於河沙。成廣殿，唱梵音，悟在一彈指次；升高堂，演大乘，證於三繞座間。大檀樾〔一〕生信向瀍寶心，諸菩提報布施功德念。求之往古之善因，種此現前之良果。即看寸筆春生，便使長河注酪。福皈至願，恩奮鴻禧。謹疏。

神霄雷閣長明燈疏

伏以无上玉清王持九天炁、六院宰，神霄雷祖帝爲群生父、萬靈師。位爲貞明大聖，相贊雷師皓翁。蘂閣宏開，即鬱蕭彌羅之館；蘭膏普照，乃紫極曲密之房。燈燈相續於無窮，月月可隨而有禱。一點之光不昧，千生之業俱空。主一府，總四司，實由嘯風鞭雷霆；司五雷，臨三界，斯其統攝聖嶽將。盡種現前善果，便揮筆下春風。災禍不萌，吉福來萃。興居協慶，晝夜長明。謹疏。

南城縣南山圓明寺佛殿像堂疏

伏以南山勝地，禪林昔創於唐朝；東土法門，佛脉俱流於漢代。惟此圓明之巨擘，獨

〔一〕「樾」，四庫本作「越」。

遺盱水之靈蹤。殿宇震陵，幻相亦空於定劫；川源壯觀，真如必顯於明時。大檀那共成歡喜緣，小衲子同種慈悲果。指廪捐金於筆彩，結緣建業於福田。即看丈六金身，輝天朗地；便見百千寶閣，麗日干霄。修方便因，獲无量祉。

資國寺題緣修造疏

伏以徽君山雄秀冠於吴楚，資國寺高深始自宋唐。固文安之遺簡尚存，儼馬祖之靈蹤猶著。奈殿堂之傾圮，念風雨之震零。古木寒藤，雖躋攀之可歷；頹簷壞砌，寔栖息之難容。既承信向之勤，敢後葺修之舉。必干衆力，願遂良緣。大檀那點額，春生兔穎；小衲子安單，穩坐烏巢。佇看翠竹黄花，即幻珠宫寶地。廣修善果，均證福田。謹疏。

歌　行

橐籥子歌

太虛无垠浩磅礴，孰使陰陽兆開鑿？皇皇真宰執化樞，鼓蕩吹嘘橐中籥。由來萬有同一源，玉檢瓊編祕經略。玄元聖祖啓玅機，百萬微言示沖漠。廓然茫昧天地先，無名無象皆自然。百鍊精金返真液，龍虎烏兔相縈纏。古來至士亦罕遇，至人珍祕億劫傳。祝融之孫得異説，垢足麻衣叩雷穴。自言縱閉司雨暘，霹靂鞭驅隨奮烈。少曾飛步金馬門，聖嗣〔一〕動卿盡傾結。翻然不受簪佩羈，直駕風霆走吴越。是時金璧羅英豪，豈意風塵頓愁絶。韶華滿眼總灰燼，傲睨芳尊肆談閲。歸來且識真主顔，仙岩鬼谷思盤桓。掃花釣〔二〕水弄清嘯，塵世俗慮毋毫干。洞觀向來去就不足數，登我石磴之上洗耳聽潺湲。昨言忽憶桑梓里，天冠之壇久蕪弛。雕甍畫棟勞經營，越歳前圖復雄峙。削空兩壁峨帝宫，石室雲床蓄雷雨。我亦尋山築茅屋，琵琶諸峰美如玉。嘗聞大藥宜早營，煉就丹光遍空燭。洞庭彭蠡波滄溟，黄鶴一去安飛行。汞鉛顛倒豈細事，爲我剖決乾坤精。誰云洞天别有書，洞中之天惟虚无。既非皇人所筆廣丈餘，又非元始所説空懸珠。煩君鼓橐訊然否，請括溟涬大塊歸元初。

題郭熙秋煙平遠圖歌〔三〕

畫中五代俱匠師，荆關董李稱絶奇。河陽昔居祕閣内，神宗眷遇重一時。手圖屏障

〔一〕「聖嗣」，道藏本作「巨老」。
〔二〕「釣」，道藏本、續修龍虎山志卷下、重修龍虎山志卷十三作「酌」。
〔三〕江西詩徵卷九一題作題郭熙秋煙平遠圖。

遍宫府，古來籖軸不足數。金壺玉椀留墨香，湘雲華岳生毫楮。是時館中千百卷，越世相傳不多見。劫灰一息江海空，彩素因之昧高遠。丹丘自是蘇米徒，此筆妙絶當時无。風煙黯淡秋樹晚，短橋斜屋行人孤。遠黛晴嵐隔墟里，山村路暗寒鐘起。僧舍人歸别水津，鳧鷖聲散漁歌裏。河陽時在圭璧間，意態落筆渾溪山。使人對畫欲絶世，閑情倦思懷躋攀。我思昔人今有年，放曠日已俱抛捐。北苑薊丘獲模寫，猶好鍾陵僧巨然。世傳粉繪競妍醜，澹冶神〔一〕情藴瓊玖。歲寒枯淡見蒼森，指顧風標淩不朽。滄洲玄圃事莫期，蔬飡茅棟臨東菑。霜林石磵足栖逸，賈公寧有冰鑑知。晴囪展圖爲之惜，落寞浮名在編籍。賞心獨憶雲林翁，皓首從誰翫空碧？

題何滄洲象山高節墨竹歌

唐家畫法竹最多，幹葉每貴施青螺。崔徐唐趙襍花鳥，五代變更初李頗。閻梁諸作皆妙絶，獨許蘇文成一窠。元盛先稱趙李輩，房山京兆俱名代。當時聲耀動林府，脱穎壺仙猶狡獪。壺仙昔自燕吴歸，氣吞雲夢光陸離。三湘七澤隘胸宇，尺璧寸珠安茍施？滄

〔一〕「神」，四庫本作「人」。

洲老人探骨髓，腕臂一掃秋風隨。遂令毫楮盈四座，快飲肆意令人嗤。昨爲黄郎寫高節，緣追卓勁猶奇絶。六經百史意莫傳，建安青田事明滅。幽繁但詫充棟辭，寂寞秋潭寫空月。況此超塵涇渭空，斷崖絶壁春雨蓑。黄州嶰谷今幾種，落筆獨我先推雄。雲籜風根象麓趣，蟠扁撥鐙俱蠶蟲。夏山百疊水千尺，夜雨蕭騷太陰黑。展卷挑燈謁我題，尚恐風雷驚四壁。勿謂長竿无釣綸，滄洲白頭猶我惜。

題王右丞雪霽江行圖歌爲陳無垢作

希夷之孫貌若仙，卧雲不出動十年。揮毫自比荆李輩，舊藏卷軸皆精傳。王維此圖更幽絶，漫空積雪愁雲天。茆屋誰家舊籬落，前山後渚相縈礴。袁安屋舍風正寒，老木蕭條榦盤錯。放舟應有曉行者，竹梅亞地溪聲惡。煙霏溟漠漁網静，亂絮飛花夜鳴薄。尺圖景物興難盡，小塢橋通足深隱。絶類君家象麓居，龍湫石磴蛟蛇影。瓊林柯葉冰欲解，飛瀑顛崖兩峰頂。客來掃雪開晝〔一〕門，凍葉滑屧篷簷温。坐懷方薛試春茗，故舊凋謝今誰存？黄塵沸熱未清冷，何事酒罏燒竹根？白頭偃卧意未倦，會須共筆山

〔一〕「晝」，乾隆本作「畫」。

南村。

題湖山春翠圖歌爲倪晉明作

春江漲流夜喧作，霖雨如膏滯山郭。新圖坐閱類經行，金彩湖山肆遊樂。誰家門巷柳烟叢，別渚舟帆花霧幕。清都阡陌酒罏春，絲管相催鶯燕頻。小船風送殘音曲，月榭歌幃蒲藻濱。黄金買笑輕鄉土，白髮朱顔改秋水。懽筵宜厭梵臺鐘，晚市何憎荻花雨？當時珠璧爛京華，湖水荷香今幾家？古來消長電驚目，莫怪寒潮悲暮笳。自緣粉黛擅蒼翠，心跡燻酣動忘歲。記我林逋鶴隊行，江聲海色歸帆尾。浦樹汀雲送暝鴻，閑情盡付嚴灘句。漢家倪掾帶經鋤，故業尤存圖與書。多君白首素賢裔，高卧松筠躭自娱。要知楊鄭等榛礫，清白傳芳看有無。

題琵琶雲氣圖歌爲張彦弘作

岱輿之山走靈骨，化作劫外千奇峰。此峰立我茅舍北，潑墨許我滄洲雄。滄洲酒酣肆揮掃，章達高情尤絶倒。浮雲浩蕩隨有无，期爾來巢拾瑶草。蒼煙積雨龍怪居，雲屏石磴相縈紆。碧澗紅泉恍疑似，夢遊尚記仙人都。況是清修久閑適，燕[一]景空濛漱瓊液。坐來黃葉墜西[二]風，對此令人重相憶。

題宋復古溪山積雪圖歌

空山積雪動千尺，太白嵯峨遽今昔。墨圖尤擬輞川莊，價重南金世珍惜。袁安高卧慣深扃，孟嘉獨蹇餘空跡。歸棹寧忘赤壁鑪，幽禪共讌雲岩夕。荒亭落木正凝寒，磵道冰流墅橋逼。巢屋老居固陰崖，破凍飛泉洒銀壁。我亦滄浪把釣徒，曠睨乾坤微一息。怡情皓素欲誰侔，靜裏春陽惟内溢。披圖渾覺滌纖埃，霽黛何妨幻空碧？只今毫墨謝衰遲，詩情漫逐冰絲滴。

題吳至靈葆和藏董元寒林重汀圖歌

曾讀屈騷語，悵然懷遠遊。空山高卧日慵起，對此宛歷江湖秋。重汀回抱別淑隱，洞

[一]「燕」，乾隆本、貴溪縣志卷九作「煙」。
[二]「西」，貴溪縣志卷九作「秋」。

庭木落湘妃愁。不將巧趣混天真，寒林杳靄迷煙氛。皃鷺散亂已冥邈，漁舍兩三知幾春。江南此景興莫比，霜冷蒹葭長〔一〕新水。長松影落空籟鳴，小艇殘陽歸雁尾。吴綱近著風霆脉，雲笈深藏窺莫得。野渚平川憶故園，林原入夢經年隔。顧我曾追老畫師，層巒疊嶂探幽奇。荆門雅澹推董李，隋珠定價今誰知？明日京華理歸槳，空闊神情夢中想。月際潮生晚思多，菰蒲過雨寒風響。

好靜軒歌奉教賦

太始混開闢，玄黄敷判初。人文兆三極，乾蓋包坤輿。宇宙循環渺无間，萬有吹息周盈虚。至人調元視浩劫，豈止區區了生滅？靜根於動動復靜，互運陰陽赴車轍。賢王富積萬卷書，漢獻才優獨修潔。夙探好靜道之基，清靜正民民乃悦。高軒不貴飾紛華，岷峨爲嶂芬瑶花。儼持藩屏輔親國，忠孝誠明惟帝家。執中之妙皆靜力，舜禹相傳由建極。聖賢確示仁義途，湛徹虚明豈沉寂？道存編帙千萬辭，方寸斂之無別歧。冰壺秋月皎中夜，渥洼緑耳停奔馳。璧水爲鑑，靈臺是居。黄輿廓象，玉液流酥。天根來往自晝夜，赤

〔一〕「長」，乾隆本作「漲」。

水象罔浮玄珠。坐燕鴻濛遊太古，仁壽有躬滋樂土。曷誇泛海覓佺期，羲農至治驚談麈。俯愧微臣林野儔，累蒙宸眷被鴻庥。敢辭蕪陋爲軒祝，忝竊遺宗遵內修。蒼崖曲磵卧秋水，谷鳥巖泉第盈耳。寂然真宰貯一源，風葉雲蘿老煙雨。仰懷廷闕五雲栖，鸞鵠翔驂霞珮躋。獨慚攀附渺何及，睿算日瞻天與齊。綸章飛墜瓊林曲，洞吏天姝環拱肅。奇英麗藻爛群芳，夢繞鈞天夜光燭。餘光烜耀動九垓，寂寞幽滯頓爾心顔開。願趍璿臺翠岫千萬丈，一洗朽腐之凡才。謁侍軒居圖史側，六合凝虚晝生白。道之樞，帝之則，浩漠玄機啓淵默。鵾鵬神化歸毫芒，埏埴甄陶聊一息。坐來囊括溟涬會一元，千古皇圖光簡册。

題方壺真人奇峰雪霽圖歌〔一〕

岷峨太古雪，萬劫崑崙巔。壺仙灑墨總冰玉，劍閣巑岏西極天。層峰浪湧何奇絶，暖動魚龍湘水裂。霽色初分款段橋，松濤夜度峨眉月。滄江老屋山之幽，極浦陰崖迴凍〔二〕流。

〔一〕道藏本題作題方壺真人奇峰雪霽圖。
〔二〕「凍」，乾隆本作「東」。

袁安門巷三尺白〔一〕，古木焕爛珊瑚鈎。笑我支離卧丘壑，瓊樹瑶芳翳溟漠。大澤重裘霧霰深，春風漸轉梅花角。衰倦謝毫端，披圖意忻愕。輞川遺興邈復追，静對孤光隱寥廓。

清熙亭同諸玄幕賞紫牡丹即席賦歌

洛陽花品傳芳秩，姚魏名花皆異植。劫换塵氛見每稀，譜英辨質探遺籍。清都自是有天根，萬片晴霞飄國色。積雨園林麗日和，艷先桃李東風逼。虚亭漫足少娱春，真賞欣諧總玄職。韡萼聯翩況共懽，文彩猶多老賓客。枝擎翡翠瀉銀河，色蕩玻瓈泛金液。育秀全資造化功，流輝不讓天孫織。陳觴稍面畫楹間，列席傍依彩檐側。悦鳥分明度笑歌，好山高下融衿臆。饌香蘭馥錦雲披，杯面蓮垂珠露滴。卻愧妍心慕邵程，寧期眩俗追何石。怡安尚冀並芳叢，歲歲看花醉今夕。如此韶華奈興何，賓筵爲樂情无極。

送别王仲縉先生歌

爲學貴師友，斯文追大宗。江湖近凋落，王子欣相逢。昨我髫童慕儒業，尊君卓起推

〔一〕「三尺白」，道藏本作「白三尺」。

文雄。先子嘗從謁明主，文光萬丈騰奎府。固宜英嗣繼休聲，雲夢滄溟隘吞吐。華川鍾秀山岳奇，辭源自昔專吳楚。一朝輝彩動賢王，九苞鳳羽鳴朝陽。鵷行倚馬千萬語，班賈曹劉焉足方？我聞王書積萬卷，探索朝夕高虞唐。珠璣金玉非嗜好，聖訓皇謨世爲寶。自緣天縱皆宿成，況此賢才臻輔導。漢唐藩屏知學稀，千古鴻名亘穹昊。卻愧山林庸鈍資，累蒙恩眷徒心馳。逢君備語仁睿德，執報未能歡欲趨。空山積雨交夏緑，聯璧獨肯過茆茨。濕雲到地繞原隰，啼鳥深林晝陰寂。翠荷斜帶碧篁妍，殘花低亞清泉急。蒲葉傾尊五月涼，離情緩逐長淮入。錦囊卷帙探遺言，禁苑驪珠光四懸。極譚精蘊深啓沃，述作幸紀名山川。名山川，世聞久。枯木寒泉冰雪情，千金難遇論杯酒。玉堂金馬虛席方待賢，直覩高騫動星斗。品藻慚加樵牧音，大雅寧遺鳳麟藪。岷峨蒼翠仙者都，莫惜因風慰駑朽。

題方壺寶晉雲煙圖歌

昔與奉常輩，丹青躭妙年。披圖且覽句，撫慨心茫然。壺仙胸宇丹青府，燕趙歸來隘吳楚。襄陽逸法訴荆關，海岳風流雄萬古。自緣宿契海岳情，雲烟浩蕩窮滄溟。山浮群樹清瀨遠，雨洗半峰孤塔明。濕嵐餘靄紛夏緑，墅渚輕風散鳧鷖。移家願卜水雲坳，長竿獨倚清溪曲。奉常高弟俊彥流，泮水橫經今幾秋。鵝湖秀色賦真賞，對此宛臥滄江〔一〕幽。畫意非苟精，神情會應少。落月秋空江海思，浪擬浮槎度林杪。北海高風須力追，清衿氣吐雲煙姿。曹劉沈謝興莫比，溟鯤一躍淩天池。

題方壺真人墨竹歌

方壺之山倚空勢，陰壑長竿動千歲。壺子衿情海鶴閑，墨華縱寫雲烟趣。遂令倍價重南金，怒髮揚眉鮮輕與。只今寥落散驪珠，太息鯨濤渺仙逝。我昔瓊臺立雪時，每許餘光發騏驥。廿年弄翰興莫追，春籜秋筠覽蒼翠。雲卧丹丘不記年，短笻幾顧滄波棄。凝招六逸卜芳隣，曠芳浮緣衰懶至。坐閱孤標共歲寒，冰霜豈折淩霄炁？早慕還丹煉汞鉛，靜探雅操消塵繫。東書須叩劉長生，怡悦何如澹中味？

題松陰授道圖歌爲王景山賦〔二〕

緱嶺仙人結屋瓊林東，巢雲道者爲寫百尺之長松。見山堂前蔭高盖，根盤鐵石枝虬

〔一〕「江」，江西詩徵卷九一作「溟」。
〔二〕道藏本題作題松陰授道圖。

龍。自言泥丸古仙子，昔者授道瓊山翁。有如靈壇燕白石，長蘿秋籟吟天風。上摩九霄錯落之雲漢，下接三山渺漠之星虹。泥丸之道視曠劫，直與偃蹇蒼翠窺鴻濛。緱仙昔跨嶺頭鶴，閩海吹笙訪名岳。故人喜是仲父尊，回鷗溪枕梅花閣。嘉定雄詞百煉兵，細語情深古方朔。道山文彩嗟寂寥，振翮超騰足鯨角。憶過溪上停歸船，釃酒松陰溪月圓。縱橫鱗影落空翠，杳靄竽聲迴溟〔一〕川。喬木疎篁不堪寫，撫今感昔心茫然。畢宏韋偃稱絶筆，獨許壺仙踵芳蹟。雲孫宜更追令名，磵水林峰暮寒碧。後凋之木梁棟材，陰崖霜雪應稀擇。笑我放歌蘭蕙藂，欲剪松花釀春液。舉首共招陳白二老仙，醉卧雲濤弄秋色。

古硯歌答解性初高士贈寶晉齋硯而作〔二〕

空峒山人居嶰谷，擁翠成軒種群玉。生平好古陋流俗，垂釣楊江岍山曲。昔嘗授道袁安門，立雪瑶臺書萬束。珍圖異玩皆絶奇，雲錦爲囊善收蓄。時來桂館聞鈞天，握手論交踰十年。相知不怪有清癖，每贈毛穎兼陳玄。石鄉雅制來即墨，藴質含章尤礪堅。銘

〔一〕「溟」，道藏本作「暝」。
〔二〕江西詩徵卷九一題作古硯歌答解性初高士。

詞重是寶晉物，枝蔓瓜瓞相連綿。南唐〔一〕硯品每無價，龍尾洮溪未容詫。端歙猶推西北岩，青逼琅玕紫如赭。襄陽本是南宮仙，自許蘇黄堪並駕。海嶽菴前鐵甕城，愛石應須拜其下。鴛駘過謂追名騮，封題遠寄滄江頭。磨礲愈鈍鄙精鋭，體方用靜心與侔。窮經朝夕謾披寫，臨池一掃春雲浮。梧竹軒囱共清夜，冰綃雲霧騰蛟虬。京華苦惜久離别，痼疾翻成卧松雪。秦淮春漲鱠思吴，京口秋高潮夢越。支離晚契松喬蹤，價忝楊休賦應劣。願子空峒壽與齊，緩調笙鶴梅花月。

題董北苑秋江待渡圖歌爲汪大椿賦

山幽幽，水悠悠，喬林落落依崇丘。夕陽在地鳧鷖〔二〕散，二三歸客呼行舟。清霜被野晚風急，白露帶袂寒江流。蒹葭遠渚飄葉赤，浦溆荒橋亂山碧。迴汀迷岸幾漁家，霽月遥天兩飛翼。古來畫法惟荆關，北苑猶推李郭間。不粧巧趣合天造，雲煙澹漠江南山。汪子才華出群驥，文墨有成探畫意。珍藏此幅動十年，肆筆鮫綃每丰勢。愧我少年遊越

〔一〕「唐」，原作「塘」，據四庫本、江西詩徵卷九一改。
〔二〕「鷖」，四庫本作「鷺」。

吴，壺仙潑墨傾金壺。風潮雨瀨盈尺素，易畫稍窺龍馬圖。久遺毫墨藉雲卧，喬木重是青珊瑚。雲中山，天際水，昔欲壯遊今倦矣。錦城春色繡圍空，畫閣晴光香霧洗。湘水閒情蘭蕙叢，剡溪逸興林巒許。愛子芳年笑我衰，琴書滿座娛清暉。青雲高步矯馳翮，焕耀家聲光陸離。得失幾何紛代謝，遺墨蕭條動无價。塵世驅馳待渡人，谷靄川霏競高下。嚴灘釣艇一葉微，鱠鱸得味輕王霸。

題華山仙掌圖歌

太華峰，古名嶽，元氣扶輿兆磅礴。根盤西極嵩岱尊，萬丈蒼崖倚寥廓。斜傾半月指掌明，側挂銀河碧空落。摩霄岋嶪張峻屏，培塿群山從〔一〕良霍。天子巡方幾幸臨，荒祠古宇凌千尋。斷橋遠帶墟渚静，老木低亞川源深。浮雲似隔鐘鼓暮，銕索高懸渺烟霧。中有仙人王子喬，虎豹爲關石爲户。我朝望秩〔二〕當隆平，遍遣羽士通精誠。瑶〔三〕壇瞻

〔一〕「從」，道藏本作「聳」。
〔二〕「秩」，原作「秋」，據道藏本改。
〔三〕「瑶」，原作「遥」，據道藏本改。

謁莫敢登，歸復金門馳聖情。雄辭玅刻照千古，秦漢徒誇禪梁父。山靈川后降禎祥，宗社安隆固天府。巨靈劈〔一〕石通川流，明星玉女栖丹丘。黄河盤渦出天際，白帝金精熒彩周。車箱箭括通天路，我欲因之與天語。儗招馬衛駕鹿升，翠崖丹谷知何許？手攜九節杖，笑拍洪崖肩。饑飡落雁霞，渴飲玉井泉〔二〕。紫衣朱鬟或相遇，借我茅龍飛復旋。壺仙白首驚畫絶，贔屭遺蹤豈磨滅？泠風一息九萬程，底須醉向峨嵋月？

豫章秀才歌

豐城古劍氣，化作豫章木。上摩牛斗墟，下蔭湖湘曲。吴剛鍾秀山岳英，入地深根拔蒼玉。緑髮窮經會化機，博究儒玄盡膏馥。中罹兵革涉艱危，花鳥春深林谷非。故園無處覓歸棹，琴寓幽尋薌水涯。授業黌宫藹〔三〕佳譽，一朝薦剡光彤墀。束書祕閣環帝胄，藩府欽受賢王知。晉祠雄峙太行北，燕樹秦峰護今昔。我王嗣位焕文明，鴻寶珍圖羅貢

〔一〕「劈」，道藏本作「擘」。
〔二〕「泉」，原作「蓮」，據乾隆本改。
〔三〕「藹」，乾隆本作「著」。

職。聖主深愉孝友情，宸衷歲注駢蘩錫。花蕚相輝古所稀，多君輔導聯圭璧。誰誇袁粲梁楝材，獨許王儉如珉瓌。儒冠早際盛明世，紫泥赤紱來天階。幾遂東還覓桑梓，太行古雪飄飛崖。山家夜對紫蘿月，班荆石磴歌庭槐。袖出賢王珍翰美，豫章翻風烋莫比。詞源百斛粲驪珠，先帝恩濃寵綸語。盤根孕秀煙霧深，直幹淩空霆電起。遺芳快覩千里駒，塞漠尤期甲兵洗。别緒渾添渭北思，翻疑夢繞西山雨。西山之高峰，群仙挾飛珮。欲擷南浦雲，神交躡吴匯。張華預識劍津龍，夜光直射銀濤碎。冰雪高標傲歲寒，清都儘許尋鱸鱠。約我玄洲掃白雲，底須釣海尋鰲背？君不見孔明老柏高倚天，柯葉翠蔓〔一〕垂千年。芳名願與懸宇宙，故人應寄歸來篇。

野舟行

翩翩一葉舟，蕩蕩廣漠墅。大幻視八紘，煙波爲六馬。始從振翮沅湘間，荆門聲動爭揮詑。試業黌宫未有年，曳裾每重王公前。岷峨覽轡入巴蜀，劍閣崔嵬高插天。一朝令譽達明主，美政推賢著天府。精忠浩蕩三峽源，俊德輝光百川武。錢塘潮落海門秋，豸冠

〔一〕「蔓」，乾隆本作「蕚」。

驄馬來南陬。澆風鄙俗頓除滌，湖光萬頃煙氛收。自謂天心眷吴越，調官復補洪都缺。花覆烏臺劍炁寒，冰凝鐵柱淩高節。昨過瓊林風雪隈，和風暖日姿顔開。歡呼倒屣即知己，醽醁細傾歌落梅。浮生總類轉蓬急，櫓棹帆檣幾張翕。縱柁長江白練寬，雄吞七澤湘妃泣。我亦滄洲把釣徒，輕浮一葦窮天吴。渭川嚴灘儻相值，握手一笑哦菰蒲。知君南浦多魴鯉，不啻空山卧煙雨。紫闕青雲俟遠期，白頭共釣瀟湘水。

題方壺真人淇篆堂墨竹行

方壺子，仙之徒，烟霞炁度冰雪膚。青年適志走燕趙，胸吞雲夢隘八區。手調玄黄仙掌露，華岳崑〔一〕溟肆吞吐。貝闕金門汗漫期，照耀奎章渺三顧。振衣便作江南歸，江雨湖雲春滿衣。鶴髮仙翁愛蓬首，丹光久與雲龍飛。絶崖一笑天地驚，顛倒銀河横玉繩。狂瀾浩蕩作霖雨，碧玉萬疊泠風生。人間謂竹總形似，太陰黑入淵龍怒。滄海揚塵塹劫空，此幅自是風雷護。方壺子，天與遊，琅玕忽墮梟仙裔，鐵網珊瑚銀漢秋。平津劍躍尤〔二〕神變，

〔一〕「崑」，貴溪縣志卷九作「混」。

〔二〕「尤」，乾隆本作「龍」。

夢斷鈞天日華遠。吴楚湖山阮謝情，篔簹翠黛平湖淺。淇箓高堂意綿邈，溪靄林霏濕空闊。夜聞天籟繞舍鳴，惱我囊琴與鯨角。浮生轉燭〔一〕江海空，荒岡野渚喧寒蛩。赤縣滄洲不可圖，坐聽落葉聲悲雄。欲假長竿釣秋水，獨漱寒泉時洗耳。浩歌漫有千古思，高卧空山紫蘿雨〔二〕。

懷友行寄水北楊雲溪

昔喜館西清，今嗟乏東易。鍾陵楊君文獻家，奕世詩書貫胸臆。宫亭湖口春漲號，水北溪頭晚峰碧。日卧柴〔三〕扃人跡稀，秋聲坐繞寒蛩夕。憶昨論交倏有年，下榻賓帷絶塵役。蒼蠅白璧寧足嗤，天藻雲葩爛珠璧。貳室館甥儒雅流，從君立雪春雲颭。五經六藝富探討，風雅百氏追源悠。詠雩經史益鑽仰，迎刃窺光如解牛。聖哲遺言猶菽粟，味澹涵和厭粱肉。風辰細語玉樹前，月夜高歌翠微麓。一别更秋日爽期，切思麗澤盈膏馥。悒

〔一〕「轉燭」，貴溪縣志卷九作「達觀」。
〔二〕「雨」，江西詩徵卷九一作「裏」。
〔三〕「柴」，原作「紫」，據四庫本改。

怏離情渺去鴻，蹇予薄世羈榮辱。翫幾知患故預圖，豈意迂疎墮虞蹙？鴆媒曷足達衷誠，豺虺揚嗔肆夷腹。妖氛翳空晦曙明，簧鼓〔一〕潛期務藩觸。東歸卧疾松桂蘩，脱屣浮塵課樵牧。悵懷屈賈亦何悲，用舍隨時恒自足。雲溪子，儒之徒。藏器乃肥遁，含章謝馳驅。願從冰壑侶漁釣，奚復君門獻子虚？

孝節行爲黄貞婦賦

黄門有令婦，孝節今古稀。未嫁知事親，既嬪猶在閨。家承忠烈素儒裔，女則閫儀知所持。姑嫜剛毅善容止，侍養晨昏具甘美。繼宗聘娣遽失天，絲枲訓兒欣卓起。孀居自抱冰柏貞，指日不改攄精誠。孰云墮井殞狂易，翼刃保孤終有承。危存兩世甚垂綫，横逆艱摧困餘喘。高堂白髮届稀年，食報寧嗟信幽遠。賢仍富學趍神都，染翰累載名中書。清光密邇侍明主，文彩焕爛青藍如。我來忽遇輦轂下，帶月侵星語官舍。簪紱雲蒸曉珮鳴，卷籤霧擁春窗暇。示我群公金玉篇，凛然行義招重泉。綱常誠足敦薄俗，青史必覩芳名傳。嗚呼！采蘩之事柏舟誓，宜共母劉光百世。

〔一〕「鼓」，原作「故」，據四庫本改。

題青巖隱居圖歌

青巖之峰幾千尺，中有隱居山別翼。龍門高插勢穹窿，宛與齊山並蒼碧。澗南澗北環兩溪，沃壤平原美泉石。翠蒲瑶草鬱芬芳，屹立雙楹面森戟。徵君素非隱者徒，涵泳膏腴富千億。華川名胄世儒宗，師友淵源重今昔。文章光焰焕驪珠，詞藻聲華爛和璧。偶欣林壑寄閑情，豈比煙霞滯飛舄？皇明真主聿龍興，卓起皤然應先辟。佐州裁史冠文林，寵渥駢蕃照淪跡。遠使邊夷執節傾，精忠耿耿明胸臆。漢家馬援誓革尸，曷愧荒榛秋露滴？佳嗣超騰早曳裾，永繼文聲光史籍。天朝繼統際仁明，太學高遷宜遽陟。曩過空山索我圖，爲寫潺湲勉相憶。夢追清瀨聽猿啼，落月高懸當絶壁。萬里岷峨别四春，京華忽喜離情滌。爛漫雄文應墨新，不慚班馬傳芳蹟。繼志寧忘梓澤情，白頭終許從安適。黼黻皇猷正邇期，坐對青岩猶目歷。

謝蜀府賜口衲歌

岷峨高峰幾千丈，西蜀雄藩勢尤壯。賢王久著忠孝名，巫峽川流屹相向。始當茅土立，儒玄沐恩庥。解衣每下士，道義非塵侔。嗟予疎野曷侍遊，渺漠萬里何乃遠惠五彩之重裘？京華拜領增拾襲，片片雲霞相蕩浮。自慚樗散爲時棄，久託林泉卧榛翳。五銖不啻芰荷輕，王門敢儗長裾曳。盛服俄驚降大庭，鶴禁封題遠緘至。凝寒陋質變春和，沍凍空〔一〕山消顥氣。華陽之仙人，文德並前烈。拯濟群黎凍餒除，國社安隆仰明哲。遂令眷渥及山人，亦被輝光起迂劣。晏嬰衣被十載忘，范叔號寒一朝撤。儗營大藥窺洪厖，正爾宜擷雪羽雲姿裳。行穿蘚磵墮晴雪，坐倚林籟鳴秋霜。千金裘，世稀有。宫錦袍，仰君壽。李白狂歌詩百篇，應悦丹砂駐衰朽。蕭條山谷絶世期，緬想青城勞夢思。扁舟倘遂涓滴報，拭目相從天一涯。

題吴處淵畫山水歌

我有江海思，倦爲江海遊。空山久高卧，焕耀疑丹丘。清都道士家在塵垢外，家有雲巢衆峰會。白衣蒼狗任往還，乃倚西晉仙人舊松檜。方壺外史昔授李郭之丹青，拂袂便作江湖行。湘漢盡探山水秀，盈尺繪畫歷歷窺。蓬瀛停策瓊林初，話别二十四岩紛巀嶭。馭風彭蠡駕飛蓬，雲濤萬頃浮空雪。曉泛宫亭十里湖，夜醉潯陽萬艘月。黄鶴磯頭江渺

〔一〕「空」，乾隆本作「雲」。

茫，岳陽城東臺閣張。千波萬波帆葉赤，十點九點山微蒼。江陵墟景四隣集，赤壁扁舟漲流急。雲雨昏冥十二峰，洞庭梧暗湘妃泣。嵯峨陽臺山，積雪天際白。滄溟倒瀉巫峽來，巴蜀層峰削秋色。篙師努纜攀洑流，星落苔磯亂川側。曹劉功異失吞吴，揚馬才優漫詞客。賢王藩屏近所都，殊恩尤眷山澤臞。儒玄滿坐劇譚笑，霞珮幅巾聯曳裾。青羊瓊館深煙霧，露顆冰漿出宫樹。濯錦江邊赤履飛，蛾眉月裏瑶笙度。我祖靈蹈最漢中，曾驅魑魅昭神功。青城化跡千萬丈，幾復夢遊安爾從。歸來且展圖，爲語川途輿。一覽何須汗漫遊，應嗟海舶誇雄勝。人生去住俱浮雲，淨掃舊巢呼鶴群。盈虚洞了人間世，天池一息南溟鵾。鍊真祇擬栖蓬閬，霧屩風瓢隨放曠。脱屣寧懷聞達期，幽尋寫向松蘿障。

雪蓬歌爲典籍邵原性作

雪蓬先生紫綺裘，曠視八極輕王侯。早研經史博探索，雲夢煙霞相蕩浮。華川之高峰，秀色並廬霍。中有群碩生，文光等川岳。世探淵藪時繼作，盛代多君振凋落。艱途萍梗付虚舟，浩炁盈衿耻悲愕。昔過空山瓊樹隈，論交泉石傾尊罍。雄詞讜論驚滿座，玉麈揮雪行雲開。間關江漢幾經涉，授業侯門卑草萊。一朝聲譽動明主，萬卷英華馳儁才。成均富高堂，束書雪蓬側。夢寐江湖興不忘，吴樹秦淮送秋色。日招坐客總簪裾，畫舫煙波照編册。晚風蒲葦斷鴻西，凍靄綸簑巨溟北。渭川嚴灘傲世徒，羊裘熊夢知何如？數罟爭投溉鷺急，長竿漫倚遊鱗疎。白銅鞮，歌莫止。金叵羅，爲君起。玄陰大澤閟春和，松柏堅貞歲寒美。我本清湘理釣緡，直欲憑虛與天語。闕下相逢後有期，共醉梅花雪蓬裏。

題讀書松桂林圖歌

高夫子，儒之英，妙年卓犖馳俊聲。結巢松桂究經史，研思探賾皆鴻生。一朝聞望光祖武，盛代高超列簪組。聖朝嗣位擢詞林，八澤三湘隘吞吐。愧我山林韋布姿，幸從金馬瞻風儀。南金和璧不待價，盡推高適今昌黎。復向容臺協昭祀，肅陳〔一〕典禮名當時。尺圖雅淡珍藏久，詞藻聯翩粲瓊玖。幽馨滿卷繞屏維，濕翠盈編到囱牖。寥寥古往聖賢心，眯目塵情歲寒守。多君自是董賈流，夙承文獻嘉謀猷。長林落雪驚舞鶴，遠瀨迎空回素鷗。掃花席月足涵泳，豈比皓首徒探搜？高夫子，美襟度。幽栖勿念松桂佳，廊廟方期佐明主。經綸不在鐘鼎貴，風月寸懷隨出處。謝別還山理釣綸，願企文光照千古。

〔一〕「陳」，乾隆本作「存」。

題清真軒歌

右軍昔得清真趣，蘭樹留芳總賢裔。君侯振起自天朝，恩重椒房冠穹貴。華軒正面松筠開，玉作簷楹金作臺。松風墮雪響晴〔一〕菌，筠霧迎春侵曉梅。琴書插架牙籤束，斜月闌干醉絲竹。珠履球纓滿席珍，不嗔玉漏催醽醁。五侯七貴雄當時，飛甍傑閣淩光輝。披露彤墀聽鳴鳳，簪星紫禁聞朝雞。輦轂新承臨甲第，玳筵綺食繁〔二〕歌吹。千金寶帶五雲裘，一朝頒寵傳丹陛。世德由來忠孝家，相傳簪組俱才華。聖朝累代蕃寵錫，許史金張奚足誇？丰姿温雅信奎璧，鳳券鸞章煥今昔。頗牧功成萬户侯，願尊聖主隆勳蹟。愧我山澤臞，清真愜幽適。山陰羽客未籠鵝，掃素何由寫空碧？嘗謁高軒翠樹蓑，落花細雨回青驄。廣庭瀟洒塵不到，春色繞簾啼鳥風。只今齒暮慚衰槁，刷羽高騫羨青昊。貴胄恒看奕葉繁，醉向鵝池卧芳草。

〔一〕「晴」，乾隆本作「暗」。
〔二〕「繁」，乾隆本作「還」。

次姚少師茶歌韻

昔我雲卧惟丹丘，鶡冠既弊嗟狐裘。聿來京國際真主，綺食瓊筵歡眷留。當時故舊鮮知遇，客邸養痾空息喉。王蒙素謂有茶癖，累載憶别方從遊。夙聞我師佐幃幄，六龍御極乘樛流。中官持節詔趨辟，象教頓使叢林稠。金張接武肆清賞，茗椀細滌鶯花柔。龍團洗翠逐風起〔一〕，蟬翼凝芬和露柚。片甲分香顧渚外，酪奴衣彩滬湖頭。囊收餘瀝傾玉兔，乳面一掃浮雲收。陸羽嘗爲竟陵第，上公況與聯鳴球。揮錢寧效季卿鄙，盛世豈獨高巢由？頗儗樵青煮荻葉，應憐陶穀羞銀篝。松風落雪響清籟，竹雨澹煙吹薄飀。誰誇何石萬錢費，肯比卜相儲金甌。乳窟蒙陽盡真味，著書自足消窮愁。王公猗角每英傑，何侯庖丁窺解牛？應副華歆忽黄閣，偏宜曹壽今瓊樓。輦轂時倍玉堂賜，恩榮卓冠踰神州。鍾繇白首竟中輔，竇固青眉宜列侯。京畿異跡富靈液，況汲楊江千丈湫。愧我嘗追後塵末，天葩麗藻知難酬。標格清雄豈阮謝，詞華逸邁過楊劉。累承愛遇甚投轄，矧被清光多運籌。東歸拂石藉林壑，感仰漫使枯腸搜。願戴皇圖廣惠澤，高騫奕世蒙天休。

〔一〕「起」，原無，據乾隆本補。四庫本作「響」。

送鄭教授叔度之蜀歌

東風破暖楊花密，夜雨翻簷漲流急。鄭樸肩輿晝叩扃，朝簪猶帶嵐光濕。我昔知歆孝義門，聚廬合食皆温醇。良金粹玉美昆仲，文獻流風欣討論。闕下相逢藹辭色，東朝恩冠春坊德。景慕踰深託素知，王門况值賢賓客。旌異東南猶昔時，丹楹彩筆張高楣。鐘鳴鼎食系千指，内箴外訓嚴規儀。五百餘齡同一日，應慚劉李爭矛戟。巨碣豐碑金石文，豈誇張柳相雄軼？仙華山秀𤁋水東，文藪詞源爲代宗。仁聲義澤世薰漬，偉望豈亞青芙蓉？多君令譽遭明主，曳裾發軔趍藩府。朝鳳鳴陽絶後塵，逸駒脱轡鳴前武。巴蜀巑岏秀插天，繩橋劍閣相鈎連。我王祚土建藩屏，孰讓漢獻稱才賢？君行職教過桓馬，絳帳銀燈論璧斚。浣花飛遍錦官城，灎澦雲濤半空灑。王門富積書萬籤，不啻珪璧光淵潛。璿源玉葉重當世，紬繹萬古窺洪纖。我慚荒陋叨寵錫，報德何由致涓滴？空羡高騫勢莫攀，日方葛杜偕心跡。儻眷栖遲山澤臞，爲言齒暮徒迂疎。祖道陽關悵離緒，柳條綰帶增躊躇。蘭金交義知應幾，離棹匆匆泛江水。願挹清芬並昔賢，蒼蒼泰華横秋宇。

題趙魏蘭石歌

吴興纱年冰雪姿，鷗波水暖清漣漪。醉揮兔穎盡書法，密竹幽蘭蒼玉枝。湘濱楚畹烟霧濕，我欲佩之將何適？千載孤芳烈士風，一調朱絲對寒碧。

題五龍圖歌

至陽之精善神化，倏忽雲雷動驚詫。波濤洶湧萬里奔，變態百狀雲爲駕。九五其位居至尊，尚書賢偉宜攀鱗。蒼生正資作霖澤，拂拭此圖裨聖仁。

題中山草堂歌

雁蕩高峰連石橋，草堂别構凌山椒。赤城霞氣浮五彩，奇峰疊嶂爭岧嶢。盧遨芳躅素儒裔，富積詩書佐明治。哦松月夕動遐思，官舍清風落空翠。

題積雪觀梅圖歌

王猷才炁淩冰雪，貞白高居抱孤潔。梅卉中含天地心，重陰不受風霜烈。芳縟羞同艶冶姿，蘧廬晝暖春陽熙。久知陶謝每同調，靜對曲囪千古思。

題翠濤亭歌

翠微之山美如玉，面山築亭傍溪曲。長風吹下萬松聲，百頃雲濤怳心目。手揮五絃歌紫芝，兩耳天籟淩空飛。人間衆竅不足和，羊裘雪滿遲來歸。

題雪江獨釣圖歌

衰柳蕭條斷流急，短蓑釣雪風煙濕。大江渺漠去不還，萬頃瑶光浸寒碧。林侯重是三山英，烏臺久共冰蘗貞。俯仰乾坤竦毛骨，巨鰲一撤淩空行。

道教典籍選刊

峴泉集

下

〔明〕張宇初 撰
段祖青 點校

中華書局

耆山無爲天師峴泉集卷之五

五言古詩

述懷八首

忳忳穹壤間，一氣互磅礴。宇宙充八紘，虛靈湛真覺。紛華苟螟聚，橫戾競奔鱷。爭論桀跖違，曷必孔顏樂？凝冰惕霜履，熾焰撫薪愕。孰達衡運機，聊從澹遭泊。誠道洞一初，精微曷綿邈。秋空徹靚淵，霽月瑩潛壑。千古奚與同，休焉守沖〔一〕漠。

寒暑迭推遷，今古更代謝。健行運不息，圓方奠高下。雨露孰非教，風霆備生化。至理宰旡機，裁成範陶冶。大哉體誠明，遵養緝純暇。立命斯建本，憲章足資藉。曷令斧藻乖，愆癘乏甄煆。淇澳漠餘聲，玄功漫悲洒。

〔一〕「沖」，原作「中」，據道藏本改。

孔墨素殊道，孟荀良異功。間關赴衛魯，王道終誰從？淳于志不屈，堅白歸孫龍。齊頌鼓騶[一]奭，美新慨楊雄。玄言晦鬻老，關鶡知求中。莊列擅雄怪，駢到師談空。立言始周弊，誕謾將焉窮？善時苟不利，曠達歸無終。

至道紗三極，人文著皇衷。仁義本天性，賦質何智蒙？主敬乃純一，操持慎厥躬。中和宰衡軌，發育居神功。鑽仰思纘緒，危微惟篤躬。昧彼夸呲子，罔趁濂洛風。幽貞抱遐慕，郛郭將奚從？樂只魚鳥性，契兹泉石蹤。寥寥太古調，俛嘿還羲農。

抱真悟玄[二]解，齊物探吾玄。偃月兆鄞鄂，規中契潛淵。虛明冏樞極，妙契交迴旋。陽火溢真候，陰冰解寒泉。黄中運輿轍，一息還周天。瓊液運[三]靈根，玉華爛芝田。神

〔一〕「騶」，原作「騶」，據道藏本改。
〔二〕「玄」，道藏本作「懸」。
〔三〕「運」，道藏本作「孕」。

化匪言測，徵圖浩冥詮。夙味玄命祕，乘風招偓佺。太初在葆合，控駕淩高鶱。

坐忘燕踵息，薄俗紛馳縈。苟知達生理，洞徹性命情。搥提匪遊刃，犧繪信天硎。禍福相倚伏，存亡宜自明。贅瘺盡土苴，貍辨奚足徵？申公竟返轍，轅固終途存。巢許愧清流，叔時號賢卿。浩歌採苓吟，豈復罹攖寧？躧步誠跛鱉，寵辱何足驚？

盗名鄙田史，醯蚋奚足悲？禽犢乃身美，蒙鳩匪苕危。仲尼返鳴犢，虞公去之奇。僖負豈蒲葦，蹇叔空驥〔一〕驪。卓礪招遠風，千齡美同歸。吁嘻魏莊子，胡獨嗟嘆爲？采葑行且歌，永赴山林棲。

天地亦形器，陰陽擅屯蒙。吹萬紛錯行，枘鑿焉偶通？糟莩妄沉溺，鴝〔二〕掇奚均同？素履貴貞固，含章視文中。郤缺藉畊饁，蘧瑗潔有容。弦章謝魚乘，沈猶絶羊蹤。尺

〔一〕「驥」，道藏本作「騏」。
〔二〕「鴝」，原作「駒」，據道藏本改。乾隆本作「駒」。

蠖變蒼黄，誹譽戒木公。衛風慨柏舟，川逝何匆匆？林類默無言，拾蕙歌幽叢。

擬古七首〔一〕

朝陽生〔二〕東樹，微月流西岑。鳴河澼急瀾，衆鳥亦交吟〔三〕。春夏氣候殊，涼燠自駸尋。遐慕期永託，斯人藹蘭襟〔四〕。邈然與世隔，空睇瑤華音。騫〔五〕修曷爲言，感慨投〔六〕吾簪。

靈陰晦陽彩，清風入床幃。梁燕巢舊壘，濱鴻起高飛。庭木鬱南榮，川流迅東歸。枳棘塞道途，躊躇竟何之？陟彼崇丘高，苞蕭四紛披。去去勿復言，緇塵易沾衣。

〔一〕明詩綜卷八十九、江西詩徵卷九一僅録第一首，題作擬古。
〔二〕「生」，道藏本作「昇」。
〔三〕「鳴河澼急瀾，衆鳥亦交吟」，明詩綜卷八十九、江西詩徵卷九一作「清泉活活流，好鳥交交吟」。
〔四〕「遐慕期永託，斯人藹蘭襟」，明詩綜卷八十九、江西詩徵卷九一作「美人崇蘭佩，芳香襲衣襟」。
〔五〕「騫」，明詩綜卷八十九、江西詩徵卷九一作「謇」。
〔六〕「投」，道藏本作「授」。

迢遞東山行，逶迤西北蘭。佩之欲何歸，烈風吹暮寒。凝氛日沍〔一〕凍，霜露涉愈艱。所惜氛馨質，恐貽蕪穢殘。泉流聲悲咽，玄蟬號空山。隰苓空欲采，俁俁奚獨安？

東山高且夷，溪流急何深。翔鳥奮高飛，浮雲結重陰。春芳茂百卉，悲風蕩陽林。榮悴等朝暮，老大徒駸駸。富貴焉苟圖，寠空耻千金。商山紫芝秀，園綺終何心？

驅車出西城，城野多芳樹。霏靄沾裳襦，繁陰蔽庭户。寒日下長河，迢迢南征路。念我久離居，行行重回顧。人生百年内，憂歡知幾度？明月照崇岡，衆星纔四五。悵望欲何之，凄凄秋風暮。

冬入寒氣至，北風吹楊園。落木號淒〔二〕聲，夕景照西軒。不知夜未央，星彩明且繁。

〔一〕「沍」，原作「沍」，據道藏本改。
〔二〕「淒」，道藏本作「秋」。

秣馬涉堅冰，遊子嗟路難。念我平生懷，接跡難爲言。冰絲抽妙音，餘響流雲端。矯首千古思，轉燭復歲寒。

東北有嘉樹，日暮微風涼。霖潦益載途，浮翳猶飛揚。夕照下西嶺，餘光燭幽房。白露盈階除，明河低復昂。披衣起徘徊，胡爲多内傷？但恐志願違，握髮倏已蒼。

感興五首

元氣運不息，養真還太和。内凝金木精，勿使陰陽頗。真性湛靈域，澄神以研磨。致命周復始，絪緼妙盈科。鑿彼鉛汞語，因兹病偏訛。復斯天地心，水月明秋波。誰探後凋木，椿松鬱高柯。寥寥象帝先，無極將云何？

大儀運璇璣，四節相鱗次。天命恒周流，物情凛昭露。變合周六虚，五炁交順布。聚散固靡常，降升歷衡度。炯焉夜炁存，養心抱貞固。乾坤備生始，易簡信昭著。躓彼塵滓流，得喪特朝暮。斯道天不違，居易竟何竢？

四時倏代謝，寒暑互成歲。有極運化源，消長在分至。天均玅莫測，玄訓曷該祕？否泰周循環，晦明育榮悴。窮探萬彙初，曠視了真趣。曷窺參贊功，幽潛寡冥契。執茲衡氣機，善體孰吾棄？玄默會生化，健行廓无際。

君子探厥初，問學貴端本。乾坤體健順，確隤乃蹊閫。至理具含章，顯微匪昭隱。慎德猶執御，誠身曷招損？元貞閟通復，位育斯獨謹。物欲燭熙明，神幾戒懲忿。鳶魚異大淵，珠玉藏冥混。大經孰與論，敦艮以肥遯。

人生等朝露，萬有紛聚散。榮悴惜春芳，死生悲夜旦。奔鯨衆形役，馳騖流光换。虞蔡擅機智，金張極芬粲。春秋悲蟪蛄，朝菌曷楨幹？欲蔽昧天機，安危疾魚貫。爝火豈炎輝，堅冰結陰涣。修踐貴自昭，金石等浮玩。

擬感遇十五首

先王居至德，安危在循隳。禹功嗣少康，簨簴皆銘詞。云胡蒼梧泣，南巢竟傾麋。成湯身帝則，阿衡昭訓辭。夢賚苻説築，鹿臺卒顛夷。西伯繼武成，尚父獲渭師。周公告無逸，丹書戒魏魏。頌聲寢幽厲，雅降東周移。天王失下□，朝聘殆日衰。奈何筆削嚴，千古有餘悲。

三五均尚賢，尚親異功力。桓文踐盟會，杞宋褋奔激。楚莊挈功利，齊閔召危殛。天人信表裏，探索貫文質。污漫知五阻，信義當謹擇。遺孽蔽溝瞀，突盜紛委積。焉知治亂機，至仁覯刑德。萬世同一道，觀心契皇極。

王霸匪異術，元經勞述徵。威烈抱遺制，莊襄竟淪傾。隱桓肇魯史，王春書特精。七雄擅機略，五霸互吞并。秦繆棄三良，齊桓説群生。會盟逐邢衛，辨詐流縱横。大哉先王訓，德智孰重輕？善惡著名分，循道乃安榮。聖門戒靡道，梟亂斯内懲。

易畫示消長，二五觀同幾。召公戒旅獒，楚狂歌接輿。飯牛得甯戚，贖羖至里奚。道合足周濟，義乖乃中違。儀秦擅捭闔，申韓握傾危。苟位猶拾芥，身禍非人爲。文豹晦山蟄，翔鳶漠天飛。積持擇注錯，安貽得喪譏。鬱鬱天地閉，俛仰空漣洏。

周衰暴列國，王章日陵遲。嗟哉九鼎震，趙魏紛淪夷。交政盟翟泉，空慨萇弘悲。繆公知悔誓，勾踐惟薪稽。楚漢劇秦弊，兼并卒駸危。由兹王蹟熄，權術徒驅馳。扶義受懷約，董公信良知。范增晚謝羽，尚惜鴻門機。扁舟五湖浪，千載愧鴟夷。

危臺禮郭隗，鄒樂爭趍從。徒憐蒯通泣，竟棄屈景忠。虛譽殆何補，貽書昧前功。包胥卻楚賞，魯連耻秦封。越石遇驂解，蔡澤奚克終？藥言美獻貴，粹駁悲離蹤。哀哉醢信越，晨索彌虐凶。何如露臺止，刑措多仁衷。遠睇翔飈翮，悵然歌匪風。

管仲資九合，既殁禍亂生。叔敖去楚相，出門謗吝萌。痺車使高梱，令解復弊輕。觀樂嘉季札，辭宅鮮晏嬰。韓厥義存後，鄭簡知絶繒。强弱方繫世，孰持義利明？儒效善調一，造御宜安行。大哉唐虞化，迢迢擊壤聲。

展禽止祀鳥，進退見詘信。魯師既三黜，徇道何非仁？子産存鄉校，鄭亡德靡淪。叔向疾返錦，刑書悲鑄文。公儀貧委魚，儀休愠績綸。汙隆貴審義，高節將誰倫？甯武達愚智，素懷誰與論？振衣起浩歎，往轍何由馴？

屈平志自潔，忍爲濁世污。憂憤結騷經，子蘭甘國欺。悲哉賈生賦，反辨誠罪辜。伍員死屬鏤，抉目懸東吴。龍逢直見殺，荐至嗚條誅。靈均曷撩昧，險巇終傷徂。吞蛭焉志感，逐麇乃增愉。彈冠慨天問，古今悲有餘。

吾希段干木，文侯軾其閭。居賢富德義，秦兵止唐且。樂羊伐中山，三年盈謗書。宋景感熒徙，魯惠存遺乎。晉文嘉善言，楚人思獻魚。史鰌篤尸諫，進賢爲國輿。固桑舉六翮，西河愧言虚。志感觀所遇，處身猶櫟株。五墨誠足慨，三哺良可吁。布衣傲爵禄，式穀視蒲盧。由來小臣稷，令名非偶如。

鮑焦昔奮世，萬鍾亦其耻。徐行甘負石，屈身匪吾美。治亂觀置違，進退有恒軌。樊姬愧虞丘，宋臏逃馬喜。曷爲季孫憂，鮮迪須無與。多才致憂患，薄德速淪弭。執飽特狸飡，孽狐反祥祉。脱屣猶蜕污，云胡束銜軌？羿射貴弓調，千載見張弛。志士輕浮雲，長揖隨所止。

季桓惑鄭聲，玄聖趍衛途。空返汶陽田，夾谷成虛娛。進撫在經濟，致澤非苟圖。田饒相燕治，避寢徒躊躇。子張竟去魯，似龍姿驚呼。玄猿號桂林，躑躅宋玉途。貍鼬跳釜竈，荏苒閤丘蹣。泣璞咎王尹，縱緤悲韓盧。辟閭愧管稾，嗷雞襍鍾竽。智士達行藏，言默見隆污。鴞羽集苞棘，豈能避焚誅？

嬴秦霸孝公，王室潛窺覦。衛鞅變法令，徙木信收孥。終焉冒怨黷，車裂愁商於。穰侯并周赧，搤吭來范睢。始皇滅六國，嫪毐彰不韋。驅馳萬金間，貸齊竟丘墟。咸陽侈鍾鐻，梁泰峨穹碑。慕仙采靈藥，阿房蔽天隅。奸斯肆兇暴，灰燼焚詩書。星隕祖龍死，腐鮑哀輬車。胡亥亡指鹿，陳吴起罾魚。降嬰伏灞上，劉項爭博盧。萋萋驪山木，誰作亡羊吁？

漢高失兩生，終祚乏文制。叔孫始綿蕝，陸賈善探紀。秦弊莫芟滌，賈生惜空涕。代文守玄默，刑措謝更置。良平竭智謀，絳灌式安慮。慨彼芝房歌，柏梁失經費。持危仰金霍，操險極賢禹。劉輔嗟鬼薪，王綱憫中棄。新莽卒構危，牝晨幾顛墜。嗟哉赤帝胄，感憤等苞繫。

山陽感麟瑞，燕然崇碣禡。梁竇挾閹豎，袁任竄溝罅。楊震飲陽亭，周燮謝纁㡚。左雄諫襄邑，李固竟超謝。尸諫感餘哀，埋輪慨空洒。八顧終黨錮，五侯爭倚藉。徒成卓操謀，深悲卧龍者。

劉縯起南陽，漢光擊銅馬。鄧寇首延覽，伏侯典文雅。高節傲嚴周，禮賢赴崔賈。

擬遊仙三首

蒼蒼山北芝，英英崇岡朮。芳縟晨夕艷，柯葉自蕃茁。羽珮期天遊，絶世倫高逸。翹跡青谿外，曠視濯淵潏。慕昔浮丘翁，永嘯駕輕颸。卓犖窺峻島，翱翔控回霱。遠引超六合，豈貴徐韓術？浩歌企冥〔一〕轍，漠然藉幽密。

閶閶聲利宅，丘山潛遯區。駟車奚欲營，何事返蘧廬？攀林陟崇岡，援皋俯清渠。層岑足低佪，焉復被長裾？崆峒隱柱史，鄭圃卧一臞。達則奮鴻舉，超能肆淵魚。冥栖煙霞

〔一〕「冥」，道藏本作「明」。

表，浩嘯窺元初。

靈峰高萬仞，中有學仙子。霧凝崖谷顛，雲蔽泉源涘。孰測彼何斯，聞乃葛洪氏。抗跡泝羅浮，神丹資久視。軒蓋東北還，珠林佇鸞趾。瓊姬逝我往，泠然奮輕羽。靈均辭曷通，瞻首竟何俟？

擬招隱三首

步屧事栖隱，幽蹊歷迴迂。林託匪雲構，榛蓬藉荒隅。幽蘭被崇皋，餘芳翳環居。遥岑列崎嶔，喬林亦葳蕤。惟藉耕與牧，疇畝已菑畬。胡爾役羈馽，峻谷乃吾娱。商洛潛東園，高丘憩長沮。遲佪曷彼招，誠欲歌接輿。

偃息中林阿，木杪日敷榮〔一〕。下有清池曲，足以滌塵纓。薈蔚蒼森中，松桂勁且貞。叢薄蔓蒿莽，寒泉瑩孤清。組綬罕兼善，退遯可獨膺。荷蓧跡荒途，巢由絶紛縈。至人非

〔一〕「木杪日敷榮」，道藏本作「杪日敷榮下」。

前阨，大化聊斯乘。悵望將孰契，踟躕挹餘馨。

夙慕中未符，行庭空徙倚。徙倚竟誰從，斯人卧衡蓽。晨陟西嶺阜，暮返東臯址。崇岡屹高屏，繁木森茂扆。企越慨風篁，懷陽嗟露卉。林蘗奚亭亭，流雲被層峙。虛巢薄輕條，靈蔭藉幽宇。蹇拙寧有俟，聊欲憩穹斐。遯利足居貞，振袂〔一〕安所止？

擬昔興

茫茫堪輿間，汩汩今古逝。得喪猶轉丸，盛衰若投器。周文志克修，史伯窮檜議。仲尼鄙桓文，陳軫弱韓魏。太和貫古今，王化視當世。自非夔契資，大業幾淪墜。須賈擅霸秦，叔時篤遵誼。頹風迅揚波，侈習競乖戾。落木鳴淒風，悲鴻響嘹唳。撫心視八紘，悒怏發遐睇。素無根柢容，久藉巖藪憩。墨翟靡自施，龐恭卒中棄。鋒舌利鑠金，明珠惜投異。振衣絶塵氛，抗節懷砥礪。願諧寥廓士，曠跡千載視。

〔一〕「袂」，原作「衱」，據道藏本改。

擬覽古

隋侯寶明珠，價重和氏璧。不惟照乘貴，意越夜光惜。當時苟利徒，奮奪動危國。燕惠惑隙誣，樂毅投魏跡。楚襄亟聞過，莊辛遂憑軾。未鼓鄒忌音，空嗟隰朋惜。良才豈易圖，至寶竟何益？身危羽蹈火，事變卵投石。譖愬卒擿杼，奸諛甚張戟。至辨德勝妖，安危勢莫測。云何白珪玷，遠異鵲巢僻。財輕死宜重，反裘曷毛腋？杜伯殞賢徵，越種竟身辟。得喪各有幾，杌棿等矛賊。崇卑若繫轅，千載俱浪跡。孰窺參贊功，精一貫金石。跼蹐思曠懷，僶俛事張的。善哉哀公問，聖訓著經籍。

擬感舊

乾坤宥形器，萬有互消息。人生慎出處，得喪何欣戚？四序代成功，衰榮等朝夕。寸心視操舍，敬怠昧焚溺。憂患信有幾，内懲戒淪辟。始罹浮翳蒙，終計清水釋。豺虺肆雄吞，蜂蜎益充斥。匪瞻离明輝，曷免困蔾棘？悒快馮驩義，吁嗟弘寧值。微生眇何繫，寵辱委心跡。玄渾孰芒昧，禍福猶反鏑。貝錦構珪玷，蒼蠅爭蕩蝕。簧鼓閭巷言，戈矛侣儔逼。屈放慨餘悲，箕貞凛夷惕。丘山計長往，高舉避矰弋。肥遯匪傲世，安危貴潛識。喬林夏緑繁，紆澗朝芳集。起席理故書，臨流玩殘易。焉知形骸外，轗軻苦形役。致命安固窮，聊將視蒼碧。

擬形贈影

萬物同一本，盈虚乃其常。天地亦形器，流行藉柔剛。健順恒不息，太和胡内傷？浮生等幻有，靈明昭否臧。窮達妄蜉蝣，志違難合張。趍馳苟污濁，没溺爲身殃。自昭耿不昧，明德誠無方。夕惕慎吾履，乖違甚冰霜。願言紳斯語，庶以善自彊。

儗影荅形

寓跡俱朝露，踐形貴彌肖。乾坤等炁機，陰陽曷窺徼？萬有羅紛紜，趍馳競喧耀。昏冥日昧淪，汩溺甚污醮。放癖忘羶漓，何由返明照？至哉聖哲徒，箴誨聿弘要。跬涉猶履冰，敬持乃熙紹。誠身慎厥脩，毋墮百齡誚。大化同一歸，澄虚以觀玅。

擬古意

養心見天則，動静環無端。義命本一致，降衷實幽蕃。皇皇群聖言，服膺惟肺肝。

盡性斯固執，操存匪貞艱。危微在主一，居敬回奔湍。馳騖當寡欲，炎凝生燥寒。乾健宜不息，化機運循環。誠身乃立極，歸會良非難。哀哉曲辨徒，嚄唶紛外干。蟺蝤金史華，蟪蛄秦趙懽。緬默謝浮趍，憒悱增浩歎。云胡鴻碩生，自昔含悲酸。仰止千古期，窮神斯大觀。

襍詩七首

晨陰收陽彩，風雨來北林。節更物候變，列樹增繁陰。偃息庭宇靜，園禽流好音。仰止先民懷，扃坐抱虛心。高蹈慕原憲，子貢嗟貧侵。靈域安寂照，藏密將自任。崇情協逸尚，慨獨散沖襟。拖履歌黍離，曠跡惟川岑。

曙星耀〔一〕餘輝，圓景艷秀木。達旦陰蛩吟，清霜澹叢菊。遵渚鳴飛鴻，汀葭翳繁緑。美人隔秋水，矯跡卧峻谷。王霸邈遺風，袁安偉芳躅。歲晏欲相從，整駕聊躑躅。逶迤朝陽輝，倏已在林曲。

〔一〕「耀」，道藏本作「曜」。

旦夕氣候變，林園散餘清。飄花委返照，向暮蜻蛚鳴。首夏暑未炎，芳草交池生。息倦步微月，涼颸白露盈。栖遲慕周燮，偃蹇懷管寧。高視悲幻化，顯藏在人弘。用懷泉石侶，脱屣絶浮縈。

孟夏多涼風，炎暑尚未周。芳樹葉雲布，晨鳥喧相求。幽芳被叢薄，逕草亦滋柔。日入欣有託，荆榛翳崇〔一〕丘。人生等過隙，縈繫俱蟯蚘。賦芋惑群狙，外身固無尤。玩道猶醯雞，何復百世憂？

生無涉世意，舉俗非吾知。身幻每朝露，哀樂常相隨。天地觀大全，一炁聚散之。安貧覺富勞，守賤忘貴危。班彪素嗜古，周黨良屈奇。委和去紛鋭，禍福非所貽。世毋黔婁士，斯言當告誰？

寒冬無停運，四野交重陰。日暮浮雲馳，悲風響疎林。棲鳥鳴故條，懷春發幽吟。膏

〔一〕「崇」，原作「叢」，據道藏本改。

車昧往轍，控翮稀翔音。遐託祕玄招，曠遊謝塵簪。景光駛飛電，曷由契筠心？遠矚憩陽岡，孤騫渺嶔崟。浩觀漠萬化，誰足攄吾襟？

旦氣忽舒和，清明炯無翳。流觀洞八垠，長養萌萬彙。膏雨鳴檐端，春陽藹涵煦。晨風動高林，浩蕩長川逝。枕藉惟群編，虛中迪先志。塵羈弭迅〔一〕奔，情垢息炎熾。曷睇龐萌招，奚投薛方契？慨彼逐末徒，寥天昭象帝。

秋興五首

烈風鳴高樹，悵然知有秋。晨光變川谷，日夕天雲浮。積雨解炎候，繁陰急鳴蜩。延佇感代謝，披襟獨綢繆。浮生並蛟蚋，吹息同啁啾。含慨尹生作，緬懷闕夭侔。委蛇中林托，憭慄曷少瘳？貪餧競鈎餌，偭攘焉自由？玄聖欲無言，誰當解吾憂？

苦雨漲寒潦，愁飈終夜鳴。悲蛩響庭户，野渚荒煙横。草木益黄落，撫膺群慮增。明

〔一〕「迅」，乾隆本作「先」。

燈起床琴，理韻難成聲。邈矣黄唐化，愠愉徒内盈。凝陰肆淫溢，坎壈隨晦明。達旦耿無寐，徒茲悔吝生。湮淪慨自昔，竭蹶焉遐征？泛觀等一瞬，聊復釋餘情。

耀靈旋〔一〕荐收，秋氣日蕭瑟。霜露漸慘悽，蟋蟀鳴四壁〔二〕。晨霏翳穹林，翔雁〔三〕息幽澤。橚槮被餘姿，撫感動悽惻。流俗競虞羅，先猷鮮繩墨。陰氛蔽交衢，躞蹀逐榛塞。宋玉慨遺悲〔四〕，靈修仰貞則。濁醪餐落英，軼駕企休德。九畹蕙華滋，凋林菊初白。聊從澹容與，疇能冒時責？

朱曦淨炎威，商候變金素。晨林揚迅飈，庭草盈白露。落木被微陽，莎雞鳴近户。通波泛平川，鳧鷖鳴遵渚。潛居靚杪秋，代序曷停佇？煩憺千古思，高騫邈遐愫。徒增惠連

〔一〕「靈旋」，道藏本作「雲提」。
〔二〕「四壁」，道藏本作「寒夜」。
〔三〕「雁」，道藏本作「鳥」。
〔四〕「遺悲」，道藏本作「悲風」。

感，豈眷安仁慕？結軫睇鴻軒，濯纓欲河赴。栖遲丘園樂，俛仰藉幽顧。怊〔一〕悵樵采蹤，浩歌漠中路。

謝拙契林卧，養疴群慮消。重陰翳肅烈，漢潦瀰崇朝。嘉木淨飄脱，幽蘭長芳苗。索居信虛澹，中谷何淒寥。郭泰已巾墊，費貽宜轍遥。埃風熾僄狡，感惕煩中焦。匪藉丘壑憩，胡能絶喧囂？偃息任寒燠，操觚賦嶕嶢。寒泉足自瑩，一滌心神超。放情歌谷風，輟策〔二〕羲農招。

次韻蘇素菴先生寓興二首〔三〕

形質俱幻有，陽剛獨貞堅。乾坤備健順，至理盈中悁。久曠山澤游，春深長芳草。悠悠懷故人，千古同斯道。

〔一〕「怊」，原作「怡」，據道藏本改。
〔二〕「策」，原作「榮」，據道藏本改。
〔三〕道藏本題作次韻蘇素庵寓興。

脱跡遺世紛，言慕巢居子。披榛事幽栖，道在孰吾否。落落山谷趣，偃蹇卧中林。潛居守淵默，千載惟寸心。

次韻蘇素菴先生襍詩六首〔一〕

積雨晦餘春，幽禽語芳樹。飄花委夕風，寒流盡東去。節候逝驚湍，浮縈渺馳騖。澄觀了萬化，形色自新故。晦息斯内持，操存自朝暮。

述古欲无言，刈苗長餘地。貞幹淩歲寒，松柏豈凋悴？培養宜及時，耘除淨榛穢。洞視萬古期，明德匪行至。

微月出東嶼〔二〕，明河澹疎星。露華集灌木，衰草陰蛩鳴。虚襟坐長夜，撫慨攄餘情。

〔一〕第一、二首底本誤合爲一首，今分開。道藏本題作次韻蘇素庵襍詩，亦合一、二首爲一。石倉歷代詩選卷三百六十五僅録第三首，題作次韻蘇素庵先生雜詩。

〔二〕「出東嶼」，石倉歷代詩選卷三百六十五作「生東海」。

萬有等埃腐，云胡勞死生？悲懽偶大夢，歲月徒斯征。感此奚足嘆，百年同醉醒。

物性具至理，託質溷賢愚。利害相糾合，殉溺非智夫。哲人達天德，生化紛榮枯。貴富恥貧賤，降衷初本如。衡茅謝形役，養拙安吾居。

蒙莊悟在宥，遺幻以休休。鄭列語天瑞，矯抗絶時流。寓言悚萬世，鮮爲經濟謀。功業付埃壒，身名了無求。惠王識大瓠，從此忘春秋。

明鏡燭妍醜，精光匪鏄〔一〕同。止水見鬚眉，老少非外容。鏌鋣號剛利，於伎均屠龍。慨此千載士，琢礪須良工。

次韻素菴詠古四首〔二〕

春秋百王法，仲尼哀狩麟。周亡雅頌熄，誰獨窺至仁？五霸互吞滅，間關狼虎群。至

〔一〕「鏄」，道藏本作「轉」。

〔二〕石倉歷代詩選卷三百六十五僅録第四首，題作次韻蘇素庵先生詠古。

道危一髮，軻言百世珍。

齊桓霸小國，相賢知所敦。管仲合諸侯，戰囚歷危難。述言貴禮節，遺馨若蘭蓀。輕重在權衡，歸政猶奔湍。雖云乏仁義，令名宜世存。叔牙善鑒士，悵望潁陽山。

漢興乘秦弊，仁暴焉所知？仲舒起韋布，策言炳重離。麟經究一元，王道精研推。述作匡正義，誼雄同所歸。邈然儒素風，洙泗賴持危。

蜀先〔一〕志復漢，屈身知下士。卓哉卧龍君，功烈昭文史。圖略過孫曹，桑田足資已。凛凛出師言，忠貞見生死。

次韻蘇素菴詠懷二首

物生具一本，根委宜相因。孩提禀靈覺，靡不知所親。降質等彝善，明晦猶朝昏。先

〔一〕「蜀先」，石倉歷代詩選卷三百六十五作「先主」。

訓發深蔽，荒嬉遺〔一〕精勤。至和塞宇宙，膏味非足珍。昭德在躬踐，嘉猷必誠身。懷茲每歎逝，川月披浮雲。

虛庭被朝旭，暄和欣自得。疎竹鳴輕飈，荒苔鮮行跡。幽居樂靜恬，浮務寡馳迫。薄俗安流趍，摧本曷滋植？恣睢日膠盭，念之耿深惕。熾濫宜異勢，凝道斯至德。經訓藉遺轍，内損乃吾益。愼哉勗初志，操省自晨夕。

凝神釋

天倪邈難窺，萬彙紛往復。至理融大鈞，一本生化育。虛靈宰玅樞，旡機運亭毒〔二〕。消長互詘伸，玄渾體群屬。昭晰亘一初，垢氛曷驅束？夭壽豈二途，短修孰〔三〕羈促？松喬古仙人，騁駕逸飈躅。矯首願從之，孤騫眇趍逐。委順埃壒中，攖寧去汚瀆。肖形等蟬

〔一〕「嬉遺」，原作「遺貴」，據道藏本改。

〔二〕「毒」，原作「纛」，據道藏本改。

〔三〕「孰」，道藏本作「更」。

蜕，濡沫更統族。曠視寓六骸，贅疣奚見獨？潛真絶町畦，淵澈淨無欲。誰云昧喜懼，旦夕每藩觸。廓然外天地，吹息猶轉燭。千齡垂耿光，至神永昭煜。

題嶧山神秀圖

王道弊幽厲，仲尼正麟經。間關事衛魯，疇將齊晦明。末繼屬鄒軻，卓言暉日星。禹功等明善，大本斯彰宏。聖學著千載，醇漓幾虛盈？詩書集雅訓，禮樂稽餘聲。蔚彼嶧山秀，不殊今古青。昔聞司空裔，來尹推賢貞。壺子貌神繪，簪懷見趨庭。玄珠墮象罔，投契猶蒼精。曹休美仙秩，儒玄贊文成。高風慕往喆，攬秀開軒楹。予懷素散拙，操持愧無成。託響慨枯桐，遺音眇青冥。斂茲毫端睇，萬古昭元靈。

題崆峒石房圖

神媧煉粹瑛，圯叟化靈石。惟此天地根，琳房孰鐫闢？崆峒世名岳，玅冠軒黄籍。颷宇曠天遊，抱真慕遐跡。宜茲冥寂士，遠託契空碧。露菌〔一〕益椿齡，霜松資服食。靈籤

〔一〕「菌」，原作「茵」，據道藏本改。

寶玉書，大藥訪金液。雅好在清暉，幽詮窺太易。楊江夢川瀨，韶館憩歸舄。不有壺中仙，玄黃圖一息。雲含空洞居，月寫金波夕。陰壑秀瓊芳，流湍注迴劇。栖神廣漠間，浩蕩方瀛適。稽首廣成君，澄虛守玄極。

西堂讀書奉教作

唐虞始元化，典墳基聖猷。繼襲履遺則，格言斯聿脩。皇明奮龍起，至治康宸旒。睿質挺宏傑，英華藹文脩。分茅巴蜀郡，適駕中都留。圖史積高堂，探研時內求。鴻生足紬論，采索古今周。春雲靄朝雨，夕露生微秋。城闕峨煥麗，山川壯雄州。偉茲磐石固，孰非仁澤優？草野被恩眷，丘林慚報酬。願資群經紗，維藩贊光悠。日瞻不圖盛，千載躋鴻休。

奉教題學古軒

至理浩一源，陰陽肇生闢。端倪運化機，圓方奠樞極。動靜眇無端，位育備潛植。盈虛迭古今，幽奧具墳籍。舜禹貴執中，伊傅司啓迪。師古庶有獲，學專凛奚適？賢哲會一初，明訓資模式。周孔發人文，思軻殆匡飭。遺經泯秦燄，荀楊踵哀畫。敷陳賴董賈，班馬擅褒斥。濂洛繼餘芬，墜緒等毫息。寸心乃大本，鑽仰斯敬惕。賢王體仁醇，聖代志藩翊。華構玩高明，德性契昭晢。操存鄙埃蔓，道味重珪璧。思辨盡研論，儒英遍紬繹。林野愧迂疎，淵衷念衰寂。益躋光大途，忠貞贊熙績。中和玅體用，神化靡窮力。泰宇斂萬殊，環中怡大易。

題承恩堂

乾坤運元化，盛世焉偶符？至治啓仁聖，皇明聿嘉謨。天朝繼大統，寰宇皆懽愉。奸慝快懲勵，忠貞超擢殊。君侯秉志操，温粹滋璠璵。艱難歷昏暴，坦履躋康衢。眷賚蕃寵渥，華榱列豐廬。承恩揭雄扁，庶以光鴻憮。綺沼宛環璧，彩楹深絡珠。錦鱗躍萍藻，文羽鳴椿梧。素尚弛弓馬，高情託琴書。探研篤下士，標格過黄蘇。啜茗竭泉溜，傾詞鏘珮琚。聖主美匡翊，謀猷復皇儲。椒房矧親愛，金霍焉足徒？豈貴耀穹赫，塵氛昧驚呼。從遊間老釋，猶念山澤臞。欣覯被隆盛，純誠期日孚。流芳藹蘭樹，厚澤宜昌腴。補獻亮奇節，千載昭皇圖。

題清白軒

堪輿運元化，萬有備貞一。至理含玅機，澄虚耿無息。秉忠本明善，汩蔽競膠軼。上公知體仁，端本貴操率。圖史盈坐隅，軒窗敞林苾。丹堊崇構明，芳馨蔓花蔚。趍陪總耆彥，講貫每編帙。帝戚貳重藩，持忠贊寧謐。秋霜濬淵潔，寒月皎川逸。曠視塵垢徒，浮榮等昏窒。鯤鵬眇天池，振翮靡回遹。簪紱揚世勳，榮名仰穹鬱。願安宗社隆，千載著熙密。

題罔極堂

明命衷昊天，萬彙囿生植。稟形兆遺體，恩報誠罔極。至孝篤事親，養志率朝夕。聖賢著明訓，終慕愴胸臆。祿養嗟弗逮，顏扁示無斁。情深陟岵悲，中切蓼莪戚。多君美醇厚，靜學足儀式。藩戚佐持衡，宸廷懋超迪。誠身信有耀，薄俗凜追激。黃獻素顏資，由茲覩光碩。

題四世堂

崇嶽始纖壤，瀰淵自涓流。世德被來裔，善源資內修。廬陵有一士，積慶資良猷。皓首等耆耋，承家信貽謀。斑戲已曾玄，畯茂卑清流。繁宗盛里閈，厚俗偕醇優。司訓育嘉彥，著聲簪組儔。王門美顯擢，文彩明琳球。輔贊乃殊舉，騫騰觀蔚稠。堂楣藹令譽，歆艷相交酬。至德代培藝，輝光宜遠悠。芳質秀潘岳，耆頤倫楚丘。榮名紹奕葉，永視蒙天庥。

題靜學齋

太易兆胚腪，陰陽運无始。虛靈妙莫測，動靜該至理。萬彙同一初，殊分先端紀。人文判羲畫，賢哲範衡軌。聖學斯主靜，臥龍乃潛啓。天人罕一致，理欲爭紛靡。外溺蹶奔騑，中移疾張矢。澄淵既汩溷，絅素亦蒙侈。敦復若回轅，鶩馳忽恬弛。寸心苟明定，霜月皎秋水。維揚一故胄，温篤志前軌。習利稽化源，靈樞究玄指。詩期鮑謝工，操慕關閩履。遵養際時雍，顯庸見旌美。汎觀鄙世流，顛悖竟何已？敏求貴勿怠，持敬此〔一〕安止。

題修省齋

虛靈宰五官，四體囿衡氣。至理具寸心，天人斯一致。脂韋情慮紛，物欲肆交蔽。放僻生隱微，顛危焉内制？凝淵昧淪溺，焦火汩炎熾。典謨具聖哲，濂洛啓幽閟。敦復匪途

〔一〕「此」，道藏本作「以」。

遥，返躬若紬粟。操存在持敬，逸驥安六轡。動静時厥中，戒慎奚必意？襄江有俊彦，久造岐黄祕。問學鄙庸流，儒先篤高志。潛修致震亨，内省惟恐懼。夕惕若履冰，休光乃蓄賁。克研遵養工，日益將罔既。體仁宜博施，食報豈遐替？寂感玅莫窺，羶酋競狂戾。顧言肅薄夫，明訓發矜勵。

題繼志齋

乾坤運無息，斯道具六經。君子繼先志，廓焉觀厥成。宇宙毓精粹，矧資川嶽靈。婺郡卓文胄，奕世峨簪纓。詞林振高步，聖域揚休聲。文節茂家訓，終艱欣嗣英。幽潛奮舉翮，雅譽躋王庭。賢屏著令德，錫言周睿情。王君揭華扁，至澤惟忠貞。砥礪藉明習，涵濡資内澄。積中發妙藴，麗藻紛瓊瑛。仰止光祖烈，崇編垂令名。昔賢貫金石，千載歸誠明。

題釣雪圖

東吴重藩鎮，偉士司化淳。明德佐仁主，三朝焕絲綸。謀猷在元老，適趣聊江濱。積雪奮胥濤，剛風凛淩緡。烟蓑偶一憩，動駭南溟鱗。倚望屬耆年，曷由資隱淪？微茫江海間，伊吕同千春。

題黄侍講瑞菊

大造毓至仁，萬彙資蕃碩。玅機運無停，長養見群植。形色昭化工，菭藹異繁堉。風霜肆凋落，柔艷靡同摭。神農次藥品，魏闕蔄芳拆。甘谷美滋馨，騷樽藉容滌。致兹幽貞士，潜契謝徵辟。高節縻遠引，遺榮媚恬適。曷儔青瑣賢，金閨久通籍。皇眷戴宸猷，詞垣竦趍直。祺祥被德基，岐彩烜幰席。酈穎爛朝霞，杞苕倫暮汐。岑吟耆彦崇，陸賦文英繹。薄露集庭秋，迅飈動帷夕。雅麗越班楊，豪奢耻何石。匪膺聖德隆，臻瑞寧琮璧。盛世宣治音，天葩著蒼碧。曰予林壑姿，膠誼託三益。探擷期歲寒，謀謨賴矜飭。離懷悵切思，怡壽冀駢錫。願覩補衮榮，含生樂熙績。

題黄茅庵圖

扶輿奠高厚，萬化兆溟漠。玅道潜至和，陰陽藴磅礴。名山抱環樞，遐視淩海嶽。一炁旋規中，三花孕鄞鄂。外施神靈役，内固風霆握。環堵藉黄茅，孤笻步丹壑。伊昔濟旱枯，江流奮鯨鱷。瓊葩祕洞笈，踵嗣紛超卓。嘉譽益神州，玄裳喜雄角。再瞻壺子圖，運墨契精樸。淵默寂無聲，翔飈睇寥廓。

題南山霧〔一〕隱圖

至道邈榛塞，弛張安預謀？玉川啓遐慕，宛託林塘幽。雲木〔二〕被膏雨，風泉響崇丘。玄姿焕文豹，隱跡嘉南陬。澹泊鳧鷺趣，微茫江漢流。適兹藉肥遯，焉迷機辟篝？伊吕不世偶，含章終見求。蒙莊善違患，蔚爾觀藏修。

獨酌二首〔三〕

曙雨改餘春，新流注深谷。幽居絶世氛，微月澹叢竹。麴蘗非素耽，聊從寫情曲。吹萬等勞生，胡能競奔觸？

薄露集虚庭，憑池暫怡偃。蛙喧倏四盈，墟里聞舂遠。暝色度林鐘，殘霏淨孤巘。孰探肥遯情，幽趣聊獨遣。

〔一〕「霧」，道藏本作「霜」。
〔二〕「木」，道藏本作「林」。
〔三〕列朝詩集閏集卷一僅録第一首，題作獨酌。

九日登樵坡自遣

朝旭解微陰，侵晨步幽谷。丘園遂遠託，世綱何局促？千嶂聳瑶昆，孤泉潄鳴玉。衡門藉崇丘，虚牖面漪竹。物候感湍駛，勞生信羈梏。君子慎行藏，得喪奚榮辱？諳巧競危機，孚誠愧勾〔一〕曲。抱中守義命，肥遯素安足。悵懷箕潁徒，瓢棄曷所欲？脱屣撫喬松，傾醪對叢菊。秋花艷夕姿，聊復適心目。長嘯邈空冥，達觀耻流俗。傲睨雲漢期，豈暇忘鹿逐？居虚了無貴，委順焉躑躅？

養疾四首

懷痾卧宵雨，曉雷震南隅。養疾向微愈，食息稍自如。開顔盼林木，草莽未剪除。整書避潹潤，新水盈川渠。天雲復西行，陰翳交庭蕪。感幻慕輕逸，澄神以凝虚。杜權發幾踵，慎損良非愚。斂視滌塵滓，轗軻安足拘？

〔一〕「勾」，道藏本作「鈎」。

冬風何凝寒，嚮晦復淹疾。葉落群林鳴，百草悴叢苾。寒谷回微陽，流雲澹孤逸。事藥偶就火，親書猶抱膝。窗幃煖炁舒，然燈月初出。竭碉無晨冰，繁霜熟園橘。天壤曷有瘳，氣機疇與逸？淵默養太沖，何必懷方術？

沐髮不整冠，寒飈吹薄帷。頤疾覺帶緩，編蔄生塵姿。妍芳悴藪澤，蓬蔓餘春菲。露下空階明，栖鳥巢故枝。浮生等大患，藥石豈吾資？但愧壺丘子，榮悴何足悲？

濯足山澗中，杖策暝乃還。寒蜩鳴疎樹，落日下西山。灌園露已濕，倦息衡門間。墟里或過問，跬步愧益艱。寠空匪苦疾，鶉衣畏祁〔一〕寒。寧貽啓期〔二〕誚，齒落無衰顏。

課畊二首

耦耕南畝上，資植日已茂。藝種各及時，相知或新舊。原林多豐壤，泉谷每深竇。耘

〔一〕「祁」，明詩綜卷八十九、江西詩徵卷九一作「早」。

〔二〕「啓期」，原作「豈期」，據列朝詩集閏集卷一改。明詩綜卷八十九、江西詩徵卷九一作「榮叟」。

耔已覺勞，紡績夜深書。耨耜侶鄭伊，先農仰周后。素懷鮮塵合，曠跡依岩岫。深扃讀我書，於世復何咎？貧賤樂乃常，蒙莊斯在宥。

出市歸多遲，在山起常早。風霜秋已冬，衰榮豈長好？脱葉静寒柯，農穫藉深稿。躬耕聖且然，伊甯達王道。龐葛事菑畬，窮通可終保。群言慨古昔，撫己增幽抱。勸拙愧長沮，揠苗憎蔓草。俯謝農圃人，榛蕪慎除掃。

課樵

宿慕山澤招，於焉樂肥遯。幸逾羈畢羅，偃蹇寂無悶。還策陟荒途，林栖美敦艮。衡門翳蔓緑，方沼涵清汶。穹巘聳藍孤，飛泉瀉瑶混。夕聞樵采音，伐性感遐論。休貞藉〔一〕蹇拙，澆惡何利鈍。紬繹託遺言，資生付農畚。素諧魚鳥懽，豈汨鮑醽溷？養拙知曲全，持盈戒滿損。抱道達先機，迷常信衡運。曷嗟原憲貧，獨契閔休困。俛仰心志違，流光慨經瞬。濯足聊委纓，狂歌滌幽憤。

〔一〕「藉」，道藏本作「謝」。

夕懷

落日未没山，明霞爛西隅。疎林俯平野，飛烟散輕凫。宿鳥栖復鳴，燈火起隣墟。明月照東園，餘寒襲裳襦。啓扃坐虚庭，延泳思莫舒。世故感浮情，淳風朝夕殊。玄天嘿〔一〕無語，終爾歸空無。

山舍夜坐紀興

潛僻非世圖，幽恬足真賞。晨招逸人來，遠策緩藜杖。叙别罄春醪，園蔬雨餘長。延懽喜就宿，窗籟風泉響。草露喧候蟲，林星耀虚敞。芳池寫初月，山氣襲膏壤。沉寂諧静便，栖遲愜敦養。輕蜩蜕污濁，冥鯤絶痾癢。久違商皓遊，焉期漆園想？然薪盡永夕，聊與謝塵鞅。

琴堂爲官行甫作

師襄若傲世，伯牙類知音。一鼓南薰操，至理斯聖心。崆峒有耆士，抱道巢幽深。天

〔一〕「嘿」，明詩評選卷四作「默」。

籟度微月，雲芝蔚喬林。冰絲韻雅調，流水瑲球琳。曠世寄真賞，佳圖見沖襟。蒙莊晤昭氏，靜續淵龍吟。

乙亥季夏還山居偶興

未夏熾餘暑，幽期諧素衿。川原〔一〕蔽繁緑，溪渚澄蒼〔二〕潯。田舍静雞犬，荒蹊抱深林。圓淵敞靈構，疊嶂羅高岑。荷炁薄朝露，魚波依〔三〕重陰。披襟〔四〕遂恬息，濯澗清閑心。遺世匪塵傲，養真宜自任。秋風動早思，寫我丘中琴。

和孟瑱楊先生韻

衡宇藉雲岑，春流集苔逕。駕言巢舊林，適志鷗鷁並。楊子久吾知，先期閲幽勝。迴

〔一〕「原」，原作「源」，據道藏本、乾隆本、列朝詩集閏集卷一、明詩評選卷四、重修龍虎山志卷十三改。
〔二〕「蒼」，明詩綜卷八十九、江西詩徵卷九一、重修龍虎山志卷十三作「深」。
〔三〕「依」，原作「衣」，據明詩綜卷八十九、江西詩徵卷九一、重修龍虎山志卷十三改。
〔四〕「襟」，原作「荆」，據重修龍虎山志卷十三改。

瀾曳棹輕，疊磵藏扉静。匏尊洽永論，遠趣發高詠。小有閟濠弓，方諸湛雙鏡。良應庭訓優，探緒起賓敬。暫别若經秋，來章悚華盛。斯文凋謝餘，至理寡希聖。資訓覺後流，駑趑愧昏暝。固耽嘉遯情，泉石益膏病。貂續信遺音，聊貽風雅聽。

題山林幽居圖

素業得幽勝，壯遊知早還。讀書匪干禄，杖策恬丘山。卜築隱原野，翛然林水寬。磵橋度虚落，夕靄滋崇巒。怡樂事畊釣，謝徵足投安。論交久凋落，抱器無外干。圖勝得仙繪，高情寫幽潺。顧我迂鈍資，遺形丘壑間。披覽啓中好，從兹期歲寒。

山居晚興

孤筇入暝壑，秋思滿丘山。適此松桂託，倦翮宜知還。商飈動凄冽，池溜鏘鳴環。落木秀陽岡，荆扉被皋蘭。起囪理散帙，遠籟微鍾殘。夕露浥叢菊，傾罇少怡顔。困亨累咎往，夷晦无尤艱。懿德美孿孚，反躬惟内閑。知天久達命，樂止聊吾安。大化本漚泡，蚷丸邈浮干。清霜藉叢薄，流景倏已闌。蜩翼匪雲垂，何嗟遲暮間？餘齡付寂寞，卧疾窮幽潺。

冬日山居三首

嘉遯抱素期，樊籠澹高躅。殘流響遠蹊，杖策還幽谷。野雀鳴晝扉，方塘湛寒緑。迅飈蕩清氛，桑〔一〕葉滑林曲。撫感心志違，含情塵網束。衡門足栖息，豈愧鵂鶹木？久藉孫登悟，曷煩季主卜？養真付餘齡，明命孰吾欲？宗嗣屬天倫，哀煢愴顛躅。誠身愧靡逮，崇德念虚篤。洞視委順流，浮羈妄煩促。所悲負夙懷，遺響邈轅轂。

積靄浮遥岑，澄空皎霜月。寒流響珮環，露下衆星列。高閣凝霧姿，嚴風度淒冽。反躬在立命，居俟志寧輟。黄鳥止丘隅，馳騖苦塵蹶。有斐空谷徒，玄機夙躭悦。曷能昧俗趨，得喪摧勁節。達士固樂天，何由太空閲？至和妙一初，滌此幽憒結。聊欣梅竹芳，歲晏卧冰雪。

負暄息南榮，簷旭靄〔二〕衡宇。滴露響叢篁，冰澌度林水。寒梅競雪含，藉莽並風靡。

〔一〕「桑」，道藏本作「霜」。
〔二〕「靄」，道藏本作「曖」。

四運盈縮周，初陽曠天雨。層岑翳薄靄，鳴澗續泠耳。偃坐雲木幽，澄虚足安止。知天孰匪躬，盡性端在己。疚往漫祇悔〔一〕，懲初必敦履。曷窺元化機，遺迪仰前軌。矯首慨彼蒼，採芝欲誰語？

暮春述懷

曠跡遂恬逸，素躭雲壑幽。芳春倏向暮，衡宇斯遲留。畎野始農候，崇源發新流。群岑邇夏緑，燒木淩荒陬。悦此户庭蔭，松筠交蔚稠。安時謝驅逐，達志知何由？閲歷懼城府，徒增悲戚憂。人生信遭遇，泛覽同虚舟。咎往資内惕，永言規慎修。池荷泛錢碧，黄鳥聲和柔。隨時愛景光，此外將焉求？

雨中翫菊

殘雨盡餘秋，層峰卧深霧。素虞人跡稀，曙靄藉樵路。旱暵昨靡霖，疲氓慨焦土。籬

〔一〕「悔」，原作「晦」，據乾隆本改。

菊亦鮮花，曠念空朝暮。采幹溪潯來，微飈近池度。秋芳信靜妍，脂黛生簾户。隱逸欲奚招，幽期適投慕。泛英少獨酌，貞操託情素。寧萎霜露欺，深慚艷陽顧。靈均匪養年，彭澤偶農圃。歎惋欲奚知，除荒足棲步。孤懷寂與論，閲歲惟培固。

冬日王景山吉惟中過山居小酌因贈〔一〕

初陽暧旭霽，靜侶喜聯訪。衡宇澹朝暉，林泉足清曠。偶延雲水娱，豈謂匏罇廣？久謝埃壒情，禽魚遂閒敞。虚恬與道俱，澹漠益天放。了觀鵾鷽趍，昏晝溺塵網。慨慕鄭李招，奚能汩飄浪？愧予日衰鈍，靜退託榛莽。何幸協耆英，浩歌激蕭爽。

春　雨

霏雨集崇阜，言旋白雲岑。嬰塵感浮慮，愜靜惟中林。水木寄恬逸，芳春意彌深。遊魚躍圓泡，悦鳥鳴叢陰。近澗始流長，落花荒徑侵。愧無先機識，空此懷沖襟。天道屬幽默，存誠惟素心。慎修匪有俟，斯志將誰任？

〔一〕道藏本題作山居小酌贈王吉二高士。

水檻遣懷

好遯棄遐舉，端居無外縈。方池敞靜構，水木含餘清。苦雨厭行潦，闃寥諧素情。園淵足鑑止，内炯符清明。風澗驟喧瀑，雲岑高隱冥。幽篁解初籜，野卉飄殘英。昳谷增夏緑，閲時塵慮盈。玄渾有定命，少洽鷗鷺盟。

夜宿杭之佑聖觀東圃

弱齡志海嶽，未冠研詩書。篤慕山澤蹤，恬與俗尚辜。錢塘昔曠覽，憩此東園廬。故友昔綢繆，新交協歡娱。偃息青桐陰，高歌黄鵠辭。窗筠解初雨，床月來前除。橙顆正霜圓，煙葭長平湖。羅樽集盟好，閑情契高符。一聞離别言，漸與心跡疎。陽烏鳴悲風，寒潮下蒼蕪。逾紀候五載，撫事因循餘。坐感凋悴久，仙真故何拘？明發奮遐慕，言返回園居。王喬笙鶴音，獨爾淩虚無。

負暄二首

負暄愛日和，雲靄薄向舒。窮山積寒翳，庭樹凋亦疎。下泉方斯蟄，田野聊安居。禾黍藉隴畝，返刈多空虚。感念曷爲整，世漓跡亦殊。焉知温煦樂，尚及散與樗。繁霜悴百草，幽花褉園途。獻君亮何由，蕪穢益自除。寥寥太古意，涵泳自有餘。

投身寂寞濱，自謂此生足。環堵翳蓬蒿，清陰覆園緑。聊支風雨淩，寧與世緣觸。息交輪鞅稀，寡慮鮮情束。蔬食不求餘，高趺惟弊服。結習塵障生，虚妄薰陶熟。苦澹視莫親，浮縈互趨逐。孰探天地和，心境堪〔一〕敦復。大哉艮始終，碩果契山木。

野眺二首

北風吹狂瀾，江水濁不澄。牛犬行平岡，木落山縱横。輕霧散林渚，孤鐘度危城。泊舟且無寐，長河終夜鳴。弊服劬馳邁，積雨將寒生。物情異旦暮，幻質奚將迎？悽悽葭菼間，怊悵徒撫膺。

天霽風稍息，朝雲度冥鴻。江草澹微旭，蘆洲散行蹤。言旋情既舒，息倦惟蒿蓬。寄

〔一〕「堪」，原作「湛」，據道藏本改。

形區宇内，浮生隨化終。窮達奚足念，百感徒煩忡。存誠返自然，修己惟時中。何當謝蹇拙，永託巢由風。

宿句容之青原觀乃葛仙翁故宅

道模有徵[一]運，至人隱靈蹤。崇構著名邑，昔遊感深衷。鄽埃絶委巷，曲逕縈頽墉。池草滋夕露，輕飈響高松。殿廡儼穹像，凋落嗟餘蹤。玄緒契踵習，井竈遺西東。别館延偶酌，燒燈起房櫳。終宵静繁慮，仰慨瞻遺風。涉覽在明發，惕修兹勉躬。神功匪遐邈，萬古昭昏蒙。

甲戌三月三日山行[二]

霽雨解前峰，幽原策歸路。荒蹊蔓草春，野水平橋度。悦鳥近聲圓，耕牛緩犁步。豐

〔一〕「徵」，道藏本作「微」。

〔二〕道藏本題作甲戌三月二日山行，列朝詩集閏集卷一題作甲戌三月二日出行。

苕幽韰鳴〔一〕，密竹中園素。靈岫敞虛軒，荆扉護雲固。新流汎池溢，繁翠盈窗户。凭〔二〕埽理殘書，扶筇歷榛顧。丘林適所娱，垢〔三〕濁豈浮慕？虛澹美遐蹤，顛危惕冥〔四〕務。安由絶世緣，木石藉深處。倦翮止枝巢，先迷感餘悟。聊舒栖遁情，生意足農圃。

雪晴遣懷

辭鄉苦淫雨，旬日喜初霽。達曙星漢明，嚴霜凜寒氣。僕夫戒晨發，解纜火先熾。狂風初向止，朝旭悦南至。宿靄散平川，遥煙澹孤嶼。峰迴積雪白，灘險寒流細。野艇遡漁綸，商帆洽鳧戲。洲渚薄欹傾，人烟閴迢遞。征途值歲晏，行邁眷遐睇。塵網日疎違，危機慨浮世。束書謝旅貞，百感胡内翳？君恩戴彌厚，蹇拙愧庸器。寵渥踰素期，微裨莫涓致。民彝困蟊賊，管晏竭〔五〕群睨。顧念衰朽侵，何由覿經濟？汀梅爛始英，崖竹滴空翠。

〔一〕「苕幽」，道藏本、列朝詩集閏集卷一作「泉陰」。
〔二〕「凭」，道藏本、列朝詩集閏集卷一作「掃」。
〔三〕「垢」，原作「姤」，據道藏本、乾隆本改。
〔四〕「冥」，列朝詩集閏集卷一作「宜」。
〔五〕「竭」，列朝詩集閏集卷一作「渴」。

少慰幽晦情，奚能愜真契？願言返駕早，永託丘園憩。

登陸文安公象山祠堂故址

羲堯體乾運，王道持倫綱。舜禹襲神器，精一斯傳彰。周亡雅頌息，仲尼語張皇。伊説佐受命，況軻司振揚。偉兹大經奥，百世垂輝光。陵夷幾更歷，明晦違天常。濂洛啓潛閟，建中續虞唐。青田荆山璞，宏文皎旻蒼。寸心宰靈妙，昏塞非違傷。動靜該至理，惕焉惟内强。聖訓炳星日，卓〔一〕操踰冰霜。横經宅雄勝，古象增渾庬。雪館夜燈集，風庭春雨長。闢閩覺支蔓，吴楚被餘芳。駑質愧庸昧，師謨幸遵詳。雲岑慕遠謁，佛刹〔二〕榛萊藏。探陟訪遺舊，荒基屹崇岡。肅衿悚瞻睇，天宇澄秋陽。翠臺聳前挹，曠緲歸毫芒。浮觀勵先躅，敢意窺鴻荒？湍駛難砥柱，大音孰儀凰？八表視環轍，千齡仰休光。

〔一〕「卓」，原作「早」，據道藏本、列朝詩集閏集卷一改。
〔二〕「刹」，原作「利」，據道藏本、列朝詩集閏集卷一改。

癸亥元日

初陽改歲運，積雨晨將疎。微和兆〔一〕春育，雲物薄向舒。清瀨散幽汀，佳禽語荊蕪。飄梅藉苔逕，叢竹横交疏。池萍斂稚緑，密藻含清漪。玩理足自悦，物情豈無餘？年更愧齒長，鈍學終焉如。嚮晦惟慎獨，紳言良足書。

晚霽

夕陽媚春暉，浮翳方四展。喬木欣向榮，陰雪明孤巘。疎篁鳴晚風，寒霜曉初遍。悦鳥喧漸和，新流泛池淺。遥煙澹墟隣，雲磴盤幽蘚。落日襍農談，園蔬緑方〔二〕翦。年增感易深，悔吝疇自遣？素業慨高懷，研心資礪碾。玩世適餘生，誰將昕真踐？

仲春喜晴

近社喜連晴，林風和仲月。清露滯秀姿，偃卧澹怡悦。林暝鍾盡遲，池平草初茁。溪

〔一〕「兆」，原作「先」，據道藏本、列朝詩集閏集卷一改。
〔二〕「方」，明詩評選卷四作「初」。

嵐[一]散喧瀨，浦樹春榮發。淹抱非世徒，遐蹤睇高潔。陽岡棲白雲，偃息孤懷惙[二]。幻跡信萍蹤，虛衿皎冰雪。

旅懷三首

落木號淒風，蟋蟀鳴四壁。寒燈照簾幃，叢薄林露滴。弊帙散未收，遺言藉閒適。更長城鼓遥，星月襍行跡。餘夢感遐思，初霜古楓赤。忽兹歲月深，轗軻念登歷。虚中竟誰論，永夕增歎息。無寐幽抱盈，空林靜寒碧。

起早月尚明，微風響庭樹。遥鍾盡殘[三]河，池草盈白露。披衣行空庭，孤禽語平曙。酬措每疎慵，晨光起簷户。孰知愁累[四]牽，丘壑慕恬素。薄俗擅奸危，皇情感深顧。歲

〔一〕「嵐」，明詩評選卷四作「風」。
〔二〕「惙」，原作「綴」，據列朝詩集閏集卷一、明詩評選卷四改。
〔三〕「殘」，明詩評選卷四作「淺」。
〔四〕「累」，列朝詩集閏集卷一、明詩評選卷四作「慮」。

闃貧病侵，幽憤徒朝暮。

夕陽下城西，平野荒烟斷。淅瀝晚風鳴，烏靜蘆葭亂。歸人行且遲，落木疎汀岸。滯旅倏秋霜，池月來輕幔。方慚嬰世氛，晦吝益貞幹。羈縶久何堪，良猷匪前算。聊從適素懷，斯道俟潛貫。獨有歲寒心，松筠契冰涣。

元夕後喜晴登靖通庵

春陽藹微和，扶疾釋餘怠。真館肅虚寥，幽尋倏逾載。小徑迷積葉，雲蘿遞〔一〕空籟。飄梅散輕颸，竹柏紛映帶。澹寂每清神，晴岑〔二〕列窗黛。燈宵襍市喧〔三〕，鵠佇淩空界。撫心倍仰止，素託抱〔四〕深賴。叢陰支倦還，由兹悟懸解。

〔一〕「遞」，原作「遽」，據道藏本、列朝詩集閏集卷一、明詩評選卷四、續修龍虎山志卷下、重修龍虎山志卷十三改。
〔二〕「岑」，續修龍虎山志卷下、重修龍虎山志卷十三作「光」。
〔三〕「喧」，明詩評選卷四作「囂」。
〔四〕「抱」，明詩評選卷四作「袍」。

觀朝雨

春陽藹初暄，宿雨散晴霧。虚室湛沖融，研書感崇慕。新流漾薄風，密蘚留閑步。園鳥鳴曙柯，炊烟澹墟樹。夙心際玄邁，逝景惕川赴。俯睨抱深衷，馳形愧前務。良猷寡志符，中亮徒潛顧。飾僞等塵睒，頤貞止安素。帶經〔一〕農圃間，恬逸自隨處。化育存〔二〕至功，希言睇先晤。

題夢鶴軒

至人造冥會，踵息匪形寐。物化等魂交，胎仙偶靈契。神區哦石房，嘉子志研礪。池月生蘿陰，林峰蔚庭翠。束書抱玄悟，萬有燭衡氣。隱几鳴皋音，恬愉静纖慮。翩然泠風行，輕舉倏騏驥。仰昔軒穆遊，蝶蟻漠埃棄。解敵曷于髧，乘軒空衛懿。憂噩感情思，死

〔一〕「經」，原作「輊」，據列朝詩集閏集卷一改。

〔二〕「存」，列朝詩集閏集卷一作「有」。

生孰莊委？膠擾紛梏亡，凝虚了浮視。愧懷〔一〕軒冕期，控翮奮輪翅。曠協緱山徒，千齡渺遐逝。

觀鑿泉

隱者事耕鑿，泉源欣灌通。汲遠非懼勞，得泉可隣同。僕夫勸且喜，世謂或神功。源深流益清，石潔潤且豐。至化育元海，周流浩無窮。萬殊具一理，原反知始終。斂視不盈勺，孰彌晝夜工？悵彼庸昧徒，曷窺有本宗？從兹挹幽素，飲漱巢由風。

寒雨

宵雨積餘寒，晨鐘入林皐。枯條鳴烈風，泉瀨清可漱。樵采返烟扉，山禽静霜柚。攄懷含隱憂，慮澹無機鬬。田野日飢虚，天和恐傷候。孤懷曷與論，跬步愧良後。撫景感頽波，睽違信誰搆？養心在貞素，拂袂絶塵垢。

〔一〕「懷」，原作「愧」，據道藏本改。

題繼善堂

壁經秦亡出，遺訓幾湮淪。至理累榛塞，皇衷曷迷湮？濂洛啓末緒，由兹見天仁。貞良本彝則，踐習乃益真。昭晰具一本，精微宜珮紳。覽古遵聖謨，始卒斯明淳。矧子繼家學，善承猶素敦。山輝藹春澤，茂林含夕氛。談詠契朋益，規箴良足馴。從兹勉勁操，先轍宜追聞。

題泠風臺圖爲子方鄧玄講作〔一〕

蒙莊悟吹萬，達生誰足論？俯仰宇宙間，衰榮等毫均。斯人慕貞操，息此林水濱。明月度清瀨，空歌入流雲。飛鴻遠莫睨，遺曲懷陽春。

答周奉常見寄叙懷二首

玄館諧晤集，及兹再春冬。駕言使陵祀，别首揚遐蹤。松雨滯寒色，官帆披曉風。後

〔一〕道藏本題作題泠風臺圖。

旋矚繾綣，叙話懷從容。謬陋久託知，殊趍稀素同。返旆感皇眷，幽尋愜栖蓬。屯難亮持久，曷由寫深悰？

聖道非晦微，踐修貴精一。十載抱友義，啓琢藉資益。宦遊常睇思，所念鄉井隔。憂居適旆旋，賞愛賴含抑。故廬甫就治，隣圃非舊識。晚謁負沉痾，衿期見心跡。王充俟研礪，郭泰素淵識。願同歲寒心，永共保貞白。

題無垢陳東堂清都真館

抱真悟恬逸，樂兹林壑居。象麓雅幽託，肥遯皆菑畬。群峰斂几席，石澗交盤紆。秋雨響鳴瀨，春雲濕耕鋤。迂橋步蘚徑，窮島通樵漁。茂樹憩晚息，丘園足栖娱。從知絶塵久，内養宜潛虚。先德副遠志，休光恒與俱。我昨謁衡門，曉風黄葉疎。傾罇滌遐慕，晚别深躊躇。淳誨寡俗契，宿膺良匪愚。典刑屬耆望，疇能隨卷舒？昔懷已浩邈，曠跡信有餘。高齡僾松偃〔一〕，玄契爰貞腴。願資清都授，示我瓊函書。

〔一〕「僾松偃」，道藏本作「凝松偓」。

東圃爲錢塘王景舟作

仙真寓冥託，脱跡輕浮緣。大隱匪塵繫，忘形或居鄽。若人雅清度，解舄開東軒。芳圃闢幽構，琳宫謝華鮮。環堵羅茂植，虚庭敞初筵。竹柏鬱葱蒨，簾帷陰翠懸。禮經黄房内，夢雲紫閣前。馭鶴〔一〕度笙韻，漱井通寒泉。東吴久凋落，玄德宜推賢。昔予曠西遊，靈宇諧盤旋。高桐蔽疎牖，薪火聞朱絃。暮角散晨雨，秋潮隨月圓。湖山頗遲步，紛垢豈外纏？耆彦藉匡翼，虚心遊太玄。勿遲羡門招，洞視萬有先。

寒坐遣懷

煙林隱霜月，野火聞溪曲。遠水度歸鴻，凄風響叢竹。寒空翳玄雲，夜雨晨未足。微燈坐長宵，塵慮耿心目。昔人千載期，斯道貴貞獨。琢滌非苟然，猶傷歲年促。靈源了澄澈，曠視寂無欲。落落溟渤觀，潛真慎吾勗。芳馨蔽叢蔓，蘭蕙滋寒緑。苔逕梅初花，言旋狎樵牧。

〔一〕「鶴」，原作「鸖」，據道藏本、乾隆本改。

題自畫歲寒清節墨竹贈王樂丘

至理紗一源，化機運無停。有形等埃腐，高節嘉獨貞。冉冉物候改，寥寥歲寒情。王子予素託，美竹環溪亭。回鷗澹忘機，山水秀且明。不有世外交，誰能賦平生？幽圖邈難盡，見此千載盟。

京口曉發道紀鄭本中來謁題雲卧卷〔一〕

衝霧發晨舸，别江危浪疎。寒城帶烟柳，秋水涵風蒲。微雨濕林楚，凝雲〔二〕翳汀蕪。艤舟會野渚，幽扁重披圖。静構極閒敞，白雲在簷除。超塵藉高卧，子真宜谷居。遺翰盈故帙，才情感東吴。佳題見麗藻，遊歷詢殘墟。斜霏乍成泠〔三〕，逼棹言馳驅。推蓬遇〔四〕

〔一〕道藏本題作京口曉發。
〔二〕「雲」，道藏本作「霜」。
〔三〕「泠」，道藏本、乾隆本作「冷」。
〔四〕「蓬遇」，道藏本作「篷寫」。

偶興，朂兹足恬虚。遠黛識經行，餘潮知有無。

春曉

晨風蕩微薰，輕藹集嘉木。曙鳥遍園林，遥烟澹墟曲。林峰會黛姿，萍沼泛新緑。霏雨滋衆榮，殘飈度叢竹。芬馨競花柳，澹冶漸膏沐。閲景撫微悰，時違增睇矚。曠懷等虚廓，泉石藉知足。眷彼蓬累人，潛心守貞獨。

登草堂夏先生墓

蚤歲服庭訓，幸從杖席遊。時危適遷止，築茅林野陬。先宇依舊里，踰年始兹留。貧居狎農圃，樂此林塘幽。雄文繼班馬，講授推才優。隱賾志探索，辭華聿精遒。慤勤典模訓，端嚴儀行修。燈殘暮雨夕，月滿寒山秋。相從近廿載，白首忘倦休。高義竭心腑，至情藹先猷。味道信貞腴，真淳見交酧。閲齡甫六衮，孰意終沉浮？弱孤足繼軌，首疾亦弗瘳。冥隔今八載，荆蕪半荒丘。凋落慨三徑，哀傷睇松楸。墟煙解陰候，蕨筍登盤羞。觴豆陳所思，悲傷溢同儔。潛靈尚斯格，餘澤期孫謨。

登方壺真人玄室

靈嶽産嘉瑞，遊仙處琳宫。壯志稱卓犖，神都謁飛龍。論交玉堂士，曠視金馬蹤。翰墨立倍價，還思林野踪。金仙瀛海姿，龍井巢高峰。秘授足投轄，凝神守環中。崎嶇遍川壑，早謝塵氛蒙。閩越泛秋瀨，雲迷燕黛容。東歸振凋逸，問學時相從。毫楮泝羲旭，丹青追浩〔一〕仝。章書示漢跡，隸法卑秦封。靦質素駑劣，探研春復冬。爐甌坐梅雪，潮舸吟溪風。慕藺傾海内，知譚著江東。踰年粗有得，京國勞趍逢。名區賴推重，豈貴爵望穹？返旆已黄髮，頓衰幽桂叢。悲懷切景仰，寂寞瓊林空。遐逝倏十載，高翔遼鶴沖。朝霖變郊候，觴豆趨荆蓬。文契共嗟慨，神格期潜通。

雨中懷吴徵士至德

春霖固膏澤，泥潦苦未除。扃坐侶緗帙，憂懷遽能舒。故人暫邇隔，講授林塘隅。高柳濕霏雨，叢篁衣交疏。鳴鳩鬧桑圃，幽藻潜淵魚。村野未陰蔚，芳郊正耕鋤。遐情謝高

〔一〕「浩」，原作「號」，據道藏本改。

軌，俯慨期恬虚。由兹寡塵契，託交淳德餘。偶違亦别思，友義期終初。流風慨往古，鄉井猶凋疎。庭宇樹煙暝，虚窗展殘書。攄辭見中慕，貽好在貞腴。

漫興

息交寡塵鞅，散慮恬沖衿。山南增夏緑，林煙生暝岑。溪喧逼庭户，碧草池塘深。喬木日森蔚，初篁亦清陰。物性各自宜，榮謝同寸心。高騫慕遐軌，馳景徒騣尋。銘訓昭往哲，謹獨兢危沉。微情寄篇帙，説懌稀盍簪。妙理具衆得，靈源浩幽潯。焉能逐妄跡，偃蹇聊空林。

曉懷

晨出已流〔一〕思，微風滿喬林。殘河耿向曙，疎星澹梧陰。墟曲傍遥渚，雞鳴散叢森。朝烟蔽芳樹，宿靄微高岑。松瀨寫群壑，獨行歷崎嶔。飄柯濕零露，蕭爽盈虚衿。愜嗜宅

〔一〕「流」，道藏本作「涼」。

幽勝，久倦塵樊侵。野步縱〔一〕閑適，焉能役駸駸？川原肥遯姿，雲木樵漁心。遠託謝氛涉，高騫邈華簪。流泉響緩策，發我丘中琴。

秋懷

夕雨變涼候，輕風蕩炎威。晨光藹秋思，雲物方淒遲。溪烟澹平樹，池草盈朝輝。弱竹蔓寒篠，喬林鬱疎枝。歸鴻響遠濱，落葉飄殘漪。零露集蛩韻，涼飇忽吹衣。皋蘭發幽馨，含風衣芳姿。歲月倏湍逝，俯仰增餘思。悵懷將焉訴，中抱空暌離。寂寞藉休曠，曷求當世知？

登華盖山

圜輿奠元運，靈跡昭神基。卓絶太華頂，天真夙冥栖。跓從幸追歷，兹覽符先期。奥訣啓玄授，豐功著淵儀。煉形就金液，弛戟淩丹輝。崆峒闢崖罅，虚壇席盤棋。岩雷隱空竇，泉脉含泠滋。化景示雄怪，瓊旌耀聯馳。遐蹤著奕世，川岳爭幽奇。晚褐膺夙慕，攀

〔一〕「縱」，原作「蹤」，據道藏本改。

登遂研趁。群山互簪擁，側徑縈盤危。飛壁駭神睫，回巒走蛟螭。雲横帶明練，水曲環輕絲。谷響度篁籟，林芳散蜿霓。琳宮記結構，窈麓更茅茨。賓舍敞幽覽，庾簷護寒霏。八表盡涯際，萬殊斂希微。寰區俯埃壒，嵩華何窮卑？息勌藉烟霧，遐瞻漠天墀。至德亮精禱，仙猷副潛希。寥廓洞一初，疇能測端倪？

遊西山玉隆宮

外世篤遐慕，高山〔一〕閟靈蹤。雄都峙江漢，玄宇羅層峰。陽精孕吴季，天秩昭晉東。異蛟〔二〕肆民孽，尺劍成神功。冥構領奇秀，至神代敦崇。曰予忝真嗣，追覽適所從。疊澗瀉鳴瀨，膏〔三〕田翳疎松。飄梅〔四〕宛村舍，曲逕回林鐘。穲柏挺餘茂，枯泉洌微淙。荒苔閲舊構，故址繁幽叢。飇輪寓寥廓，焉在丹華豐？黎俗被休澤，玄徒卓深衷。川陵固旋

〔一〕「山」，道藏本、乾隆本作「仙」。
〔二〕「蛟」，原作「蚊」，據道藏本改。
〔三〕「膏」，乾隆本作「高」。
〔四〕「梅」，道藏本作「松」。

運，鎮治昭皇穹。夜氣肅林館，春和洒泠風。潛追井〔一〕丹紗，脱屣焉後從？飭勵仰先轍，大觀浩無窮。

題徐孺人宋氏節婦卷

崑璵堅弗磨，素質抱貞白。淑範生令門，剛瑩比恒德。甫笄嬪文裔，苦節遽中隔。襁稚撫弱孤，慈頤恭養色。義方授碩師，顯大著先澤。聖治薦民彝，殊旌焕穹赫。天常果食報，芳譽表編籍。晚胄藹蘭芬，端由被純澤。緬惟厚俗敦，從一靡他適。末棄等流趍，冰霜孰推易？國風羨柏舟，千載凛遺則。願昭史氏辭，永以耀金石。

春雨述懷

方雨盈暮春，微和殷仲月。幽居適静恬，滌此煩憂結。管葛非世才，鞅斯固時蹶。悲懷黎元慨，曷覩孤憤輟？願協安期遊，遠遂巢由別。防閑在立誠，肥遯滯所悦。永夕悵膏

〔一〕「追井」，原作「迢井」，據道藏本改。

霖，崇朝坐輕颸。韶光愈荓梗，榮艷第消歇。弱柳間啼鶯，叢芳薄鳴鳩。迴溪急漲喧，萝草群芳孽。宴寂樂虚明，塵編或餘閱。螘封競朝暮，孤唊紛起滅。千載一息存，沖衿皓冰雪。精廬分處約，念彼情内熱。終藉岩谷栖，捐軀付高潔。

冬曉言懷

幽篁被微雨，庭樹粹餘暖。澄坐足天和，沖襟淨埃浣。遥岑帶渚横，衰柳侵檐短。巢鳥響寒柯，池鱗隱深澗。安時困幽谷，味道適窺管。剛撙曷虧明，夷貞亦增悺。高蹈愧箕潁，雅調懷中散。爰固歲寒姿，遺經式探鬱。

題思誠齋

圓方運六虚，寂感恒不息。動静根一初，玅凝洞三極。大哉賢聖心，體誠慤無適。至訓起〔一〕鄒軻，飾身在中惕。慎脩有儒彥，顔居秉兢翼。敦養益熙明，精微著餘力。式觀元化機，萬有互潛植。内固斯大本，榮衰等埃礫。遊氛苟澄澈，冥造耿金石。願究通復

〔一〕「起」，道藏本作「啓」。

工，健行符大易。

晚　興

好遯意全愚，林峰托真趣。纏痍況鮮步，湛默久持志。遐眺極崇岑，幽妍鬱蒼翠。川途藉宿雨，雲木方蔽芾。孟夏苦寒霖，清飈寡炎熾。孤懷非世侔，息勸聊箕踞。塵競爭危機，嘉謀孰恬慮？道慚羈涸魚，學忝附蠅驥。方直勵恒修，安深美中裕。但疎枳棘縈，樂此丘園憩。芳植足涼陰，虛庭敞繁翳。澄襟寂無悶，少傲東軒寄。

蘭　皋

幽蘭茂崇畹，悅此朝陽溫。彼茁盛鮮姿，潛居蔚芳蓀。挺虛卓貞幹，麗彩揚清芬。託質爰素契，豈爲嘉祉存？矧茲秀林谷，曠寂靡世聞。佳木褋閟構，名葩宿靈根。妍酋異衆卉，潔素諧良昆。豐植歲方力，所資毓奇薰。輕飈溢華露，密靄凝微曛。膏雨潤雍澤，圓輝寫叢芸。雅操希聖則，遺騷悲屈論。曠遊凝禎佩，涉遠徒塵氛。虛室協貞獨，朋遊寡彌敦。休徵候夙契，著遠奚朝昏？八表斂宏視，冥機歸化源。

冬日還峴泉

朝涉愧艱遲，歸沐〔一〕美林谷。郊墟物候和，野逕抱溪曲。言旋白雲岑，烟樹澹餘緑。輕風滌淺瀨，引寒流，崇巒披秀木。荒疇已農穫，隱構藏林屋。夙託懷靜恬，睿辭諧素欲。輕風滌垢襟，微雨滋膏沐。息倦釋塵痾〔二〕，危機絶羝觸。由來期羡招，雅操契貞獨。浮染固縈縻，潛真恒自足。振衣浩所思，勉默依松菊〔三〕。

川行雨懷

夙志壺嶠遊，焉能束塵絆？旋罹世網嬰，朝夕制荆蔓。委運任所遭，行藏日憂患。迂疎鮮偶世，潛謝孰矜憚？湛恩知素懷，趍謁敢延緩？蹇疾愧益深，星霜懼羸疸。疲勞慨勸坐，罕或川途翫。親愛念暌離，萍逢輕聚散。煙帆送朝雨，舟楫慮程限。莫辨漁釣蹤，時同野耕伴。崇岑積藹深，寒緑肆紛亂。澄波浩幽潯，枉渚鴻鳴斷。馳騖風露披，感卧林泉

〔一〕「沐」，道藏本、明詩綜卷八十九作「休」。
〔二〕「息倦釋塵痾」，明詩綜卷八十九作「深窟想免脱」。
〔三〕「振衣浩所思，勉默依松菊」，明詩綜卷八十九作「毋爲弓旌招，静言抱松菊」。

晏。寓形若泛流，洞悟燭浮幻。仰止群聖言，疇茲坐纏綃？榮謝固天爲，陛辭期内簡。冥修況祖訓，外役恐虚誕。高騫美穹峻，倦翼慕幽坦。遲年暮慨侵，滋潒在昏旦。胥潮漲秋日，陶菊盈露粲。節候感遐思，徒增逝川歎。

山居雨懷

彌旬苦風雨，茨舍劬陰濕。力疾小向瘳，寧能悵衿臆？終宵耿無寐，檐溜更喧滴。起坐蔽重袍，中扃了虚寂。定宇發天光，林烟昏曙色。風鳴萬竅號，蛙亂一畸窄。庭池溷流濁，籜筍高含碧。人事絶往還，泥潦溢源隰。凝寒滯積靄，野徑真世隔。外物慮漸疎，況茲媚山澤。徐圖悟真際，疇與妄緣集？

六月廿三日晚宴仙巖有賦

宿雨解秋陰，幽尋泛清渚。先晨預幽期，真賞宜闌暑。華萼秀聯芳，耆英善談麈。輕流淺抱沙，遠瀨潛通浦。峭石散支機，澄潭迴鈷鉧。蘋鷗點雪華，汀鷺浮銀度。野蔓晦重陰，遥山帶微雨。探奇盡窮僻，始訪雲岩路。靈竇虎龍盤，神蹤闢軒户。苔深閟庖庾，蘿翠横機杼。浩嘯絶氛埃，空歌激煙霧。崖懸一室虚，列席平沙漵。勝集豈凡緣，諧歡褉觴俎。自非契仙調，歲閲方瀛府。誠謁復古祠，牽塵愧遲步。丹丘擅雄怪，宜此風雷護。曠劫眎浮槎，沖襟滌千古。

觀雨偶興

首夏苦淫雨，喬木蔚榛莽。溪喧驟漲鳴，峰淨餘氛朗。茂緑翳檐楹，脩篁藉幽敞。重扃人事稀，泥潦絶輪鞅。聊惟文墨怡，守道在遵養。隱德抱淵中，由微達深廣。敢期洙泗聞，獨慨高山仰。陰積繼炎威，調元愧塵想。坐馳黄鳥音，浩浩源泉長。

題敬齋

秉彝具恒性，聖訓復厥初。粹質素良敏，儒宗重璠璵。詩書履先訓，百世猶菑畬。持敬在克一，肅恭遊廣居。湖山儼崇構，逸趣平川鱸。優仕際清朝，成均參典謨。温沖契玄禍，雅度光州閭。充蓄冀滋茂，繼承觀嗣貽。

晚興偶成

明沼湛方諸，新流漲嘉澍。玄陰度巘雲，絶磵飄寒霧。人蹤泥潦稀，暝色禽蛙暮。遠睇感先期，叢懷慨危務。休潛遂兹適，世慮猶纏互。妄跡逐塵生，真源妙無所。春華又〔一〕易年，衰蹇增慚慕。得失從化機，丘園足跬步。

山雨

初暑還故廬，朱明日增熾。卧痾中林下，偃息寂無慮。風澗鳴奔流，疇蛙響蘩翳。魚遊芳藻輕，靄靜喬林蔽。蒽蒨挺脩篁，虚庭益交茀。凝雲忽成霖，竟夕驟湍至。荷飈度晨涼，投簪適榛穢。煙濤迴塵絶，心跡澹高睨。豈謂續蚊鳴，何勞溺禽戲？空嗟夙志違，跼蹐增遐睇。憂憤終莫排，聊兹藉流憩。言從肥遯賢，永謝人間世。

夏雨池亭遣疾

少懷淪跡期，夙志守玄漠。弱植構羈網，冥栖晚營託。潛默乃世容，迂疎豈時角？卧痾返舊林，蹇晦愈更作。艮腓懼素履，駢拇慎終怍。微雨集横塘，輕飈散叢薄。露盖瀉高

〔一〕「又」，原作「人」，據道藏本、乾隆本、列朝詩集閏集卷一、明詩評選卷四改。

荷，雲岑被連幄。涼芬遍初夕，蟲響互蜩鷽。悔吝與年增，憂傷匪淵邈。困藟甚鮠硊，射鮒徒甕愕。資謀特孫穡，才智非管樂。伊我真澹裔，高蹈藉藜藿。盈虛久違命，貞觀在丘壑。揆景疇逝延，虛襟緬充廓。何當振策起，遺響慨伊洛。

步南澗作

謝拙契衡茅，還笻熟登眺。丘林滿秋氣，澗谷集藜藋。陰壑翳微雲，層岑屹孤峭。平原〔一〕過雨滋，落木輕風僄〔二〕。嗟予困蹇運，退遁匪觀徼。卧病日衰遲，資藥慚非少。由知悔吝長，得失從嗤誚。擇執視污隆，步〔三〕趨媚顰笑。疏瀹恥奔流，兀〔四〕隉慨殊調。絲氂或勝用，薄缶難終嘹。息躬事抱甕，適趣逢荷蓧。寧效窮途悲，欣洽蘇門嘯。降衷屬明命，玄默闕機玅。哀哉狷狹徒，日夕自淪燎。萬化會有歸，投簪藉漁釣。枘鑿異所投，艱

〔一〕「原」，原作「源」，據道藏本、列朝詩集閏集卷一、明詩評選卷四改。
〔二〕「僄」，明詩評選卷四作「飄」。
〔三〕「步」，原作「哺」，據明詩評選卷四改。
〔四〕「兀」，道藏本作「凡」。

貞曷漓耀？譖詉遽成虎，矜宥仰明照。

雪後早還〔一〕

幽人素嘉遯，勵節抱貞獨。冬候喜久和，言旋課樵牧。囂塵頓斯滌，沖漠久常足。雪巘翳層雲，風崖峭孤木。初梅含衆芳，涸沼沁寒緑。開軒理遺帙，然薪續明燭。自悲世網嬰，息勑謝羈束。强涉川途艱，荒徑凋松菊。幸蒙休明眷，往吝鑒披腹。孰志後簪裾，惟懷友麋鹿。矧兹氛祲馳，轇轕迭摧督〔二〕。志士〔三〕耻軒途，污隆豈藩觸？願諧冥寂徒，洗耳臨澗曲。非乏解牛硎，慚媢亡羊逐。席温勾漏松，棹佇山陰竹。永託歲寒期，冰霜靡萎馥。玄陰未改春，流景遽何速？悟幻信若浮，虚中了無欲。鄙哉鱣鮪趨，鯹〔四〕腐甘驅促。千載付空言，浩歌還浚谷。

〔一〕雪後早還一詩前原有九日登樵坡自遣一詩，因與前文重出，今删。
〔二〕「督」，道藏本、列朝詩集閏集卷一作「跽」。
〔三〕「志士」，道藏本作「志心」，列朝詩集閏集卷一作「士心」。
〔四〕「鯹」，原作「鯉」，據道藏本、列朝詩集閏集卷一改。

初秋山居雨懷

暑雨解涼秋，微雲濕孤巘。尋源訪故廬，隴阜〔一〕人家遠。伏稻藉衡門，靈泉發深峴。幽岑空翠明，落木崇岡展。蛩語襍嘉禽，行踪靜苔蘚。新流繞庭户，群植日蒽蒨。抱此中林情，寧羈俗塵遣。支離信大年，任拙隨偃蹇。豈乏孫登期，猶懷葛洪勉。閱世謝萍浮，狂瀾曷清淺？

挽王助教仲縉

崑璞藴山輝，驪珠澤川媚。婺稱素文藪，君才藹儒裔。文節振鴻聲，論交自先世。早曳王門裾，偶洽林泉憩。幸承麗澤益，傾慕欣即遂。夏緑遍丘園，澄瀾揚别袂。至孝發深衷，荒夷亟探逝。相違倏累載，北闕重瞻覲。寵渥際休明，殊恩美先備。詩情鮑謝多，道誼桓楊契。朔雪〔二〕步陽岡，飄風席崇嶼。雄辭爛藻葩，令望深豐裕。朝署卓英姿，儒林

〔一〕「阜」，道藏本作「昇」。
〔二〕「雪」，乾隆本作「雲」。

蔚嘉器。競華簪組榮，鮮抱真醇味。塵埃寡知音，千齡託臻簣。矧兹凋謝餘，遺響邈騰翅。祠宫時執别，離抱耿難致。歲律倏更初，驚聞忽長逝。斯文眇如綫，哀泗紛交涕。奔臨阻修程，馳哀愴遥睇。輝光邁前烈，芳史焕宏視。達命固返終，悲傷形夢寐。清芬覩有承，永共天淵邃。潛德亘無窮，緘忱惻中悴。

賀了庵李東堂八十

翫劫每遐壽，高仙龜鶴齡。清都屬耆德，大年宜夙膺。悟幻茹和久，瓊房噏華精。矧資儒素言，存養安吾誠。樂止蓬閬會，涼天湛重楹。晨飈注時雨，夕水澄秋冥。志以敦雅契，悦諧簪褐盟。雲濤洗瑶席，月露盈金莖。安貴鳩飾美，宛追蒲穩行。後凋越曦景，名嶽須儀刑。玄曆乃遲歲，潛真衛群靈。由兹永黄髮，洞視超神經。

次楊孟頊遊仙岩韻〔一〕

靈嶽冠方蓬，秋清氣蕭爽。駕言物外遊，放棹浩幽賞。溪渚抱縈紆，灘瀨逶迤上。河

〔一〕道藏本題作遊仙巖。

伯水成宫，天機錦爲幃。仙壇雄漢基，虎嘯發空響。瞻謁步瑶宫，丹崖列奇狀。賀醽醲盈瓢，孟機絲在紡。探尋興疑謝，曠逸情過向。大貝聳飛樓，精金赫穹像。夕酌盡懽論，群才各尋丈。曉發澄潭濱，微瀾揚浩蕩。靈蹤肆險怪，憂患孰痌瘝？姜被感情深，陳膠羨才暢。王恭貌愈純，吴猛志須廣。詞鋭善袁宏，譚優懷郭象。島嶼僻花源，汀墟蔚相望。問津嬴俗非，幻語曷浮誑？斥鷃等塵趍，文犧慚世想。坤維渺溟渤，天籟靡霄壤。適意豈猿攀，忘機信鷗往。預諧斟菊英，臨眺孰輸曩？泛覽記漚輕，遐情矚虚曠。榮衰倏古今，雅度試豪放。自非金石姿，應昧玄珠罔。舉首候佺期，高風莫能忘。

挽了庵李東堂

茫茫吹萬中，形炁俱幻有。宇宙一往來，云胡違在宥？至人達曠視，金石靡堅壽。虚廓洞至明，寧悲劫塵朽。多君早靈悟，儒玄確趍守。竹州啓令謨，苗長淨榛莠。默識微顯機，涵濡託林藪。新甍淩垢氛，遺翰竇瓊玖。紫洞適養恬，瑶函資解紐。玄綱屬聿興，蘭席擢嘉右。旌行侈玄文，華亭敞宏構。曰予藉潛逸，輔德託知友。衡宇絶樊囂，貽情每罇卣。松柏抱孤貞，儀刑敢來後。方欣切偲益，凋謝賴耆耇。不會忽全歸，冥觀若窺牖。返真疾一源，浮脆等蒲柳。銘述耀貞珉，幽光焕遐久。含悲達情辭，翔飆睇崇阜。

挽紹庵龔先生

聖遠道滋晦，碩人履安貞。微言啓象麓，水鑑同心明。篤厚藴天質，優柔玩遺經。丘園樂嘉遁，孝感恒哀煢。文胄仰先澤，賓師世儀刑。論交匪外飾，氣誼藹蘭馨。友好竭中緒，離懷增别情。濯泉偶夕月，洗竹時班荆。多疾念壚謝，衰遲宜益齡。哭君值改歲，涕泗浩如傾。晦吝愧紛長，冥趍愈攖寧。潛輝耿弗昧，淺拙奚昭銘？大化渺吹息，玄天體惟誠。悲歌伐木調，千載託餘馨。

挽傅仙官同虚

天地宰化機，吹萬由一息。至人恒大觀，遵養窺太易。公生文雅宗，弱冠膺道脉。江漢逢碩師，淵微志探索。茹真儒素流，文彩焕圭璧。待詔承明廬，天漿泛金液。衣冠爛五銖，吴楚覽秋色。瓊科肅内械，玉範啓真式。情度闓四遐，妙感動中掖。優渥每推誠，祠宫蕃寵錫。光贊屬元勳，襟期著今昔。曰予忝襲晚，疎鈍感匡翊。再振韶護音，重聯金馬跡。冰河雪載輿，春館風飄舄。夜語易孤燈，晨飡具珍席。别緒藹林泉，馳情幾中溢。錫還喜晤會，持輔宜川碩。耆德方有賴，哀訃詎驚惻。環顧默愴悲，力疾勞寢食。卜兆禮遺容，陳觴見衷臆。曠古昭一初，遊仙眇無跡。幽宫閟神宅，川嶽護靈域。飛珮淩翔飈，矯首長空碧。

挽曹道録希鳴

至人悟懸解，今古聊一息。大化斯委順，形神眇無跡。公生儒雅後，味道謝塵役。韻語發天葩，神丹鍊金液。靈泉閟環樞，碩德啓蒙窒。早謁承明廬，恒山祀牲璧。旋居玄綱佐，晉接蕃寵錫。文彩焕瑶壇，宸華秉朱舄。聳構天帝宫，宏闢玄都域。帝悦鎮巨鏞，神懽降穹軾。雲珂步琅音，貂紱契通籍。玄褐仰令儀，冥科志探繹。曰予戴祖澤，清問資降陟。膠漆忘有年，謀謨賴三益。持危見憂患，協眷藉匡翊。泰宇集黄輿，尸居保寧極。别緒盈會期，馳緘藹疇昔。云胡燕洽餘，長逝遽言亟。聖念賁皇辭，天漿泛宫溢。悲訃愴深中，永嘯聞月夕。寥寥歲華晏，四矚慨凋寂。再瞻楊許蹤，銘刻焕窀穸。矯首睇翔飈，光儀宛空碧。浩劫非所終，憑虚超太易。

雪行紀懷

苦雨日載途，歲闌倦行役。祖觴别親故，分袂各有適。投林陟崇岡，經渡飯古驛。夜宿藉衿帷，晨趨冒榛櫟。驅輿恐莫前，郵亭成少息。宿靄晦山昏，屯雲障川逼。危峰遠崎嶔，側路分岋嵲。郡邑交候迎，泥潦污騎跡。卜舟走關吏，登頓念所歷。暝泊苦祈寒，嚴飈過鋒鏑。霏微遠樹分，嵑嶱重灘激。飛雪白洒襟，遥煙澹侵腋。市通野屋墟，漁散悲鴻翼。啜茗汲冰流，資觴薄焚炙。悵懷離緒盈，憤惋抱中惕。祖德懼承乏，君恩戴蕃錫。蔽空鷹隼張，豺鶚構充斥〔一〕。疇能困維縶，陰霧四冥積。迂默足時容〔二〕，黎元感憂惜。至仁俟敷洽，建始貴熙績。歲荐久浸淫，疲氓曷蘇澤？悒怏契闊情，竟夕何由釋？微軀眇若寄，所託慨疇昔。超涉益匪前，謀謨念藩隙。撫愴鮮晤言，年光促欣戚。孰暖貂狐裘，披豁信胸臆。俛仰邈素期，川流睇奔溢。咨嗟呂葛懷，騷屑泛寒碧。

懷王博士仲縉并寄王貳教汝玉

夕照下西陲，寒流渺東注。歲晏復言旋，餘齡感虛負。多君篤交誼，客邸重迂顧。讜論屬唐虞，玄談絶緇素。束書欣見遺，賈馬蔚森布。適兹紛冗羈，匆遽莫延佇。中好盈肺

〔一〕「斥」，原作「斤」，據乾隆本改。
〔二〕「容」，乾隆本作「庸」。

肝，頹風愴矛磬。矧懷傷翮餘，跛鱉曷馳騖？所賴膠漆契，資維免顛仆。江行日違遠，離思溢遐慕。鴻響度遥汀，漁烟散幽浦。風凄别櫓鳴，露下寒城暮。中緒浩川波，嚴凝倦霜霧。堅貞松柏期，願託金石固。撫抱增隱憂，芳猷冀先晤。

别京懷詞林諸同契

道喪經術裂，斯文幾彰微。前修並淪謝，繼作爭純漓。聖哲理幽閟，辭光燁春暉。聖君篤文治，奎館咸英姿。組繡爛葩藻，鋪張信洪規。曰予踵羽翮，眷渥漸疎遲。夙契藉蘭金，才名感推移。忝逐簪紱序，懼瞻鸞輅趍。祠宫辱再顧，櫜䜌驚交馳。山谷志膚陋，曷由繼清徽？矧抱兢惕素，金張慎追隨。相知厚膠漆，遠緒嗟睽離。昔抱念履冰，躊躇嗟噬臍。黎元在立命，經緯迷先幾。醇風愴頹圮，明德悲捐遺。封狐肆噬穴，雄虺紛矛機。翔翮避繒繳，潛鱗美淪漪。進退視安義，趍舍何自悲？振策箕潁慕，濯纓伊吕思。遥岑被層靄，淺渚凝寒霏。曠跡鷗鷺盟，放情軒冕期。悵然企遐慨，撫膺將告誰？麗澤方有俟，駕言息荊扉。

姑蘇遺懷

曉發涉川途，歸程幾遷變。經行廿載餘，榮謝更流轉。繁麗美東吴，雄深屬南甸。焉知俛仰餘，情俗爭乖渙。蔓蘖被春和，叢芳殞冬霰。空餘松柏貞，曷覩廊廟薦？躊躇稍有期，明晦靡終腆。孰謂乏蹇修，漪蘭擷徒遍。拭瞻梟鴞張，陽彩翳中炫。抱憤增隱憂，何由畣穹眷？許由宜棄瓢，季札猶懸劍。簪紱愧轍停，風埃恥巾墊。漫懷荆璞資，安毀白圭玷。董賈不時遭，蘇張欣世眩。歸歟實素志，山木猶蔥蒨。湖淨露披藍，江寒月澄練。飛鴻度遠音，鳴鶴唳清怨。凋瘵愈念摧，朋遊感稀見。人情冷若秋，日候長於線。溪泂滯瀰霖，潮空響遲箭。逝節改玄冥，豐辰祈白戰。怊悵川岳情，式微歌且勸。矯首箕潁儔，彈冠孰吾覩？

寄鄭教授叔度并柬顧大訓謹中

聖學日湮微，研探貴師友。弱齡慕遐躅，廿載慨踈猱。神京暨湖江，窺索極淵藪。玉署洽耆英，琳宮資訓誘。名宗每文彥，禁闥逐趨走。披露立宮花，簪星語官柳。累懼磬夙仰，藥石啓踈朽。班馬致幽微，韓歐辨妍醜。中棄厄昏庸，權腴遭解紐。夫君矧素歆，荆識賁林畝。泛瀨響高轅，稠霖話彝酒。方期盡切偲，王命焉敢後？彭蠡舉帆輕，漳江分軔沮。離懷倏兩春，夢寐隔氛垢。峽樹帶雲遥，川波蕩霞瀏。栖遲念索居，徙倚聊馳首。忽喜馬融過，華章粲瓊玖。清芬鮑謝流，麗藻王楊右。愧抱衰拙資，携持慊何有？固多膠漆情，豈厭益榛秀？顧候憶昔逢，良契託彌厚。接論記容毫，驪篇示非苟。荏苒廿年踰，遐音鮮蒼黝。攄中别緒盈，怊悵莫奔騋。下邑曩經舟，荒山焉覆缶？樵音附淛湍，越調倚商卣。歲遠邈浮沉，睽違祇深咎。曳裾得兩賢，聯璧焕樞斗。藩屏輔哲王，賑膰戴元后。高風侶葛杜，謀贊允達壽。遠紹日華懽，時蒙東閣受。焉論鼓瑟徒，彈鋏候辰酉。嗟予山澤臞，感仰懼臧否。思報徒切衷，驅馳曷膺叩？三巴繫寢食，祖澤孰捫掊？短翮靡高騫，巢枝空培塿。鑽磨尚群言，志藉滌紛糾。願起駑陋追，玄白當固守。金蘭誼愈篤，雅好幸時詠。曷由抵掌論，醇沃盎肌肘。述古候雄鳴，嘉猷視珪珋。

信河曉發

靈溪及曉發，遠趣延江樹。野屋帶村居，朝烟散寒渚。輪舂襍遠瀨，浴鳥泛深浦。霜露叢薄幽，層岑秀巒翥。鄉還覺自慰，别緒論親故。久曠希世懷，相知耿星曙。驅馳固未久，物候倏遲暮。瓢飲少自如，披襟藉零露。

雪晴夜月

朔雪霽晨曦，群峰峙蒼玉。遲回空林眺，逸趣浩心目。野艇渺殘流，荒煙淡疎屋。層柯鬱秀姿，叢薄餘寒緑。曠世抱奇懷，研心寡塵欲。幽居怡遁貞，繁帙資先勗。曠跡眇遐思，孤騫寧躑躅。含章亦尚絅，悦古宜内足。萬化同旡機，舒陽藹潛蓄。無慚尺蠖伸，頗蘊藏珠櫝。圓月淨霜輝，高情委庭竹。

幽居自適

天宇淨春明，幽居愜虚敞。言從山谷栖，意此林泉賞。風磴濕松霏，池流增雨長。肥墝秀嘉木，迂途隔塵鞅。紫壑閟龍淵，蒼岑矯鸞往。焉期芝皓隱，宛赴松喬想。八表會靈蹤，千春躡遐仰。貞遯匪長年，觀頤足遵養。爰資瓢笠慵，適詎樊籠强？或詢持竿語，間和負樵唱。萬竅各善鳴，聊兹託餘響。

題夏山過雨圖

夕雨過涼樹，流雲吐層峰。横橋蔓緑翳，杖策宜丘中。煩溽意俱滌，邈然塵外蹤。鍾山豈竟卧，清瀨聞高淙。

題方壺穎鋭物不隔墨竹

威鳳起高翔，潛龍固深宅。物靈各安性，精粹信天質。梧野泣湘妃，蘭濱悲楚客。幽閒分所投，刓彼琅玕色。玉露昡秋芳，金莖泛春溢。高仙控遐飈，曠劫示遺墨。室授蔚奇鋒，神情望中索。大鈞隱毫芒，至化孰研測？匪植川岳靈，灝氣滄溟塞。豪華詎難摸，千載見朝夕。矯首杜陵詞，穎鋭疇兹隔？

題友竹軒

山輝藴和璧，淵潤含隋珠。偉士産鐔津，高科登祕書。家閫嗜種竹，蒼翠周蓬廬。勁操耿霜露，虚中逸軒途。風佩寫空籟，雪弦交薄疏。致兹詩書澤，賢嗣懷貞腴。廷選擢清要，温文恩禮殊。愧予感眷厚，疇獲報璠璵？仰此千載意，高風常蔚如。

題夏山過雨圖

鬱曦熾群候，淵龍閟高潛。朝霖翳灌木，雲壑通平原。名繪見交誼，層峰幽翠繁。危橋度崇阜，新沼增微瀾。攬好動歸懷，聯裾托盤根。林姿照行旆，溪色延芳尊。雅志期鄭樸，餘功資魯連。盈虚等漚電，膏澤騖誰喧？遺響邈天際，虚衿獨忘言。

題澹味軒

至和在醇初，真味貴悠澹。羲文畫太始，聃孔論虛湛。復道信匪遥，履貞視宵旦。幽恬中林士，脱跡謝縻絆。雲卧高茅峰，茹芝石華粲。松濤雪滿簷，蘭佩風驚檻。内固神宇完，浮營慨觴濫。釀酣棄元酒，妍鬬薄精鑑。白首混一元，寥天静陶範。

癸未秋同參伯〔一〕胡公遊仙巖

天壤有至樂，朋情胥會難。君侯托素契，雅度衿崇班。蔚蔚英妙際，循循儀度間。南宫始佐蒞，藩閫兹維安。至治在匡輔，沖襟彌静寬。貽緘首辱眷，往顧徐趍懽。别緒喜傾蓋，切磨窮大觀。明發鼓漁棹，仙都肆遊盤。艇移舍塵闠，柁遠追名寰。曲渚抱孤嶼，寒流歙淺灘。顛崖避犖确，絶嶂披巑岏。懸蘿翳渭釣，折逕逢陵竿。竇隙鷹鶻舉，滄溟龍蜃蟠。靄淨褫猱嘯，風淒驚豹讙。冰絲韻白雪，露穎標金蘭。謝屐步沙軟，郭蓬〔二〕維岸閒。

〔一〕「參伯」，本書卷之二杏竹軒記、續修龍虎山志卷下、重修龍虎山志卷十三作「參議」。

〔二〕「蓬」，續修龍虎山志卷下、重修龍虎山志卷十三作「篷」。

雄吞浩塹劫，眇視卑倪端。野蔌侑芹酌，山謳來浦湍。夕照明綺轂，泠飈響琅玕。仰懷軒冕徒，何幸同躋攀？聖德被隆渥，耕樵忘險艱。適意嗜真率，榮名付幽潺。曠懷孰阮向，高繪徒荆關。秦使妄瀛閬，漢槎隨〔一〕渺漫。暝色入襟袂，揚篙迴遡瀾。燒燈宿琳宇，荆燎鳴鐘殘。熾火滌清泠，傾尊少怡顔。仙猷戴祖澤，凋謝慚空山。玉氣墮空籟，珠英浴神丹。靈璈若宛降，璘珮停飛鸞。遐跡仰期偓〔二〕，垢氛徹〔三〕冥翻。炎威陋僄伲，超思哀罝猿。三益慰箴迪，冰霜同肺肝。蕃榻接清夜，陶輿馳薄湌。願符稷契資，盛代踰歐韓。繾綣情曷已，矯首遲東還。

曉行遣懷

泛雪滯川渚，歸帆揚曉雲。遥岑喜晚霽，江月生蘆濱。遠浦響栖鴻，違懷念離分。勞生信倏忽，及里猶闌春。夙慕泛遐契，高情靡幽倫。塵羈妄纏集，世濁惟炎氛。艱厲涉冰屐，

〔一〕「隨」，重修龍虎山志卷十三作「仍」。
〔二〕「偓」，原作「渥」，據重修龍虎山志卷十三改。
〔三〕「徹」，重修龍虎山志卷十三作「出」。

撫中俟蘭薰。低回藉休澤，悚惻嗟時論。仰睇慨騫翥，浩歎適虛旻。焉儔管樂達，且遂巢由真。矧此松桂託，頗躭魚鳥親。霜霧感長役，止園知曷馴？晨風賴遠送，永抱徒云云。

泊湖夜坐

月出悲風鳴，天寒尚宵永。湖光翳雲濛，星露横河炯。川濟已忘艱，危微獨懷省。林疎栖鳥闌，水泛潛魚泳。春草媚芳姿，清霜滋薄冷。逝湍非故流，憂抱寧自整。無寐感年違，殘燈倏駒景。

近饒州雨坐

微雨濕平湖，長篷並雙櫓。迴瀾引素紋，遠嶼泊浮浦。葭菼夕蕪荒，鳧鷺暝烟吐。淨涵秋夜河，湛漠春雲楚。江艦靜商鉢，魚梁虛網罟。經行感候遷，野曠寒城暮。遐眺獨含情，憂傷慨千古。

題樗木生卷

莊周悟齊物，衆有等吹萬。群植根一體，奇言愈雄誕。惠施拙用大，廣漠匪涯岸。非抱樗散姿，支離豈終算？淮陽一偉夫，師帥久膺宦。矯慕卑世流，高騫泝鵬翰。用拙貴樗全，託情契宵旦。步武已李廉，馳輝何鄴鄴？曰予嗜櫟社，散木與資灌。千載或調同，塵趨靡憂患。犧樽爲木災，膏漆以明惋。願追采真遊，一息淩汗漫。烟緒倘共論，排風迅霄漢。

山間雨懷

遵復養微陽，馳湍慨流景。凝陰被凍靄，苦節抱幽炯。存介知悔亡，撫躬惕深省。虚軒蔽重牖，雨雪翳崇嶺。松柏鬱高陵，風烟澹孤影。寒花藉庭阜，澗沼湛淵靚。憑閱漫怡閒，妍芳忽春永。靜探萬化機，孰爾昧恒性？至理曷靡常，煩憂若爲整。

五言律詩

春曉

久嗜林泉樂，春陽隨處生。落紅飄露近，濕翠着雲輕。竹徑添山色，柴門度磵聲。塵情多世感，只此謝浮榮。

卧疾

養疾逢春盡，庭除半草萊。亂雲添夜雨，驚鳥落殘梅。濁俗增膏火，閒心久木灰。白頭非所待，林卧絶塵埃。

曉行二首〔一〕

倦行偏旅思，蔬味喜初聞。野道堆黄葉，人家住白雲。鳥啼斜照薄，風急暮帆分。歸策猶暄暖，徒知厭世氛。

苦疾嗟長道，舟途總未安。晚程逢雁少，秋夢到鄉難。魚賤知河落，鷗輕信水寬。篙師時凍語，不敢怪風湍。

〔一〕列朝詩集閏集卷一題作晚行二首，江西詩徵卷九一題作晚行。據詩意當作晚行二首。

喜晴

立夏天方霽，閑情喜暫舒。樹深添雨潤，溪落見人疎。夕照斜依竹，園花落近書。年來惟懶拙，殊覺稱幽居。

山居曉起

曉霧成秋冷，山居竟闃然。宿雲黄葉路，殘雨白榆天。澗落魚絲静，苔荒屐齒連。無由謝塵垢，高枕並書眠。

輝山道中

溪漲值舟行，離山雨未晴。斷橋衝别谷，野渡隱荒城。屋静逢人少，林深説虎驚。相看非故舊，徒愧客愁生。

霜夜聞鐘

夜半天凝凍，霜鐘徹夢帷。數聲欹枕聽，百事警心知。臈雪漫山後，春流入浦時。仙壇凋落甚，感慨欲何期？

晚

塵務成無緒，幽閑感歲齡。水紋摇岸緑，柳色過隣青。澹月生烟浦，吟蛩繞露庭。向來鷗鷺意，續火愧群經。

月下

夏初淫雨足，清夜坐虚庭。雲重山俱白，天低樹共青。蛩聲聞四壁，月色遶雙楹。幽思將誰語，聊知抱一經。

過錢塘

越上曾遊地，年深感寂寥。山光隨浦盡，海色共天遥。古寺藏秋樹，寒江送暮潮。故人渾不見，愁緒酒難消。

對酒

客思渾支倦，經行莫盡論。順風揚素舸，小雨濕連邨。黄葉漁家路，青山驛舍門。多情如逝水，何意盡芳樽？

有感

百世猶今日，衰榮總妄緣。雲山棲舊地，經史讀遺編。學固方全道，心空久類禪。悵懷千載意，江海興茫然。

宿馬祖巖

鑿石開蘭若，栖禪結上方。然燈聞佛磬，聽雨宿僧房。古樹岩雲合，幽花磵瀨長。素躭坡谷輩，了悟幻中忙。

三月七日遊馬祖寺初發舟二首

發棹成違約，輕塵感勝遊。岩阿聯步屧，沙際小維舟。晚岫峰峰秀，春禽樹樹幽。昆朋皆雅度，翫世等浮漚。

移舟轉溪曲，岩嶼皆連空。林笋正增雨，野航遥受風。晴川樹鳥語，落日山花紅。即此謝塵務，忘情樽俎中。

晚遊新興寺

晚過新興寺，杖藜野步輕。鳥啼春雨足，花落午風晴。僧室連雲住，山阿帶霧行。武夷[一]歸路近，已聽澗松聲。

夜坐懷舊

憶舊成嗟感，燈窗獨坐時。一宵寒雨夢，十載故人思。樽俎情無盡，山林跡有期。孤蹤稀樂地，寧復覓新知。

望吳山

吳越遊程熟，溪平驛路分。夕陽回浦樹，秋色滿湖雲。曲漵船孤棹[二]，淒風雁獨聞。浣花茅屋小，別思夢紛紛。

〔一〕「夷」，列朝詩集閏集卷一、明詩評選卷五作「陵」。

〔二〕「棹」，明詩綜卷八十九、江西詩徵卷九一作「放」。

晚　泊

漁坡移小艇，盱浦近歸程。城樹連雲暗，溪橋隔市清。春流兩岸急，暮雨一帆輕。客思翻多感，群山更惱情。

遊虎丘寺返舟

梵刹崇丘近，閑尋卧虎蹤。池烟雙磵石，霜月半溪松。燈續秋禪席，雲生曉唄鐘。偶遊知盡興，尤羡躡高峰。

別會江

別江逢日暮，尊酒念離居。山色含烟淨，潮痕帶雨疏。吴船秋水闊，越樹晚寒初。又覺逢殘歲，才名愧子虚。

京口月夜

京口山初遠，秦淮水漸寬。樹雲遥斂夕，江月静生寒。鄉思疑添夢，川情懼涉湍。村醪稀雅趣，誰與報平安？

遣　興

天候玄陰積，陽和覺漸回。雨聲春到樹，花影雪經梅。餘臘先除歲，凝寒衹助杯。閱時增自慨，吾抱爲誰開？

辛未元日〔一〕

開歲占豐候，晨光感節分。曉簷翻瀑溜，寒樹暗溪氛。人事渾萍梗，生涯半水雲。盈虚知有定，何事貴多聞？

題自畫蚪木龍湫圖爲倪孟沖作

昔訪先天觀，林泉豈世聞？瀑翻天漢雪，橋度海槎雲。蒼幹蛟蚪勢，靈苗雨霧紋。白頭看不盡，高卧愧龍君。

〔一〕道藏本題作元日。

坐演法觀碑亭

野亭林藪合，苔逕慨荒涼。浮世人情薄，空山道味長。削空崖勢赤，蔽日樹陰蒼。俯讀殘碑罷，神情頓渺茫。

夏夜

夜久群喧靜，涼生白苧輕。幽篁疎翠濕，高木夕陰清。雨勢蒸雲潤，溪流帶月鳴。祇求無俗慮，澄坐倏移更。

輝山登舟

經行山徑熟，霜葉滿歸舟。野渚横疎樹，重灘引細流。殘霞驚水鳥，寒月白蘆洲。鄉邑欣逢舊，從舡水木幽。

臈月望夜

臈半宜陰凍，青陽轉小和。江梅春暖動，霜月夜寒過。霽雪隨鷗盡，朝雲逐雁多。衰遲惟磵壑，寧意〔一〕紫芝歌。

山行晚眺

縱目〔二〕郊原趣，依稀物候新。溪寒回返照，林暝促歸人。山逕松陰雪，漁家柳色春。盡抛〔三〕江海興，期此坐垂綸。

書感

把書增自感，研道重憂思。累作傷明戚，深求養晦資。浮榮慚世競，力學慨心知。名實須千古，寥天曷可涯？

暮春遣疾

春暮寒偏甚，鳴簷夜溜長。床書翻弊篋，瓶藥檢餘囊。細雨楊花亂，輕風燕子忙。物

〔一〕「意」，江西詩徵卷九一作「忘」。
〔二〕「目」，原作「日」，據明詩綜卷八十九、江西詩徵卷九一改。
〔三〕「抛」，乾隆本作「抱」。

情狼籍久，寧復整愁傷。

藍　社

曉策穿嵐浦，靈岩引鶴飈。春流迷野渚，晝雨滑莓橋。林屋輕烟暝，漁簑古渡遥。坐看蓬島暮，片舸滌塵消。

峴泉夜坐

借雲成隱拙，神岳信清都。一水通雙磵，千峰戲兩鳬。道山期小史，靈塢只潛夫。從此栖閑逸，浮塵信有無。

愛天棘長

引蔓千絲重，牽枝百縷長。隱青先雪蟄，含緑後春芳。影薄侵衣瘦，陰濃逼坐涼。敷榮雨露力，天外意茫茫。

過吴江

幾經吴越地，愁緒遣尤難。湖水千家静，江風六月寒。跡疎塵愈闊，交盡道逾艱。極目蒼茫際，長流到海寬。

過富陽驛

歸思欣風便，郊源此别津。樹雲蒸濕重，江雨送涼新。帆泊知天遠，篷歌過鳥頻。自慚山澤質，宜與白鷗親。

雨中過太湖

乾坤空闊外，吾抱曷消憂？野渚紅添蓼，寒波白度鷗。城低秋樹薄，雨足暝川流。今古嗟萍梗，徒將賦遠遊。

懷　菊

新冷添衣候，長懷野浦前。秋殘三徑菊，人在五湖船。露蕊含風久，霜枝着雨偏。高情難與並，漉酒待餘年。

歲晏自遣

鄉心春更切，家信杳無憑。塵事嗟闌歲，浮名繫半生。寒風歸蝶夢，殘雨曉雞聲。不覺晨鐘發，披衣倍客情。

聽雪

晴雲翻作凍，客思倍淒然。臈雪方成閏，春風忽報年。鳥喧知物候，梅發近江天。塵事渾牢落，寧消向酒前。

春雨漫遣

趁含虛巢穴，甘霖倐半春。年華真轉燭，身世等浮雲。退跡懷箕嶺，纏痾愧許詢。遲迴歸獨晚，客鬢久塵氛。

人日舟過采石

改歲又人日，春陰客思闌。雪橋荒市僻，雲樹古城寒。帆腹初風正，江湄漸水寬。久懷知可滌，呼酒説平安。

張南宫遣子餞别

留裔同源委，儀曹領屬親。鹽梅商鼎味，道義漢庭珍。惠餞勞佳嗣，懷恩愧外臣。薇堂虚執輔，旦夕仰絲綸。

江行晚眺

片舸東南上，春流濟亦難。晚雲平浪急，野屋暮江寬。雪點斜飄濕，風聲遠送寒。暝懷應獨悵，天際玉峰巒。

元夕夜泊有懷

湖溆逢元夜，懷鄉泊驛磯。霧簾春草碧，風館夕燈輝。野水連雲漲，江禽拂浪飛。廬峰寒削玉，愁絶卧煙霏。

莫春還峴泉

暮春尋磵谷，藜杖野橋過。山崦迴蒼玉，林坳濕翠螺。柳深黄鳥岸，舟靜白鷗〔一〕波。勞生聊此寄，高興欲如何？

曉起

長夏欣多雨，新涼滿户庭。池含山影碧，竹襍磵陰青。啼鳥雲偏隔，荒橋野復經。世塵渾不到，坳水即滄溟。

水仙花

碧水天俱淨，仙姿婥妁明。磵雲凝玉潤，洞雪點銀輕。河漢杯擎露，烟霞盖引旌。芳株偏我愛，靈駕候飛瓊。

〔一〕「鷗」，道藏本作「鶴」。

題隱居求志圖

仙繪高壺子，幽居隱者徒。漆園非傲吏，盤谷信潛夫。暮雨衡門犢，秋風野艇鱸。閒情會吾志，千古意何如？

夢與友人論文

寒雨鳴深夜，論文夢友生。孟韓辭意切，班馬義華精。經緯通三極，波瀾浩四瀛。悵懷千古意，空籟寂无聲。

山縣曉行

輿蓋趍山邑，寒空露濕低。曉雲行處犬，霜月夢中雞。敗葉荒村僻，殘星埜道迷。驅馳懷偃息，直恐愧幽棲。

夜雨

節近天應變，宵征信僕夫。雨聲千浪急，燈影一身孤。高枕添秋夢，寒簑競野呼。客懷非剡棹，何地釣松鱸？

錢　塘

幾經雄勝地，轉覺暮愁生。河岳浮中極，乾坤俯大瀛。吴潮秋雨候，錢渚夕雲程。最憶殘荷浦，絃歌愧棹聲。

曉泊江上

煙霧迷行棹，圍蓬枕未安。樹雲秋更濕，江雨夜偏寒。遠渚乘潮闊，長流接海寬。滄溟歸汎覽，何許限憂湍？

菊節夜月

佳節多逢雨，晴空澈垢氛。棹移波底月，纜拂樹頭雲。薄露沾秋夕，寒蛩響夜分。離懷詩自遣，匡坐四無聞。

客居自遣

赤岸通玄浦，秋風改物華。芳蘋喧雨濕，疎菊夕陽斜。鄉思王猷竹，江情博望槎。衰遲慚易疾，願許卧烟霞。

桐江晚眺

累愛桐江秀，群峰晚更妍。隔溪紅葉寺，就浦白魚船。遠籟收殘靄，寒風送暝煙。歸程聊野眺，憂緒渺如川。

冬日曉行

寒江冬候曉，川涉又朝暾。村舍渾依樹，溪船直到門。雁聲秋共盡，山色曉逾昏。歸策林泉卧，應同水竹邨。

夜坐

永夜涼逾寂，虚庭玉一峰。林風傳遠籟，山月度餘鐘。野逕通隣竹，澄淵寫澗松。炎埃知盡滌，莫負竹州筇。

負暄

負暄池館上，愛日滿庭時。緑水迎風到，黄花帶露移。遊魚趁暖浪，啼鳥隔寒枝。千古高風在，惟慙絶世遲。

繩繼軒翫月

幻跡誠繩繼，丘山樂素緣。晚涼添過雨，空翠濕霏烟。谷迥蛙傳響，池清月送圓。奇峰當户側，飛佩欲泠然。

菴居冬夜

春回先臈日，晏歲卧山居。庭竹寒遮逕，池梅晚映書。泉聲憎吠犬，春響躍潛魚。萬物生生意，虚中樂有餘。

偶　興

浮世忘天樂，山居有底清。鳥啼花半落，魚静沼時明。山長春來色，泉添雨後聲。欣成畊谷口，曙日滿前榮。

七　夕

山谷宜清夜，秋期暑漸消。黄姑遥轉夕，烏鵲又乘橋。蓮羽紅飄舸，池痕碧類潮。幸同惠施拙，何意酒盈瓢？

野眺

山谷寒應早，幽懷絶垢氛。白波雙澗雨，紅樹半坳雲。啼鳥欺新冷，潛魚傍夕曛。寂寥何所慰，先哲有遺文。

雪夜

雪霽尤清絶，虚庭月可呼。好峰俱並玉，新沼淨含珠。蒼翠浮烟靄，笙簧度竹梧。半生惟澹泊，何地覓蓬壺？

遠眺

極目郊原趣，山行夏木陰。暝烟溪樹僻，殘照野橋深。緩策經崇阜，歸蓑適遠林。久躭農圃興，浮世幾知心？

晚興

日暮涼生早，空林坐石磯。蒲深青引帶，荷靜緑勝衣。殘照蟬鳴露，荒煙鳥宿霏。幽潛真漫興，誰覺此身微？

秋　雨

秋深歸策晚，小閣喜堂成。紅蓼荒池僻，黄花野圃榮。斷雲迷樹色，細雨長泉聲。聞達非吾事，幽潺付此生。

種　蓮

雙鏡留芳沼，叢蓮曉倍移。暖雲浮石潤，夜雨長泉遲。豈意紅粧艷，偏宜碧玉姿。無疑荷篠者，空谷久逶迤。

對　雨

荒亭宜夏暑，霖雨遍滋濡。密陣風濤響，圓紋藻荇浮。竹深斜倚玉，荷重側傾珠。塵世何膠擾，丘園幸早圖。

月下自遣二首

久託雲泉興，幽深别一源。風悲山虎嘯，露濕夜蛩喧。世故驚浮語，民彝慨極言。憂來增悵惘，惟分老丘園。

幽居延月色，匡坐水雲中。世遠渾藏轂，身危甚轉蓬。雨消魚躍露，暑薄菊含風。誰是知心侶，遥憐日固窮。

寓目

幽尋宜澗谷，貧樂類知天。養晦由居白，潛虚已守玄。久忘軒冕棄，秖愛水雲偏。寄語支離子，聊期卜大年。

夏雨遣興

夏初宜苦雨，雲卧倦西東。竹籜墻陰墜，林香户隙通。塵情渾泛梗，文藝信雕蟲。束髮期探討，栖遲謾感忡。

春莫自遣

林居休暇日，春盡夕陽坡。山近青嵐少，池平緑草多。喧風巢燕定，殘雨曉鶯和。薄世情緣澹，應慚逐逝波。

桐江即事二首〔一〕

忝謁金門步，寧違壯歲勞。江程催別驛，潮信識輕舠。桂棹同真賞，匏罇共羽袍。斂懷無補愧，野服止鳴皋。

每愛桐江秀，塵衿洗黛螺。水流渾不盡，山靜看偏多。秋樹連雲住，漁蓬帶〔二〕雨過。何當無一繫，釣瀨老烟波。

吴中晚眺

吴越清輝地，經行不計程。溪流澄鏡徹，林葉爛朱明。佛塔藏雲僻，漁梁過雨輕。客心川水淨，濯足渺滄瀛。

〔一〕列朝詩集閏集卷一、江西詩徵卷九一僅録第二首，題作桐江即事。

〔二〕「帶」，列朝詩集閏集卷一、江西詩徵卷九一作「載」。

春寒

好遯寧高尚，栖遲若去官。掃雲期晚霽，卧雨惜春寒。張説文辭癖，陶潛水木寬。故人書少慰，塵累了無干。

題瓊林秋色

仙臺聳靈構，玉樹環青空。秋色半簾雨，松濤三逕風。雲情隱居閣，澗韻協〔一〕襄桐。勉志步前烈，幽圖披華嵩。

夏雨偶書

夏霖宜驟注，巨漲泛溪潯。伏枕床依竹，看書几近林。松筠三逕跡，經史百年心。頓覺煩襟滌，雲雷尚太陰。

〔一〕「協」，道藏本作「雜」。

夜　月

索居增憤惋，夜月喜生涼。溪色涵空淨，蛩聲帶露長。星河交夏木，人世有秋霜。久作陶潛卧，何勞苦内傷？

晚坐桂香中偶作

林園嗟寂寞，秋盡桂初黄。金粟香浮席，冰輪影入觴。才衰知分薄，世短覺思長。何意淩雲步，幽棲已十霜。

午飲村舍

停午留村舍，秋風欒晝眠。屏開雲母障，瓜剖水晶簾。松籟翻濤壯，池魚躍錦鮮。一樽窮晚趣，無訝重留連。

冬　夜

早冬偏凍雨，秋旱始陰回。世逼猶膏火，心衰類管灰。暖容先病菊，寒色總侵梅。此外非吾願，研窮愧乏才。

霜夜二首

霜月明如晝，虚庭倏轉更。年光驚過電，塵跡寄浮萍。墮葉林霏濕，寒梅野露横。感懷空俛嘿，猶惜照心旌。

友道江湖盡，師模歲月長。風雲非舊夢，松檜足餘芳。身計知謀拙，時違任志藏。嚴寒增寂寞，何待鬢毛蒼？

喜　雨

苦旱將彌月，甘霖息暠陽。濕花先淨暑，鳴樹頓生涼。夜色侵高枕，朝霏入薄裳。更嗟民瘼甚，豈獨感愁傷？

題方壺秋山幽隱圖

北苑无窮意，秋山滿目中。短橋通驛路，老屋帶霜楓。過雨涼侵夕，殘雲静斂空。偶同歸隱處，塵跡罕西東。

秋　日

秋盡傷佳節，憂懷秖自知。風高紅葉變，過雨白魚肥。學業生無盡，丘園晚可依。空餘少年志，矯首白雲期。

秋日山舍

久疎塵垢累，歸卧野塘幽。松菊荒三徑，風霜又一秋。患身應苦疾，悼世豈多憂？投老終何計，聊惟集水丘。

對雨書懷

歲律又逢暮，何如增百憂？雪殘梅照席，雨足水連洲。友道存遺秩，君恩感弊裘。盈虚應有定，知足了无求。

秋雨偶成

客裏偏秋思，清宵憶故鄉。雨痕遥送暑，月色靜生涼。江海論交盡，丘園感興長。何由禪寵渥，匡坐獨彷徨。

遣懷

話別已千里，淹留幸竹宫。病知須藥久，憂感遇時同。客思驚秋燕，鄉心付暝鴻。終期雲卧穩，歸棹聽西風。

别京寄張司業

至後陽生早，離懷感故人。烟霞尊酒暮，星露一燈春。白髮君添鬢，青山我惱神。寄言張仲舉，倍惜語殷勤。

旅夜

野荻荒烟渚，孤帆落月船。霜凝殘樹冷，雲淨故城連。道僻文詞重，身知木石全。寥寥欲何待，宇宙等飛丸。

遣　興

倦經他郡歲，欣見故鄉春。野樹墟煙合，寒流谷靄紛。世情嗟鮑肆，身計托漁綸。轗軻非謀晚，何須愧埜人？

客居除夕二首

兩載逢今夕，離情感夜闌。鄉情殘炬冷，羈思薄醪寬。鹿豕忘塵跡，松筠託歲寒。客居應守歲，誰爲説平安？

浪湧江聲急，風狂雨陣斜。春來猶是客，歲盡總懷家。百慮慚無緒，三生慨有涯。明當何所慰，極目望京華。

月下夜行

官舸宵征上，丹衷切帝畿。水寒霜逼枕，江靜月侵衣。微火村墟僻，殘烟網罟稀。山林衰倦久，鷗鷺愜忘機。

冬　晴

月望欣冬霽，朝暉淨客心。官橋通暖水，野寺帶霜林。梟雁烟波曉，桑麻竹塢陰。何當征賦息，短棹晚相尋。

晚過釣臺

我愛嚴灘久，群山抱錦城。江湖千里隔，軒冕一身輕。爲客空投轄，臨流每濯纓。獨餘溪上月，猶向釣磯明。

蚤冬晚行

朔風吹短鬢，晏歲忽嚴凝。善賦懷潘岳，多才愧禰衡。斷烟千嶂暝，落日半溪明。伏枕渾無寐，偏嗔百感生。

常山道中

性躭山水秀，鄉近笑顔生。淺瀨分春軸，清流照客纓。斷烟漁舍僻，落日埜航輕。長至看尤到，從誰問耦耕？

雨行二首

歲晏且行役，愁霖值載途。雨橋雙澗曲，烟墖半峰孤。側帽寒侵袂，搴輿冷逼襦。春陽逢改運，帝渥仰神都。

風雨俄成雪，川途暮愈艱。漲流衝岸急，遠樹帶城寒。歲月催時運，冰霜見肺肝。遠懷山谷夜，坐擁衲衣寬。

我愛山居好八首

我愛山居好，無求足養真。秋聲七八月，山色兩三人。跡晦心非晦，身貧道豈貧？滄溟觀大化，搔首愧紅塵。

我愛山居好，蕭條歲月長。静中知道大，閑處覺身忙。夏雨雲尤白，秋風菊漸黄。何如收足坐，塵慮豈相妨？

我愛山居好，從知物我同。風雲兩車轍，天地一環中。生化機无盡，圓方玅不窮。屈伸呼吸裏，委順任西東。

我愛山居好，消閒應接稀。静喧真蟻穴，聚散等蛛機。情識生人我，行藏見是非。誰聞蒙叟語，獨有此心微。

我愛山居好，柴門補薜蘿。諸峰自賓主，遠瀨即絃歌。犬静邨墟暮〔一〕，山深雨霧多。夜闌群動息，琅韻獨長哦。

我愛山居好，年深坐寂寥。風霜看勁節，冰雪對寒標。養火三宫淨，怡神百慮消。但

〔一〕「暮」，原作「慕」，據道藏本、乾隆本改。

無蟬蜕繫，放曠即逍遥。

我愛山居好，收回萬古心。漂流快奔浪，澄定見精金。世俗觀常變，人情識淺深。崆峒無別味，自許老山林。

我愛山居好，寒温不記時。江湖無舊夢，交友寡新知。出處隨吾分，操違任世疑。寓言盈簡帙，於此定何期？

題汪原八詠爲倪明本作

石塢雲爲構，真成小有天。草池寒入夢，山雨夜驚眠。村轉隣家樹，花流磵口泉。學仙非傲吏，樂此去經年。東塢春雲。

山澤尋真處，翻經石作臺〔一〕。晚烟生古樹，春鳥落殘梅。羽佩雲中度，靈槎海上回。

〔一〕「石作臺」，道藏本作「作石臺」。

俯觀無際畔，何地不塵埃？北嶺石臺。

南阜山俱秀，青藍滿座隅。也應看劍飲，只合帶經鋤。秋冷多黃葉，溪深間白魚。何如留半畝，容我共潛虛。南山秀色。

月色初涼夜，溪流兩岸清。星河斜屋角，風露襍泉聲。沙渚留孤舫，秋山隱故城。漁歌來埜韻，東崦路回縈。西溪秋月。

草舍依農圃，環庭手植多。寧無去官酒，也有捲茅歌。雪後行吟晚，秋深食養和。久探爐藥事，隱退近如何？草堂松菊。

種圃兼芝菌，耘鋤歲月侵。桑麻總生意，墟里共繁陰。雨足林塘潤，春寒隴畝深。夕譚無雜語，投老更知心。老圃桑麻。

別井泉清冽，泠泠會有源。燭容明是鑑，無底石爲根。茶鼎斟常碧，丹瓢汲後温。寧如溟海視，留與壽諸孫。玉井清泉。

鑿石開新沼，方諸十畝青。雨深〔一〕翻鯽浪，山氣逐龍腥。曲竇時鳴雪，流珠晚蕩星。從知得真味，早悟太玄經。石池湛碧。

次葛維貞鍊師謝畫韻二首

杜曲多詩思，幽棲勝草亭。潛真窺五太，養素悟三靈。羽服過林谷，仙標藹户庭。耆英凋落甚，吾喜髮尤星。

南陽文物裔，興寫墨池頭。人産鳳凰穴，鶴還鸚鵡洲。遠嵐横嶂〔二〕濕，喬木斷雲浮。晚有渭川思，應垂不餌鈎。

〔一〕「深」，道藏本作「聲」。

〔二〕「嶂」，乾隆本作「翠」。

漫興

浮生焉可計，欣戚動相兼。老愧青眸減，愁知白髮添。萍蓬心事異，泥潦世途淹。誰解窮天問，聊惟守退潛。

採薇

投隱身逾拙，支笻獨采薇。晚雲蒲葦笠，春雨薜蘿衣。谷口耕犁早，山顛牧孱稀。勞生何憤惋，朝露濕殘霏。

苦雨

苦雨兼旬積，殘春百慮休。竹籬山逕僻，澗水野塘幽。久作煙霞疾，甘從鹿豕遊。寂寥何所慰，真若泛虚舟。

驟雨

山田驚暴雨，困坐忽池盈。積靄千峰潤，奔雷萬壑鳴。鹿門宜舊隱，鄭谷樂深耕。澤物天工密，從誰話此生？

屏跡

屏跡渾成癖，觀空絶見聞。池昏泉入竇，逕僻蘚成紋。石澗喧春雨，柴扉掩暮雲。素耽樵牧趣，直欲謝塵氛。

入錢塘

薄晚停歸棹，危橋路幾逢。雨聲雁幾陣，山影塔雙峰。水漲江籬合，雲寒野竹濃。向來歌舞地，愁寂滿昏鐘。

蘭江驟漲

越歲鳴歸槳，長途倦垢氛。春流彌月雨，烟樹半溪雲。佛塔汀墟合，漁梁野道分。寂寥增客思，濁浪怪時聞。

錢塘對雨

吴下多塵跡，年逾已覺勞。客愁添夜雨，鄉夢繞春濤。山靄淹晨冷，江風怯晝號。離情何地遣，誰與滌香醪？

江上遣懷

湖田迷驟漲，野屋暗悲風。別恨寒潮〔一〕外，離憂疊嶂中。名高知自晦，冰薄愧多慵。敢後驅馳倦，丹心佇養蒙。

五言排律

遊壁魯洞天〔二〕

吾山壁魯洞天乃漢天師得神虎靈文之所也，崖壁雄怪最名於時。歲甲戌〔三〕季秋望日，予同弟彦璣、西塾龔君紹菴、吴君志德遊焉，覽勝窮日。信乎仙真之府也，不能無一言以紀之，遂賦長律三十韻併柬諸同遊者，探奇索異之餘，必能倡和於空青林籟間也。

〔一〕「潮」，乾隆本作「秋」。
〔二〕續修龍虎山志卷下題作遊壁魯洞天五言排律，重修龍虎山志卷十三題作遊壁魯洞天并序。
〔三〕「戌」，原作「戊」，據續修龍虎山志卷下、重修龍虎山志卷十三改。

壁魯天真府，佳辰足勝遊。雅期先九日，暇〔一〕賞屬三秋。叢棣〔二〕聯仙萼，名簪協令儔。溪潯沿〔三〕放棹，林渚漸經丘。村迓延時酌，山庖款暝留。峻崖懸積銕，密樹響鳴球。霧引湘簾細，星垂藻井幽。泉分霜楮臼，磵抱露苗疇。席月麋隣豹，厨烟犬褋猴。曉炊催束袂，野蔌〔四〕盡交籌。曝〔五〕日冰華淨，眠雲練綵周。履危拋謝屐，步側舍陶舟。洞户駢肩入，岩扃並涉求。攀援聞窈窱，指顧坐綢繆。陰壑盤風磴，陽岡洗晝雩。淒颸宜落帽，凝靄欲加裘。漢跡神藏虎，秦封木卧虬。魯侯嚴甲衛，太乙祕冥搜。寶笈虛靈檄，琳書著羽流。貫魚窮險怪，序雁少夷猶。秀採蘇躭橘，涼斟玉女湫。古槎懷博望，深谷候巢由。枝穩驚栖鶻，身輕愧浪鷗。畏途惟仰睇，空語遞喧諏。先轍追芳躅，真盟仰大猷。鷩行從別〔六〕賔，磬折俯傍鈎。嗣忝神明胄，才違簡帙修。帝廷嘉靜謐，玄圃遂優游。

〔一〕「暇」，道藏本作「遐」。
〔二〕「棣」，重修龍虎山志卷十三作「桂」。
〔三〕「沿」，道藏本作「分」。
〔四〕「蔌」，原作「簌」，據重修龍虎山志卷十三改。
〔五〕「曝」，道藏本、續修龍虎山志卷下、重修龍虎山志卷十三作「樹」。
〔六〕「從別」，道藏本作「循引」。

歸策過〔一〕停鶴，全生悟解牛。幻名題絶壁，曠劫視崇休。

賀辛子容秩滿赴闕歸任

早繼詩書後，才名著盛時。軒岐探玅術，張越貫精辭。國典崇周制，醫科倣宋儀。飛騰榮選達，調護素經持。桑梓金鰲趣，溪山玉麈怡。月程增滿秩，雲路悚趨墀。良佐敦仁政，明君廣緝熙。試章移上院，歸命拜彤墀。爵望青氈舊，鄉閭錦服馳。問音交喜慶，知友倍懽悏。邑里居相望，園田志不違。固多胥講習，宜亦快罇彝。登覽期陶謝，賡酬冀阮嵇。晚齡光盛業，碩德重先基。

和吴彦直遊峴泉韻〔二〕

丘園誠好遁，仙脉况遺宗。韋曲方遷墅，盤中偶卜宫。金波開月沼，玉氣寫蓮峰。藏息宜天分，經營實化工。自躭幽谷退，復覽帝畿雄。真賞嘉黄憲〔三〕，幽尋謾孔融。殘荷

〔一〕「過」，重修龍虎山志卷十三作「還」。
〔二〕道藏本題作和吴彦直遊峴泉。
〔三〕「真賞嘉黄憲」，道藏本作「真隱追龐甫」。

分露入，曲澗帶泉通。石溜空鳴佩，荊扉未列墉。履聲驚隱豹，藜彩動眠龍。經閣虛凝白，書林淨落紅。采奇知友共，惜别故人同。鶴侶宜遊客，鵷行愧上公。深期鶡冠子，敢繼鹿皮翁。姻婭兼葭託，歡延茗核供。歸詢疑見竹，談契亦巢松。文誼膠投漆，詞華律應鍾。續遊知興遠，前席侍恩濃。盛業光先德，家猷豈易東？

陪仲縉先生遊仙岩分題雲錦石〔一〕

靈跡仙真會，欣陪勝覽同。斯文推世重，盛代仰儒宗。才挹華川秀，遊將弱水通。放舟移市浦，啜茗下漁蓬〔二〕。石瀨翻晴雪，溪瀾蕩晚風。鷺輕洲渚僻，鶴靜島屏空。洞户容舠窄，川涯貯棹窮。蒼崖分禹蹟，碧樹閟秦封。錦織天機妙，藍浮地軸雄。虛明〔三〕隨架鑿，造化孰陶工？庾嶺縱横立，檐欞隱約逢。鳥巢驚決眥，猿竇晦沖融。河伯藏幽府，

〔一〕道藏本題作五月望日遊仙巖，續修龍虎山志卷下題作五月望日陪仲縉先生遊仙巖分題雲錦石賦三十韻，重修龍虎山志卷十三題作五月望日陪仲縉先生遊仙巖分題雲錦石賦三十五韻。

〔二〕「蓬」，道藏本、重修龍虎山志卷十三作「篷」。

〔三〕「明」，道藏本、續修龍虎山志卷下、重修龍虎山志卷十三作「冥」。

馮夷隱祕宮。高風寧郭泰，雅度獨王恭。酌蟻詩籌遍，題岩筆興供。漢祠松檜古，明珮水雲豐。晚翠延鍾入，殘紅掃席充。丹光遥爍電，劍炁遠騰虹。虎豹疑陰藪，蛟龍信大潨。琪篁深夏竹，瑶草細春茸。聯璧烟霞表，懸珠月露中。山醪慚醴釀，潭鱠想雲夢。下榻苔侵履，凭樓澗寫桐。乾坤旋坱圠，歲月浩洪濛。梵放交林籟，幽期託桂叢。謝程躭險怪，莊語振盲聾。樽俎歡承洽，箴規惕在躬。詞源傾渤澥，道統企衡嵩。王德嘉賢厚〔一〕，臣衿體令忠。青城猶祖澤，壁魯固神功。星漢澄空寂，塵氛滌浩沖。九要蒙琢礪，三益感磨礱。惜别情逾切，論文義最隆。令名追賈馬，清問〔二〕記方蓬。耀古琳球彩，千秋紀製穹。

普度醮慶成賀傅仙官同虛〔三〕

靈嶽儲真範，玄〔四〕科啓孝誠。耆英回帝所，幽祀會仙盟。川炬光揚燭，雲旛預達情。闡儀壇墠肅，則象典模精。緑簡通朱府，瓊章進玉京。羽曹聯杜陸，家授繼玄盈。龍劍招

〔一〕「厚」，重修龍虎山志卷十三作「孝」。
〔二〕「問」，重修龍虎山志卷十三作「聞」。
〔三〕「傅仙官同虛」，道藏本作「同虛傅仙官」。
〔四〕「玄」，原作「女」，據道藏本改。

摇焕，鸞幢沆瀣明。五銖交炫彩，八極徧和鳴。軒衛環千吏，遐追走六丁。坎離資滌鍊，復姤〔一〕返胎嬰。紫户凝空洞，黄輿耀錯衡。雨消寒食火，花粲暮春晴。縹帙三千禮，琅函五億名。飛潛推化育，品彙感敷榮。炎閣浮珠黍，冥緘列火城。薰蒿昭夢寐，烝享備粢盛。愴慕矜貧窶，瞻趍駭隸氓〔二〕。歡聲彌市野，佳氣兆薇蘅。泉壤開重閟，冰輪徹九清。陰陽旋要妙，天地總〔三〕裁成。道以神爲用，年忘寵孰驚？教樞推宿望，領袖重儀刑。愧忝蘋蘩瀆，欣承惠澤禎。從兹安泰宇，前烈播休聲。

賀彦衡弟新居落成〔四〕

留國丕基壯，仙都傑構雄。群峰環厚地，衆匯赴高穹。川嶽儲靈域，神明著令宗。秉資嚴志操，慕學善陶功。聖澤源流偉，玄模景仰崇。陶謙居秀表，衛玠美清衷。黼黻瞻天

〔一〕「姤」，原作「垢」，據道藏本改。

〔二〕「愴慕矜貧窶，瞻趍駭隸氓」，道藏本作「愴慕矜貧困，驚呼駭隸氓」。

〔三〕「總」，道藏本作「仰」。

〔四〕道藏本題作賀彦衡弟新居。

語，簪纓俟睿庸。慈闈尊聖善，閫助篤賢恭。陸賦歡趍鳳，姜綸儗兆熊。宏規宜綺錯，鴻業信曈曨。綵緻明飛電，環材偉集虹。編連分碶碱，颯纚煥簾櫳。豈亞方瀛翫，渾過閬圃躬。瑶林通繡閣，瓊樹接珠宫。東旭來摶彩，南薰動翼中。金張推望重，潘謝悦時雍。曠覽忘埃壒，流觀挹〔一〕華嵩。百緡期顧彦，四德愧王戎。韡萼華聯爽，箕〔二〕篪奏迭工。棼楣駢黝堊，冠蓋佇璜琉。燕雀欣深靚，園池足茂豐。先圖承慶遠，後武紹芳隆。夙德由亨盛，嘉謀總協同。蹇蹤慚阻賀，續邠喜增窿。蔭木知孫偓，弘文冀馬融。芳時紛苒苒，佳氣鬱〔三〕葱葱。每愧衰遲甚，惟希立卓沖。圖書研暇日，絲竹寫餘風。祖德貽山固，親年樂貌童。徽猷垂奕世，光譽播無窮。

夏日楊雲溪過訪山居

夏暑消林谷，巾車喜再〔四〕過。病懷逢溽暑，中緒念愆和。束帛寧招隱，懸帷遂養痾。

〔一〕「挹」，道藏本作「抱」。
〔二〕「箕」，道藏本、乾隆本作「塤」。
〔三〕「鬱」，道藏本作「蔚」。
〔四〕「再」，乾隆本作「載」。

杜陵重得句，王質待留柯。吾道辭章脉，高仙木石窩。神清才素逸，志遠貌初皤。講席推明授，詩郵悦細哦。守玄慚用拙，遵晦俟盈科。魚鳥蘇門逕，雲烟潁曲波。青黎山月際，白氎澗流阿。鶴度張琴奏，猿唫倚杖歌。幽談隣徑竹，清嘯俯池荷。此日諧簪盍，窮年忽别俄。松醪春釀薄，野蔌晚庖蹉。野思資顔謝，文鋒過蒯頗。遊聯亭檻密，學共簡編磨。玩世謀猷淺，持身寵辱多。衛生方假術，支倦每捫蘿。自固金蘭誼，由知玉石劘。願同耆社託，江漢興如何？

耆山無爲天師峴泉集卷之六

七言律詩

聖壽日賜宴奉天殿〔一〕

天開萬壽正秋清，百辟瞻趍感聖情。金節擁雲來輦輅，錦袍曛日照階楹。禮陳内饌香緘近，樂奏宫韶喜氣明。盛典優隆垂奕世，顧慚野服際恩榮。

坐治亭蒙召賜還山賦此以紀聖德〔二〕

玄圃新亭王氣浮，承宣飛騎謁宸旒。綸音降闕融熙日，天衛臨軒肅素秋。野服許安松菊主，崇班敢倚鵠鸞儔？帝恩高厚慚何補，瞻戀丹心仰盛猷。

〔一〕道藏本題作聖節賜宴奉天殿。西江詩話卷十一、江西詩徵卷九一將此詩歸於張至常名下，題作聖壽賜宴奉天殿。據兩書所附資料，張至常即張宇初。下同不出校。

〔二〕道藏本題作癸酉九月二十一日坐治亭蒙召賜還山賦此以紀聖德。

欽蒙〔一〕聖諭周神仙進藥之異於教有光喜而賦以紀之

聖皇體道美玄綱，廬嶽名仙啓壽康。方朔未專從漢武，廣成端候授軒黄。千春鶴算丹砂紗，九陛龍顔玉液光。綸語從容欣厚德，小臣抃躍誦彌昌。

立春日早朝〔二〕

曉趍天仗拜王春，喜覩陽回聖德新。偶牧迎風分鶴禁，彩犧乘露進楓宸。千官佩紱歡聲動，萬衛旌旄淑氣均。從此太和臻至治，山林疎野仰絲綸。

太廟陪祀除夕〔三〕

東闕明禋肅廟堂，玉堦仙仗晝輝煌。天垂帝几臨彝鼎，日駐皇輿耀衮裳。萬衛旌旄環鳳閣，千官儀羽列鵷行。微臣草野欣瞻祀，嗣服從兹履百祥。

〔一〕「蒙」，道藏本作「承」。
〔二〕道藏本題作立春早朝。
〔三〕「除夕」，道藏本作「歲暮」。

己巳元旦早朝〔一〕

五夜晨鐘啓禁幃〔二〕，仰瞻天闕曉雲齊。掖垣趍佩香輿北，阿閣鳴鑣彩仗西。雪色遠臨青瑣闥，春光微動錦韉泥。盡祈帝澤同甘雨，河嶽增年感鳳栖。

長至日早朝侍宴〔三〕

日迎長至藹陽春，天仗顒瞻禮樂陳。輦輅星輝銀燭曙，珮珂雲擁錦韉新。花明内饌傳青瑣，柳拂宫袍〔四〕侍紫宸。深愧幸陪鴛鷺箎，共欣聖德布淳仁。

癸酉九日賜宴華盖殿

曉城風雨總煙霏，令節開筵拜寵輝。玄館濕雲迷洞路，官河疎柳帶皇畿。菊英泛酒

〔一〕西江詩話卷十一、江西詩徵卷九一題作元旦早朝。
〔二〕「幃」，道藏本作「闈」。
〔三〕道藏本題作長至早朝侍宴。
〔四〕「袍」，原作「花」，據道藏本改。

宮壺溢，薇露飄庭苑樹稀。祖澤沾濡蒙帝渥，鶴袍惟覺愧身微。

九月承上旨賜衣〔一〕

兩承恩眷錫宮袍，琳館傳宣愧幸叨。使出尚衣增羽珮，寵頒阿閣引靈璈。香羅日瑩浮蒼琰，輕縠風和拂翠濤。國祀精誠當竭報，清光時被戴崇高。

十月九日蒙頒賜

復戴殊恩出建章，故山臺閣頓輝煌。名聞青瑣傳常侍，詔下黃門授省郎。霞彩濃斟步兵酒，雪華累食大官羊。獨慚野服知何補，願覩黎元濟粃糠。

癸未臈廿七日頒賜法服〔二〕

内使馳宣降蘂宮，金衣烜彩拜恩濃。鬱蕭星斗輝三極，警蹕風雲面九重。聖澤雨濡

〔一〕「月承」，道藏本作「日」。
〔二〕道藏本題作癸未十二月二十七日蒙頒賜法服。

沾禹貢，皇猷天廣頌堯封。極慚疎陋知何補，敢俟圯橋禮赤松。

齋宿朝天宮貽王東白鍊師

地接瑶壇秋氣高，獨慚山客侶耆髦。長蘿匝户玉鈎鎖，密竹過人金錯刀。曉雨只躭憑棐几，暮寒應愧想綈袍。書隣賴有華陽子，孤鶴更闌鳴九皋。

蜀府五雲西奉教作

天闕西垣駐羽儀，大廷趍覲宴朝曦。雲垂五彩來青瑣，地接三神近赤墀。籤簡護行留鳳閣，詩章傳使下鵝池。深慚草野承殊渥，敢效微辭贊德基。

蜀王之國餞别應教

蜀國分茅久錫封，西行控駕正秋空。川雲頓盡天山雪，峽樹遥回劍閣風。畫艦鳴霄馳遠鶩，羽旗分彩散飛鴻。勳臣祖餞遲留處，感德尤深愧莫同。

湘府賜衣賦此以謝

賢王夙質賦天然，恩賜銖衣感德宣。虯錦袍新非獻句，雲珂服彩信追仙。瑶臺烜日靈璈步，絳節蒸霞羽盖筵。野服頓消煙霧態，虚皇遥禮祝鼇年。

湘府賜書賦謝

妙典儲英冠蕊宫，皇華使節戴恩濃。綸音涣汗過玄晏，秘秩幽微愧李邕。松籟瀉音驚佇鶴，川雲浮彩起潛龍。由來殊渥回枯槁，山野何慚累際逢？

湘府賜酒饌賦謝

内饌天漿豈世聞，遠頒林壑挹清芬。席披玉鱠浮空雪，盃蕩流霞染洞雲。自愧盧生惟味淡，敢追季降頓成醺？良應至德陽和重，惠洽鄉閭得共欣。

安府賜衣賦謝

羽服惟耽類掖縫，香羅敢意賜王宫？洞雲浮彩疑蓬島，山雨流輝過閬風。學業才優慚李泌，山林跡晦冀盧鴻。極知草野何由報，感德遥瞻奕世同。

湘府賜巾賦謝

疎鬢彈冠愧幻形，烏紗忽喜拜恩榮。石泉照影疑隣鶴，雲霧飄容稱度笙。山簡未須追醉態，林宗直欲讓高情。塵姿頓長輝光色，野步何殊佩玉行？

壬午九日蜀府頒賜内饌

客睨蕭條逢九日，上樽忽喜賜黄封。翠濤泛蟻春波滿，玉薤迎香雪液濃。巫峽錦帆來暮雨，岷峨金節動秋風。每慚對菊松醪乏，厚德何由報盛悰？

過彭澤蒙遼府頒賜

客思蕭條趁野航，中宫寵賜沐親王。龍旗照艦江流急，虎衛揚帆石壁蒼。彭蠡不沽桑落酒，番湖應乏蔗團漿。分封願覩雄藩屏，澤被山林頌世康。

安府賜詩奉次

抱雌微旨在知雄，方寸虚明即蘂宫。無極涵真非怳惚，太初凝玅任污隆。流珠復姤玄中白，偃月抽添黑裹紅。幸悟虚無恬澹處，潛淵澄静養規中。

遼府賜色牋賦此以謝

鸞牋五彩競飛雲，鶴禁遥頒迥蔡倫。綺閣烜霞春色麗，琳宫垂藻雪華新。謝玄正擬干冰素，韋誕空慚勒翠珉。何幸王庭深眷渥，顒瞻花萼倍絲綸。

遼府賜椶扇賦謝

椶櫚織箑勝蒲葵，遠挹仁風感素知。天籟引空驚暑薄，露蕉分影覺秋遲。才慚班固空懷賦，興託袁宏敢自期。盛德仰持藩屏重，惠濡荆楚總涼颸。

題方壺萬壑雲煙圖

絶世壺仙海嶽情，慣憑灝氣混滄溟。雲岑杳靄凝嵐色，煙渚微茫遠瀨聲。自擬靈峰覓勾漏，誰從塵劫話彌明？高風寂寞徒追慨，八駿何如汗漫行？

八月六日黄伯儀席中賦

黄公佳嗣著箕裘，卜築何如此地幽？綺繡園林銀漢露，珠璣觴詠碧梧秋。雲屏寫月笙停鶴，星渚迴瀾棹送鷗。最羡遺編春雪調，資深明訓善持修。

中秋日同周貞白飲湛碧軒〔一〕

秋色平分月正圓，清論喜共會華筵。鼎彝紗畫秦斯法，科斗遺文漢象傳。露瀉芳醪凝瀲灔，雲濃琪樹藹嬋娟。番湖耆德于今少，幸播清芬樂大年。

嘉興湖中夜月

夕陽回棹秀城東，秋水危橋側岸通。湖月波瀾雙羽佩，江蘋風露一漁蓬。孟嘉輕帽添餘夢，郭泰扁舟任去蹤。酬節豈無鱗酒味，鄉懷多在白雲中。

〔一〕道藏本題作中秋同周貞白飲湛碧軒。

九日紀懷

鰲勢連空秋色晚，鶴情入夢月華涼。閒心久並雲俱白，客思何堪菊又黄？風格自宜推阮瑀，謀維豈獨老馮唐？故應撫景添鄉思，且護山花勿傲霜。

桐江晚思

歸程幾度快浮槎，碧嶂清溪日又斜。潮浪有痕回野鶩，江流無盡隱汀葭。半生託跡身徒患，百慮關心鬢欲華。江漢漁樵誰獨念，短筇且復對山花。

克復周先生自番陽來山中未久而予京行別速舟中有懷

故家文物獨周瑜，白首相過慰久疎。釣瀨潮聲黄葉雁，番湖秋色白蘋魚。秦文未説岐陽鼓，漢刻猶存封禪書。離會極慚匆遽甚，采芝尚擬論潛虛。

觀溪石因懷舊藏靈辟

玄玉奇峰孕秀靈，九天雲霧夜還生。燕山丈室仙洙泗，吴渚煙濤海渭涇。鶴韻每添書榻潤，龍光時近墨池明。山人故擬崆峒壽，靜屹天根韞玅精。

題方壺倣董元雲山秋思圖〔一〕

玉立層峰曉翠寒，最宜東閣靜相看。霜林風露含珠潤，秋水芙蓉寫練寬。折屐正須同野步，直鈎誰獨倚長竿？自緣北苑神情會，有分雲山足考槃。

暮春雨中

霖雨將旬應倦步，春消餘冷尚淒風。初篁解籜瓊飄粉，叢藥流姿玉練紅。溪谷雲栖懷阮裕，江湖烟棹惜梁鴻。詞華只步淩虛曲，枕石林皋足養蒙。

吴彦直别久適會而予有京行書此以寄

憶寓鄉閭講益同，會須研究别匆匆。故朝文獻宗鳴鶴，百世奎章起卧龍。秋水林巒清翡翠，華峰庭宇碧芙蓉。姻盟尚抱蒹葭愧，詩律還兼畫思濃。

〔一〕道藏本題作題方壺雲山秋思圖。

聞曹道録病安賦以致喜

畏暑驚聞膺小疾，懸心千里重馳情。籲天知賴劉安妙，善藥何煩董奉精？旋睹鶴書交喜慰，況趍鸞步倍恩榮。從兹雲閣增遐壽，金奏寥天協九成。

雨中讀張嘉定集〔一〕

張侯紗句奔溟渤，冰玉尤慚願拾遺。丘壑到門雲繞室，龍蛇在野雪平帷。隱期梅福謀非拙，學啓桓譚語最奇。千古高風淩阮鮑，故園梧竹不勝悲。

題倪孟沖醫卷

岐黄紗術理通仙，雅稱真徒會祕詮。勾漏早聞尋大藥，青城今喜叩重玄。春融古雪雲中佩，秋滿長空月裏船。塵世濟人須善藥，靈樞應合養生篇。

〔一〕貴溪縣志卷九題作又雨中讀張嘉定集。

題方壺高深海嶽圖

海嶽菴居鐵甕城，壺仙品格會青冥。鯨濤夜吐胥潮白，鰲背秋分劍閣青。待約琴高凌汗漫，尚疑中散走精靈。侯嬴家住虹光渚，冰玉時看滿户庭。

讀楊鐵崖詩

楊雄文彩名當世，江海遺珠惜不收。南渡湖山多意氣，東吴王謝更風流。金壺月冷青霞帔，玉管雲寒紫綺裘。白首苦淹陶令節，醉横鐵笛海門秋。

遊昭真宫贈洞天祝錬師〔一〕

猶龍之徒鼓槖籥，石室久與神明居。群峰過雨暝投屐，一壑卧雲晴理書。丹爐光現虎時嘯，雷笈風生龍每嘘。昨我尋真醉方起，寤寐思君長晏如。

〔一〕「洞天祝錬師」，道藏本作「祝洞天煉師」。

江　行

長河徹夜多蚊虻，夢起倒衣山四更。蟋蟀微鳴釣絲淨，蝦蟆競喧官鼓停。曉星在天月已落，野犬吠門潮始生。南船北棹去復止，坐使離懷空待明。

題柳毅圖

江濱龍女久緘情，琴劍歸來寄客程。愁絶渭川波浩蕩，淚收湘竹語輕盈。寶釵墮鳳慚無贈，翠袖馴羝感獨行。畫裏莫窮神異跡，靈虛千古記初盟。

遊南山湖上

蘭橈桂棹盡幽潯，小劫真遊到夕陰。雲護鶴飈蓮一葉，波摇龍島石千尋。奇峰遠貯金銀氣，靈籟時飄紫翠音。勝集幸陪塵外賞，山林餘韻託球琳。

賀紹菴龔先生壽

夙推文質世賓師，耆壽高堂足自頤。經史傳家深蕙帳，溪山樂業舊鵝池。林花照酒春浮罼，堦柳停驂雨濕颸。猶冀考槃愉樂處，並堅松柏歲寒期。

題三茅山卷

遂古仙壇勾曲東，茅君觀閣聳三峰。神經藏石追秦刻，祕册傳家侈漢封。到席珮聲春隱豹，濕衣劍氣夜降龍。我曾羡讀登真訣，願住華陽若箇松。

夢故友

道存師友重研求，存殁堪傷幾夢周？箕尾光芒嗟董賈，奎躔文彩憶韓歐。寒潮洲渚三更月，白露江城兩岸秋。浪跡孤蓬時感慨，西風落葉不勝愁。

題清白軒

清白傳芳〔一〕仰令名，高軒覽翠挹川靈。空青珮綰留驄馬，翡翠簾開展畫屏。春滿圖書雲到席，晚酣詩酒月移庭。由來忠孝椒房重，野服空懷睹聚星。

〔一〕「芳」，道藏本作「家」。

題方壺尊師茅齋圖〔一〕

丘壑茅堂澗水濱，清暉寫入碧嶙峋。嚴光釣瀨雲爲宅，韋著書籤石作隣。樹色送涼峰斂夕，瀑聲飛潤谷藏春。壺仙飽得幽潺趣，寂寞高風屬幾人？

題湖山小景

江漢垂綸視八荒，丹青宛若見流芳。嚴陵未擅羊裘癖，呂望寧辭鶴髮長。島嶼雲浮秋浩蕩，海天潮落曉蒼涼。劉侯愛畫多文彩，一滌閑情志廟廊。

答黄仲文清惠

寂寞江湖絶士風，玉堂遺興獨黄公。關山海色寒潮外，閩嶠秋聲落葉中。陸羽茶甌煩舊製，劉熙石刻感良工。耆英合紀儒林傳，遐想高標鶴髮同。

〔一〕道藏本題作題方壺茅齋圖。

題白雲軒

侯門别館五雲西，林壑清衿擬鶴栖。月滿金罍垂柳重，風回銀勒落花低。皜衣雪瑩期朝鵠，絳幘春明待曉雞。高興豈同山野趣，皇圖光贊與天齊。

題松筠軒

貴戚高門倚繡屏，松筠猶喜護長青。雲濤繞閣茅峰秀，雪色侵門剡水渟。朱户緑纓回晚照，錦韉銀燭戴春星。幽懷豈比山家味，拂石冰霜澗響泠。

題凝清軒

甲第高梧碧樹秋，清芬繚繞狀〔一〕神州。花凝烟霧空連珮，風送江波月滿樓。黄閣晚題鸚武〔二〕賦，玉臺春暖鷫霜裘。芳名盛喜過潛耀，野褐馳情愧狎鷗。

〔一〕「狀」，道藏本作「壯」。
〔二〕「武」，道藏本作「鵡」。

南山淵靜軒宴集

瑶池仙閣並方諸，真賞何殊罨畫圖？繡閣迎風迴芰藻，錦楹披霧帶菰蒲。筵開晝日蒸霞穀，臺瞰秋波絡月珠。綵服獨慚疎旨養，讌歡豈必讓東吴？

山人獻紫芝二本

喬林瑶彩結靈姿，野老窮幽解獻持。玄霧擎柯瓊化璧，紫雲垂盖玉生脂。清溪道士躭山癖，甪里先生任世疑。共我風霜老丘壑，休貞豈必愧華詞？

題房大年馬

天厩龍媒八駿儔，拳蝸未勝九花虯。海雲蒸雨身千里，漠雪回風氣九秋。射虎將軍多膂力，落貂都督擅才謀。驍騰必假奔星步，莫向丹青只浪求。

寄王博士汝玉

館閣才名屬老成，離憂幾幸慰朋情。竹宫霽雪金韲繪，瓊署春雲錦帶羹。學富鄭玄司筆削，志慚周燮逐嚶寧。故山金石荒題刻，莫惜奎章著舊盟。

春莫

蘭皋春色盡園林，虛館猶驚歲月深。雨露總含生物意，山雷空著養賢心。世途鞅掌慚觀鼠，幻相支離感戲禽。懶拙惟知全道重，流光坐閱歲駸駸。

晏歲自釋

卒歲崢嶸雨半旬，悵懷今古幾飄淪。豈貪鑪下犢鼻袴，也著山間烏角巾。文獻百年同化日，丘園三徑復陽春。洪鈞轉候天機在，獨坐南榮學養真。

九日

累載江程憶故園，山居九日遂開尊。堯天野趣懷先澤，漢室綸音感帝恩。翠轂千峰環疊嶂，銀河雙澗瀉通源。流光莫怪黄花晚，秋色嵯峨夕照温。

菊節後復雨遣興

閒居適趣嘉重九，晚菊寒泉喜獨宜。煙雨群峰添漲後，林皋虚館授衣時。蒼蕪絡緯捐清吹，碧水芙蓉護錦帷。山木喜全樗散壽，秋風黄落竟何如？

遊水簾洞

幽洞雙關入杳冥，瑶林陰〔一〕蹔後先行。層崖珠落簾收瀑，疊嶂屏開錦列楹。擊石尚須期嘯父，捫蘿端欲候仇生。澗阿藉地林霏暝，寫盡絲桐世外情。

謝惠白牡丹花

富貴花多粉黛姿，素芳高並碧芙蕖。玉娥洗露雲屏暖，瓊姹淩風月障腴。春色漫分冰雪隊，花神應讓鳳鸞裾。隣園折贈清如許，白室遥知坐養虚。

〔一〕「陰」，重修龍虎山志卷十三作「瓊」。

採瓊林間碧桃

桃池自是仙家種，絶愛林間碧海枝。弄玉洗粧雲母障，飛瓊整翰水仙墀。驚風不動塵回劫，和露微凝雪滿肌。折向山窗寂無寐，恍疑笙鶴下書帷。

飲湛碧軒賦石鍾乳盃

石乳傾醪粲蘂花，飛霖尤喜注仙家。照衣練白含窗雨，浮臉猩紅泛洞霞。自愧酒酣倫庾衮，宜添文彩屬張華。衰容尚借資培力，九日何須更問賒？

題赤壁圖

雄文豈獨過莊騷，千古高情仰素遭。夜月扁舟經夏口，秋風野屋倚臨皋。周郎遺跡成孤鶴，葛亮精忠壯巨濤。擬似雪堂携二客，丹青有待覓奇毫。

題葛考功元德遺像

毓秀文宗仕壯齡，儼從物表見儀刑。掖庭編帙宸情密，鑑曲湖山羽福輕。劫外道存雲片衲，松間息定月雙楹。高風曾挹龍蟠頂，千古遺蹤海鶴盟。

題清暉軒

番水家聲久令宗，高堂坐挹景沖融。湖光泛曉囱浮露，山色明春席帶風。黄鶴磯頭江樹緑，碧雞坊裏海暾紅。翰林遺澤詩書在，會見槐陰過洛中。

遊西湖

湧金門外策花驄，十里湖光浦溆中。芰影拂衣侵幔碧，荷香飄席蕩杯紅。黄金梵刹樓臺壯，白壁歌船粉黛空。卻憶芙蓉城裏事，不堪惆悵立西風。

謁鄂武穆王墓

武穆精忠貫八荒，百年遺墓感興王。中原社稷江濤白，敵虜干戈塞日黄。五殺稱賢齊用霸，三閭抱憤楚應亡。幸瞻喬木蒼森氣，空慨湖波去渺茫。

和王景閑賞牡丹韻

東塢雲房冠鬱華，名芳不與世人誇。席浮晝色迎簾日，杯蕩晴光洗障霞。靈質偏濃丘長宅，清芬未數鄴侯家。深根合並松筠久，歲倒壺觴豈怪奢？

立秋日雨

長江奔注赴東吴，物候應添雨載途。天際片帆來遠浦，雲中埜屋帶平蕪。扁舟幾泛袁宏渚，羽服猶過范蠡湖。帝力願瞻新化育，秋聲卧聽入菰蒲。

題筆華軒

中山毛穎重斯文，陸氏名軒藝絶倫。雪繭掃殘風雨陣，龍賓題遍障屏春。江淹夢遠情如海，徐鍇辭優興逸塵。笑我山池久芳草，喜看遺業盡江筠。

題趙仲穆春山圖

宋室王孫富墨華，好山吴越渺川涯。江帆風静錦駝鳥，浦樹春濃白鼻騧。賀監林園分夕露，庾侯臺閣拂晴霞。漁歌不盡丹青意，卻憶尊罏對落花。

冬　日〔一〕

苦雨沉寒送晚冬，索居岑寂坐高春。雪梅吐玉初涵白，霜樹凝脂久謝紅。無復鄧颺詢管輅，空餘孟昶慕王恭。獨嗟百慮徒悽惻，底用浮名類轉蓬？

立春日

半生寥落感時催，又覩春從鼓吹來。造化無端回象緯，經綸有在視雲雷。疎林濕霧聞啼鳥，野逕陰風踏落梅。自愧幽人增懶拙，陽和何地候資培？

題孟浩然踏雪圖

鹿門高隱卧冰霜，踏雪行吟韻思長。詩興自應淩鮑謝，才名豈獨契王張？野橋寒籟偏幃帽，山樹驚風逐縹囊。猶抱孟亭千古意，墨花寥落見微茫。

〔一〕此下又有歲晏詩，僅數字不一，當爲同詩重出。

次山人獻石韻〔一〕

石丈欣移紫洞雲，幽人辭綴錦囊紋。陰精墮地凝春雨，水沫成霞集晝薰。蒲牖風長疑鵲化，芝房煙煖夢星分。山家拾澗寧庸煮，雅好深知滌垢氛。

初秋夜坐

伏後涼生解鬱蒸，夜深庭户足餘情。雨聲到樹先秋冷，雲影當池更晚清。疎曠不羈憐向秀，窮愁有述慨虞卿。年華倏忽渾哀思，霜露猶驚過雁鳴。

至　日

舒和至日喜陽生，虚室天光四座明。臈近梅花時建子，春回葭管月移庚。丹砂火熟期飛翰，幻果漚輕笑浪名。慨首書雲遺事遠，故園冰雪足餘清。

〔一〕道藏本題作山人獻石。

楮帳

雪楮乘筐寫練光，方幃連緝稱雲床。春冰暖動乾坤大，霜月輝澄刻漏長。華嶽卧龍從偃蹇，漆園蝴蝶任飛揚。本來内外俱貞白，根蟄嚴冬氣八荒。

爐炭

積薪穴火勢迎空，霜雪嚴寒衆樂同。煉質自堅非性黑，敲聲含響愈光紅。木金成象明丹候，離坎周天奪化工。莫使吹嘘煩橐籥，天機流動六虚中。

閏月重九日

彌旬殘暑曉初涼，林郭幽懷覽衆芳。雨態迎寒過白露，秋期逢閏再重陽。菊籬黄綻杯難舉，山麓青分帽欲狂。今古塵情俱蝶夢，竹陰呼鶴小焚香。

秋夜

莫秋風露菊初黄，夜冷侵幃解薄裳。雨氣着簾林暝早，樹聲接市瀨喧長。囊書隨分窮糟粕，塵事關心付秕糠。安得委身蟬蜕等，白雲黄鵠與翺翔。

中秋日自遣

九秋煙露中分夕，坐遣幽懷水木居。緑竹遶簾金沆瀣，青山滿座玉芙蕖。菊叢疎雨妨花月，桂樹涼風候晚魚。儵散林泉須自慰，錦屏罇酒意何如？

題洞玄子卷

蚤慕玄虚讀養生，久趨天仗住神京。太虚本是渾侖體，空洞中含寂默聲。雲氣屢乘霞佩遠，松陰長護石房清。五千言意須融會，坐贊皇猷答聖明。

訪朋山如愚尊師[一]榆原真館

榆晚高堂續構成，獨橋雙澗步秋清。牽籬野蔓殘花影，遶户林塘過雨聲。種术圃通黄葉路，採芝人老白雲扃。累曾約訪[二]朋山主，且遂茅茨話拾荆。

〔一〕「尊師」，道藏本作「煉師」。

〔二〕「累曾約訪」，列朝詩集閏集卷一、江西詩徵卷九一作「誅茅擬傍」。

題宋國子白雲茅屋圖〔一〕

太學傳經荷主知，漫懷山谷媚清暉。短簷生白雲藏室，老圃凝寒竹掩扉。簪珮未應辭禁闥，丘園底俟覓漁磯？詞林信有歸田詔，願假藜光照槲衣。

贈茅山道士王直方〔二〕

早住華陽六十春，玉音琅韻異常聞。白雲庭館鶯花淨，紅葉林皋月露分。鶴背豈須笙作譜，龍光直使劍成文。會須石室哦空籟，楊許遺踪絶世氛。

題武當太和山〔三〕

太和磅礴結高峰，北極靈飇望拜中。翠壁暖雲丹臼穩，瓊臺疎樹劍光洪。澗西梅榔

〔一〕道藏本題作題白雲茅屋圖。
〔二〕道藏本題作贈茅山王道士。
〔三〕道藏本題作題太和山。

分苔徑，天外旌旄護蕊宮。闕下多君蒙聖眷，故山遥對畫圖工。

夜行

霜霧侵衣别思長，獨憐餘菊尚秋香。炊煙墟𡸇殘鐘盡，漁火蘭苕宿鳥忙。夜雨沽醪鄉夢闊，冬風墮葉鬢毛蒼。文章事業非吾用，瓢笠從嗤覓退藏。

雨中偶成

箕踞草堂盤石根，春寒故慊爭閉門。短簷霧濕雨鳴竹，茂樹風號雲滿村。空山獨行憶謝朓，蕪室不埽思陳蕃。勿使長懷夢吴越，坐來弊席晨猶温。

三月十日遊桃源〔一〕

山桃春盡逕難尋，苔蘚堦庭老屋深。崖瀑鏦錚蒼澗塢，石門曲折古藤陰。雲中雞犬栖雷室，谷口園田帶虎林。曾就丹房留兩宿，遍詢陳跡漫追吟。

〔一〕道藏本題作遊桃源。

遊馬祖巖

縈紆石徑碧岩深，小轉横樓俯百潯。繞澗幽篁分晚翠，逼檐飛瀑送春陰。杖頭虎跡真如意，鉢底龍湫古佛心。我欲抛塵來結夏，六時栖定欲從今。

繁禧觀訪王樂丘〔一〕

溪山勝處絶塵紛，路入瀛洲訪隱君。門外埜航魚躍露，松陰高閣鶴巢雲。青藜曉值穿花入，黄粟從〔二〕看掃逕分。不有故人清誼久，素懷寥落竟誰聞？

題方壺臨董元夏山圖〔三〕

越絶奇峰趣最高，一溪春碧未容舠。雲連壺嶠從招鶴，天盡岷峨已斷〔四〕鰲。老屋静

〔一〕「王樂丘」，道藏本作「友」。
〔二〕「從」，道藏本作「晴」。
〔三〕道藏本題作題方壺夏山圖。
〔四〕「斷」，原作「淅」，據道藏本改。

依郵晻靄，長林遠帶雨蕭騷。江南遺墨今逢少，轉憶方干獨世豪。

過丹徒謁留侯廟〔一〕

昔從列國有封疆，黄石三期〔二〕授素章。韓隙豈論車中復，楚兵已定斗分降。言回雍齒非仇士，説奪淮陰易假王。晚嗣叨光懷祖烈，每經祠下意徬徨。

遊雷壇

虎踞顛崖聳石壇，風雷四望起林端。紅塵下視渾埃壒，赤日行空欲羽翰。芳樹岩煙猶晻靄，琳宫天闕正高寒。坐令頓叱蒼精劍，長躡煙霞響鵠鸞。

遊靈芝巖

披霧朝尋虎豹蹤，倚崖磐石獨嵌空。紫芝烟煖靈根長，翠壁雲深野路通。古木千齡忘换劫，落梅幾樹漫飄風。澗阿薜磴猶陳跡，隔世清遊豈偶同？

〔一〕道藏本題作謁留侯廟。
〔二〕「期」，原作「奇」，據道藏本改。

題湖光山色亭

江右湖山百郡雄，近推賢守足高風。宫亭水泛天光裏，芝角嵐深月色中。皂盖新謳聞德政，玉堂遺澤見清忠。春帆曾繫逢煙雨，尚擬雲濤絶賞同。

題貞白周先生像

廊廟丰姿海岳情，玉堂遺裔世簪纓。家承故國詩書澤，學冠當時翰墨聲。澗壑松濤多興度，衣冠朝典尚儀刑。墨池奥論多資益，百代丹青慕老成。

題聖井山天瑞白雲圖

金仙昔住龍湫頂，萬頃白雲如海濤。夜行石澗虎長嘯，晝坐雪堂風怒號。太虚一息渺蝸角，濁世萬有輕鴻毛。由〔一〕來瓢笠探道者，紗墨彷彿超塵勞。

〔一〕「由」，道藏本作「西」。

題方壺君子作霖竹〔一〕

壺子神情廣漠遊，獨傳遺墨照千秋。石磐踞虎雷翻蟄，竹洒驚濤鳳在丘。甘雨作霖回旱劫，靈書藏笈祕玄洲。自應宿契淩前古，尚使淋漓濕翠流。

遊南豐神龜岡

龍翔鳳翥結岡巒，玉府神遺舄珮壇。翠削軍峰當北面，青連龜嶺氐東盤。春藏林谷天光淨，袖隱風雷劍氣寒。愧我瓊函嗣真子，仰求靈跡重躋攀。

渡章江望滕王閣

天際長江白練明，江流浩蕩繞危亭。春深南浦連洲緑，雲斂西山百疊青。官樹依稀含宿雨，人煙晻靄帶微星。當時歌舞豪華地，花落東風面翠屏。

〔一〕道藏本題作題方壺霖竹。

用黃堂觀韻畣諸同遊者〔一〕

策鶴銜林度板橋，仙姬靈館著香茅。天垂四野雲雙屐，地濕春空雨半巢。翠竹遶簾疑卧虎，紫函盈笈逐潛蛟。誰家獨得西山勝，借我東遊折幾梢。

題遠遊圖

屈平曾賦鴻濛意，應共莊周得趣多。擬向蒼梧餐玉薤，須遊赤水聽雲和。煙霞雙屐窮瀛海，風月單瓢只澗蘿。早計靈書應有悟，短篷時棹白漚波。

冬夜對月

闃寂溪源夜氣清，久躭高卧得雲屏。池分月色連霜白，山匝嵐光潤樹青。柱史既仙居藏室，淮南未老愛丹經。陽回碩果無窮意，苦澹誰從養内靈？

〔一〕道藏本題作黄堂觀答同遊者。

寄周經歷孟啓

溪月扁舟懷共載，雲山尊酒計同斟。寧毋郄穀敦詩禮，合讓周瑜識古今。文史固存韜略用，丘園應繫水雲心。忠貞報國知能盡，松竹茅堂俟晚尋。

夜坐

臘近嚴霜肅夜分，歲華看盡感餘存。星垂寒野烟幃暮，風送晴鐘雪楮温。時向動初聞地籟，還從静極見天根。寸陰徒惜慚衰倦，默守丹扃悟化源。

雪中喜盆梅盛開

留國遺芳獨古梅，百年楨榦第封培。林逋鶴遠湖烟冷，姑射才仙樹雪開。盡閲韶華經換劫，晚依幽澹静無埃。自應枯槁春陽復，尚想流風待日來。

題僧慧鑑江上圖

江上層巒静鑑中，大癡雄筆見遺風。雲中琪樹雙溪遠，天際瓊樓一錫空。林屋宛依郊阜緑，烟濤疑接海暾紅。桃花洞裏春無賴，知似丹青閲處同。

題自畫崆峒高節墨竹賀三家叔五袠

長竿昔寫崆峒節，九月秋風五袠年。濕翠淋漓飄紫壑，空青蕭瑟動華筵。倚霄鳴籟曾鸞下，翔佩遐蹤已鶴翩。俯慨當時愴悲思，好餘高誼畫中傳。

峴泉尋山得勝地因賦〔一〕

仙家區奥屬清都，敢卜林丘有分居。山色已分龍壑翠，泉聲待致鵠庭書。蘇門浩嘯疑聞度，勾漏丹砂稱養虚。天付白雲安散〔二〕拙，甘隨瓢笠寓屠蘇。

題張彦弘龍湫話別圖

麻姑鵬背訪瓊臺，共謁龍湫帶雨回。天塹河流翻霽雪，潭心光怪起春雷。遥飄空翠

〔一〕道藏本題作峴泉尋山得勝地。
〔二〕「散」，道藏本作「敢」。

雲根石，笻滑狂瀾屐齒苔。自是勝游成款別，新圖染就記重來。

題楊伯源山輝海潤圖〔一〕

闞山〔二〕華胄衍遺宗，溪上林堂住楚東。十畝春雲青嶂裏，一庭秋水翠屏中。丘園逸興推潘岳，編簡清芬憶馬融。粉繪宛疑窮海嶽，尚求先澤挹流風。

題夷山歸隱圖

早歷豪華紫陌春，晚歸鄉井卧松筠。管絃宜息江湖夢，丘壑還尋水竹隣。金馬翠裘論往日，布袍韋帶樂閒身。夷山羡得臨川勝，知向桑榆得趣真。

郊　行

步策郊原春渡頭，老農相語遲行幽。暗泉方度白略彴，野樹間聞黃栗留。山多不改

〔一〕道藏本題作題山輝海潤圖。

〔二〕「山」，道藏本作「西」。

舊時色，世短秖添來日憂。支離野服百無繫，猿鶴豈容憎某丘？

植　菊

丘園植菊諧幽賞，興在東籬隱逸中。緑蘂不教傍奪秀，黄花先整面抽藂。江湖夢斷蒹葭雨，山谷頻添薜荔風。頗分冰霜同晚操，深林大澤自天工。

過峴泉得曹演法書

久望京書慰友情，雲撼忽喜到柴荆。十年上國風雲思，千里空山鸛鶴盟。蜃氣已看蓮嶽淨，天光自引石流清。顧慚慵拙無先悟，千古知心獨鮑生。

冶亭秋宴爲薛道録賦〔一〕

聖主開圖駐六龍，冶城山嶽勢盤空。鶴亭雙立烟霞表，鸞路中分檜柏風。瓊樹凉添侵袂碧，瑶杯新酌照顔紅。醉吟近屬仙都伯，共仰殊恩宴蕊宫。

〔一〕道藏本題作冶亭秋宴。

題覽翠樓

久住琳宫别構新，北山當户小藏春。日移鱗屋霞蒸綺，雲匝龍池月寫銀。淮舸得鱸秋雨霽，江醪斟菊晚風頻。年來國祀遵常典，蒼翠臨軒足養神。

遣　興

客居卧病轉無緒，風雨滿窗秋更侵。衛卿雲轍隔塵遠，高鳳花源藏逕深。故山丘壑豈无夢，空館藥葵徒累心。栖遲眠食幾時返，倦翮秖思投舊林。

題李叔荆藏方壺瓊林春雨圖

中都文苑舊耆英，仙墨含風照客程。山雨半肉瓊樹遠，烟濤千里布帆輕。東書連屋生秋籟，邀月臨池響露笙。江海論交君白首，好堅松柏慰鄉情。

懷峴泉

孤峰盤石記閑栖，蹭蹬風塵夢不違。鬬野茅簷當夕沼，鋤煙石磴媚寒暉。半林花雨春陰薄，一塢芝雲碉道微。幾日秋空更黄落，尚疑清夜坐苔磯。

壽曹演法六十〔一〕

永算欣看甲子周，養真端稱上京留。先春桃熟霞披氅，長至梅芳露滿甌。大庭清問過顔駟，内典精論擅楚丘。近別遽成雲漢隔，高齡惟頌八千秋。

初度遺懷

壯齡增歲慚虚度，凋落塵緣百感頻。過目浮華輕一羽，經心學業貴千鈞。年光已覺雲山晚，生意惟看竹樹春。踈鬢衰顔緣學苦，獨於光霽任天真。

謝倪明齋惠牡丹

名園舊重香車客，異種天葩歲滿叢。丹火爛凝霞洞紫，砂床濃艷鶴翎紅。千齡耆算深培處，百畝陽和瑞彩中。單父自緣耽種藝，感分春色到隣東。

〔一〕道藏本題作壽曹道録。

芝雲亭觀泉

白雲谷裏營巢久，爲愛山泉類養蒙。天窄户庭微俯盖，地分光嶽小盈弓。良田際野同諸葛，秀菌登畦後陸通。雲畔紫芝時可食，不煩人世覓孤風。

答吳至德謝惠芍藥韻

栖遲頗得林園趣，叢藥春深亂吐葩。塾館曉分經洞露，山人初剪羽衣霞。雲煙島嶼分岐品，冰雪根株比射娃。文采猶多老賓客，清真不媿五侯家。

挽朋山張東堂二首

博大真人智若愚，閬山佳炁産豐腴。書藏洞帙窺丹訣，道在中扃握化樞。塵劫幾經消大冶，神庭高卧鑒方諸。皤然白髮輕懸解，一夕迴飈畢道車。

晚求先輩少如君，學質優純老益親。秦邈籀書論注漆，漢邕隸法究鐫珉。雲笻竹外留山雨，雪麈燈前話澗蘋。鶴馭京還成不起，高風寂寞慨誰倫？

題何滄洲畫二首

佛國林巒虎踞峰，壺仙珍翰屬餘宗。崇岡野屋連雲僻，古木寒流帶霧濃。法社春前包頂鉢，禪龕秋雨飰廊鐘。此心瑩徹非空色，指點丹青記所從。

何遜高情粉黛稀，醉闌秋色入煙霏。興含地籟來瓊樹，墨洒天潢滿翠微。聽雨雷泓皆法韻，譚花虎石更禪機。自緣舊是江城客，高仰峰前獨錫歸。

舟次寄蘇素菴先生

京華欣會倏離程，白首相知易別情。海内文章珠璧價，人間膠漆鶴猿盟。曉雲城闕蟠龍勢，秋水帆檣過雁聲。尚約胥濤共歸棹，劇譚尊酒聽潮生。

早冬開軒曝日

蚤冬初日幽軒靜，厭滌風塵懶着冠。黄葉薊丘煙水暮，白雲淇渚竹梧寒。纘言秪爲期班馬，閲古何由慨杜韓。最喜籬花深慰藉，一尊歸對好峰巒。

寄張彦弘

蒲夏相違倏歲零，多君即是古方平。麻姑按劫煙霞僻，葛令留丹水石清。儗贈雲中蒼玉玦，欲招月下紫瓊笙。遥知錬液天邊事，莫惜岩阿話鶴盟。

雪中宴曹道録席上賦〔一〕

玄都綺席宴西清，晝雪繽紛瑞色明。仙醖已春雲寫緑，洞梅先臈霧飄瓊。淩風皓鷺環鸞署，訪竹華簪列鵠楹。愧我林縱叨勝集，遠期眉壽永恩榮。

題方真人秋風茅屋圖

誰家盤石小漁灣，澹冶林皋戲墨間。靈籟濕空招鶴遠，蔓陰遲步共鷗閑。秋風老屋楊雄宅，流水衡門謝眺山。我憶竹寒沙碧處，看圖尤使夢飛還。

〔一〕道藏本題作雪中宴曹道録。

歲暮丘鳳岡持茶同解性初過寓館清話

浮生逼歲偏无緒，況我羈栖百慮增。窗雨送寒留宿火，茶甌傾碧響春冰。香浮鶴隊梅初白，瀨洗鵝群雪未勝。料得空山猶寂寞，喜從陸羽視飄騰。

居京候家音不至聊書以自適

丘壑茆堂念掃除，閏消三日倏年踰。寒梅燈館王猷雪，春水林塘賀監魚。已覺半生渾是夢，豈堪殘歲杳無書？寥寥萬事俱萍梗，此道何當論智愚？

雨中答葉玄理惠墨

盈握龍香寄赤城，歲寒分贈慰書屏。雲迷別沼鵝无帖，雪滿空山鶴有銘。入夢春流池漸碧，留情夜簡杖逾青。銖衣久脱霞成珮，莫遣雲門兩髩星。

正月三日春雪寒夜書懷

春深風雪閉寒扉，卧擁青綏感百非。光嶽泰和滄海竭，文章元氣曙星微。乾坤陽長存生意，雨霧陰凝任化機。老木支離伴枯槁，靜中消息一披衣。

奉旨還山賦别同虛傅仙官〔一〕

累月承懽集竹宫，帝恩隆渥詔還東。箕躔光動煙霞表，鳧舄音〔二〕傳月露中。霽雪野橋春度雨，暖雲歸舸夕潮風。臨觴愈覺離情厚，鶴髮龜年冀與同。

别道録曹尊師雪中紀興〔三〕

雪霽相過載筍輿，瑶臺春晝玉堂如。秦淮冰泮春潮長，吴樹煙消夜雨疎。仙署紫貂雲步障，江帆烏帽霧蘧廬。别懷半載林泉隔，煉液期探錦笈書。

舟中有懷曹道録臨别惠貺賦謝

憂患相扶見肺肝，百年道誼古應難。累邀雲榻陳蕃舊，更惠綈袍范叔寒。林谷報瓊

〔一〕道藏本題作正月四日得旨還山賦别傅仙官。

〔二〕「音」，道藏本作「首」。

〔三〕道藏本題作别曹道録。

慚玉玦，草池寫露想金盤。玄門珍重尊時望，遠爲幽尋日報安。

薛禮部以内艱還惠書言别賦慰

詞林交誼十年餘，周宋淪亡契獨予。内難已聞歸窆詔，中懷尤切别時書。文章稽古探司馬，金石遺傳擅子虚。更羨會稽林壑美，封題無惜到山居。

沐陳彦謙遠送賦此寄謝

殘歲栖遲同是客，姻盟累月喜相親。赤城霞炁江湖遠，紫殿恩光雨露新。張翰歸帆煙渚雪，陳琳寄榻霧簾春。旅懷尚惜吾宗慰，莫道簪纓解絆身。

夏日山菴池蓮盛開賦此自怡

林壑幽居玉幾峰，芳蓮爛熳遍池東。鶴翎瑩雪香浮露，鵠羽流霞色奪空。滄海冰輪凝翠盖，玄珠碧水泛朱宫。翛然静立風塵外，賴與漁溪樂趣同。

周克復遊山菴飲中賦贈

貞白先生故國賓，幽尋愛我足清芬。池涵天影龍鱗沼，谷合秋聲鶴背雲。三逕松筠宜謝傅，五湖烟水獨番君。浮生離會渾萍聚，皓首欣論内景文。

冬日山居

愛日暄和曝晝暉，空山池角掩荆扉。白雲席暖樵分住，紫洞人還犬護歸。雪茗湧濤泉乍細，松醪炊露客應稀。閑情爲促梅花蚤，谷裏行看盡翠微。

上巳山居述懷

涉世多慚覆轍蹤，山居竟日坐松風。水添龍井雲蒸澤，林亞鯨濤霧障空。池藻漾鈎分近緑，岩花滑屐步殘紅。浮榮笑競真縈〔一〕縶，樽酒怡情豈世同？

〔一〕「縈」，道藏本作「匏」。

莫春夜坐

春殘花落幽居寂，永夜松巢水石心。天牖樹雲來屋角，雪幃山月送池陰。蛙喧畎谷嵐光僻，瀑洒雲雷雨氣深。敢儗登真弘景宅，自應丘壑少追尋。

冬晴尋渾侖菴故址

杖藜窮谷信幽尋，絶巘琵琶澗道深。田野平原通窈窕，草萊遺址歷岢嶔。陽坡日暖冰霜逕，風磴雲寒虎豹林。誰會渾侖千古意，獨餘松柏歲華心。

霜夜山樓對月

霜月澄生皎素華，蟾窩深稱老烟霞。室添虚白氍毹暖，池抱清光水碧斜。姑射芒寒峰削面，靈波彩綻菊留花。獨看挂壁支離意，照徹空山雪後槎。

題方壺蘧廬圖

金壺遺墨混空濛，偶幻蘧廬曠劫同。了視乾坤形炁外，大觀川嶽有無中。霜林豹霧秋聲晚，烟渚龍泓海色通。江漢定應何處覓，不慚幽谷卧方蓬。

夏夜

過雨林皋野逕通，巢居清夜足雲松。山腰嵐氣蛙千畝，池面天光月一峰。翠濕羽衣笙緩鶴，涼浮洞户劍乘龍。衡門自快栖遲癖，應愛餘涼坐晚鐘。

曉霽

空山晴雪信清都，玉立琵琶灝氣孤。珠壁亂飄千地籟，瓊瑶初散萬天姝。龍蛇濬窟全封蟄，鸛鶴深巢欲起呼。直儗層顛窺八極，高風定過敗焦圖。

霜夜翫月

永夜喧風振羽翰，嚴凝山閣暮雲寬。月華雙沼銀濤壯，雪色千峰玉樹寒。環珮繞空泉度曲，魚龍潛壑瀨鳴湍。林巒卻憶經廬阜，醉領春風不住看。

雪後望金野菴天瑞庵遺跡

金仙奇構躡崑崙，天瑞曾窺禦寇文。嶽氣融春時洒霧，天光留雪晝成陰。劍飛遼海塵揚劫，丹護淵龍勢絶群。千古漫亭風月並，靈泉一酌道誰聞？

花晨後官行甫過訪賦贈

稍後花晨日正和，耆英載酒訪雲蘿。鶴巢嵐氣飄簷側，龍井松濤接澗阿。風入絲桐白雪操，池傾尊酒紫芝歌。林原歸策行應晚，百折琅璈在細哦。

山閣即景

少壯幽懷慕隱淪，支離山谷愧無聞。峰頭殘靄留屏色，水面驚風展簟紋。郭泰墊巾宜濕雨，李佚呼酒也巢雲。姓名合紀松風閣，擬抱長鑱謁洞文。

雪中還峴泉

群山積雪遍溪濱，歸策尋原逕絶人。瓊樹斷槎横亞地，銀河浮練曲通津。風傾巢鶴雲先暮，冰洒崖松谷易春。虚閣嚴寒高卧處，底須浮世覓嶙峋？

月夜望雪

支離久分樂幽栖，寒夜偏宜對翠微。雪色淨分雲母障，冰花輕落水仙衣。風經池角雲浮潤，春動梅梢月寫輝。要掃金波滄海上，莫添蓬髩失柴扉。

丙子初度

平生駒隙復初辰，林壑春生水木隣。歲改青陽猶建子，月書周正再逢寅。九皋鶴韻慚狐闋，五夜龍光惜綸綸。浪説彭殤俱瞬息，白雲蒼巘足天真。

夏夜書感

獨栖林谷感凋殘，夏暑初炎夜倏闌。才乏漫窺龍馬祕，身輕聊藉鶴猿安。江湖夢遠消前慮，風月情深起浩歎。今古明良多感慨，底慚緑髮暮彈冠？

山居夜雨

空山卻暑頓涼生，清夜幽懷付野情。殘雨半窗孤燭影，亂蛙一塢舊泉聲。風煙入鼎蝦鬚茗，澗沼供庖馬齒羹。須信樂全渾道味，豈容欣戚繫塵縈？

隱　居

久懷栖遁樂幽居，今古浮名信有無。動視風雲時槖籥，靜窺天地偶蘧廬。擬招鮑靜遺雙燕，倦逐王喬至兩鳧。每得大觀形旡外，寂然真宰示玄珠。

秋日

故園秋色滿林坳，虛館池陰覆白茅。黃葉澗頭留雨屐，紫芝谷裏定雲巢。山林惟分龐公隱，塵世全非鮑叔交。誰意續名高士傳，餘生浮慮秖全抛。

山居九日

佳節重逢興每懽，晚依林水足遺安。池萍帶雨添秋冷，籬菊含風滯曉寒。濁酒不辜陶令醉，好山盡屬謝侯看。塵情今古應多感，草屩荷衣百慮寬。

感舊

靜閱殘編舊感生，研心得失漫勞形。花明翠黛知毋分，露瀉珠璣愧有情。江上秋風蓴鱠味，燈前夜雨候蛩聲。只今愁思添疎鬢，惟付當年水石盟。

雨後對月

涼夜欣看雨露消，月華添興欲誰招？情便幽谷琴横席，夢斷滄江酒貯瓢。十畝松濤飄鵲氅，九清雲露下鸞簫。生平自分清如許，此外襟期付寂寥。

謝惠鸚鵡杯

江漢歸來暑尚微，螺杯肯惠五雲姿。幽居秖羡鸕鷀杓，仙賞偏宜鸂鶒巵。雅稱謝侯華子谷，好傾山茴習家池。衰齡正借流霞色，應使人嗤倒接䍦。

夏雨即興

山雨崩奔注碧池，晚涼生樹集絺衣。瀑雷翻雪龍光急，林靄成雲鶴息微。蕙帳遠驚潮入夢，筠窗近覩玉生輝。衿情何事多前感，秖擬投閒向翠微。

露坐

靜滌塵衿舊感生，夜涼移坐月當楹。芰荷摇緑衣難剪，芝草含英藥未成。山色擁屏輕引霧，池光徹鏡亂垂星。獨慚蘧子知非晚，海内交游浪有聲。

中秋夜月

寒峰煙雨晦山扉，良夜衿情感事違。天柱底須賒月色，鹿門止許卧林暉。金精滿鼎明珠樹，玉炁凝空搽翠微。卻憶上京沾寵宴，布袍何復念塵非？

暮秋

秋水澄神半畝清，漆園肥遯足窮經。霞浮波面芙容障，雲染林梢翡翠屏。浮世潢污驚羽福，幻緣桎梏俟松齡。每逢節候偏多感，空谷寒生月到庭。

懷滕孝廉用衡

憶着滕侯兩鬢皤，短篷曾共憩秋波。畫船月冷空黃鵠，錦瑟雲寒幾翠娥？每愧桓譚情誼篤，久推程邈妙書多。別來苦有山林癖，莫惜封題到澗河。

懷楊隱君孟頊

絕疎音問過松筠，世路尤艱隔幾春？民政百年觀化育，王風千古重彝倫。渭川白髮雲爲宅，緱嶺青山鶴是隣。一別澆塵憎滿目，好留孤壑共漁綸。

對雨

坐看駒隙慨流光，塵世空知感興長。久託衡門宜謝尚，不堪疎鬢類馮唐。一峰絕巘秋渾瘦，萬箇幽篁雨頓涼。莫識天機玄嘿處，野花流水自徬徨。

驟　雨

瀑雷奔雨四郊盈，林木園田信此生。半嶺斷雲留暝色，一燈殘溜送秋聲。漫懷幽谷期王鳯，空覺多才慨禰衡。今夕烟濤喧弊榻，轉添愁思夢江城。

題玄覽堂

東塢高堂别一天，滌除氛垢味幽玄。黄中觀玅知虚極，白裏居貞悟象先。巢鶴淩風笙度月，溪鷗翻雪棹分泉。耆師重是金門客，早繼家聲並列仙。

夜宿玄都觀

廿年塵跡記重來，華表仙壇慨劫灰。遼鶴夜闌先警露，淵魚春暖已驚雷。溪聲猶是桃花水，月色仍侵竹葉杯。忝繼遺宗皆祖澤，廢興空復感蒿萊。

花晨宿金谿東嶽觀〔一〕

岱嶽行祠木帝宫，佳辰登謁喜春融。花明山縣川原秀，地擁神區甲胄雄。銀女祠連嗟孝節，青烏塚近著遺功。休祥世世司權宰，試目流光夜月中。

宿章山寺贈僧綱無盡

暝投溪上梵王宫，敲月欣聞故舊逢。禪宇掃空輕幻化，佛燈續照悟圓通。江聲夜遶曇花月，山色春明寶樹風。愧我應同一宿覺，本來曠劫此心宗。

遊石仙觀

深入花源百畝春，丹崖翠壁盡龍文。形歸無象非金石，地聳玄精冠霧雲。斜斗光連丹竈火，横槎濕護蘚苔紋。喜聯車盖同真賞，總向仙家滌垢氛。

〔一〕道藏本題作花晨宿東嶽宫。

宿神龜岡紗靈觀

仙臺盤踞俯江流，曲徑幽深〔一〕喜再遊。去鶴遠通霄漢路，靈龜猶著鳳麟洲。五城換劫丹光動，三島融春玉氣浮。從此玄臺〔二〕增秀發，高風奕世廣真猷。

遊麻姑山二首

風蹬躋攀百折遥，危亭隨地遠淩霄。倚空飛瀑銀河瀉，夾道幽篁翠霧飄。塵界微茫歸培塿，仙都冥漠上岧嶢。廿年經覽渾忘卻，底用尋真視廓寥。

姑射仙標降五城，瑶壇紆逕入青冥。銖衣帶月來王遠，蕊節排霄候蔡經。環珮聲留龍井雪，軒楹光動鵲橋星。貞珉千載昭芳躅，形勝端宜護百靈。

〔一〕「深」，原作「源」，據建昌府志卷十八改。
〔二〕「玄臺」，建昌府志卷十八作「立基」。

遊丹霞洞天

空洞深藏小有天，舊遊遺跡感經年。山迴鳥道盤雲磴，澗抱龍泓瀉石泉。蒼蘚殘碑看落日，疎林雕閣俯寒烟。遲留疑有飡霞侶，不聽瓊簫到席前。

溪人獻菊

秋陽苦旱見花稀，林卉欣看到竹扉。紅奪雁翎霞彩薄，緑深鳧頸露華微。山間雨霧增侵席，溪上冰霜未集衣。今夕濁醪相對處，掇英偏與澹忘機。

對菊獨酌

託志詞章愧未工，山林研詠興无窮。林逋鶴老秋光澹，莊舄魚深晚色空。豆莢遠含潯澗雨，菊枝微帶度溪風。花名隱逸應吾待，興盡松醪夜氣中。

舟中望匡廬雪色

江渚扁舟得月多，匡廬春霽色嵯峨。香爐峰裏雲千畝，星子灣頭雪幾坡。風暗虎溪清籟發，雲迷蛟室夜潮過。定巢莫辨高峰白，割與泉聲煮石窩。

月下觀白菊

山花並發向神洲，月下貪看滌客愁。銀燭霞明雲母隊，金莖露洗雪香毬。横江鶴羽煩歸夢，清沼鵝翎謝墨儔。更愛濂溪名隱逸，掇英惟重故園秋。

遊何源

山林探勝豈途遥，不識將軍第五橋。瀑瀉珠璣鳴素練，峰迴鸞鵠秀青霄。松筠徑委空原野，風雨樓高幾市朝。過目塵寰消長意，欲從溪口話漁樵。

新歲五日過峴泉偶興

林壑栖遲忘歲改，荆扉始又踏雲來。雪消殘靄迷深竹，風定寒泉送落梅。鹿豕分隣春易到，魚龍起蟄暖先回。好須安逸毋毫累，川逝流光任自催。

元夕建醮上清宫喜晴〔一〕

雨注青陽祕範宣，忽晴元夕月重圓。鶴山春滿崆峒席，鰲極風清碧落筵。蓮朵流輝金蹴踘，天花浮彩玉嬋娟。自緣聖澤嘉玄德，化日期書大有年。

荅葛維禎賀醮成韻〔二〕

舊説君家盛帝宣，瓊樓華月更清圓。遥聞洞醮煙霞曲，尚想仙臺綺繡筵。琪樹枕前明婥妁，玉峰窗面秀聯娟。葛洪細酌丹砂水，散木應宜樂大年。

和秋淵沈講師見寄韵〔三〕

句曲仙臺總碧桃，玉京飛步不辭勞。龍池共挹雲中彩，兔穎應慚月裏毫。壺嶠詩情

〔一〕道藏本題作元夕上清宫建醮喜晴。
〔二〕道藏本題作賀醮成答葛維禎。
〔三〕道藏本題作和沈講師韻。

推沈約，滄溟颱度想琴高。白頭離別何時會，釀朮延齡樂正滔。

月下懷王仲縉

山谷論交盡友情，别懷空復記江程。紹周未必專程顥，吊屈何應惜賈生。練寫金波來海月，屏浮翠樹泛湖城。文光幸倚王門重，林壑披緘感宿盟。

夏日同彦璣弟遊貞白真館爲官原衍作墨竹壁間題曰九霄環珮因及之

永夏聯驂訪蕊宫，靈仙幽館水雲中。琅玕過雨林塘潤，翡翠排霄海嶽雄。晴籟入杯濃瀉露，墨華飛珮響淩空。悠然白裏貞居意，輔德應須鶴髮翁。

賀李了菴建玄潤齋

松柏高齡樂大年，崇文華構啓諸賢。道門洙泗天重潤，名教淵源地最偏。笙鶴佇雲巢映月，經鵝並雪墨分泉。遠期黄髮通仙籍，下撫群英玉樹聯。

寄曹希鳴道録〔一〕

祖澤不丕承仰昔今，支離才乏感時駸。浮榮久達莊生旨，高識誰窺仲子心？鸚鵡杯前春夢少，鶺鴒巢畔梵情深。當途賴有相知重，退卧應煩降玉音〔二〕。

贈吉水周子堅

紫盖鏘鸞俯閬瀛，黽池佳胄素文英。詩書遺澤追三峽，江漢清衿動五城。尊酒翠屏山雨急，筭輿蒼崦澗花明。館甥幸託葭莩契，鵬翮猶期九萬程。

壽雲溪楊先生

塾館横經雨後秋，華星駐彩羽人丘。蓮花峰際雲垂盖，竹葉杯前月寫鉤。龜鶴大年

〔一〕道藏本題作寄曹道録。
〔二〕「降玉音」，道藏本作「寄好音」。

宜綺皓，松筠小隱屬巢由。欲看文澤涵濡遠，黄髪青氈啓盛猷。

寄梁建中先生

梁鴻久屬耆英輩，寄語東風惜别情。百世文章稀述作，十年江漢仰儀刑。柬書江月潮痕長，釃酒湖波海色明。尚擬東吴話蓬舸，夢驚風露滿秋聲。

觀滕用衡所遺滄洲書賦寄

江海知名已十春，臨池疑過嶧山文。白頭舊事渾滄海，黄葉殘山幾暮雲。程顥嗜書珠藴特，謝安躭卧薛成紋。何當共掃姑蘇月，壺子高情欲細聞。

秋日遊演法觀

觀閣淩霄玉氣浮，倚雲並宿古丹丘。霜鐘遠度松蘿月，暝策聯尋石澗秋。豈訝掃門無魏豹，最欣得句獨楊修。燈前小酌情偏洽，明發靈岩更盡留。

遊萬壽峰二首〔一〕

絶巘層巒雨霧中，縈紆雲磴步蒼穹。花源曲渡銀濤壯，崖瀑高懸素練雄。天際鶴巢招許邁，笈間鴻寶冀茅濛。過庭聞有風雷授，宜向崇椒著眇功。

東壁懸珠小閣寬，夜連雲靄宿簷端。林藏積霧疑聞豹〔二〕，澗瀉驚風欲下鸞。蕙帳含輝消晝暖，蘭膏喧溜促春寒。漫傳徐市窺瀛〔三〕島，何事瑶臺覓羽翰？

遊太平寺

疎雨喧風滌陌塵，城東梵刹藹江濱。禪龕淨洗瑶花雨，經藏光浮寶地春。鐘動上方窺萬法，燈傳無盡露千身。羽衣類入青蓮社，知似東林第幾人？

〔一〕建昌府志卷一僅録第二首，未標詩題。
〔二〕「疑聞豹」，建昌府志卷一作「宜開豹」。
〔三〕「瀛」，建昌府志卷一作「蓬」。

禾坪道中

幽栖久欲放閑蹤，城郭徒看紫翠峰。文獻流風空第宅，衣冠遺事漫魚龍。曠遊自謂躭文舉，清賞何應愧仲容？憶昔韶華增感慨，浮生惟分侶雲松。

歲晏〔一〕

苦雨沉寒送晚冬，索居岑寂坐高舂。雪梅吐玉初含日，霜枏凝脂久謝紅。無復鄧颺詢管輅，空餘孟昶慕王恭。獨嗟百慮徒悽惻，底事浮名類轉蓬？

挽倪晉明隱士二首

簪纓儒胄著仙都，白髮高堂玉雪如。戎馬間關司保障，詩書涵泳樂桑榆。九霄清骨瑶臺鶴，三逕閑情壁沼魚。太息耆英無復覩，湖山千載壯名區。

早從碩德名孚實，晚逸高齡白尚玄。桑海紅塵驚過目，芝蘭華綬駭駢肩。掃花春雨

〔一〕與上冬日詩異題重出。

雲留樹，洗竹秋空月到絃。幾向東園倍惆悵，諸孫佇待繼英賢。

題蕭史鳳臺

危臺百尺壯層霄，彩鳳翔空玉管調。蕭史情緣非世偶，嬴姬仙質信天標。五雲樓觀烟霞合，三島旌麾霧露飄。祕府足怡清暇賞，秋空遺響坐宜招。

題飛仙

仙跡微茫彩繪精，浮雲空洞入青冥。玉娥飛佩桃盤熟，金母停裾竹露清。輕箑有題煩鳥使，香緘無語度鸞軿。仙根自得煙霞契，方蔡遺蹤候降庭。

題方壺真人雲出山腰圖〔一〕

壺仙妙墨過商岩，絶巘長林興每躭。山腹斷雲凝曉黛，澗頭新水漲晴嵐。淩空似聽鸞音嘯，掃逕惟聞麈尾談。卻喜仙曹盛簪組，卧看蒼翠襲春衫。

〔一〕道藏本題作題方壺雲出山腰圖。

偶成

寥落文衿歎二髦，倚空灝氣渺秋毫。樹雲分暝侵殘帙，江雨添涼入弊袍。新沐尚應慚貢禹，故書猶擬寄山濤。無端歲月催疎鬢，笑指蘆花試小舠。

過王汝玉山庄柬滕用衡

久歆佳譽動江湘，驛舸荆譚慰不忘。裘馬閒情成代謝，桑榆逸興豈尋常？芙蕖水暖雲俱碧，麋鹿臺空菊漸黄。多幸詞章深啓激，奈何歸思愧匆忙。

訪王汝玉于隱山莊舍〔一〕

昨我京華遂偶逢〔二〕，山庄歸〔三〕訪水雲通。杯前秋葉鳧鷖渚，橋外霜梧鸛鶴風。城

〔一〕石倉歷代詩選卷三百六十五題作山莊留别滕用衡王汝玉。
〔二〕「昨我京華遂偶逢」，石倉歷代詩選卷三百六十五作「憶昨京華歎轉蓬」。
〔三〕「歸」，石倉歷代詩選卷三百六十五作「相」。

郭凋殘無謝朓，詩書博雅有王充。滕侯況在耆英列〔一〕，湖上離情滿目中。

題東郭草堂

蘇湖秋水碧於藍，負郭幽居愜素躭。十里鷗波來遠近，數峰鶴島面東南。白茅覆地書連屋，黃葉當階客候驂。無限危臺懷古興，好分一舸釣晴嵐。

過錢塘

惠陵南渡壯東吴，憶昔經行感慨餘。雲暗海門潮落定，煙寒城樹雨來疎。扁舟只載蘇躭鶴，重席難呼李白魚。十丈荷花清夢遠，誰憑秋雁欲留書？

夜　泊

苦雨傾斜蘆荻洲，吴山吴樹暝淹留。雪殘鳧雁衝人起，風急波濤泊岸浮。釣艇幾添前日夢，驛梅兩動異鄉愁。重裘歲歲增衾席，錢渚潮平送客舟。

〔一〕「滕侯況在耆英列」，石倉歷代詩選卷三百六十五作「萍蹤況復分南北」。

夜過姑蘇

蘇水危臺夜月孤，幾經西越憶鄉途。泛槎已歷三江雪，聽雁猶過十里湖。畫館香帷遥薄袂，寒城夕漏轉交疏。頓嗟鬢裏梅梢露，倏遍江邊野渚蘆。

姑蘇懷古

姑蘇城外太湖濱，半月冰霜近早春。麋鹿荒臺殘苑樹，魚龍小渚接江蘋。珠帷翠袖遺青鳥，繡柱銀箏絶錦鱗。極目漫懷車馬日，吴山自昔壯忠臣。

錢塘懷古

聞説南巡乏戰功，百年遺跡慨悲風。木牛兵略乖前士，泥馬山河失故宫。塞北旌旗銀甲動，關中第宅錦城空。人煙索寞寒潮落，此地登臨舊感同。

立春日書遇

京華兩度喜春生，疎髩年餘倍客情。紫閣趍朝燃臈炬，黄門戒曉列霓旌。風淒立馬晨珂動，月轉殘雞漏鼓鳴。愧我山林多倦跡，陽和布煖亦何成？

次邵原性立春見貽韻

昔别高標倏幾冬，京華欣會一尊同。春添白髮江湖裏，雪霽蒼岡竹樹中。北闕任賢宜羽重，南郊話舊喜顔童。斯文久慨凋零甚，莫卷秋波釣短篷。

題觀海圖

萬頃滄波海色寬，乾坤一馬孰倪端？山川泛覽宜披豁，廊廟經綸足奠安。雨霽島夷浮八極，月生煙樹接三韓。高情豈爲丹青盡，笑向長鰲撤釣竿。

題三峽圖

名藩設險倚長江，錦水西流勢渺茫。天塹遺蹤懷杜葛，民彝佳政慕龔黄。峨嵋月映繩橋遠，巫峽雲連劍閣長。何日相期瞻祖澤，浣花深處覓秋芳。

次嵩庵學士大祀詩韻〔一〕

大統宏元四海春，南郊類帝肅誠禋。星衢輦輅來金節，天闕輿幢降玉宸。圭璧霞明周典重，珮珂雲擁漢儀新。獨慚執獻居玄裼，聖德祥符仰一人。

登三茅山三首〔二〕

勾曲危峰冠九霄，曉披煙霧〔三〕上岧嶢。下窺莽蒼霓旌近，高入穹窿霧盖朝。已挹茅桓來羽駕，尚期王許候靈軺。喜瞻新構淩空表，從此真風百世遥。一峰。

玄洲小塢逕縈紆，群岫中尊列帝居。八素靈文標玉籍，五辰奇跡著瓊書。露飄沆瀣天花爛，雲擁扶輿地籟舒。我欲尋真訪遺訣，金峰磐石足憑虛。二峰。

〔一〕道藏本題作大祀。
〔二〕道藏本分別題作登大茅峰、二茅峰、三峰。
〔三〕「霧」，道藏本作「霞」。

懸崖絶巘入青冥，雁字峰回閟五城。陸馬遺蹤留劍氣，陶劉芳躅記松聲。星垂琪樹臨千壑，石聳瓊芳繞四楹。今夕瑶壇當月滿，擬追笙鶴御風行。三峰。

贈白雲沈講師

憶會京華久別情，偶從勾曲訪丹扃。長林已遇赤松子，崆峒何疑白石生？獨嶺雲深驚虎嘯，菌山風急顧麇鳴。由來沈約多詩思，夜話童顔觀閣清。

元夕留茅山白雲觀〔一〕

幾願尋幽訪羽宫，偶逢燈夕宴崆峒。陽林霧隱庭臺月，茅洞雲深松檜〔二〕風。歌鼓鰲山懷故舊，煙霞鶴磴任西東。浮塵世事應多感，高視寰區一笑中。

〔一〕道藏本題作元夕留茅山。

〔二〕「松檜」，道藏本作「檜柏」。

遊華陽洞天

玉柱東盤積銕〔一〕姿，嵌空石室渺難窺。獨容靈籟傳清響，止納虚明燭别曦。雲擁谽谺通雪竇，風鳴泱眥鼓天池。欲探月窟招黄鵠，王許遺蹤去不疑。

題春暉樓

層樓高俯萬家春，旭日晴輝映紫宸。萱草北堂冰雪遠，韡華東閣畫圖新。九霄鶴駕馳青瑣，八極鸞璈下錦輪。藩屏皇猷攄至孝，佇瞻旌寵焕綵綸。

讀王文節追謚

華川山色碧芙蓉，文藪辭源素令宗。青史早傳温樹語，黄圖猶撫遠夷風。唐家峻節推劉感，漢室精忠美伏隆。幸際聖明頒贈謚，成均孝嗣著無窮。

〔一〕「銕」，道藏本作「雪」。

寄張司業

成均校藝重師儒，白首交情慨事殊。麋鹿閑蹤尋屐穗，鴛鴻故友候音疎。張衡漫綴思玄賦，唐次難通辨謗書。寒夜冰霜燈燼落，離懷不寐更煩紆。

挽李提點欽明二首

三山華胄古佺期，生死俱忘曷有涯？故國風雲添鶴髮，上京雨露長厖眉。譚經丈席時揮麈，鍊液雲房夜照藜。一夕返真懸解悟，山林凋謝不勝悲。

兩朝遺老重儀刑，廿載雲山雅淡情。温厚襟容推長者，豐腴姿格屬耇英。春深蝶夢興亡遠，名著鸞箋去住輕。遥睇霞裾淩浩劫，人間何地即方瀛？

題南陽高卧圖

南陽高卧樂躬耕，三顧茅廬霸業成。管樂才優經紗略，孫曹計定奮雄兵。天違漢祚圖浮浪，星殞吴分石作精。千古英風增感慨，辭光焕燭愧降嬰。

過安慶吊俞[一]忠宣公

千古儒生氣節存，竭忠社稷慨亡元。中原兵甲雄肝膽，北塞旌旗入夢魂。城閣俯江浮地肺，祠宫臨渚接天閽。寸心亦抱傾陽志，遥睇文光矚海暾。

歲莫懷鄉

坐閲年光旅思悽，客懷偏重故園思。臈殘北斗横江渚，春近南風入酒巵。曲度梅花烟鳥静，歌聞桑葉曉雞遲。緼袍衹墊山林夢，敢待綸音使世疑。

庚辰元日

青陽改歲值江濱，遍界瓊瑶鸖鵠隣。蒼帝令回書夏正，黄圖應候建周辰。寒凝風雪

[一]「俞」，當作「余」。余闕，字廷心，廬州人。元末任淮南左丞，與紅巾軍戰，不利，自刎而死，朝廷謚忠宣。

留餘臘，凍解江湖候早春。涉世行藏知有定，羲和餘景付松筠。

題清意軒

官署幽軒十畝清，政優府幕著芳名。秋聲夜滿瑶臺鶴，春色晴分玉樹鶯。賀監池塘環四澤，邵平風月遶雙楹。聖朝足慰經綸望，佇視才華越俊英。

庚辰初度

四十年踰景日騰，歸帆又值泛滄溟。山林幾對賢人酒，江漢重淹處士星。幻相敢期頭共白，故交應喜眼猶青。獨懷聖德慚無報，且拂雲蘿面翠屏。

鄭禮部遺畫見示懷奩

世德咸欣道義隆，帝鄉曾喜挹清忠。竹宫瓊樹消殘雪，桂館瑶花落近風。圖史雙趍紅叱撥，湖山幾醉錦熏籠。自慚蹇劣疎承乏，別緒空歌蘭蕙藂。

危承旨諸孫昭遇於安慶假遺書因貽之

先生論交慕絶倫，幾傷國破失儒臣。夢周意遠空嗟鳳，述魯詞優止獲麟。燕樹雲寒春苜蓿，淮山月冷霧嶙峋。遺書賴有奇髦束，每向長江問搢紳。

原常宗遠寄篆書古墨賦謝

故交久爲慨星稀，忽示殘編感舊悲。文彩尚傳青瑣近，詞源空慨玉堂微。夢遺江漢隣梟鷲，思入風雲賦蕨薇。情話幸從宗契得，龍光繾綣寫朝輝。

江　上

涉世才疎視粃糠，畏途不覺倍離傷。汀花細雨摇官槳，浦樹寒雲逐野航。學爲困時慚董賈，書緣多病究岐黄。寸心應有相知在，江海寧如客思長？

還　淛

養晦林泉志一丘，敢期俛力拜宸旒？才推房魏勞温問，交有班楊感眷酬。曉靄遠懷鸚武粒，暮寒猶念鷫霜裘。素躭江漢漁樵樂，回首恩光仰盛猷。

夜宿延真館

轉燭流光感慨增，廿年裘馬倍餘情。殘鐘欹枕蛾眉冷，澹月鈎簾雀尾輕。空市橙黄稀執火，寒汀葦緑褋鵁鶄。舊愁毋限從誰語，零落湖山眷别程。

桐江偶興

桐江秀色盈襟裾，幾載歸舟輕若虚。新雨猶嘗陸機鮓，寒潮不送琴高魚。蒼巒百疊翠屏幄，碧水萬頃青扶輿。我欲臨高發長嘯，一滌塵垢依巢居。

寄王助教達善并柬張司業玄略二首

廿載論交記錫山，清吟每愛動江關。江湖故舊嗟全少，館閣詞華喜頓還。沼樹春融通殿籍，梅花雪淨候朝班。續餘禪味今多少，肯寄林泉一解顔。

甌閩隣郡素同宗，交誼姻盟幸久通。文彩流風推胄監，儀刑盛德仰南宫。夢回江月鷗分席，興繞川花雁拂蓬。繾綣離情重翹首，幾時載雪共王恭？

次吴修撰孟勤韻并柬陸待制伯陽

明時文獻屬斯人，白首儀容久藴真。荆楚關山雄八極，吴淮江漢渺三神。世推良史班超重，國美賢才陸賈頻。歸棹思君情不盡，華章莫謂隔紅塵。

早冬曉行

清溪徹底照心清，寧用村醪滯客程。蘆葉風喧飄翠弱，橘林霜重亞朱明。不愔官舸雕胡飯，應想山家馬齒羹。世事人情總堪嘆，漱流枕石足餘生。

宿武當别峰

一宿琳宫最上峰，折旋石磴杳捫空。六鰲洲渚浮金粟，萬馬峰巒帶玉虹。玄武旌旗黄道北，紫微臺閣緑華中。仙姿喜有厖眉叟，月下期招鶴背風。

貽吳貳令子瑄

好峰百疊護周曹，花縣賢丞過俊髦。銀燭高燒飲醽醁，錦屏四面出葡萄。家承文獻森瓊樹，詩詠松陰壓翠濤。幸添媢盟遂簪盍，斐聲佇俟邁崇高。

長至信州道中

靈山百折秀摩天，畫鷁東歸晚送妍。翡翠排空張玉筍，空青拔地削金蓮。日逢長至梅先臈，歲逼初陽雪候年。拭目流光增感慨，幅巾藜杖且雲泉。

辛巳初度

老態渾添髩欲疎，流光荏苒慨居諸。半生清分蒼虬玦，一世浮名玉燮書。泛雪江湖隣雁鶩，卧雲山谷寄樵漁。久知幻相同漚泡，且付餘齡學養虛。

題雲林泉石

清溪華胄舊家聲，西望雲林劍閣横。疊翠排霄浮塹劫，空青洗露出滄溟。玅探靈笈存中谷，道佐玄樞駐上京。願割好峰三十六，未應泉石結芳盟。

題鶴林周提舉禱雨卷〔一〕

自是蘇臺鶴上仙，神洲濟旱領鈞天。阿香車動玄晶脉，織女機飜太液泉。焦槁頻回皆聖澤〔二〕，豐穰荐致屬靈詮。詞林幸覩爭推美，肥遁猶欣大有年。

謝張司業玄略惠羽扇

鶴翎裁扇製玄裳，帝里欣承遠寄將。吴猛煙波輕似葉，葛侯圖陣迅於觴。絶憐幽谷便清暑，久託仁風愈送涼。高誼不殊金石固，胎仙候與挾翺翔。

題山水便面爲鄭叔高賦

丹青盈尺小山川，齊魯歸藏屬鄭虔。風磴嵇琴秋雨後，拖樓越飯晚鐘前。詩書絃誦

〔一〕道藏本題作題周仙官禱雨卷。
〔二〕「頻回皆聖澤」，道藏本作「頓回皆聖德」。

橫經久，水竹簷楹樂地偏。樽酒相逢論往事，舊遊空憶畫中傳。

挽吳華陽先生

錦溪華胄素儒宗，耆德高年感令終。筆陣早追虞褚妙，詩郵晚振杜韓風。故山琴鶴清霜冷，别墅園林落月空。憶昔朋游總凋謝，不堪洒涕送飛鴻。

題芳所

蘗芳入座山四盈，六藝久探絃誦成。三江翠水落青嶂，五老丹崖羅錦城。棹歌聲發鳧雁舉，神柱光摇蛟蜃驚。孺子臺前長春草，東湖待我開林扃。

秋雨還峴泉

西南諸峰當鏡池，掃葉直欲招孫嵇。水面芙蓉錦步障，簷端翠玉青罘罳。細掬寒流凝鑿齒，倦聽野鶯空支頤。黄塵莫使駭心目，振衣躑躅將安之？

次何滄洲見寄韻二首

清溪發棹曉光舒，孟月嚴冬薄冷初。李賀詩添呼酒處，張騫槎動泛星餘。蒹葭霜露新鱸美，江渚風煙過雁疎。白首交情宜别思，多才莫負佩金魚。

萬頃波光一鏡天，番湖雲滿孝廉船。滕王閣盡寒江急，孺子臺荒落月圓。步玉豈忘支遁馬，囊金不惜戴符錢。舊遊也愧防周覽，遥續新題雪甕邊。

夜宿武林

泥馬城空四望賒，荒榛遺石竟誰家？夕陽江口鷗群静，霽雪峰前雁陣斜。雲暝仙臺稀柏子，月催城閣度梅花。擁衾无寐增前感，曉發徒應逐落霞。

浙上有感

滄江蕭瑟墮黄葉，沙際白鷗隣短篷。濁世寧憐鷸冠子，清時尚遁羊裘翁。嶰谷從誰杖篁竹，徂徠待我聞松風。西湖落月墜煙渚，堤上空懷蘇長公。

嘉興道中

寂寞湖山又逼春，客愁無地貯晴曛。病餘弱質慚蒲柳，歲晚歸心更水雲。浮世久知萍梗薄，此身愈覺贅疣紛。束書短棹尋東閣，莫惜頻題白練裙。

吴至德自安仁故居來訪飲賦次韻

青冥灝炁紫霄峰，敢倚雲栖百尺松。霧濕曉風林隱豹，池翻春浪井分龍。鄉還又是經旬別，山酌偏懽一夕從。深愧斯文稀調合，愈慚吾道異時宗。

山居七夕

翠盖琵琶玉作屏，山樓兹夕最秋清。星回流火涼宜早，風動商金月待盈。池抱鏡心明澗樹，泉分琴響濕雲旌。難期得巧空慚拙，浮慮全抛落葉聲。

了菴李東堂饋茶供賦謝

久懷迂鈍事幽栖，温問時勞故舊知。陸羽素經添鶴夢，季膺高卧勝鵝池。靈芽自屬青春長，碩果偏宜白髮期。塵世豈諧清苦味，雲根汲澗重馳思。

挽傅元宗〔一〕二首

白首窮經板築年，貧交十載學知天。文章典式推司馬，著述幽微最鄭玄。隣崦喜招松柏隱，徵輪忽訝鳳鸞騫。樵談正擬論山谷，歸卧驚聞涕泗漣。

舊學探研寂寞濱，每煩從子示新文。藜光照夜揚青瑣，箕尾翔空繞白雲。秦〔二〕漢遺傳宜世絶，乾坤此道竟誰聞？拊膺感慨韋〔三〕編意，枯木寒泉倚夕曛。

謝楊孟頊過訪山居二首

相聞頗愧晚相逢，放步尋源野逕通。過雨山花紅躑躅，斷雲林巘碧芙蓉。楊憑久擅

〔一〕「元宗」，本書卷之三故原宗傅先生墓誌作「原宗」。
〔二〕「秦」，原作「泰」，據乾隆本改。
〔三〕「韋」，原作「違」，據乾隆本改。

鏗鏘韻，張鎬惟躭退遁蹤。更喜清譚猶法乳，別餘空解卧高峰。

罇酒論文到夕陽，夜醒深覺每疎狂。春殘上巳山光僻，月滿初弦澗韻長。畎畒亂喧蛙鼓吹，星河交錯豹文章。棲遲自分終焉託，三益猶期迪後芳。

冬夜

轉盼流光又歲除，山林卧疾秪栖遲。雲殘苔逕慚王洽，雨積筠窗儗戴逵。毋意貂裘江漢遠，有情鶴氅水雲畸。山家本是忘寒暑，莫遣塵情感素期。

春社雨

老去支離任山谷，坡仙性與風篁親。松濤添夢夜泉長，花陣惱愁春草新。涉雨偏宜謝公屐，漉酒不須陶令巾。憑誰寄語蘇門子，長嘯歸來空釣綸。

題自畫溪居幽趣圖

塵居罕得清溪興，溪上幽居得趁多。墟屋斷雲浮竹浦，野航涼月到松蘿。季鷹鱸鱠風煙渚，康樂雲山雁鶩波。寫盡荒池餘墨思，短篷也欲侶漁蓑。

贈蕭子昱

聞說王門久曳裾，瓊臺清會載群書。六經輔導尊周典，三峽迴瀾壯禹疏。林岫帶霜還谷鳥，驛梅香雪泛江魚。深蒙眷渥存垂問，藩屏從看贊德輿。

題徂徠秀色松

何顒[一]白首久云別，愛此百尺真蒼虬。煙濤洶湧度靈籟，月露微茫吹素秋。廟堂豈乏梁棟用，丘壑只應冰雪儔[二]。空山使我增太息，畢宏韋偃今誰流？

題自像

玄冑何才振後芳，早從問學識行藏。兩朝寵渥傳青瑣，入奏威儀儼綠章。松菊雲中

〔一〕「何顒」，石倉歷代詩選卷三百六十四作「虎頭」。

〔二〕「儔」，石倉歷代詩選卷三百六十四作「留」。

吟夜雪，鶴猿谷口卧秋霜。幻形底用丹青貌，浩刧終期視大荒。

題趙松雪竹爲曹焕章賦

幾見吴興冰雪姿，金壺遺墨寫修枝。西湖白雪鷗停舸，北闕青雲鳳繞池。已覺晚風來嶰谷，不勝秋雨濕湘湄。曹休自是奇髦輩，白首珍藏亦畫師。

題越上溪山圖

稚川遺墨滄洲趣，澹治溪山笙鶴群。剡棹疑分若耶雨，越峰遥帶會稽雲。漁篷夕照墮黄葉，酒舍驚風飄翠紋。吴楚凋零總非昔，晴囱坐展移朝曛。

閉關

養晦經年慕隱淪，閉關林壑足潜真。風號萬竅雷驚蟄，雪暗千峰雨注春。暖愜志和温豹席，寒侵錦里快烏巾。君恩幸許巢由卧，不授人間一點塵。

寄周太守公琰

故人近爵二千石，闕下欣猶十載逢。細雨宮花醉城館，輕風浦樹還江篷。張和本是煙波客，陸羽久爲桑苧翁。翹首空山別來思，膏肓泉石愈疎慵。

坐雨偶成

彌旬積靄晦諸峰，痴坐雲窗萬籟中。躑躅林坳寒食雨，薜蘿墻角杜鵑風。性躭隱逸期王績，名忝迂疎愧李邕。拭目流光驚老大，秪憑樞極究餘工。

春雨寄楊孟頊

雲溪漁釣濯塵纓，別緒深慚百感盈。山雨滿簾躭倦卧，澗流出谷待躬耕。著書漫擬東皋子，植藥渾疑北郭生。浮世榮枯俱夢幻，詩郵誰爲語楊憑？

挽何滄洲

水部家聲總好文，獨慚皓首竟沉淪。墨池細雨青霞帔，筆陣分題白練裙。交盡江湖親水木，夢抛簪組卧松雲。生平一酌飄零酒，東望空嗟宿草芬。

壬午中秋〔一〕

憶昔琳宫夜炁清，又看秋色拜恩榮。友朋交義書偏積，京國離懷酒倦傾。前席累承金〔二〕鼎重，尚衣猶愧翠羅輕。深蒙眷渥知何補，不寢徒聞禁漏聲。

次宋學士賀周仙官禱雪韻〔三〕

内制黄麻降近臣，聖衷欲雪念黎民。六花幻劫融千樹，八景通章轉萬鈞。銀燭光浮瓊沆〔四〕瀣，瑶臺聲動碧嶙〔五〕峋。詞林頌美過枚馬，共喜玄都眷渥新。

〔一〕道藏本題作中秋。
〔二〕「金」，道藏本作「人」。
〔三〕道藏本題作賀周仙官禱雪有應。
〔四〕「沆」，原作「玩」，據道藏本改。
〔五〕「嶙」，原作「崘」，據道藏本改。

初春遊天禧寺訪獨菴少師〔一〕

清晝春和十日深，城南迂徑訪禪林。蓮花刻漏真如性，貝葉傳燈古佛心。雁塔倒垂臺殿影，虯池方抱檜松陰。遠公久被恩光重，結社詩盟許再尋。

次獨菴少師見寄韻二首〔二〕

一棹趨馳似鶴輕，喜從禪伯會神京。五燈慧劍山靈護，千佛尼珠海藏驚。春換鳥巢應洗竹，雨消齋磬過班荆。茶瓜絶勝東林味，况是詩郵慰野情。

東來隻〔三〕履與雲輕，久被恩光駐鎬京。説法雨飛藏虎嘯，譚經花滿卧龍驚。詞章巨擘過裴白，文史雄鳴盡許荆。方外同盟遭聖代，禪機無惜滌閒情。

〔一〕道藏本題作訪獨菴少師。
〔二〕道藏本題作次獨菴少師韻。
〔三〕「隻」，道藏本作「雙」。

次葛維禎賀京回賜服韻三首〔一〕

春王正月始書年，曉待朝珂儗洞仙。禋祀九鳴聞大護，雲韶八闋聽鈞天。寅標夏正瑶圖建，甲紀周官寶曆傳。草埜累沾殊眷厚，應懷園綺竹梧邊。

疎才自昔愧高岑，豈謂浮名感聖心？內醞累承鐘鼎美，尚衣猶覺芰荷深。道探黄老思玄賦，治洽軒堯擊壤吟。歸向林泉語耆舊，鳳池清夢繞于今。

泰階簪紱列周行，殿制新頒體上皇。冠冕才華聯管樂，絲綸文彩過班楊。金閨待漏瞻天側，玉輅承顏侍帝傍。玄裼世承宣室重，君才應未侶馮唐。

再用前韻次董仲璣賀章三首〔二〕

樗散由來樂大年，登瀛敢謂次群仙。皋〔三〕門待漏趨綸省，祕閣鳴珂候木天。虎衛排

〔一〕道藏本題作次葛煉師賀賜衣韻。
〔二〕道藏本題作次董煉師賀韻。
〔三〕「皋」，道藏本作「端」。

霄環鵠籥，龍章煥日聽臚[一]傳。外臣豈足裨皇祚，眷命重須日角邊。

神州秀壓閬風岑，物候陽舒會帝心。雪滿建章欣晚霽，雨消太液覺春深。愧耽隱士鷦鷯賦，願獻賢臣蟋蟀吟。應怪董春便靜退，每辜推轂重來今。

幾陪天仗列千行，昭祀攄誠並九皇。學負浪名慚鐵檛，才違定價愧青楊。官袍晝錫風雲表，禁籞時沾雨露傍。歸愛耆英爭頌藻，林泉共擬樂虞唐。

再次前韻答王景山見慶三首[二]

寶曆宏開大有年，朝班幾視羽衣仙。春融貝闕明千雉，雪霽瑤堦敞八天。綸語密班天[三]馬重，懽聲時聽石渠傳。顒瞻聖化流荒服，不用銅符促警邊。

[一]「臚」，道藏本作「鴻」。
[二]道藏本題作次前韻答王煉師三首。
[三]「班天」，道藏本作「垂金」。

樵漁久藉玉山岑，聖主從容閱素心。優渥累頒嚴執玉，殊恩荐降倍臨深。虞廷禮樂關雎化，漢室衣冠梁父吟。疎野惟慚無寸補，尚懷砥礪自方今。

五夜壝壇列鴇行，陽回物候兆東皇。誠通海嶽稽佔畢，職亞尊彝愧植楊。枚馬聯芳鑾旆側，蕭曹接武衮衣傍。緱山久屬王喬卧，詩律長懷邁兩唐。

次吴孟啓謝牡丹韻

萬卷開幃味六家，兩淹春色滯芳葩。緑苞蕩彩簪擎露，金屑流輝帔疊霞。鹿韭尚憐千葉富，鞓紅應羨四香誇。花神合副耆英祝，穠艷輕斟過石華。

題俞氏春暉堂

幽原築堂堂樹萱，僾紹世德增高門。緑蘿垂陰春日永，翠岫列嶂朝陽温。孝思曾養具鮮美，綵戲萊服多蘭蓀。猶羨多才鳳苞質，行看刻句青瑶琨。

題環溪堂

清流百折帶秋河，芝阜高堂奈興何。花雨濕雲迴鳥道，松風墮月泛鷗波。嚴灘不換羊裘暖，渭水偏躭鶴髪皤。底似兩山詩禮後，斛峰秀色面嵯峨。

送丘子碩審理還荊南

家承詩禮宅名區，早謁王門久曳裾。曾向烏臺題白簡，復從鶴禁侍丹書。殊恩累眷松筠跡，寶翰重頒水木居。回首荊南倍惆悵，雄藩遠佇輔唐虞。

題筠齋

黄山之水清漣漪，高齋翠玉環參差。棠野嵐光沁寒碧，瀘溪澗瀨喧晴飔。細裁冰管度靈曲，幾挹煙梢凝露姿。最是黌宫富家學，朝珂一聽鳴天逵。

題龍虎山圖二首

道區今昔著江東，虎踞龍翔萬壑雄。紫翠峰巒三島外，金銀臺閣五雲中。天低絳節來黄石，地亞瓊旌候赤松。横槊停驂肆登覽，展圖何俟覓方蓬？

玄都道域重仙山，翠水丹崖四望環。萬竅摩空喧地籟，九霄飛佩謁天關。丹光夜燭驪龍躍，劍氣晴追羽鶴還。喜授靈詮探禹穴，王庭好爲説幽潺。

題朱太尹陵江清隱圖

温温冰玉美丰姿，宰邑猶懷舊隱思。銀漢寫空江月到，翠濤喧籟樹雲移。德推景毅來鳩集，政覩孫卿感鳳儀。佇俟超騰宜顯要，滄溟無際即天池。

題望雲閣

滄溟浩渺入天涯，望斷鄉關感孝思。衣態拂綃連浦樹，練容横素濕江籬。秋風幾送慈烏夢，夜雨俄添鵬鳥悲。小閣寄情猶陟屺，良衷千古厚民彝。

題孫康映雪圖

積陰飛霰下瑶臺，四庫懸帷晝不開。大地瓊花光有隙，半空玉樹淨無埃。山陰蠵屐妨尋竹，官閣蓬窗類對梅。千古高風增起慕，雲仍遺澤喜多才。

再〔一〕登大華山

三謁高仙萬仞峰，躋攀百折上層空。星垂華盖青冥表，天接勾陳莽蒼中。近擬梅欒還羽珮，遠招楊許躡泠風。真猷千古齊山嶽，玄澤猶瞻奕世同。

登擬峴臺

城上危臺俯大江，峴山遺慕入蒼涼。萬家煙樹汀洲白，百疊雲岑橘柚黄。裴度流風增感慨，南豐舊刻妙詞章。衰榮塵跡知何限，極目狂歌付大荒。

客中病懷

彌旬卧疾越江干，毋限鄉愁遣更難。梅雨漲溪啼鳥滑，蒲烟濕岸落花殘。玉階累擷芙蓉珮，瓦缶猶斟苜蓿盤。身世浮雲知底似，客懷直欲向誰寬？

〔一〕「再」，道藏本作「重」。

到錢塘

闌風伏雨到錢塘，萬頃潮波接大荒。淹疾忽驚春色盡，遣懷空厭鳥聲忙。久知作史嵇康嬾，不怪窮途阮籍狂。人事幾回嗟寂寞，江流徒送客愁長。

孟夏遊天禧寺訪獨庵少師

上公聯騎過城東，停策呼舟謁梵宫。愧忝李膺倍共載，欣諧裴度後追從。秦淮水漲迴瀾白，佛刹雲連寶樹紅。自是遠公多眷渥，許招蓮社結餘風。

翕圓庵長老

一庵曠劫視圓通，久徹曹溪向上宗。鷲嶺傳燈窗隱豹，瑞岩悟法鉢藏龍。三生會裏波瀾句，五藴藁間震電鋒。何日許探靈谷秀，東林微笑坐聞鐘。

出京有懷

春盡辭家猶夏暑，離憂無緒獨沉吟。輕紗披霧君恩重，健穎飛雲友義深。澤國微茫來雨勢，鄉關迢遞感蛩音。明朝又值菖陽節，白髮空懷戀闕心。

次黄編修宗豫見寄韻

别懷京國練花餘，兩載承恩祕閣除。慨我煙霞成痼疾，多君文翰久權輿。楊雄賦就談經日，陸賈書成繕史初。忽喜郎官傳雅什，繆章遠寄得相知。

錢塘觀潮

畫鷁趁馳幾覽陪，物華過目動餘埃。江雲蔽塔浮烟合，海雨添潮漲雪來。鳧雁帆檣銀漢渚，蛟龍水國白螺堆。乾坤消長空悲慨，好類槎通博望回。

聞霜鐘

霜滿瓊林度曉鐘，月華流韻徹晴空。投簪幾憶鴻鳴露，欹枕猶驚鶴唳風。銀葉香消深館裏，梅花調遠古城東。十年感慨成無寐，應律音長豈世同？

題洞霄宫

天柱珠宫海嶠寬，餘杭别道儗躋攀。白茅洞隱雲中虎，青嶂山空月下鸞。杯泛湖波千頃碧，瓢翻泉溜九霄寒。覽圖便作憑虛想，卧滌炎埃一挂冠。

和何伯度謝惠芍藥韻

宿坪紅藥分來早，爲愛茆堂類十洲。鶴頂圓珠春思晚，鴻腮留艷露華收。捲簾風雨書千帙，洗竹林塘雪半頭。好記年光如轉燭，賞心應勿負山甌。

題聽秋軒

結茅山郭類巢雲，萬壑秋聲繞夜分。野渚夕潮閒外泛，寒囱落葉静中聞。琴横白露鷗連席，帽側黄花鶴有群。最是幔亭林谷美，尚疑文彩日繽紛。

遊回鷗亭

高人昔鋭瀛海炁，溪上築亭環衆峰。殘梅亞地滑霜屩，密竹繞簾來晚鐘。沙鷗時返夕陽際，野艇不迷秋瀨蹤。浮生浩蕩等污濁，笙鶴相知雖爾同。

登河圖仙壇

仙伯神丘失故宫，河圖遺墠護諸峰。南溟海岳懷秋佩，北闕風雲憶曙鐘。夜月影歸華表鶴，曉雲光動葛陂龍。塵情代謝渾前夢，浩劫靈飇遠莫從。

清熙亭成書以自遣

華亭舊構仙家地，移秀中阿翠錦帷。司馬園林勤灌植，謝侯亭館足棲遲。琴心招鵠雲浮塌，筆陣籠鵝雪滿池。洞宇合無塵垢到，清明深著養春熙。

七言絶句

題方壺真人畫神仙意〔一〕

厭將粉黛污秋容，淨洗風煙一兩峰。要識仙家无味處，盡抛塵垢坐長松。

題方壺真人墨竹

落墨何曾讓薊丘，還將書法較風流。自從踏破燕山雪，寫盡江南一種秋。

〔一〕道藏本題作題方壺神仙意。

題梅

冷澹冰姿不鬬妍，豈須粉墨向人傳？一窗疎影清寒甚，記得茅廬聽雪眠。

聞杜鵑

躑躅林前倚夕陽，幾聲春鳥過横塘。不須啼向花深處，布穀聲聲也更忙。

歸途

客程蓬鬢已霜寒，野渚灘聲逆上難。多是歸情轉相惱，黄花零落馬頭看。

題西宇真人枯木〔一〕

夕陽渡口水連空，落葉寒鴉古道中。走筆秋聲來不盡，釣竿何處立西風？

〔一〕道藏本題作西宇真人枯木。

晚　立

曉試春衫雨霧中，半庭芳草濕殘紅。杜鵑啼過斜陽去，又是樓頭芍藥風。

題宋好古謝祐之張彦輔共作折枝翎毛

花霧香塵暗碧帷，竹陰庭館日歸遲。雙禽只識山坡趣，啼遍棠梨一兩枝。

題柯敬仲學士懸崖竹

絶巘蒼崖碧玉枝，半空秋景墨淋漓。文皇愛坐奎章閣，多是西風雨到時。

感舊偶成

故朝臺館勢連空，多在荒煙埜水中。愁殺蘆洲風急處，寒笳吹過暮城東。

題欽廟畫便面

翠屏臺閣澹疎星，幾日秋光滿故城。最是惱人魂夢處，月中愁聽舊潮聲。

入京口

轉河風急水奔流，禪刹江心住石頭。借問寒煙山盡處，驛夫遥指是瓜州。

題方壺幽深無間圖

茂樹林坳一徑深，寒雲半塢正蕭森。不逢荷篠閑行者，斷有芝蘭在澗陰。

題望滁亭卷

滁山昔重歐陽子，喜有林亭似舊時。莫使故園清夢到，滿衣風葉雁來遲。

出武林

江雨蕭條出郭遲，海門長望問潮期。卻憐南北高峰處，烟水寒鴉似舊時。

泊小河

晚浦依稀暗暝煙，翠屏紅蓼漫爭妍。獨憐霜渚渾毋賴，看盡殘花又一年。

回山縣作

竹籬野屋兩三家，風送殘春晚霧斜。纔到鄉閭終快意，逢人且欲問梅花。

即興

緑樹未陰鶯亂啼，敗蕉風冷倦添衣。燕泥恰污烏巾重，一陣楊花春又歸。

病懷二首

曉寒花影罷芳蕤，半下疎簾拂面風。病態不關淹酒思，殘春看過雨聲中。

幾株芳樹曉婆娑，六尺横窗卧小痾。夢到西湖聽春雨，湧金門外落花多。

暮雨

欹斜疎竹晚多幽，恐阻春耕雨未收。合讓山花留幾日，也看飄出澗西頭。

晚立偶成

洗竹尋泉蘚逕長，倚鑱苔石近林香。晚來一陣荷花雨，不捲疎簾徹曉涼。

舟中坐雨

太陰垂黑號風聲，古寺晚歸溪滸行。短篷踞坐客三兩，茶烟撲人春雨鳴。

觀芍藥

石闌紅藥競分妍，春過初開小雨天。啼鳥有情寧解事，曉山如帶柳如煙。

春曉〔一〕

弱柳摇烟落絮輕，緑陰初長小池平。杜鵑處處催春急，不是東風太薄情。

〔一〕列朝詩集閏集卷一、石倉歷代詩選卷三百六十五將此詩歸於盧大雅名下，明詩鈔歸於章志宗名下。

忽雨二首[一]

飄風急雨燕初泥，新竹成陰小閣西。數卷殘書香篆息，園花落盡到荼蘼。

依稀煙樹暮鴉風，春事无端怪落紅。白髮相知有誰在，捲簾閑坐雨聲中。

初夏雨中

小雨無聲逼曉寒，濕雲蒼樹正溪漫。板橋阻過漁家去，靜對新添竹幾竿。

題方壺樛木葛藟

潑墨遺踪太類仙，盤根蒼石老風烟。空山百尺蛟虬影，共我婆娑閲歲年。

題何滄洲墨竹

滴翠娟娟帶雨痕，渭南湘北又殘春。錯刀撥鐙毋傳久，誰爲緘書問故人？

〔一〕明詩評選卷八僅録第一首，題作忽雨。

聞溪聲

溪漫幾日芒種雨，無數好山俱未開。欲扶藜杖江海去，草徑與誰歌落梅？

偶興二首

山南草堂風雨積，披露獨經雲樹行。人間六月總異此，繞舍瀑雪溪瀨聲。

龍臥須求豹霧穴，偃蹇松蘿空歲年。因嫌夜雨折春屐，罷讀南華秋水篇。

題春風翁稚竹

嶰谷蒼枝幾葉孫，露消殘籜墨華春。夜深小雨驚初蟄，莫厭東風慣惱人。

題方壺聚米山川圖

秋林平楚晚蒼涼，黄葉漁村帶夕陽。鐵甕城頭看不盡，幾聲踈雁水茫茫。

題方公臨坡幽雅

虎頭盤石小虬林，梺草荒苔近夕陰。赤壁无人返歸棹，澗藤窗葉已秋深。

題胡廷輝卧暑圖

十畝松陰晝暑清，脱巾涼卧簟紋生。遥知石壁飛行處，不許閑花襍澗聲。

題倪元振雲卧圖

老木蕭條脱葉鳴，秋光雲影蕩縱横。華陰偃卧毋憂者，也有空山絶世名。

題薩天錫小景

煙橋疊澗水連空，春雨人家寒食中。始信房山多董米〔一〕，向誰閒話石楠風？

〔一〕「米」，原作「未」，據乾隆本改。

題吴孟思雲卧二篆書

延陵舊裔居城府，向與貞居同行人。遺墨每看成歎[一]慕，應慚披雨過江濵。

過雲陽驛

野籬疎竹晚風斜，落木蕭蕭起暮鴉。乍到晚寒風力緊，水痕吹浪送蘆花。

春　寒

風捲愁雲欲暮天，燈前書史坐成年。不嫌薄雪淹春色，伴取梅花聽雨眠。

雨中漫興

山館春霖蔓翠蘂，暮煙寒瀨遠漫空。清明尚是前三日，緩送桃花一陣紅。

曉　立

細雨寒烟重柳絲，半汀野水暗江籬。落花啼鳥多春思，也惱山人獨立時。

〔一〕「歎」，原作「難」，據乾隆本改。

寒　食〔一〕

殘花細雨半鈎簾，過雨溪山總翠藍。禁火人家春寂寞，鶯啼應未到郇南。

晚　興

晚來山色翠芙蓉，樹帶溪聲水接空。自是江南春雨久，柳陰啼鳥妒〔二〕花風。

題雲壑幽居圖〔三〕

翠崖丹壑雲千畝，只著幽居小礀東。聞説晴窗展書處，藤花飛雨更秋風。

題五雲漁舍

東南禹穴多佳勝，獨倚長竿卧會稽。山雨湖煙添白髮，不知天柱五雲西。

〔一〕列朝詩集閏集卷一題作三月一日寒食。
〔二〕「妒」，列朝詩集閏集卷一、江西詩徵卷九一作「棟」。
〔三〕道藏本題作雲壑幽居。

題江山殊觀圖

山湧晴雲碧樹遥，獨尋沙渚木蘭橈。畫中絶稱垂綸者，夢裏江聲識舊潮。

題何滄洲高峰晴旭墨竹爲王樂丘賦

沙渚蒹篁曉翠妍，數峰春旭石欄前。流風寫盡滄洲筆，正擬同尋雪後船。

題方壺崑丘秋雨墨竹

冰玉半姿響珮珂，金壺餘墨瀉銀河。夜來溪上秋聲早，始信空山雨更多。

題自畫秋林平遠圖〔一〕

北苑高情宿世同，疎林汀渚正秋風。研池洒墨應多思，寫向寒烟夕照中。

〔一〕列朝詩集閏集卷一題作題自畫秋林平遠。

題方壺子彭城一派竹

飛鶴淩空記昔時，故情遥見翠淋灕。壺仙旡逼龍光重，寫到彭城第幾枝？

題方壺仙岩竹葉〔一〕

埜艇歸來飽勝奇，袖中蒼玉記當時。仙家多住空青裏，只示人間兩半枝。

南豐舟中

春寒啼鳥怯西風，小艇江波濕霧中。並坐短篷尊酒盡，片帆煙雨到城東。

望仙亭

仙徒隨地躡靈蹤，顧望鸞飈歷幾重？莫道靈槎无覓處，江南此是最高峰。

〔一〕道藏本題作方壺仙巖竹葉。

考鬼壇

五嶽群靈決内文，仙臺北面總奇芬。松濤吹遍渾無定，信是全家住白雲。

下棋峰

崒嵂高崖會衆峰，石壇雲霧藹西東。仙家不比商山奕，盡在河圖倍數中。

洗目池

目盡群峰遍草萊，鶴袍污弊豈凡埃？好將一滴清塵劫，只用天瓢水半杯。

鍊丹巖

汞鉛鍊盡總金砂，苔蘚岩扃即是家。遥望白雲牕牖處，大還尤儗長靈芽。

雷　洞

嵌空石洞走雲煙，靈草玄芝幾歲年？坐聽風霆生足下，自疑此外更無天。

龍潭

絶巘靈湫抱石磯，一泓寒碧護苔衣。蟄龍可許潛山麓，曾侍雲驂作雨歸。

學士閣

華峰〔一〕舊産玉堂仙，文彩辭光照紫玄。散作人間珠萬斛，飛鯨遺想動千年。

禮斗壇

卓立空青第一峰，飛罡蹭步即乘風。捫岑不識天高遠，指顧璇樞夜炁中。

玉庭館

萬仞丹光照乘珠，敞庭燕坐玉芙蕖。世人漫禮通明界，鸞鵠盤空聽步虛。

〔一〕「峰」，道藏本作「堂」。

摘星閣

高閣淩霄冠翠微，星槎只載五銖衣。洗空銀漢秋无迹，入夜瑶笙鶴上歸。

張公寮

蓬累飛行任一瓢，莊周蝶夢契參寥。白雲不比應無住，百萬黄塵静裏消。

對白梔子花

玉面浮香艷碧枝，山家幾歲植培肥？自緣慚識春風態，獨向驕陽鬬雪姿。

到錢塘

江上寒烟帶暝開，荒亭危塔亂鴉回。閑愁莫向西風語，空待潮聲送月來。

過姑蘇

寒林人語四更初，野水湖煙半有無。城郭蕭條應夢少，月斜聽鼓到姑蘇。

自遣

枯林平渚澹煙横，雲際微山最惱情。見説幾枝殘雪盡，數聲寒溜已春生。

題黄仲文臨壺公竹

壺子毫端玉雪飄，喜令黄霸悟高標。半稍殘雨臨池影，好寄平山墨一瓢。

送春

花欄苔逕點輕紅，胼斷蘇仙酒思中。幾樹夕陽啼鳥外，不關飛絮慣西風。

獨立

深谷荒塘總白雲，落花林塢寂无人。泉聲流向橋西盡，耐得餘寒幾日春。

晚立漫成

雨添芒種狂奔注，遶舍溪聲雪浪波。晚對琵琶轉蒼翠，白雲無定爲誰多？

題臨坡仙枯木竹石

眉山浩烝渾精鑛，筆下滄溟動有無。惠我空山緑玉杖，誤疑海底青珊瑚。

月下遣懷

庭館荒涼濕翠蘿，病懷毋緒賦鑾坡。夜涼拂石渾鄉思，鼓角聲中月色多。

題空山偃蹇

石崖坡谷留餘潤，雪蘮壺公肆筆華。海底珊瑚輕鐵網，龍門誰繫候潮槎？

題桂林單枝

怪石嵌空虎豹文，鐵柯空響竟誰聞？千尋膽氣窺溟渤，我欲丹丘掃白雲。

題方壺臨坡木石

風篁嶺上蕭森意，盡付壺仙寫澗蘿。兩月雲窗静相對，故山秋思枕前多。

和楊廉夫四絶爲沈秋淵講師作

勾嶺船通小茅步，白雲遥接葛洪家。佺期不讓何劉句，門外碉桃紅晚霞。

司馬丹扃赤城炁，卧龍不獨在南陽。只今雲閣護侖菌，折得瓊芳手共將。

鶴背風高雲霧裾，珮鳴蒼玉不金魚。坐中楊許有靈札，盡是鳳苞龍籜書。

西湖張翰碧蓮航，紗墨千金湖水莊。多君飽餐玉髓壽，醉着紫裘雲半床。

題方壺竹

壺子襟期天藻句，雨翻秋籟碉濤洪。空山大澤盤蛟起，直入天台雁蕩中。

書帷自遣四首

故園得夢久零落，黄帽青鞋歸與休。遮莫西風轉狂劣，誰能暖我黑貂裘？

秋雨連連坐難曉，莫憎喧夜紫琅玕。此身愧殺横江鶴，雲漢歸飛兩羽翰。
寂寞烏藤弊葛巾，山林有分夢應頻。終宵風雨秋寒到，莫遣黄花解笑人。
自夏經秋久去家，玉堂金署繫靈槎。君恩已念山林癖，待我寒梅半樹花。

過錢塘江

海門東望翠浮空，漁浦蕭山兩岸中。斜日不堪回首處，候人惟有送潮風。

題秋景便面

亂山野水帶秋昏，洗墨涵空過雨痕。何處風煙松邏口，幾株黄葉夕陽村。

題趙千里仙都小景

弱水淩空到海青，丹崖翠壁慣飛行。松風夢熟三千丈，不泛桃花似武陵。

除夕

雨殘溪靄送淒風，酒臉疑添絳蠏紅。寂寞只餘山並玉，感人春思落梅中。

有感

坐閲韶華又半春，十年心事總傷神。落花飛雨鳴中夜，屋角東風更惱人。

紀興

溪橋新漲聒人鳴，吴越餘愁幾夢經？好記閒庭話春晝，落花風急柳青青。

故園自適

過雨啼鶯着意聞，晚香欄〔一〕檻小桃春。時光怪殺空歸去，似倩垂楊綰住人。

〔一〕「欄」，江西詩徵卷九一作「樓」。

社日雨

桑柘林中正雨肥，誰家醉社板橋西？風煙只著垂楊柳，莫遣梨花濕燕泥。

春寒

烟雨聲中酒夢殘，蘼蕪添緑又春闌。鵓鳩唤處西風急，自是楊花惹暮寒。

聞鶯

緑陰垂地曉聞鶯，山雨溪嵐郭外情。正惱病懷无緒久，遠風吹作送春聲。

初夏赴演法觀視斷碑因賦三絶〔一〕

雨逐西風遍野蹊〔二〕，翠林深密石橋迷。杜鵑不識春歸盡，尚送餘寒著處啼。

〔一〕列朝詩集閏集卷一、明詩評選卷八、江西詩徵卷九一僅録第一首，題作四月三日赴演法觀視斷碑因賦。

〔二〕「蹊」，江西詩徵卷九一作「溪」。

萬竿新竹長煙稍，暝塢寒林濕翠交。莫是龍池春水碧，頓飄風籜白雲坳。

石蘚雲疇帶雨還，埜紅狼籍送春殘。短籬老屋風烟處，只許橋流讓暮寒。

過蓮霞渡

小雨黄梅野薺香，晚風數里踏春芳。雲將山色渾收拾，人與溪流不住忙。

觀渡口團盖古松

團團高蓋翠迎霄，野渡風烟百尺條。何歲茯苓堪煮食，記分秋露水晶苗。

望擬峴臺

江迴雁塔古城東，橘柚人煙落照中。説是峴臺山更好，客程毋怪别匆匆。

過武陽驛

長江東下路曾經，柳色人家兩岸情。夢裏不知鄉是客，曉風吹送豫章城。

竹泉亭遇揚州道士因問瓊花賦

緑槐風定午陰斜，忽過塵中水竹家。白髮揚州騎鶴侶，錦虁藂外問瓊花。

題春江同泛便面〔一〕

湖山翠黛照春明，蕩漾晴波欸棹聲。斜日槐陰同載處，夕潮鱸鱠片綸輕。

題和靖觀梅便面

孤山冰雪迴煙霏，竹外瓊芳影半溪。清曉杖藜驚鶴夢，寒香飄到石橋西。

題方壺作華石峰

倚霄花石屹空青，萬歲高峰即五城。怪絶金壺秋露色，玉笙吹徹海冥冥。

〔一〕「便面」，西江詩話卷十一、江西詩徵卷九一作「圖」。

過錢塘江三絶

湖煙江霧暗西東，荒草人家寂寂中。城角鼓聲殘月落，不堪蓉葉響淒風。

越樹吴雲過雨濃，碧天如洗助歸風。客情江水俱无盡，漫喜青山是剡中。

晚煙十里蕩晴波，野徑閑門暮鳥過。何事籬花尤間發，斷橋只許夕陽多。

題李伯時臨劉商觀奕圖

玉刻仙圖貌舊真，橘中動是八千春。忘情黑白縱横處，柯爛應須莫語人。

題江漢遠遊

一櫂秋波月半輪，亂山孤島荻花濱。推篷細問東南路，潮落寒鴻不避人。

晚　思

新冷侵人半下幃，雨飄楓葉亂鳴時。寄書不值衡陽雁，偏怪淒風著鬢絲。

湖渚間忽見芙蓉盛開喜賦

野渚横斜碧草天，秋花無意鬪嬋娟。夜來風雨寒偏蚤，最負紅粧照水鮮。

題方壺倒披金薤竹

春來薤葉遍陽坡，倒影參差壓翠螺。昨夜半囱金瑣碎，露華不奈近人多。

臈　梅

吹臈成花不奪奇，淺香疎影動春漪。客窗獨對愁俱盡，恰是孤山雪半枝。

雪　月

雪消庭月逼人清，折竹冰花静有聲。笑説紅樓添綺繡，一簪寒玉露華生。

寒坐

凍消春水濺瓶茶，臥對寒窗雪繭花。我本歲寒心似鐵，正須和月伴梅花。

霜夜

布幃褚衲久江關，誰就冰霜見肺肝？竹影夜深清徹坐，不嗔分得幾多寒。

野眺

斷岸横林半有無，秋風吹雨響黄蘆。寒潮漲後江流急，怪殺漁郎不受呼。

曉

苦雨纔春正泥濘，歲徒添閏也匆匆。江頭歸舸不能待，敗雪數枝鵓鴿風。

題解性初水墨觀泉圖

徹空松籟雪堂秋，澹墨何妨紫綺裘。絶愛倚欄無盡意，佩聲流到澗西頭。

和宋元益賦閑居二絶韻

雪色侵簷午睡濃，氍毹温暖易春風。獨懷黃箬峰前路，只許山桃放小紅。

夢驚翠水遍方塘，春夜題詩聽遠篘。疎髩卧看年又改，秖應芝菌露華凉。

除夕卧疾自遣二首

山軀卧病弊書幃，歲盡明朝若未知。眯目黃塵无處滌，梅花枕畔道園詩。

夜闌撥火擁寒灰，倦聽東風雪作堆。燈影莫添枯槁態，江潮准擬傍春回。

晚　興

累日歸帆未快風，病懷寂寞日華東。宫亭湖水明如練，收拾春光萬頃中。

到雲錦

四月驅馳春半還，風塵霜露滿衰顔。照人濯錦溪頭水，雪後群峰是故山。

望靈山

玉削芙蓉照瞻明，水晶苗長盡仙靈。何當學剪吴淞〔一〕水，割取蓮峰一葉青。

觀漁者

潮去潮來幾白頭，鸕鷀船尾大郎洲。漁翁只合無拘管，楓葉蘆花夜夜秋。

題方壺雲山醞藉

戲墨雲山太出奇，西風落木故人思。誰家獨占漁磯口，瑶草寒生斷不知。

〔一〕「淞」，道藏本作「松」。

題臨清亭

枕溪亭子碧漣漪，百折湖山繞繡圍。好把一竿斜照外，落花殘雨濕遊絲。

題齊宣王出獵圖

芳草驊騮轡絡珠，千金裘帶肆長驅。儒生不勝閨房語，應愧當年諫獵圖。

題月中桂〔一〕

金粟秋香月半梢，喜分疎〔二〕影入冰綃。此身如在清虚府，不待雲鬟下鵲橋。

題雪梅

暗香飄處影横斜，泄盡春風羽士家。憶着西湖殘雪後，夢魂毋處掃冰花。

〔一〕道藏本題作月中桂。
〔二〕「疎」，道藏本作「清」。

題水仙梅蘭便面

翡翠屏開玉雪姿，幽香不着世人知。歲寒友好今應少，肯許春風入素肌。

題方壺雲壑虚舟

滄溟浩渺一篷孤，汎覽乾坤等六虚。欲識澹雲深壑趣，浮生何地即蘧廬？

題雲中别意卷

琵琶洲上月華多，湖水湖煙寫翠螺。卻憶雲中動歸興，束書篷屋聽漁歌。

題方壺淩雲氣墨竹

摩霄鳳羽洒琅玕，腕指秋聲入夢長。我亦生平懷浩炁，歲寒應與傲冰霜。

觀澗阿新竹

隣塢新篁數十竿，多情春色又闌殘。山家便是篔簹谷，小着柴門雪裏看。

夜坐偶成

窮源深入琅玕塢，半畝方塘一逕斜。燈火夜闌長聽雨，短簷飄到白桐花。

觀雪後梅竹

霽色含春到竹扉，雪峰渾是玉蛾眉。冰花不是浮香遠，流盡寒泉出澗西。

題雲野圖〔一〕

曠視塵勞廣漠濱，半空笙鶴靜中聞。一從會得无絃意，不獨松巢總白雲。

池上觀梅

冰花爛熳倚晴曛，恰近池頭半月春。説與林逋寒盡處，暗香留與伴山人。

〔一〕道藏本題作雲野圖。

閒步

竹陰疎影弄晴暉，滴滴寒泉響入池。
踏遍蒼苔人跡少，閒心只許落梅知。

附録一　佚作輯補

上清大洞真經後序

性命之賦於物也，至大至微，至輕至重，有無不可涯涘，而其不遺於道，悉可見可求矣。故得夫己者明，然後知天地萬彙皆一物也。彼之虚靈神妙者，吾豈不具之？既具之則可見可求，曷不與至大至微、至輕至重者同所賦有而不昧焉？道之所謂經者，發乎天真之音、三炁之文，莫不由上帝真仙宣演而後傳之下世也。其音聞於無音，其文質於無文，判於溟涬混沌之始，而其開廓生植之著則可聞可質矣，謂之經也。啓己之藏，説己之經，發其至真之奥，以開人之頑蔽，豈不物物具夫此經也哉？

大洞真經凡三十九章，皆修鍊之旨。行之而有成者，若魏、楊、郭、許者是也。其隱乎高虚，達乎明徹，或謹於禮謁，或頤於采服，工用各有同異，非可泛易求之。蓋修鍊之道必本於養炁存神，逐物去慮，然後炁凝神化，物絶慮融，無毫髮之間礙，而後復乎溟涬混沌之始。故不飢渴、不生滅，與雲行空躡者遊於或往或來，而莫知其極也。經之行世，敬善之士必思廣其傳，原其存心於善一也。閩道者熊常一求道有年，募工刊是經，來請一言。

噫！知經之爲道而從之也衆矣，能行經之道是不徒從之也。太上之設教，蠢動之類莫不受其澤，行之千萬世而不息者，有自來矣。其幾何人能信於己而力修之？能信而修之，何患其不得乎經也？矧出乎有無涯涘之表，而神妙不特乎經之謂也。持經者尚當勉於余言乎！

正一嗣教道合無爲闡祖光範真人、領道教事四十三代天師張宇初謹書。

（輯自上清大洞真經卷六）

道德真經序

太上道德上下篇凡五千餘言，内而葆鍊存養之道，外而修齊治平之事，無不備焉。此所謂内聖外王之學也。史氏列之申韓間，世因稱之黄老刑名，則與道家者流之所謂大殊，不能無病焉。蓋周衰，王道浸微，其垂世拯俗之意寓焉，而非一本諸自脩也。而曹參、蓋公以清静無爲有驗於治，其用之去經世之理不遠矣，矧出世之教由是而大者焉。或不求其端緒之奥，一槩訾以爲虚無怪誕之説，是豈真知道者哉？古今注疏凡百餘家，各持其見，而必以辭理該貫者爲善，苟理塞義晦，辭雖工無取焉。

盱江道紀危大有，端謹有志行，間探索諸家，擇其尤善者類編成集，將募工鋟梓以傳，其志亦勤矣。使善味之者求之言外，踐之身心，則葆鍊存養之道内充，而修齊治平之事亦外著矣。道豈二哉？因其請，遂冒書于篇首。

歲昭陽作噩仲冬晦日，嗣四十三代天師、三洞弟子張宇初謹序。

（輯自道德真經集義）

大滌洞天記序

澍之爲郡，山川雄秀，甲於東南，故爲吾道之奥區，而所謂洞天福地者在在有焉。予過錢塘之上，每低佪延覽不能捨去，惜不盡遊其名勝者。間讀予友大章徐先生所序杭之洞霄宫歸一規者，尤慕其山水之麗、宫宇之宏，而未之一造焉。

今年春，其宫道士某持其宫志請序於予，因獲探其源委顛末，其大滌洞天天柱峰即洞霄宫也。始漢武元封間，而晉唐以來，修真隱遁之士多居之。逮宋南渡都於杭，則門地之盛、聲望之隆，與玉清、醴泉、崇福、昭應、太液、寶籙諸宫觀等矣。凡寵書幸駕、錫田賜額之異，尤冠一時。涉元之盛，高人奇士輩出，於教益振。雖宫宇之變，或罹兵燹之革、輸賦之繁，復設規以守其成，益有復興之漸矣。而山川之推爲洞天福地之殊者，四方至今猶稱之。故其具諸載籍者，凡殿廡之盛、人物之異、文辭之偉，靡不備見之。若澍之名於東南者，舍是尚何求哉？昔之志夫是者，可謂善述其事、張大其跡也。今某尤將廣于梓，亦抑知繼夫先志也。

嗟乎！古今之盛衰，興廢之無窮，雖僊真靈異幻化之跡，尤有湮没而無所考焉，其所可追索者，徒賴于名辭巨筆垂之金石，焕乎千百載而不泯也。雖然浙之地勝人傑，而琳宫瓊宇卓稱於時者爲不少矣，而能託於不泯之言者，又幾何哉？若洞霄之稱於一時，而文且著於不朽矣，使其傳之悠遠，與三山之書並行而不已，豈不亦吾道之盛典也？因嘉其志而序首焉。

洪武三十一年歲在戊寅正月既望，正一嗣教道合無爲闡祖光範真人、領道教事四十三代天師張宇初序。

（輯自鄧牧心大滌洞天記）

道門十規序

伏聞聖人以神道設教，太上以虛無爲宗，其廣演宏敷自歷劫以來愈彰愈著。原其本也，雖有道、經、師三寶之分，而始自太上授道德五千言於關令尹，其所謂無爲不爭之旨始殷。三代之初則廣成子蒙黄帝問道於崆峒，等而上之，道所由立，出乎太上一也。修諸己而合夫内聖外王之道者，則有關、文、莊、列諸子之遺言；治諸世而驗夫清静無爲之化者，則有蓋公、曹參二公之善政。迨我祖天師立教於東漢，葛仙公、許旌陽演派於吴晉，曰教則有正一、全真之分，曰法則有清微、靈寶、雷霆之目。非究源以求流，必忘本以逐末。然吾道之盛，宋元已稱。特至我朝，欽蒙太祖高皇帝御注道德上下經，立成道門上範。清理道教，崇獎備至，謂道教之設中古有之，如黄帝謁廣成子於崆峒，祖天師鍊丹於龍虎，役使鬼神，禦灾捍患，所以歷代不磨，禱祈有應，無不周悉。

永樂初元，首蒙皇上聖恩申明，眷諭彌篤，務令一遵太祖成憲。由是觀之，吾道之光赫又豈前之所企及也哉？永樂四年夏，伏蒙聖恩，委以纂修道典，入閣通類。切念臣宇初匪材涼德，學識淺陋，忝竊是懼，徒承乏於遺宗，曷負勝於重任？然雖，撫躬慊慄，詔命莫辭，兩承敕旨之頒，時蒙宣室之問。揆之駑劣，慚悚益增；稽之遭遇，喜懼交集。又念吾道自近代以來玄綱日墜，道化莫敷，實喪名存，領衰裘委，常懷振迪之思，莫遂激揚之志。兹蓋伏遇聖明御極，神睿統天，偃武修文，成功定難。聖德合於天心，禎祥疊見；皇猷孚於華夏，道德斯昌。實道門千載一時之遇，成太平萬世不湮之典。是用旦夕搜采前代定規、群師遺則，撰成道門十規。志在激勵流風，昭宣聖治；永爲奕世繩規，玄門祖述。庶幾上不負朝廷崇獎之恩，下有資道流趨學之逕。其茂闡玄元之化，益宏清静之宗，陰翊邦祚，大振教謨，深有望於將來，期永規於厥後也乎！

（輯自張宇初道門十規）

太極祭鍊内法序

易曰："一陰一陽之謂道。"天地之大，萬彙之衆，凡囿於形炁、窒於道器者，莫非陰陽二炁流行而有焉。故原始返終，死生之説，幽明之故，亦莫非流行詘信之著見者也。是故鬼神者，二炁之良能，造化之跡舉，不違乎詘信動静而已耳。吾道之謂死魂受鍊、生身受度者，豈誣世者哉？蓋以陽鍊陰，即以流行之炁鍊不昧之神也，則已散之炁必聚、已昧之神必覺，詘者必信、沉者必升矣，是皆理炁之宜然也。

靈寶齋法始徐、葛、鄭三師流於世，迄漢、唐、宋、元以來，蹊殊逕異，紛糾交錯，不啻千百，而求夫升堂入室之至則一也。且鍊度魂爽猶爲靈寶之要，而鍊度之簡捷，猶以祭鍊事略而功博。自仙公葛真君蔵其教，位證仙品，世傳則有丹陽、洞陽、通明、玉陽、陽晶諸派，而莫要於仙公丹陽者也。丹陽本夫南昌，而南昌乃靈寶一名也。得丹陽之要者，莫詳於所南鄭先生，内法議略深切著明，誠所謂發仙公未發之藴也。其言首主於誠，學之大本何莫非誠？故曰：誠者天之道，誠之者人也。能存乎誠，則陰陽之機、鬼神之用得矣。其水火之祕，符籙之奥，内鍊升度之神，非合夫三五體用之妙，其能造乎五行陰陽、復歸太極也乎？若盡性致命、拘魂制魄之道可謂盡矣，其足爲齋法之軌轍亦宜矣。然先生之言皆極乎身心操存之實，是有變名易用、誑眩惑亂之戒。苟非含醇茹真、屏絶氛濁者能哉？予嘗參討數派，莫善於斯。

姑蘇袁靜和氏純敏篤究，今秋以與纂脩來吾山，一日請序，將梓以傳。其志可嘉，不辭而述其端。他日獲讀是者，反求諸己，篤志力行，非徒言之不泯，其於幽明之澤，豈不博大矣哉？

時永樂四年歲次丙戌菊節日，正一嗣教道合無爲闡祖光範真人、領道教事嗣漢四十三代天師張宇初謹序。

（輯自鄭思肖太極祭鍊内法）

華蓋山三仙事實序

仙道自古尚矣，而世之紀録或不得其詳焉。間因其微而病其著，一斥之以眇茫怪誕者有之，又孰知其靈蹤異跡昭赫彰著，信有不可揜焉耳，其可均謂之誣哉？

撫之崇仁華蓋山，又曰寶蓋山，浮丘、王、郭三真之祠也。浮丘者與容成子、黄帝遊，周末授靈王太子，晉漢授詩於申公，與楚元王友，度王褒以仙，即古浮丘公也，或傳王方平云。郭乃王氏族，因託邑尹姓，猶未之詳。然以代稽之，至人神化因時而顯固或然矣，而託姓之説亦鄙諺不足取也。迨晉元康間，王、郭始師事公。永平二年二月一日二仙上升，則是山由晉始著稱矣。按紫清白真人云：「公生於商，仕於周，隱於漢，化於晉，至隋開皇間尚留巴陵華蓋山也，宋元累旌以封謚。」若山之曰華林山、衡州小廬山、潭州浮丘山、江陵之寶蓋山，歙縣、宣州、太平州、金華俱有黄山，皆三仙遺跡也。當是時，名卿鉅夫若顔魯公、李宗諤、李沖元、吴文正、虞文靖輩之記審矣。而廣録所載，凡旱澇、疾疢、禱祠、禜禬之應，在在有之。故所奉祠宇亦不下百餘，是豈非至神無方而能然乎？

余少慕靈跡，洪武己巳獲謁祠焉。壬申，奉旨降香于山，皆有異徵。暨配孔氏，累疾，叩輒應。永樂甲申秋復謁，夜夢白衣仙坐卧内。翌日登峰頂，初雨晝息，天燈夜現山麓。九月朔日，竣事畢，紫玄洞現圓光大如室，芒彩燁煜，若仙居其中。予再拜，遂辭。殆還，感至德之神，亟欲叙其異焉。

噫！是非目覿耳濡其能盡信之哉？且夫真仙神化蓋不世出，其靈質仙風皆天真法慧所至，故其神庥靈貺垂澤萬世而不泯，其亦宜矣！而兹山穹秀卓絶，迥出遊氛浮埃之表，孰無雲軿霞躅往來陟降於其間也，其可失所紀歟？惜先後所述多庸鄙弗典，顧飾而未遑。今年夏，蒙旨纂修道典，謹以是録正而附之，因叙其實於首，使千萬載之下知慕夫仙者，庶不以眇茫怪誕視也乎？而生民蒙惠之大，昭之國祀，與兹山齊久，不其偉歟？

時永樂五年端陽節，正一嗣教道合無爲闡祖光範真人、領道教事四十三代天師張宇初齋沐謹序。

（輯自沈庭瑞華蓋山浮丘王郭三真君事實）

華蓋山志序

歙之黄山、金華山皆三真印足之勝境，當時名公卿賢大夫若顔魯公、李宗諤、李沖元、吴文正、虞文靖數公之記，致爲詳核。廣録所載，凡旱澇、疾疫、禱祀之應，在在有之。故其祠祀之盛，亦與之相齊，此非至神無方而能然乎？

余少慕靈蹤，洪武己巳獲祀焉。壬申，奉旨降香於山，皆有異徵。暨配孔氏，劇疾，禱叩輒應。永樂甲申秋復謁，夜夢白衣人坐卧内。翌日晝雨霽，天燈夜見于山麓。九月朔旦，竣事畢，紫玄洞現圓光如室，芒彩輝映，儼然王像品坐於中。余偕從觀者莫不再拜稽首，久之始還。感上真之嘉瑞德惠，耿耿萃中扃，亟欲叙其靈妙，是皆目接躬逢，夫豈自誣者耶？正所謂誠之不可掩也。

且夫真仙神化蓋不世出，而兹山秀穎拔萃，超出風塵，雲軿飇轂往來際會於其間，固其所也。其洪貺靈庥垂澤萬世，有功於國家，有功於斯民者又如此，此志之所以不容不作也。惜乎後所述者蕪雜弗典，將以傳信人人，反致迷謬於人人也。久願修飭而未遑，今年夏，蒙旨纂修道典，敬以是録正而行之，用序其實於首，使千萬載之下知慕乎仙者，溯流求源而得所憑信也。而生民蒙惠之大，昭之國朝祀典，玆山相爲悠也，不其偉歟？

永樂五年戊子，正一嗣教真人四十三代天師張宇初撰。

（輯自謝希楨華蓋山志）

重刻天游集原序

文，載道之器也，道著而文有不工者乎？此先儒之訓無異者，何哉？理造而氣充，道斯著矣。然往古之遠不啻千萬載，以文稱於一時亦不下千萬人，而求能以文垂千萬世者，又幾何人哉？是豈非文不足恃以垂久乎？抑亦道之著否然乎？六經而下，班、馬、董、賈偶於漢，韓、柳、劉、李鳴於唐，歐、曾、蘇、王紹於宋，姚、劉、虞、黄作於元，逮我朝，宋、王、蘇、徐之下所弗道也。予獲師友於四子之間，而求之唐、宋諸名家，以上溯秦、漢，以窺六經之遺法所未能也。深惜先輩淪謝，友朋凋落，文之氣運與旹消息，而莫之能挽狂瀾於既倒也已。乃得友於耐軒王君達善，於寂寥慨歎之餘，亦何樂之極與？

予往歲與達善定交錫山，聲跡不相聞者幾十載矣。近以二教成均累會於京，握手寓邸，道説故舊，懽如平生，一何人生之離會有不可期者若是哉？間示其所著天游集若干篇，可謂理造而道著者也。凡長編巨帙，岳峙川流，雄贍淵雅之音見之辭表，而視諸名家者，相與齊驅並駕，未知孰先後焉，又豈世之姱麗藻繪取譽一時者所可同日語哉？宜其遭際聖明，龐恩瀸澤，非它可倫擬者，良有自矣。矧其雅操高風，凡得之濂、洛、關、閩者，恬退隱約之志，惟槁梅幽芷可得而同其逸趣，又豈拘拘言辭是效者比哉？尚何容心於窮達而已耳？

予也學而無聞，又何足以語文辭哉？抑知達善非一日也，其亦若將可語夫莊周之謂天游者乎？予當與之和以天均、造乎天倪之外也，則求夫天游者，亦豈出乎理氣之外也哉？因序於卷首，以俟叩其然與否與。

旹洪武壬午秋，方外忝知張宇初識。

（輯自王達天游集）

贈孝子周伯玉序

曩貴溪號爲儒林，自陳先生靜明甫倡明道學，其高弟往往蔚爲儒宗。良範葛先生雖晚登其門，尤爲傑然者也。予弱冠嘗拜先生於家，聽其議論，而與其徒遊，無不亹亹善學。

若方真伯英之嚴重、侯廉伯隅之方直、陳穎彦清之通敏、彭習孟説之純謹，皆余所敬畏也。先生謝世十餘年，天下多故。兵荒疾疫之慘，吾邑尤甚。交朋淪落，百存一二，方欲一就師友切磋之，并求後來之俊秀以致其勸勉，則絶無而僅有也。遠有倪鎮之，數爲余言周伯玉之賢而未及識。

去年春，予有鄱陽之行，適與伯玉同舟，始知其爲人也。他日造市，伯玉首來謁，更治具酌我，皆無所爲而爲，始信鎮之言不誣矣。鎮之又嘗曰：「子猶未深知伯玉也。搶攘之時，其父没，不在牖下。首禍者已死於邊，其餘黨初時竄匿，既乃有所挾，莫敢誰何。伯玉與之不共戴天，白於有司，置之法。吾之善伯玉非止一端，此其大者。」予聞鎮之言而嘆曰：「兵興以來，骨肉横罹，非命者衆矣，孰無報讐雪耻之心？而卒不獲伸其志者，豈盡厄於時而屈於勢哉？蓋剛者必輕躁以敗事，弱者則隱忍以匿怨，若伯玉者固絶無而僅有者也。好義之士烏得不爲斂衽哉？傳曰：『齊魯之間尚文學，其天性也，豈其習俗教化使之然歟？』伯玉雖不親承盛世師友之教，然幸生禮義之鄉，去前輩之聲教未遠，宜其自拔於流俗，從容事變，卒就其志，孰謂儒者之教無補於人心風俗也？伯玉又善醫。醫家有孫思邈者，其言曰：『膽欲大而心欲小，志欲圓而行欲方。』此豈專爲業醫者發？伯玉亦由斯而有悟矣。」鎮之聞予言而喜曰：「士之與伯玉交者，嘗有歌詠之章，吾方將集爲卷軸以贈之，請以吾子之言冠其首。」遂書之，以爲之序。

（輯自楊長傑、黄聯珏貴溪縣志卷八之七）

乾元宫記

蘇之常熟乾元宫，在虞山之巔。世傳周虞仲嘗隱焉，山是以有仲雍墓。宋祥符間，海陵徐神翁命其弟子申元道南遊，將行，戒曰：「逢虞則止，無雪則開。」元道受命，久未之悟。一日渡江而南見高峰，悦之。詢諸故老，曰：「海虞山也。」乃曰：「是非『逢虞則止』也歟？」遂植竹結茅以居。未幾，竹茂成林，名之曰竹林菴。而山隴峭拔，水不易汲。厥後雪深數尺，獨菴前覆簣地不積，元道曰：「是地氣和凝，必有泉，豈非『無雪則開』也歟？」乃命工掘地刜壤，不尋丈果得美泉，遂得雪井。乾道間，改菴曰招真。治平間，業益宏大，遂改曰乾元宫。泰定甲子，練川道士喻抱元復新之，三清殿、法堂三間兩廡悉備。左祀中天大神，又左像太乙慈尊；右祀玄天上帝，又右祀祠山大帝。元季兵興，僞吴張士誠據蘇，宫日就傾圮，鞠爲瓦礫之墟。入國朝，未之葺治。今天子嗣承大統，凡名山靈迹命保職興復之。

教門高士林剛伯者，家世業儒，敦謹有文，膺是薦於永樂二年住持宫事，乃募金新玄元老君殿、方丈、門廡，一以恢復爲志。今夏，以預纂脩來吾山，間録其實請記。予嘗稽宋徽廟，世稱道君，嗜吾道尤篤。當是時，三十代祖虚靖真君、王侍宸文卿、林侍宸靈素皆顯赫先後，而神翁居其一焉，故四方靈跡多其所遺。是非道行之著、德望之卲，其能前知預定若是之神乎？則是宫之廢而復振，其亦有定矣。剛伯克踵前烈，益大其規製，可謂得所付焉。予固不辭而次序其事，俾志于石，使繼者之勿墜，所以招其休光靈貺於無窮也。剛伯曰：「誠吾志也，請刻之。」

（輯自楊子器常熟縣志卷二）

紫霄觀記〔一〕

天下山川之名勝，老釋之宫常居什一，而江右、閩、浙靈蹤異蹟昭赫者甚衆。廬陵紫霄觀距城六十里，昔東山楊仙煉丹所也。或曰三山，曰龍山，曰楓山、橘山，勢若金龜出匣，玉兔望月。左豐溪，右長塘，兩水夾出山麓。宋治平甲辰，玉笥山廖思閔來此，始創基焉，里故姓彭氏割地爲觀。淳熙丁酉，周益國公、楊文節公請於朝，賜今額。廢於紹定壬

〔一〕原無篇名，據文意擬。

午，郡之天慶觀蕭蒼雪來此重興。元泰定甲子，不戒於火，其時毛丹隱、彭慶堂協圖興建，揭文安公傒斯記之。至正丙申，毁於兵。明洪武庚戌，郭克禮爲之倡，其徒次第葺之，凡殿堂廊廡、寮院庖庾，仍舊規而增壯焉。永樂四年夏，予承旨纂修道典，秋澄以與薦來吾山，狀其槩請曰：「是觀創基迨今三百餘載，凡廢興者三，兹幸少加振，顧有記，伐石以示不泯。」

予嘗巽吉之爲郡有道文明之士多産焉，抑以山川之靈毓秀以致然邪？故道宫元宇凡去闤闠而負形勝者，必將遠熏塾歊熇，而獲遊神虚明爽塏之表，若玕琪之植、翠黛之覽交會目睫間。誠欲與安期羨門之徒神交蹟合，非若俯城闉鄽井之輻輳者。然則紫霄觀之累朝悠遠，非神庥元貺其能然乎？秋澄以耆年優學，編校之勤居多，此予樂記之以垂將來。

（輯自曾國藩、劉坤一江西通志卷一百二十三）

道家識語

清微之謂道中之法也，以其非後天神霄、酆嶽者比焉。而非功行圓融、心法貫妙者，其於元降先天之機、會萬於一之理，信能造也乎？或冒其名、託其説。以高出衆妙以自誇，以驅惑流俗以自蔽，而世之盲聾幻妄者，因倚和而鼓倡之，亦豈不深可哀歎哉？苟知夫先天不假有爲、不事符咒，而彼感此應，若叩孚鼓以全己之天也，豈彼碌碌之足語哉？然世稱傳自雷淵黄公者皆然，學者尚必審其真僞，則於道得矣。嗣天師無爲識。

（輯自臺北故宫博物院故宫書畫録卷三）

宋拓黄庭經跋

右黄庭經一帖，嘗聞之前輩，在元盛時吾山所藏迨八十餘本，於中此本最爲精善，或傳爲松雪齋本也。而兵後並皆散逸，惟此本方壺翁獨能寶之，未常示人。先父沖虚公用力求之，數載方得，將以爲家寶。今觀其筆勢神化，誠非它帖可比，恐後來者不知所自，暇日因識之。

歲洪武己未仲夏，嗣四十三代天師無爲書于方廉齋。

（輯自宇野雪村舊藏宋拓黄庭經）

題武當太和

太和磅礴結高峰，北極靈飈望拜中。翠壁暖雲丹白穩，瓊臺踈樹劍光洪。澗西梆梅分苔逕，天外旌旄護蕊宮。闕下多君蒙聖眷，故山遥對畫圖工。

（輯自任自垣大嶽太和山志金薤編第十四篇）

宿武當别館

一宿琳宫最上峰，折旋石磴杳捫空。六鼇洲渚浮金粟，萬馬峰巒帶玉虹。玄武旌旗黄道北，紫微臺閣緑華中。仙姿喜有厖眉叟，月下期招鶴背風。

（同上）

雲谷詩贈丘太卿

白岩岩谷結茅廬，種樹看山樂有餘。梅柳舊傳遺跡在，不煩松月話清虚。

（同上）

同　前

入漢青峰玉削成，霏霏林杪白雲生。高人雅有滄州趣，柱笏看山萬里晴。

（同上）

碧雲像贊

碧雲散盡見青天，萬劫光明到處全。會得自家真面目，無言無像正玄玄。

（同上）

鶴林像贊

玄門之彦，湖海之襟。秘篆靈訣，益顯時歆。鶴鳴九皋，林宇蕭灑。象外無形，泠風斯駕。

（輯自郭本中、步履常鶴林類集）

鶴林像贊

遊心乎物初，味道乎象外。藏之則守丹扃，行之則飛瑶佩。是迺三侍乎闕廷，故尔參遊夫江海。其餘蹟也，役雷吏於風霆，即雲奔而雪溉。斯其騈頌，述于詞林。領雅音於銓繪，世獲覩其温穆之容。信招鳴鶴乎松檜，尚宜被寵渥於耆年，振玄綱於真會者耶？

（同上）

贈閤皂山靈官李半仙

仙真靈跡皆名世，閤頂諸峰故久聞。函籙洞深尊帝化，經台天近現龍文。到門逕路留殘雪，護井松杉隱白雲。期爾東歸偕笻履，半龕清味可同分。

（輯自俞策閤皂山志下卷）

夏　景

深院棋聲月正長，博山添火試沉香。道人鞭起龍行雨，帶得東潭水氣凉。

（輯自錢謙益列朝詩集閏集卷一）

冬　景

養就還丹不怕寒，獨騎黄鵠上雲端。笑談借得天家雪，散作琪花滿石壇。

（同上）

沖元觀

參雲樓閣半天中，六月風清百丈松。隱躍齋壇低曉月，五雲深處一聲鐘。

（輯自楊長傑、黃聯珏貴溪縣志卷二之四）

張宇初墨竹（竹石圖）款識

亭亭玉骨受風斜，弱態描摹意趣嘉。無力倩誰扶住好，一枝低亞有梅花。

（輯自江美玲江西元明畫家存世作品研究）

附録二　歷代著録、題跋及論述

晁氏寶文堂書目

晁瑮

峴泉文集四

道藏目録詳注卷四

白雲霽

峴泉集卷一之五　耆山無爲真人張宇初譔

觀集中所著沖道、慎本、太極、河圖、原性諸篇，義理之玄微，研究之精微，議論之閎肆，其於天地造化、山川人物、禮樂制度，靡不該貫。

峴泉集卷六之十五　無爲真人張宇初譔

内清詞、齋意、普説、文集、詩歌、辭賦等篇。蓋其詩沖邃而幽遠，其文敷腴而典雅，婉麗清新，得天趣自然之妙，可謂兼勝且美矣。

天一閣書目卷四之三

范邦甸

峴泉集十二卷鈔本

明耆山張宇初撰。金華王紳序云：「嗣教真人張公無爲，自其家世守老子之教，至公凡四十三傳。公于琅函蘂笈、金科玉訣之文，既無不博覽而該貫，益于六經子史百氏之書，大肆其窮索。至于辭章翰墨，各極精妙。間出其詩文若干卷屬序。題曰峴泉者，因精舍之稱云。」

四庫全書總目卷一百七十

永瑢

峴泉集四卷江西巡撫採進本

明張宇初撰。宇初，字子璿，貴溪人，張道陵四十三世孫。洪武十年，襲掌道教。永樂八年卒。明史方技傳附見其父正常傳中，稱其建文時嘗坐不法，奪印誥。成祖即位，復之。又稱其嘗受道法於長春真人劉淵然，後與淵然不協，互相詆訐。其人品頗不純粹，然其文章乃斐然可觀。其中若太極釋、先天圖論、河圖原、辨荀子、辨陰符經諸篇，皆有合於儒者之言。問神一篇悉本程朱之理，未嘗以雲師風伯荒怪之説張大其教，以視誦周孔之書而混淆儒墨之界者，實轉爲勝之。韓愈送浮屠文暢序稱：「人有儒名而墨行者，問其名則是，校其行則非；有墨名而儒行者，問其名則非，校其行則是。」然則若宇初者，其言既合於理，寧可以異端之故併斥其文乎？朱彝尊明詩綜稱「其集二十卷，詩居其半，王紳爲之序」。此本皆所作雜文，惟末附歌行數十首。卷首雖載紳序，而二十卷之舊已不復存，蓋又掇拾重編之本矣。

千頃堂書目卷二十八

黄虞稷

張宇初峴泉文集二十卷

字子璿，廣信人，嗣漢四十二代天師。嗣掌道教，賜號無爲真人。穎悟有文學，王紳爲集序。

明史藝文志

張廷玉

張宇初峴泉文集二十卷

續通志藝文略

嵇璜

峴泉集四卷明張宇初撰

續文獻通考經籍考

嵇璜

張宇初峴泉集四卷

宇初，字子璿，貴溪人，張道陵四十三世孫。洪武初，襲掌道教。

八千卷樓書目卷十六 丁仁

峴泉集四卷明張宇初撰，依閣抄本

峴泉集六卷明張宇初撰，明刊本

善本書室藏書志 丁丙

耆山無爲天師峴泉集六卷明刊本，蔡少泉藏書

五十一代嗣孫顯庸重校，明張宇初撰。宇初，字子璿，貴溪人，張道陵四十三世孫。洪武十年，襲掌道教。建文時，坐法奪印。永樂中，復襲。嘗受法於長春真人劉淵然。其文如行空之雲、入秋之水，詞賦詩歌亦極婉麗清新，均得自然之妙。集故二十卷，金華王紳及遼王、新安程通爲之序。四庫著録者僅四卷，提要稱「所作皆雜文，末附歌行數十首」。此本有崇禎間文震孟、鄒鳳梧重刊兩序，凡六卷。核之文淵閣本，始知五、六兩卷皆闕也。有少泉蔡氏珍藏印。少泉，江右人，嘗捐職主事，往來京師，收賣書籍，年七十餘殁。

增訂四庫簡明目録標注

邵懿辰

峴泉集四卷，明張宇初撰。

天一閣目有鈔本十二卷。

附録 道藏本十五卷。星詒。

續録 四庫依鈔本。

郘亭知見傳本書目卷十五

莫友芝

峴泉集四卷。明張宇初撰。四庫依抄本。此本皆雜文，末附歌行數十首，蓋掇拾重編之本。

江西通志卷一百九

曾國藩 劉坤一

峴泉集四卷，張宇初撰。四庫全書提要：字子璿，貴溪人，張道陵四十三世孫，襲掌道教。謹案：天一閣書目作十二卷，明史藝文志、明詩綜並作二十卷，文震孟序作六卷。今從四庫目録。

乾隆十九年重刻本例言

張昭麟

一、是集明永樂五年太祖第十五子遼王植樂刻成書。今所存本，則崇禎元年五十一代大真人重鐫文，文肅公所序也。國朝康熙初，板燬於兵，書亦少有存者，惟從伯考萬載司訓公諱元逵僅藏一部，後歸從兄明經學齡什襲珍藏。但其集失去一帙，徧覓數年，乃得同邑江君八斗所藏，從借抄補。今得而繕寫付梓者，實賴此本之存。明經兄於先集保守之力、用心之勤，蓋不啻伏生之於尚書矣。

一、是集自宋文憲、王忠文二公而下，終明世歷國朝名公鉅儒代有評騭選録，俎豆藝林，而載入邑乘甚多。邑侯無錫華公因修志，吟誦嘆服，録寄回籍，其見珍重如此。

一、客歲重九，有事祖廟，子姓咸集。予偕家姪，今嗣爵五十六代遇隆，倡議合族捐貲，重登棃棗。二兄先予署五十五代教事慶麟、四弟太學泰麟、五弟肇麟領其事，房叔甲子副舉繼華，太學繼德、繼良，力贊其議，勤心較理，遂諏吉今春三月立局覓開雕氏而從事焉。

一、舊刻集分六卷，今仍舊貫。庠生樹勳、文舉偕諸俊彦遜、芳鐸、善永以臨，韶音、邦直、邦典、伯爵、琦光等專司檢勘讎校。而董理刊務出入經費，則太學大中、大顯，族耆式彦、漢信、善廷，受謙、宏功、善友等。

一、無爲大真人生平懿跡、恩遇優渥，已詳見家乘、龍虎山志，而於著述頗略。兹特考取正史，及歷代名人文集詩話，并諸選本評騭，彙成一篇，冠於卷首。俾讀是集者，知其天授之奇、學術之深，爲曠世而一遘也。

一、是役也自經始凡六閱月而告竣，族中長少協力宣勞，終始贊襄，人人有僾見愾聞之思。即捐貲者不以長幼爲次，祇按其分數彙列名字附于卷末，用以紀勞績也。凡我族姓，附祖集而垂令名，庶各勉爲繩武之業乎？且俾來者有所視傚，繼序其皇，則兹刻可大可久，與日月長存可也。

乾隆十九年甲戌孟秋朔日，特授光禄大夫、前署五十五代正一嗣教大真人嗣孫昭麟謹識。

乾隆十九年重刻本跋

張繼華

我家世襲簪纓，近光殿陛，與泗水齊聲久矣！但宣聖删訂纂修，集群聖之大成，開萬世之聾聵，夐哉莫尚已。我家自始祖道演清宫，暨歷代大真人寶籙、真詮、靈函、秘笈，皆有以護國安民，世膺褒錫。求其教遵柱史，清淨立根，抉三教淵源而成一脉，雖間有之，終莫若峴泉一書，書何昉乎？

我祖四十三代無爲天師，天資穎異，學問淵深。上自精一執中之傳，以及史漢諸子百家，無不兼綜條貫。愛近里山川幽秀曰峴泉，築室砌書，攜厥弟侄，一堂師友，朝夕研磨。

并與賓友名宿、京省士大夫構藝聯吟，皆本性道精深，迥異騷人達士炫葩擷藻而已，而峴泉集遂成。當其時即繪梨棗，動喜天顔，朝野仰重，爭相傳頌于膠庠塾苑間。吾家亦謹守恐墜，奈自境遷勢變，兵燹板毁，而大業宏謨幾不得爲孫子貽謀矣。幸其書猶不没于家，但歷久侵耗，缺而不全，亦屬憾事。邇來裔孫丁卯明經諱學齡，廣詢遺書，得鄉北儒士江諱八斗者曾藏是書，互寫成帙，復覩全奇。然書雖全而不復繪梨棗，安保後之不復失乎？癸酉秋祀，家人慶集，宗爵主享畢，商以刊集。一舉係纘緒大典，荏苒不果，大愧孝慈族人。士皆激昂鼓舞，合議捐貲，延工庀材。于甲戌春季起局，遴選執事，矢慎矢公，六閱月而工告竣，亦復各載名號，以獎竭力贊成之美。至我祖襲爵光榮，教法增重，另編書首，不復叙贅。而其珍守不失，俾世世獲開蒙蔽，播傳遐陬，端有望于後人。

噫！明珠寶玉仍焕俎豆之堂，白雪陽春再揚絃誦之宇，豈不章程永炳，並泗水光風而垂休于奕禩也哉？但玄孫質陋學疎，不堪任理，爰兢兢而歷序原委于後云。

皇清乾隆甲戌歲端節届，甲子科中式副舉揀授學正裔孫繼華薰沐謹跋。

墨池浪語詩評卷二

胡維霖

羽士張無爲淡甚。

明詩評選

王夫之

卷四　五言古

張宇初

晚霽

夕陽媚春暉，浮翳方四展。喬木欣向榮，陰雪明孤巘。疏篁鳴晚風，寒霜曉初遍。悦鳥喧漸和，新流泛池淺。遥烟澹虚鄰，雲磴盤幽蘚。落日雜農談，園蔬緑初剪。年增感易深，悔吝疇自遣？素業慨高懷，研心資礪碾。翫世適餘生，誰將視真踐？

寬平澹靜，自有微至，真國初第一好手。温於青田，密於來儀，抑昭代有數作者，在臨川、季孟之間。神韻稍遜之，情理不相讓也。

夕懷

落日未没山，明霞爛西隅。疎林俯平野，飛煙散輕鳧。宿鳥栖復鳴，燈火起鄰虚。明月照東園，餘寒襲裳襦。啓扃坐虚庭，延泳思莫舒。世故感浮情，淳風朝夕殊。玄天默無語，終爾歸空無。

亦兩折，乃自無痕。

乙亥季夏還山居偶興

末夏熾餘暑，幽期諧素衿。川原蔽繁緑，溪渚澄蒼潯。田舍靜雞犬，荒蹊抱深林。圓淵敞靈搆，疊嶂羅高岑。荷氣薄朝露，魚波衣重陰。披荆遂恬息，濯澗清閒心。遺世匪塵傲，養真宜自任。秋風動蚤思，寫我山中琴。

平叙中自挾靈氣。

仲春喜晴

近社喜連晴，林風和仲月。清霜滯秀姿，偃卧澹怡悦。林暝鐘盡遲，池平草初茁。溪風散喧瀨，浦樹春榮發。淹抱非世徒，遐蹤睇高潔。陽岡栖白雲，偃息孤懷惙。幻跡信萍踪，虚衿皎冰雪。

神入理出，想其用意時渟泓蕭瑟。結無結態，妙。

旅懷

起蚤月尚明，微風響庭樹。遥鐘盡淺河，池草盈白露。披衣行空庭，孤禽語平曙。酬措每疎慵，晨光起簷户。孰知愁慮牽，丘壑慕恬素。薄俗擅姦危，皇情感深顧。歲闌貧病侵，幽憤徒朝莫。

必不入齊梁以下，亦不强效漢人，正令唐宋區區者望洋側目。但此是五言正宗，情景互出，更不分疆界，非其人豈能有時洗濯而出？如「起早月尚明，微風響庭樹」，何必出張孟陽下？

元夕後喜晴登靖通菴

春陽藹微和，扶疾釋餘怠。真館肅虚寥，幽尋倏逾載。小逕迷積葉，雲蘿遮空籟。飄梅散輕颸，竹柏紛映帶。澹寂每清神，晴岑列窗黛。燈宵雜市囂，鵠佇淩空界。撫心倍仰止，素託袍深賴。叢陰支倦還，由兹悟玄解。

圜中綿密，局外嚴謹。運思戢神，欲令鬼哭。「晴岑列窗黛」，正可于事中意外想之。

晚興偶成

明沼湛方諸，新流漲嘉澍。玄陰度巘雲，絶磵飄寒霧。人踪泥潦稀，暝色禽䨓莫。遠睇感先期，叢懷慨危務。休潛遂兹適，世慮猶纏互。妄跡逐塵生，真源妙無所。春華又易年，衰蹇增慙慕。得失從化機，丘園足跬步。

字中句外得寫神之妙。古云：「實相難求。」以此求之，何實相之不現哉？

步南澗

謝拙契衡茅，還筇孰登眺。丘林滿秋氣，澗谷集藜藋。陰壑翳微雲，層岑屹孤峭。平原過雨滋，落木輕風飄。嗟予困蹇運，復遁匪觀徼。臥病日衰遲，資藥慙非少。繇知悔吝長，得失從嗤誚。擇執視污隆，步趨媚顰笑。疏瀹耻奔流，兀隉慨殊調。絲氂或勝用，薄缶終難嘹。息躬事抱瓮，適趣逢荷蓧。寧效窮途悲，欣洽蘇門嘯。降衷屬明命，玄默閟機妙。哀哉狷狹徒，日夕自淪燎。萬化會有歸，投簪藉漁釣。枘鑿異所投，艱貞曷濱耀？譖諛遽成虎，矜宥仰明照。

繁得不冗，正見其收攝。「由知悔吝長，得失從嗤誚」，是真理學，妙于「矜」字上寫出。

卷五　五言律

張宇初

晚遊新興寺

晚過新興寺，扶藜野步輕。鳥啼春雨足，花落午風晴。僧室連雲住，山阿帶霧行。武陵歸路近，已聽澗松聲。

純淨無枝葉。「花落午風晴」較「花塢夕陽遲」，孰爲天巧，孰爲人巧，必有辨之者。

臈月望夜

臈半宜陰凍，青陽轉小和。江梅春暝動，霜月夜寒過。霽雪隨鷗盡，朝雲逐雁多。衰遲唯澗壑，寧意紫芝歌。

子璿詩一以鄭重其心魂爲至，近體亦挾古意，正可敻絶一代。

野眺

山谷寒應早，幽懷絶垢氛。白波雙澗雨，紅樹半坳雲。啼鳥欺新冷，潛魚傍夕曛。寂寥何所慰，先哲有遺文。

韶光勝情引我於寥天之表，真是不經人道語。

春寒

好遯寧高尚，栖遲若去官。掃雲期晚霽，卧雨惜春寒。張説文辭癖，陶潛水木寛。故人書少慰，塵累了無干。

非杜不能，正不從杜得。

卷八　七言絶

張宇初

忽雨

飄風急雨燕初泥，新竹成陰小閣西。數卷殘書香篆息，園花落盡到荼蘼。

居然有遠寄。

四月三日赴演法觀視斷碑因賦

雨逐西風遍野蹊，翠林深密石橋迷。杜鵑不識春歸盡，尚送餘寒着處啼。

可興可怨，乃得踞詩人獅子坐。如此人才乃從黄冠紈袴中罨殺，令人俯仰大慚。

静志居詩話卷二十三

朱彝尊

羽士張宇初

字子璿，廣信人，嗣漢四十三代天師，賜號無爲真人。有峴泉集。

古今詩僧傳者不少，黄冠率寥寂無聞。唐惟上官儀、吴筠、曹唐稍能詩，然儀、唐皆不終于黄冠，則不得以黄冠目之矣。惟元時道教特盛，所稱邱、劉、譚、馬、郝、王、孫七真者，大半有集。迄于至正，如張雨伯雨、馬臻志道是皆軼倫之才。明初僅張宇初、余善二人無戾風雅已爾，餘皆卑卑，鮮足當詩人之目。此外龍虎山人張留紳有詩，見臨川胡琰大明鼓吹，又黄徵君俞邰編明史藝文志，有余和叔同亭詩帨一卷，武夷道士張蚩蚩適適吟一卷，安仁沖虚山道士顔服膺潛菴詠物詩六卷，訪之未得，附載之。

子璿擬古云：「朝陽生東樹，微月流西岑。清泉活活流，好鳥交交吟。春夏氣候殊，涼燠自駸尋。美人崇蘭佩，芳香襲衣襟。邈然與世隔，空睇瑶華音。謇修曷爲言，感慨投吾簪。」養疾云：「濯足山澗中，杖策暝乃還。寒蜩鳴疎樹，落日下西山。灌園露已濕，倦息衡門間。窶空非苦疾，鶉衣畏早寒。寧貽榮叟誚，齒落無衰顔。」

附録　愚山云：「宇初五言古詩意匠深秀，有三謝、韋、柳之遺響。唐、宋以來，釋道二家並重。明初名僧輩出，而道家之有文者宇初一人，厥後益寥寥矣。」

峴泉詞卷後

趙尊嶽

詩筆清利絶俗，詞亦道園之一流也。

惜陰堂彙刻明詞記略

趙尊嶽

道流爲詞，白玉蟾要爲首唱，虞道園每紹宗風。然道陵嫡系初少傳位，惟正嘉間貴溪張宇初爲天師哲嗣，所著峴泉集附詞，闡龍虎之金訣，發丹華之玉音，斯爲詞人之别裁，亦鳴鶴所不廢者。

惜陰堂明詞叢書叙録

趙尊嶽

張宇初爲天師嫡胤，峴泉一卷，比鼓吹于蓬萊。

附録三　作者傳記

龍虎山志卷上

元明善　周召

四十三代天師諱宇初，字子璿，號耆山，沖虚長子也。始生時，氣骨清温，目秀雙瞳，面交二斗。五歲讀書，十行並下，九歲嶷如老成人。有挾許負術者謁見，大駭曰：「異日大振玄教，其在斯矣。」嘗侍沖虚於天心水月樓，目覩雲霧起西北上，中有金扉洞開，五色晃耀，護衛天神，鎧仗森列，勃然改容。沖虚問之，備告其故，復云：「天機勿泄。」愈器重焉。凡授之家傳秘典，輒心領意會，如谷應聲，無少凝滯。

洪武十年襲教事，歲僅十七。明年春，入覲，太祖高皇帝召見奉天殿，反覆諦視曰：「絶類迺父。」又二年服闋，尋有使擎誥敕詣山召見。敕制曰：「諭前真人張正常嗣子宇初：昔之能名於海内，始漢至今所以不泯者，盖爲禦灾捍患之妙。功達於君，利及於民，故有不泯者爲此也。邇聞服制且終，當正教中之首，率徒以脩，符至一來，朕當諭爾。爾其不貳尔心，則上下格矣。」誥制曰：「朕聞上古之君天下者，民從者四，曰士農工商。已而漢至今，率民以六，加釋道焉。所以道萌者，由尔宇初之祖通神善幻化，能恍惚升太虚，冒廓落之剛風，吞宇宙之浩氣，以是利濟群生，功著歷代。所以法傳之久、香燈之永，盖爲行深願重，德敷上下，精神愈靈。前真人既往，尔當世嗣，特遣使詣府，命尔爲正一嗣教道合無爲闡祖光範真人，領道教事，爾其慎哉。」其文皆上親制也，遂詣闕躬謝，禮遇殊厚，賜金綺道服，給驛還山。次年，封母包氏爲清虚沖素妙善玄君。越二年，再召赴闕，建玉籙大齋於紫金山。明年夏，京師旱，上命禱雨神樂觀，大獲靈應。二十三年秋，請建上清宫，上可其奏。次年，入覲，賜正一玄壇銅章，視六品，鎮護名山。既還，擇地於里之黄箬峰構峴泉精舍，爲歸休之所。

三十五年，入賀太宗皇帝嗣登大寶，眷侍愈隆，復給緡錢俾葺上清宫之圮損。永樂元年，入覲，賜金綺紋法服，命陪祀天壇。四年，入朝，寵錫逾倍。明年夏，召就朝天宫建玉籙、黄籙二齋。闡事之初，卿雲覆壇，鸞鶴交舞。祀官聞于上，嘉奬深至，禮成，賜敕制曰：「朕惟玄元之教，大道之宗，闢闔陰陽，斡運神化，混融三界，總攝萬靈。行其道者，非精誠之至，曷能感通？比者仁孝皇后崩逝，特命爾率諸道衆爰舉薦揚，啓玉籙之齋科，宣琅函之祕典。百日之内，瑞應駢臻。爗五色之卿雲，爛九天之瑞靄；青鸞繚繞於琳館，白鶴飛舞於瑶壇；五色祥光，通明徹夜。斯皆由尔法承先祖，道契至真，探玄牝之微，贊虚無之化，克遵朕命，以展純誠。暨諸道衆修持善行，葆練精和，執恪秉虔，輔勤昭事。其中亦有至人道化高妙，出顯入微，靈變不測，感朕誠心，來臨法會，證盟善功。朕德薄所未能知者，藉茲衆善。是以上玄響答，茂集嘉禎，覩茲感應之彰明，允想神靈之獲慶，超登大梵，永遂逍遥，式副朕懷，特伸嘉獎。尔其益茂神功，愈致精一，洞明妙化，渾合無爲，弘闡宗風，翊我皇度。欽哉。」復賜縷金文服。六年，建齋醮五壇於朝天宫，祥應如初，賜金玉寶冠、金繡法服各一而還。

八年春，示微恙，乃以上賜冠服及祖傳劍印授長弟宇清，且囑曰：「吾家光緒千六百年，所傳在是矣。吾將返吾真，上報國恩，下荷祖澤，其責在子。」戒家人無進藥食，惟屏息内視。越三日，秉筆書頌曰：「一片靈明，本無生滅。五十年中，非圓非缺。噫！今朝裂破太虛空，三界十方都透徹。」舉手别衆而逝。弟子袁止安聞於朝。時大駕北京，皇太子監國，遣行人陳逵吊祭，文曰：「卿夙究玄範，紹乃祖風。守素抱沖，光闡教事。祝釐迎嘏，用效勞勤。膺受恩榮，厥有年歲。何其一旦遽然長逝，聞之悼傷，爰特賜祭。惟靈不昧，庶其享哉。」明年，天衷哀念不已，特遣行人蕭榮復加恩祭，制曰：「爾夙懷清静，顧真葆和。究洞玄太微之祕，明無極自然之體。遊神太素，秉握道樞。呼吸風霆，斡運靈化。光揚祖範，綱領玄宗。上以陰翊皇度，下以拔濟群生。方期永贊於鴻禧，何以倏然而羽化？爰特遣人賜祭，用示朕懷，尔其享之。」

蜀王遣道士鍾英致祭，文曰：「尔以世胤，克繩祖武。法究三天，道隆千古。余昔在京，屢接尔容。自予之蜀，尤慕尔風。文章之懿，材質之美。渾然天成，孰與倫比？方期遐壽，以翊皇猷。云胡一疾，遽尔仙遊。尔祖陟降，在帝左右。鶴駕雲軿，□從其後。兹遣羽衣，詣尔靈壇。酹以靈觴，喻以衷丹。靈其享之。」

（據中華續道藏初輯本）

大明太宗孝文皇帝實録卷一百二

楊士奇

（永樂八年三月辛卯）嗣教真人張宇初卒，事聞，皇太子遣官賜祭。宇初洪武間襲父職，賜號正一嗣教道合無爲闡祖光範真人。建文中，居鄉恣肆，數有言其過者，罷去之。上即位，召復之。

宇初爲人聰敏，涉知儒書，喜爲詩攻畫。其道法蓋受之劉淵然，後與淵然忤，互爲詆訾，人以是少之。

（據中華書局二〇一六年影印本）

宋學士文集卷第五十五芝園後集卷五

宋濂

長宇初，即今天師，穎悟有文學，人稱爲列仙之儒。近者入朝，上召見奉天殿，反覆諦視之，笑曰：「絶類乃父。」寵賚有加焉。

（據浙江古籍出版社一九九九年標點本）

張正常　張國祥

漢天師世家卷三

四十三代天師諱宇初，字子璿，别號耆山，沖虚之冢子也。目秀雙瞳，面交二斗。九歲嶷如老成。一日，有異人謁見曰：「是列仙之儒，異日丕張斯教者也。」及長，資識敻高，學問深造，貫綜三氏，融爲一塗，旁及諸子百家之籍，靡不窮蒐。發爲載道紀事之文，各極精妙。著成峴泉文集二十卷，遼王嘉而梓之。因徹上覽，以是被前席、寵尤渥，而王公縉紳之士亦莫不敬重焉。嘗侍沖虚於天心水月樓，目覩雲霧起西北，中有金扉洞開，五色晃耀，護衛天神，鎧仗森列，勃然改容。沖虚問之，具對如所見。自是以家秘授之，易了；試之，益神。

洪武十一年，入朝，上召見，反覆諦視之，笑曰：「絶類乃父。」眷賚有加。明年，上特遣使詣山，齎賜誥敕二道，授正一嗣教道合無爲闡祖光範大真人，敕召赴京。復降手敕，勉加脩節，以格神明之意，賜法衣金幣，給驛券還山。辛酉，錫誥，封母包氏爲清虚沖素妙善玄君。癸亥，召赴闕，命建玉籙大齋於紫金山。乙丑，命禱雨於神樂觀，隨應。庚午，入覲，奏准，降敕重建大上清宫。辛未六月朔，上視朝，旨諭禮部嚴禁僞造符籙者，賜正一玄壇之印，俾關防、符籙，永鎮名山。既還，擇地於里之黄箬峰下搆峴泉精舍，爲終焉之所。壬午，成祖文皇帝嗣登寳位，入賀，寵遇益隆，賜緡錢葺大上清宫。永樂元年，命陪祀天壇。丙戌，命編脩道教書以進。丁亥，召見，命就朝天宫建薦揚玉籙大齋，有慶雲覆壇、鸞鶴交舞之瑞。祠官以聞，賜敕嘉獎。戊子三月，降特旨申諭真人門下專出符籙。四月，命傳延禧法籙，建延禧大齋五壇，咸有瑞應，厚賜尚方珍物，特命更給驛券還山。十月，手敕俾邀請真仙張三丰。己丑，再敕尋訪張三丰。

庚寅春，忽發神異語，人莫能測。一日，以印劍授介弟宇清曰：「吾將返吾真矣，惟國恩未報，爾其承此以圖之。」又越三日，書頌曰：「一點靈明，本無生滅。五十年中，非圓非闕。今朝裂破大虚空，三界十方俱透徹。」舉手前向指而逝。時大駕駐蹕北京，皇太子監國，遣行人陳逵賜祭。明年，天衷追悼，復遣行人蕭榮諭祭焉。藏蜕於峴泉。

（據道藏本）

皇明書畫史

劉璋

天師張宇初，字信甫，畫史會要云字子璿。號無爲子，四十三代天師。能詩，工書翰，寫墨竹自成一家，亦精蘭蕙。

（據山西教育出版社二〇一五年標點本）

名山藏卷一百四

何喬遠

子宇初，是爲四十三代天師，嘗侍正常於天心水月樓，覩雲霧西北起，中有金扉洞開，五色晃耀，護衛天神，鎧仗森列之祥。洪武十二年，入朝，上諦視之，笑曰：「絶類乃翁。」明年，授正一嗣教道合無爲闡祖光範大真人。十五年，召赴闕，命建玉籙大齋於紫金山。十八年，命禱雨神樂觀，隨應。永樂元年，陪祀天壇。五年，命編修道教書。明年，命就朝天宫建薦揚玉籙大齋，有慶雲覆壇、鸞鶴交舞之瑞，賜敕嘉獎。七年，命傳延禧法籙，建延禧大齋五壇，咸有瑞應，厚賜還山。其冬，手敕俾尋訪僊人張三丰。明年，復以命之。一日，以印劍授其弟宇清，書頌而逝。

（據明崇禎刻本）

列朝詩集閏集卷一

錢謙益

宇初，字子璿，嗣漢四十二代天師正常之冢子也。五歲讀書，十行並下。嘗侍父登樓，見雲霧起西北，金扉洞開，天神護衛鎧仗森列。父戒之曰：「天機勿泄也。」洪武十年，方髫丱，襲掌道教。入見奉天殿，上熟視，笑曰：「瞳樞電轉，絶類乃父。」蓋歷代相傳以眼圓而巨者爲玄應也。永樂八年，示疾，書頌而逝。宋文憲公稱宇初「穎悟有文學，人稱爲列仙之儒」。王紳仲縉序其集曰：「公於琅函蕊笈、金科玉訣之文，博覽該貫，六經子史百氏之書，大肆其窮索。篇章翰墨，各極精妙。蓋江右文宗，多吴文正公、虞文靖公之遺緒，而公能充之軼也。」

今所傳峴泉文集二十卷，詩居其半。五言古詩意匠深秀，有三謝、韋、柳之遺響。其文如玄問諸篇，極論陰符上經之理，而參合於儒家，其所造詣可謂卓然矣。唐、宋以來，釋、道二家並重，有元末高道如吴全節、薛羲之流，皆顯於朝廷。國初名僧輩出，而道家之有文者獨宇初一人，厥後益寥寥矣。二氏盛衰之略如此，識之以俟傳方技者。

（據續修四庫全書本）

石匱書卷二百一十

張岱

子宇初嗣。宇初嘗侍正常於天心水月樓，覩雲霧西北起，中有金扉洞開，五色晃耀，護衛天神，金鎧仗森列之祥。洪武十二年，入朝，上諦視之，笑曰：「絶類乃翁。」明年，授正一嗣教道合無爲闡祖光範大真人。十五年，召赴闕，命建玉籙大醮於紫金山。十八年，命禱雨神樂觀，隨應。永樂元年，命陪祀天壇。五年，命編修道教書。明年，命就朝天宫建薦玉籙大齋，有慶雲覆壇、鸞鶴交舞之瑞，賜敕嘉獎。七年，命傳延禧法籙，建延禧大齋五壇，咸有瑞應，厚賜還山。其冬，手敕俾尋訪僊人張三丰。明年，復以命之。一日，以印劍授其弟宇清，書頌而逝。

（據上海古籍出版社二〇〇八年影印本）

罪惟録列傳卷之二十六

查繼佐

子宇初，嘗侍正常於天心水月樓，覩雲霧西北起，中有金扉洞開，五色晃耀，護衛天神，金鎧仗森列之祥，授正一嗣教道合無爲闡祖光範大真人。十五年，奉命建玉籙大齋于紫金山。十八年，禱雨神樂觀，輒應。永樂中，嘗陪祀天壇，編修道教書。六年，奉命就朝天宫建薦楊玉籙大齋，有慶雲覆壇、鸞鶴交舞之瑞。七年，命傳延法籙，敕訪仙人張三丰，不得。一日，以印劍授弟宇清，書頌而逝。

（據浙江古籍出版社一九八六年標點本）

明詩綜卷八十九

朱彝尊

宇初，字子璿，廣信人，嗣漢四十二代天師，賜號無爲真人。有峴泉集。

王仲縉云：「峴泉詩沖邃幽遠，篇章翰墨，各極精妙。」

錢受之云：「宇初五言古詩意匠深秀，有三謝、韋、柳之遺響。唐、宋以來，釋道二家并重。明初名僧輩出，而道家之有文者，宇初一人，厥後益寥寥矣。」

靜志居詩話：「古今詩僧傳者不少，黄冠率寥寂無聞。唐惟上官儀、吴筠、曹唐稍能詩，然儀、唐皆不終于黄冠，則不得以黄冠目之矣。惟元時道教特盛，所稱丘、劉、譚、馬、郝、王、孫七真者，大半有集。迄于至正，如張雨伯雨、馬臻志道是皆軼倫之才。明初僅張宇初、余善二人無戾風雅已爾，餘皆卑卑，鮮足當詩人之目。此外龍虎山人張留紳有詩，見臨川胡琰大明鼓吹，又黄徵君俞邰編明史藝文志，有佘和叔同亭詩帨一卷，武夷道士張蚩蚩適適吟一卷，安仁沖虚山道士顔服膺潛菴詠物詩六卷，訪之未得，附載之。」

（據文淵閣四庫全書本）

明史卷二百九十九列傳第一百八十七

張廷玉

長子宇初嗣。建文時，坐不法奪印誥。成祖即位，復之。宇初嘗受道法於長春真人劉淵然，後與淵然不協，相詆訐。永樂八年卒。

（據中華書局一九七四年標點本）

佩文齋書畫譜卷四十四書家傳二十三

孫岳頒

天師張宇初，字子璿。五歲讀書，十行並下。洪武十年，方髫丱，襲掌道教。篇章翰墨，各極精妙。書史會要。

（據文淵閣四庫全書本）

佩文齋書畫譜卷五十八畫家傳十四

孫岳頒

天師張宇初，字信甫，畫史會要云字子璿。號無爲子，四十三代天師。能詩，工書翰，寫墨竹自成一家，亦精蘭蕙。皇明書畫史。

（同上）

重修龍虎山志卷六

婁近垣

四十三代宇初，字子璿，號耆山。目秀雙瞳，面交二斗。洪武十三年，襲爵。十六年，建玉籙大齋於紫金山。十八年，禱雨於神樂觀。二十三年，奉敕重建大上清宮。二十四年，詔禁僞造符籙者，賜正一玄壇印、關防、符籙。還構峴泉精舍於黄箬峰下，爲終焉之計。成祖永樂元年，陪祀天壇，賜緡錢葺大上清宮。四年，命編修道教書。五年，建醮朝天宮，有慶雲覆壇、鸞鶴交舞之瑞，賜敕嘉奬。六年，命訪真仙張三丰，遇於武當山之遇真橋，敕建遇真觀。八年春，以印劍付弟宇清而作頌曰：「一點靈明，本無生滅。五十年中，非圓非缺。今朝裂破大虛空，三界十方俱透徹。」舉手向前指而逝，葬峴泉。配孔氏。所著龍虎山志十卷、峴泉集二十卷行於世。

□□□□□明書□□天師張宇初，字信甫，號無爲子。□□能詩，工書翰，寫累竹自成一家，亦精蘭蕙。按真人□□，廼嗣漢四十二代天師正常之冢子也。五歲讀書，十行並下。嘗侍父登樓，見雲霧起西北，金扉洞開，天神護衛，鎧仗森列。父戒之曰：「天機勿洩也。」洪武十年，方髫丱，襲掌道教。入見奉天殿，上熟視，笑曰：「瞳樞電轉，絶類乃父。」蓋歷代相傳以眼圓而鉅者爲元應也。永樂八年，示疾，書頌而逝。宋文憲公稱「宇初穎悟有文學，人稱爲列仙之儒」。王紳仲縉序其集曰：「公於琅函秘笈、金科玉訣之文，博覽該貫，六經子史百家之書，大肆其窮索。篇章翰墨，各極精妙。蓋江左文宗多吴文正公、虞文靖公之遺緒，而公能充軼之也。」今所傳峴泉文集二十卷，詩居其半。五言古詩意匠深秀，有三謝、韋、柳之遺響。其文如玄問諸篇，極論陰符上經之理，而參合於儒家，其所造詣可謂卓然矣。

查世家及陶宗儀書史會要、朱彝尊明詩綜，俱載字子璿，信甫之字獨見於此，並録以備考。

（據中華續道藏初輯本）

江西通志卷一百四

謝旻

張宇初，字子璿，正常子，漢天師四十三世。目秀雙瞳，面交二斗。五歲讀書，十行並下。有異人見之曰：「是列仙之儒，異日大張斯教者也。」嘗侍父登樓，見西北五色雲起，金扉洞開，天神護衛，鎧仗森列。父戒勿泄，以家秘授之，易了；試之，輒神。洪武十一年，髫丱襲教。入見奉天殿，上熟視笑曰：「絶類乃父。」眷賚有加，授正一嗣教道合無爲闡祖光範大真人。十八年，禱雨於神樂觀，隨應。永樂中，建玉籙大齋，有慶雲覆壇、鸞鶴交舞之瑞。一日，以印劍授其弟宇清，書頌曰：「一點靈明，本無生滅。五十年中，非圓非缺。今朝裂破大虚空，三界十方俱透徹。」舉手前向指而逝。著有峴泉文集二十四卷。

（據成文出版社有限公司一九八九年影印本）

六藝之一録卷三百七十三

倪濤

天師張宇初，字子璿。五歲讀詩，十行並下。洪武十年，方髫丱，襲掌道教。篇章翰墨，各極精妙。書畫眼。

（據文淵閣四庫全書本）

江西詩徵卷九一

曾燠

宇初，字子璿，貴溪人，張道陵四十三世孫。洪武十年，襲掌道教。永樂八年卒。建文時，嘗坐不法奪印誥。成祖即位，復之。著有峴泉集。

（據續修四庫全書本）

歷代畫史彙傳卷二十五

彭蘊璨

張宇初，字信甫，又字子璿，號無爲子，四十三代天師。墨竹成家，亦精蘭蕙，兼平遠山水。五歲讀書，十行並下。洪武丁巳，方髫丱，襲掌道教。篇章翰墨，各極精妙。永樂庚寅羽化。著峴泉詩文集。明史正常傳、明史藝文志、畫史會要、明書畫史。

（據清道光刻本）

江西通志卷一百七十九

曾國藩　劉坤一

張宇初，字子璿，正常子，漢天師四十三世。目秀雙瞳，面交二斗。五歲讀書，十行並下。有異人見之曰：「是列仙之儒，異日大張斯教者也。」嘗侍父登樓，見西北五色雲起，金扉洞開，天神護衛，鎧仗森列。父戒勿泄，以家祕授之，易了；試之，輒神。洪武十一年，髫丱襲教。入見奉天殿，上熟視笑曰：「絶類乃父。」眷賚有加，授正一嗣教道合無爲闡祖光範大真人。十八年，禱雨於神樂觀，隨應。永樂中，建玉籙大齋，有慶雲覆壇、鸞鶴交舞之瑞。一日，以印劍授其弟宇清，書頌曰：「一點靈明，本無生滅。五十年中，非圓非缺。今朝裂破大虛空，三界十方俱透徹。」舉手向前指而逝。著有峴泉文集二十四卷。

（據續修四庫全書本）

附録四　關於張宇初的敕誥、詩文

敕誥

洪武十三年

授大真人誥

奉天承運，皇帝制曰：朕聞上古之君天下，民從者四，曰士農工商。而始漢至今，率民以六，加釋道焉。所以道明者，由爾宇初之祖通神善幻化，能恍惚升入太虚，冒廓落之罡風，呑宇宙之浩氣，以是利濟群生，功著歷代。所以法傳之久、香燈之永，蓋爲行深願重，德敷上下，精神愈靈。前真人既往，爾當世嗣，特遣使詣府，命爾爲正一嗣教道合無爲闡祖光範大真人，領道教事，爾其慎哉欽哉。

洪武十三年二月二十八日

制誥之寶

特召入朝敕

皇帝敕諭前真人張正常嗣子宇初：昔之能名於海内，始漢至今所以不泯者，蓋爲禦灾捍患之妙。功達於君，利及於民，故有不泯者爲此也。邇聞服制且終，當正教中之首，率徒以修，符至一來，朕當諭爾。爾其不貳其心，則上下格矣。故兹敕諭。

洪武十三年二月二十八日

敕命之寶

賜勉修節以格神明敕

諭正一嗣教大真人張宇初：書秘訣奥在繼傳不息也。其運玄元之真而驅萬靈如影響，則用己之際神以契符訣之妙，則繼傳不息之道豈不倏哉而感應也歟？否若是，雖善秘書、精指訣，雖萬千之熟亦何應哉？且爾祖至今繼世名世者，以其禦灾捍患也。爾正幼年，當節修節、潔精魂，思與神通。有時則當用之際，神必爾赴。故兹敕諭。

十四年

封包氏玄君誥

奉天承運，皇帝制曰：人臣有名位者，婦以夫榮，母因子貴，此古今令典也。爾正一嗣教真人張宇初母包氏，篤生賢子，克紹玄宗，特封清虚沖素妙善玄君。爾惟敬哉，以承恩命。

洪武十四年正月二十日

制誥之寶

十六年

敕召赴京，命建玉籙大齋於紫金山。

十八年

命醮禱雨於神樂觀。

二十三年

特敕重建大上清宫。

二十四年六月初一日

禁私出符籙旨

該禮部欽奉聖旨：江西、浙江、福建等處，多有假借張真人名色私出符籙，惑民取財。令出之後，犯則斬首示衆，家遷化外，欽此。

八月

頒給龍虎山正一玄壇之印，俾鎮護名山關防、符籙。

三十五年

賜緡錢，葺大上清宫。

永樂元年

命陪祀天壇。

四年

命編進道書敕

敕真人張宇初：前者命爾編修道教書，可早完進來，通類刊版。故敕。

永樂四年十一月十九日

廣運之寶

五年

命建齋有應奬敕

敕正一嗣教真人張宇初：朕惟玄元之教，統大道之宗，闔闢陰陽，斡運神化，混融三界，總攝萬靈。行其道者，非精誠之至，曷能感通？比者仁孝皇后崩逝，特命爾率諸道衆爰舉薦揚，啓玉籙之齋科，宣琅函之秘典。百日之内，瑞應駢臻。燁五色之慶雲，爛九天之瑞靄；青鸞繚繞於琳館，白鶴飛舞於瑶壇；五色祥光，通明徹夜。斯皆由爾法承先祖，道契至真，探玄牝之微，贊虚無之化，克遵朕命，以展純誠。暨諸道衆修持善行，葆練精和，執恪秉虔，輔勤昭事。其中亦有至人道化高玅，出顯入微，靈變不測，感朕誠心，來臨法會，證盟善功。朕德薄所未能知者，藉兹衆善。是以上玄響答，茂集嘉禎，覩兹感應之彰明，允想神靈之獲慶，超登大梵，永遂逍遥，式副朕懷，特申嘉奬。爾其益懋神功，愈致精一，洞明妙化，渾合無爲，弘闡宗風，翼我皇度。欽哉，故敕。

永樂五年十月十五日

廣運之寶

六年三月

奉聖旨：符籙一節，止許張真人門下出給，欽此。

四月

命進太上延禧籙，建齋五壇。禮成，特命更給驛券還山。

命邀請真仙張三仹敕

敕真人張宇初：今發去請張真仙書一通，香一炷。真仙到山中，爾即投此，敬邀一來，以慰朕企佇之誠。故敕。

永樂六年十月初七日

書一

廣運之寶

七年

再命尋訪張三丰

説與張真人：爾可用心尋訪張三丰老師。傳此數日，我心神有將與相過之意。如得見，爾可與之同來，須厚加禮遇，切勿輕忽。故敕。

永樂七年八月十三日

廣運之寶

八年

大駕駐蹕北京，皇太子監國，遣行人陳逵賜祭曰：卿夙究玄範，紹乃祖風。守素抱沖，光闡教事。祝釐迎嘏，用效勤勞。膺受恩榮，厥有年歲。何其一旦遽然長逝，聞之悼傷，爰特賜祭。惟靈不昧，庶其饗之。

九年

天衷追悼，遣行人蕭榮特加諭祭曰：爾懷清靜，頤真葆和。究洞玄太微之秘，明無極自然之體。游神太素，秉握道樞。呼吸風霆，斡運靈化。光揚祖範，綱領玄宗。上以陰翊皇度，下以濟拔群生。方期永贊於鴻禧，何以翛然而羽化？爰特遣人賜祭，用示朕懷，爾其饗之。

（輯自皇明恩命世録卷三）

四十二代天師正一嗣教護國闡祖通誠崇道弘德大真人張公神道碑銘有序

洪武丁巳冬十有二月五日，四十二代天師張公薨於龍虎山之私第，年甫四十又三。禮部尚書張籌即爲奏聞，皇上嗟悼者良久，且曰：「朕欲命其徧祠五嶽，今方一至嵩山，何期大數止於斯耶？」遂親製文一通，遣前浙江行省參知政事安慶爲弔祭使，仍令其家子宇初襲掌教事。戊午春二月十六日，宇初奉公冠劍，權厝南山先墓之次。冬十有二月某日，卜宅兆於某而瘞之。宇初恐遺德未能太白于世，與群弟子輯爲成書，使張致和即金華山中請銘神道之碑。濂幸辱與公游，義不可辭。

公諱正常，字仲紀，姓張氏，信之貴溪人，漢留文成侯四十六代孫也。重紀至元乙亥夏六月十三日，其父太玄真人坐而假寐，忽見神人飛空而至，曰：「余自華蓋山來游君家，願見容也。」及覺而公生，紫雲覆庭，紅光照室，人以爲祥徵。年七歲，雙目爛爛如巖下電，容止異群童。後三歲，太玄出游五岳名山，指相傳雌雄劍及玉刻陽平治都功印，曰：「龍星再集于亥，吾兒當持此大振玄風。」太玄渡淮化去，而公之仲父嗣德繼主其教。仲父薨，衆論咸屬于公，公力讓仲父之子正言。正言薨，公始嗣其職，實至正己亥之歲，太玄之懸記至是始驗。公陞廣筵開演道家玄旨，四海學徒聞者聳然領解。時天下大亂，經籙秘而不傳者十年。公乃啓黄書赤界、紫素丹刻之文，授其徒胡合真整比以行，奉贄來受者川赴雲蒸。劍失其一，流落鄱陽李氏家，夜生光怪，公訪而合之。

辛丑，上統大將親取江西，公知天運有歸，游遣使者上牋述臣順之意。乙巳，公朝京師。上一見，悦曰：「瞳樞電轉，法貌昂然，真漢天師苗裔也。」下詔褒美之，錫燕者再，兼有金繒之賜。丙午，復入覲，京城士庶人求靈符者日以千百計，侍史不能給，閉關拒之，乃相率毁關而入。公叩齒集神，濡豪篆鉅符，投朝天宫井中，人爭汲之，須臾水皆竭，見土弗止，飲者疾瘳。上嘉之，令作亭井上，號曰太乙泉。及還山，復詔中貴人賜以織文金衣，仍下中書給驛券畀之，以便朝覲。

洪武戊申，上登大寶位，建號改元。公入賀，錫燕于便殿内。降制書，授以正一教主嗣漢四十二代天師護國闡祖通誠崇道弘德大真人之號，仍俾領道教事，給以銀印，視二品，設其僚佐曰贊教、曰掌書。久之，陛辭而歸。上御謹身殿從容謂曰：「卿乃祖天師有功於國，所以家世與孔子並傳，以迄于今。卿宜體之，以清靜無爲輔予至治，則予汝嘉。」賜白金十二鎰，新其宅第。己酉春，上召公入朝，踰月，承顧問者四，錫燕者一。三月十三日，上將通誠於天帝，致齋三日，御衮冕服，親署御名于章，敕太常設樂，手授于公，俾祝而焚之。禮成，燕公于文樓，群弟子饗於別館，復有金繒之賜。庚戌夏，上録公之功，特敕吏部改贈公父三十九代天師太玄輔化體仁應道大真人嗣成爲正一教主太玄弘化明成崇道大真人，改封公母明慧慈順仙姑胡氏恭順慈惠淑靜玄君。玄君時年八十，朝野以爲榮。是年秋，上復召見，問以鬼神情狀，更給銀印。壬子秋，復頒制誥以寵之。冬十又二月，復召入覲。癸丑春，將還，上命留弟子以司祕祝之事。丙辰秋，上遣使召公，公忽先期而至。上喜曰：「卿之來何與朕意相符邪？明年之秋，朕將遣使祠海嶽諸神，卿當妙柬清修之士與其偕來。」丁巳夏，公率群弟子汪弘仁等入覲，錫燕午門之城樓。上舉爵謂公曰：「卿宜罄此一觴。」敕内侍出御製歷代天師贊示公曰：「他日當書以賜卿。」翼日，詔公從太師李韓公善長祠嵩山，分遣重臣與公弟子代祠群望。自公而下賜衣各二襲，楮幣有差。既還，錫燕如初。

公自返故里，志趣頗異常，一日置酒與昆弟酣飲，慨然嘆曰：「五嶽名山，先子欲遊而不可得。嵩山中峰，乃吾祖得太清丹經之所，今藉天子威靈幸一至焉。嚥曦景於層霄，遡浮埃於浩劫，吾志將有在矣。」君子疑其言。未幾，示以微疾，端坐榻上，屬弟子方從義曰：「吾無以報國家寵恩，爾等宜左右我子孫，以贊寧謐之化。」命取劍印授其子，曰：「我家千五百年之傳在是，汝其勉之。死生數也，吾之不死者，其光赫熹，四燭寰瀛，先天地不知其始，後天地不知其終也。」舉手作一圓象，嘿然而化。是夕，大崖石崩，聲聞數十里云。

公幼警敏，靈籙文秘之屬皆不習而通。歲屢旱，禹步召風雷，精神達於冥漻，甘霖即降。或有爲魑魅所憑者，授之以片符，輒潛景不見。公憫兵戈疫厲之餘沴氣不消，舉行玄壇舊典，修壇墠、建陰陽鼎而鍊度之，其徵驗尤夥。然其天性夷曠，潔而不緇，如超萬物之外，故以沖虚子自號。最愛佳山水，仙蹤靈跡所在必窮幽極深，動至累日忘返，當適意時，欲乘白鶴與群仙翱翔紫清之上。其於人間事未嘗因此少輟，其奉玄君備極孝養，暨殁，葬祭咸盡禮度。兵禍相仍，傾貲募人爲兵以捍禦鄉井，人賴以安。

公之玄裔備見世家，兹不載。其曾大父諱宗演，三十六代天師演道靈應沖和玄靜真君，妣周氏，某玄君。其大父諱與材，三十八代天師太素凝神廣道明德大真人、金紫光禄大夫，追封留國公，妣易氏，妙明慧應常靜玄君。其考妣則太玄真人與胡氏也。公字觀宇，娶盱江包氏，宋宏齋先生恢之五世孫。子男子四人：長宇初，即今天師，穎悟有文學，人稱爲列仙之儒。近者入朝，上召見奉天殿，反覆諦視之，笑曰：「絶類乃父。」寵賚有加焉。次宇清，次海鵬，次勝佑。子女子二人：一歸鄱陽王岳，一在室。

惟公生乎神明之胄，簡素端凝，用道爲體，而膠轕游氛無自入於念慮。澄静之久，天光自發，所以受知聖君，入朝京師，天寵使蕃，聲聞四達。至於死生之際，又能不動聲色，超然坐脱，如行者之返故廬，非真有道者豈易致哉？是宜銘，銘曰：

天開日明，真人上升。周流九霄，駕輗作駢。卿雲英英，剛飈泠泠。絳節翠旛，恍其來迎。載稽玄裔，歲踰千齡。五綵交絢，玉笈金經。剡有劍印，奔星走霆。非人莫授，恐干鬼刑。華蓋神君，於焉降精。圓目青瞳，閃如電熒。入朝帝京，照耀殿庭。進退有儀，金衣霞赬。帝曰俞哉，爾方外臣。輔朕鴻化，凝真集神。巍巍嵩山，嶽之中尊。爾往代祠，執禮如存。庶集靈和，以綏兆民。皇用褒錫，璽書金繒。君臣遇合，玄德之徵。胡爲弗留，飛神窈冥。崩崖墜雷，百里震驚。圓光有赫，四燭寰瀛。在天爲清，在地爲寧。在人爲貞，是謂三靈。此乃道樞，中黄之扃。公能守一，精聚氣凝。不死維神，所蜕維形。白鶴來歸，遼東露零。洞視萬古，後天弗傾。

（輯自宋濂宋學士文集卷第五十五芝園後集卷第五）

了圜銘

嗣漢天師張真人宇初築室龍虎山中，修鍊瓊丹，動靜兩忘，已而神聚氣凝，混含爲一，至和坱圠，返乎太初。真人既獲覩内景之秘，因題其室曰「了圜」，所以識也。玄貞道士爲原玄牝之旨而勒銘曰：

高上洞玄，陽陰之根。凝和攝真，是謂崑侖。中有三關，七蕤守閽。上絶霞表，下淪洞冥。遡而索之，黄房絳庭。靈明潛通，空澄淨泓。真人之居，規中爲城。龍帔鳳舄，靈裙飛翻。左挾元英，右衛白元。仰睨太朦，嘘氣成雲。化生萬神，合妙爲真。昇真玉虚，朗契洞清。哀厥下士，麄穢莫澄。神隨形化，降于北陰。迺勑雷電，指麾六丁。授以赤書，制魄攝魂。還乎混沌，閉絶九門。南陽熙真，爽朗秀英。三靈發曜，八素啓瓊。出入泥丸，翱翔紫清。羽葆先導，飈臺後登。與天爲徒，振古長存。

濂既作是銘，或謂假象取喻而多廋辭，曷若著明言之？嗚呼！斯豈言之可明哉？然而人身之内有至虚焉，絲絡之所群湊，命蔕之所由生，不倚八偶，巍然中居，此謂神之庭、氣之母、真息之根也。人能存神於兹則性自復，養氣於兹則命自正。神與氣未始相離，分之爲二，合之爲一，其殆化源也歟？然欲了之則未易爲功也。鳥之伏轂，不足以言温；陶之烹瓦，不足以言凝；鑑之照形，不足以言明。勝是三者，庶幾氣神混合，自然成真，而猶未忘乎迹也。蓋有非神之神而行乎九天，非氣之氣而超乎九地，方所不能拘，小大不能計，而了之名且不立矣。了之名苟未泯，如隔紗縠而觀明月耳，著明之言固無越於此。然亦精粕而已爾，土苴而已爾，何是以言了哉？或者一笑而去，因不欲棄而書諸銘後。

（輯自宋濂宋學士文集卷第六十八芝園續集卷第八）

題張子璿畫林泉幽趣圖

翩翩公子實仙才，天師之子。筆下雲泉潑翠開。若是人間逢此景，定應呼作小蓬萊。

（輯自宋濂宋學士文集卷第七十芝園續集卷第十）

題四十三代天師無爲仙人耆山庵三十韻

先天涵太始，斯道本希夷。坱圠玄機露，絪緼大化滋。至人觀徼妙，内境混沖熙。仙譜乘靈胤，名山表壽耆。雲仍四十禩，道德五千辭。龍虎蟠丹鼎，蛟螭擁翠旗。卜居占勝地，環衛宿柔祇。員嶠雲中見，蓬萊海上移。陰崖懸北斗，陽境焕南離。翼翼清都近，重重翠霧披。天光生泰定，淵默契無爲。雷雨昭靈貺，煙霞閟隱思。步虚風引佩，御氣月乘輜。石室流瓊液，玄田長玉芝。丹砂訪勾漏，瓜棗致安期。畫罨溪山勝，壺天日月遲。松花春釀酒，桐葉夜題詩。卿相門前轍，仙人石上棊。高風清可挹，逸駕邈難追。德澤徵來裔，神功翊盛時。振振麟在藪，嗜嗜鳳鳴岐。治世禎祥協，安居福履綏。寵章頻賁飾，靈物久呵撝。朝覲觀周典，衣冠仰漢儀。班行聯鷺羽，光彩動芝眉。傾盖頻相語，通家夙所推。青冥歸鶴騎，紫氣濕龍池。佳菊留霜艷，幽蘭擢露蕤。夙輪慚莫御，羽館閴難知。望望明河隔，江梅發舊枝。

（輯自宋訥西隱集卷二）

寄題張天師耆山菴

聞説耆峰勝地偏，菴居别是一壺天。雅宜河上仙翁住，穩稱山中宰相眠。塢口白雲深似海，堦前瑶草碧如烟。閉門不語坐終日，妙入無爲合自然。

（輯自釋宗泐全室外集續編）

安序堂記

安序堂者，今四十三代天師無爲子之所作也。天師既膺符籙之命，爰即府第之西大作重屋，丹楹畫棟，穹檐邃宇，干青雲而麗白日，望之如在天上。其東則象山龐然，其西則僊巖巋然，又其北則高風亭跂然翼然，而廛湖、琵琶、雲林三十六峰則羅列相向，川光嶽色畢赴於眉睫之下。

天師既即上庋，凡先世琴劍圖籍，與夫道藏所儲仙經、真誥、三洞瓊綱，以及近世儒先道德性命之書，靡不備具。琅函縹帙，著次鱗比。化日悠永，端居清閟，以博其趣，不知身在大道之世。天師以謂此第「吾所自適者然耳，而吾所以存諸躬與爲吾後胤法者，當必有防範之具」。乃即其下兩楹之間，顔曰「安序」，且徵余著堂記。

大傳曰：「君子所居而安，易之序也。」得其序則安矣。聖人作易卦，自奇耦而成八變，而至於六十四爻；分陰陽而成六變，而爲三百八十四卦爻。所著性命之理、幽明之故、事物之情，莫不各有次第，是之謂序。序之云者，如乾之象爲龍，有潛、有見、有躍、有飛、有亢是也。易有聖人之道四：曰象，曰辭，曰變，曰占。君子於易而得其序，亦惟象、辭、變、占之間究心焉耳。大凡卦爻有象而後有辭，辭所以著象，故玩辭而觀象有變；而後有占，占所以決變，故觀變而玩占。君子居而學易，既觀象矣，又玩辭焉，以觀其所處之當否；動而用易，既觀變矣，又考占焉，以觀其所值之吉凶。驗之於事，反之於身，有居安之實，斯不違乎易之序矣。既安其序，其於吉凶消長之理、進退存亡之道，將無所求而不得。大而君臣父子，小而事物細微，亦無所處而不當。故得其序則安，不得其序而能安者未之有也。

天師以神仙之胄、超邁之姿，作止語默，與道委虵，視人間世窮通得喪、毁譽榮辱，曾不足以累其靈臺。顧猶慮其積諸躬與爲後胤法者，未循乎易之序，而昧於吉凶消長、進退存亡之所以然，而諰諰然以安序爲意，無乃過乎？不然，易與老合。昔之人蓋有本其旨以注易者矣。天師雖以清淨無爲爲宗，凝神至道有得於易，存之於躬者莫非實理，垂諸後胤者亦莫非實德，尚何患乎存諸己者有未至，爲後胤法者有弗裕乎？以「安序」名堂，此蓋天師慎於持盈不自滿，假之盛心也。

今也領袖仙班於維新之朝，光膺帝眷，歲時入覲，將必有如廣成子之告軒轅皇帝者矣。道德所孚，陰翊皇祚於百千萬禩。而天師之玄胤，亦蒙休被祉於無窮，不其盛哉？雖然，此非吾儕小人之所敢知。然而徵諸至理，則有必然者矣。於是筆以爲安序堂記。

（輯自徐一夔始豐稿卷十）

耆山庵記

貴溪上清溪之陰有山曰南山，南山之背西一小峰隆然孤起曰耆山。考其地脉，則由藐孤而來，忽伏如踞，倏起如騖，靡迤不絶亘十餘里，乃奠爲鹿麈湖、琵琶諸峰，而兹山又支於琵琶。溪水來自七閩，若長虹蜿蜒走其下，即上清溪，溪之北東爲正一宫，北爲宜陽市，北西爲龍虎福地，又北西爲二十四巖。兹山對峙其南，蓋由琵琶俯視，特其支阜。由南山而仰視之，但見其據乎要會而獨擅其尊，不知其爲支阜也。及至其處，穹巒沓嶂，交揖互拱，圭擁簪盍，層出疊見。人以其若祖父中坐，而子姓之屬咸盛冠服，撰杖屨而列侍也，故名之曰耆山。南山之有耆山，猶泰山之有大人山云。地勢敻絶，長林古木鬱乎相望，傍多沃壤可以樹、藝。至於天朗氣清，望見隣郡之山，若撫之雲林，盱之麻姑，森列可指，無有礙障，他處皆莫能及。非摶扶摇而淩倒景者，烏足以居之哉？

嗣四十三代天師張公顧而樂之，爰以洪武己未八月即其地作草廬三間，扁曰「耆山庵」。因山以爲名也，而靜得軒在焉。鶴松蔭其前，松之下有鹿車墩，墩之右有芝園，距真人府四里而近，距先世墳塋二里而羸。公謝遣、謁請、逢迎之煩，而日於斯逍遥，或淵默以居，或嘯咏以適，或焚香讀易，或絃琴臨池，或勘道書，丹經、大洞、玉訣、靈寶等書，閒則低徊延覽，以寄其千載之思焉。使來求爲之記，伯衡惟龍虎之區越，自漢天師闡道以來，其人搜占形勝不遺餘力，琳宫璇館錯峙櫛比。耆山近在目睫間，顧至于公而庵斯建，蓋天地閟藏以有待也。不然，晦于千數百年之久，而一旦以顯，何哉？

公柄法祖庭，道樞内握，德符外形，行峻而學廣。靈仙飛化之變幻，禁祝禳祈之靈異。儒經釋典，靡不該貫，諸子百家，多所涉獵。其緒餘見於文詞翰墨，一時亦復鮮儷。豈惟玄學之士之宗之也？猶山之於恒岱，水之於江海而已。天子禮貌焉，王公敬信焉，縉紳歆慕焉，郡縣仰望焉。其春秋甚富，而其譽望甚隆，凡厥耆俊，風斯下矣。君子謂山以耆名，莫詳始自何代，其名實之孚則自公始焉。地必以人而重也，尚矣。此天地之有此山，必如公者然後畀之也歟？雖然，有道之士天地之正是乘，六氣之辨是御，與造物者游於無窮，倏往倏來，無所囿而亦不能囿也。是知公亦致夫憫世拯俗之意，而聊彌節養素於此云爾。豈膏肓泉石、痼疾烟霞者可同日而語哉？乃叙其名迹之粗，而詩以系之，詩曰：

耆山斗拔蔚寵嵸，下壓后土上摩空。嶄然削出金夫容，坐據要會擅獨雄。群峰四面翼且宗，何分高卑與横縱？勢如諸孫拱一翁，巨靈奠兹自太濛。視猶至寶帝所悰，朝呵夕撝勞鬼工。一旦軒豁露其蹤，上帝有敕畀我公。我公得之樂融融，芟除薦莽木石攻。作室簡樸膝僅容，不藻不繪不樹墉。太宵黄文玉撿封，衛以龍劍藏其中。山兮巘若增而崇，岩花磵草生春紅。香霧飄洒氣鬱葱，公斯宴處百神從。抱一不二道自雍，盛德生色純粹沖。叱爲雷霆嘘爲虹，曰雨即雨風即風。手斡元化天無功，疵癘不作年穀豐。延康浩劫歷數通，聖人撫世公際逢。駢蕃寵錫來九重，王侯卿相罔不恭。令聞令望何卬顒，星冠之徒曁掖縫。趨風固宜若聚峰，僉言廣成宅崆峒。千一百歲顔如童，眷此奥區崆峒同。大藥羅生夥於蓬，石有髓兮鹿有茸。有泉盎若甘露濃，服食灌漱虚以充。願公樂胥春復冬，鶴算天地相始終。爲國薦釐萬福鴻，肖翹蠉動鈞被蒙。史官作詩昭無窮，我公何必非喬松，兹山何必非華嵩？

（輯自蘇伯衡蘇平仲文集卷九）

漢天師世家序

武王克商，封國八百，考之於史，厥後可徵者可以指數也。卓然不泯其世，惟宋、魯、齊、晉、吴、楚、燕、趙、陳、杞、管、蔡而已。若其宗祀與周並傳，又惟燕、齊而已。漢初之豪傑並起，從高帝驅馳於中原，天下既定，高帝裂地以封之。大者王，小者侯，凡百有餘人。訖於孝武後之元年，僅五六十年，克有終者十無八九矣。孝宣録其子孫，多出傭保之中，降及孝成，不絶如綫，烏在其爲？黄河如帶，泰山如礪，國以永存，及苗裔也。由是觀之，系緒悠長莫若孔子，其次莫若漢天師。

孔子以卒之又明年，即其故宅爲廟祀之。至唐武德而國子監有廟，至開元而郡邑有廟，天下通祀之。常以宗子一人襲封爵、奉祭祀，在漢曰褒成侯，在宋曰衍聖公，至今遵之焉。其支庶在曲阜及散處四方者，偉然以科目自致仕宦，通顯功業、表表當世者代不乏。漢天師系出留文成侯，文成則軒轅氏第五子揮之後也。由揮若干傳至文成侯，由文成侯九傳至漢天師，由漢天師到于今千二百有餘歲，而傳世四十有三。肖子喆孫輝連響接，咸克濟美以光裕於前，有國者罔不崇尚而褒異之。神明之冑，繩繩乎其未有紀極。

張氏與孔氏豈不差似哉？何彼之泯滅無聞者衆，而此之世彌久而益振也？則其故有不可不知者矣。蓋自周衰，王者不作，諸侯暴横，桀驁之徒鼓其虐以毒天下，民用顛隮，甚於洚水之害。賴孔子出，脩儒術以達王道，撥亂世而反之正，始獲胥匡以生。又以治天下之大經大法筆之爲書，乘式百代。天以之而道明，地以之而理察，人以之而極立。三才既奠，萬化乃成。詩書仁義之澤，天地相爲終始，則其祚胤之昌大，所謂盛德百世祀者也，何獨漢天師而異是乎？

漢天師與孔子，雖道不同，然其制鍊形魄，品配陰陽，斟酌元化，交通神明，捍大災，禦大患之爲務。妖孽由之而不作，疵癘由之而不生，疾苦由之而安全，夭閼者由之而壽考。其於斯世斯民，亦可謂有大造矣。天之封培其後，俾食其德，固自報施之理，殆亦曰張氏之門善繼善述，世有其人，則雖天灾流行，無世無之，又何患焉？斯民也尚永有依怙哉。

繼今而起者，思祖宗之積累，如彼上天之屬望，如此毅然以匹休對揚自任，則大書特書，又將什百於此矣。其世家一卷，四十二代天師、制授正一嗣教護國闡祖通誠崇道弘德大真人命其徒挪造之，故翰林承旨宋先生濂序之。今天師無爲子謂行之也遠，由言之也文，脩飭潤色之，將摹刻傳於世，不鄙伯衡，使爲後序。觀無爲子注意此編，其於紹隆前烈以世其家遺餘力乎？此其所以蒙一人之眷，副四衆之望，而克增玄教於九鼎之重者與？伯衡誠不敢自附宋先生之後，然雅故於無爲子非一日，是用忘其僭而以此爲序。

洪武庚午五月丙申，前史官眉山蘇伯衡撰。

（輯自張正常、張國祥漢天師世家）

重修上清宫碑文

嗣漢四十三代天師張公宇初，請於今上皇帝作大上清正一萬壽宫，慶成，以洪武二十六年十月告完。公以謂首尾四載，而興起三紀之廢墜。昔者雲屯霧蔽之區，今也丹臺璇室之炳焕；昔者猿吟鶴唳之境，今也金聲玉振之砰訇。豈吾之所能爲哉？國家之威靈也。願勒豐碑，記成績，侈上賜，揚皇休，而屬筆於伯衡。

按張氏之在龍虎山，肇自第一代天師，而創壇宇其間則第四代天師。唐會昌間，初賜名真仙觀。宋大中祥符間，更真仙爲上清。政和間，又更其額曰上清正一宮。慶元、嘉定間，皆賜錢貨斥大其宫。新於元之至元乙酉，事具閻復記。大德戊申重新之，事具王構記。越明年，毁而尋復，加名大上清正一萬壽宫。皇慶癸丑又新，其事具元明善記。至治壬戌，薦厄於灾，作之十有五年，重紀至元丁丑始完，虞集記之。而不戒於火，又以至正辛卯鞠於煨燼。國初歲丁未，四十二代天師以上所賜金幣作三清殿。一時草創匆稱，餘者迄莫能興。

公嗣掌教事之八年，集衆而告之曰：「皇上受命開國，行幸金華之歲，戒事方殷，不忌玄教，輒遣使撫慰。先天師再入朝，讚美之懿，燕勞之豐，錫予之渥，前所未聞。上登大寶，洪武建元之春，先天師入賀，賜宴便殿，鑄銀印賜之，制授正一嗣教護國闡祖通誠崇道弘德大真人，賜金繒以華其歸。是後召見者四：命通誠於上帝，命即奉天殿闡事，命入内問鬼神情狀，命從重臣祠中嶽。前御文樓，後御午門之成樓燕之，皆有金繒之賜，優及弟子之在行者。先天師之薨，上自制文，遣省臣吊祭，立命宇初襲教位。十三年，寵以正一嗣教道合無爲闡祖光範真人之號，入謝，三接之勤，使蕃之錫，如先天師。召使建金籙大醮於紫金山，七晝夜竣事，賚以内鈔。問入慶天壽聖節，至有燕，歸有賜，來往得乘驛、著令典。清問道書丹經玉訣，奏對未嘗不稱善，至於道官亦使論薦。上之假寵我父子若是，而屬莫不見而知之者也，而豈徒哉？蓋以祖師之所以爲國薦釐、爲民作福者望之耳。今也壇宇荒榛，廢礫充積其中，苟不圖興復，且將隳教基而損先烈，則何以稱塞旨意乎？」提點張迪喆對曰：「信矣，夫莫此之爲急也。然事大而費浩，非廣募何以爲資，非稟命何可擅募？今者朝廷擁樹吾教，爲計莫若請之，幸許以募，天下居富盛誰不有以助我？助我者衆，即事蔑不遂矣。」公以爲然。

二十三年春，入覲，且白禮部以聞，上即日許可。公還山，使掌書鄭玄羲、陳宗玄謀度之，分遣迪喆及郭友直、孫芳大、周彦文、倪履順、王嗣宗、何允名、孟道成等三十八人方行募之。神樂觀提點傅同虚、道録司左演法曹大鏞、左至靈吴葆和乃心祖廷，克匡讚之。諸親王皆厚施之，官僚士庶嚮風而樂助者噏然。明年春，迪喆等相繼來歸，乃具木石丹艧髹漆之屬，傭梓匠假治陶繪之徒，以四月乙酉始役，董之者二十四人，曰魏汝名、官原衍、陳仕榮、李循祖等，起高道鄭賓周、副知宮事汪天泰俱爲之領袖。揆日之吉，龜筮協從。公以六月入奏，上奬諭，賜寶鈔五千貫速其成，乃以十一月戊申首建真風殿、玄帝殿、玄壇祠，而次第從事餘者，至是而畢，告功成矣。

中爲閣，閣之上爲玉皇殿，下爲經堂，其前爲真風殿。真風殿者，祖師祠也。祠之前有三清殿，又前爲元壇，覆以重屋。壇之前爲三門，門之前爲虚皇壇，壇之前爲櫺星門，而東西各屬以周廡，表以層樓。左樓懸大鐘，右樓懸大鼓。東爲東廡，内外方丈、上下庫司、玄壇祠、蓬海堂、宿雲堂在焉。西爲西廡，壽星堂、玄帝殿、齋堂、藏室、上下官廳在焉。而鐘臺又在其東，通爲間若干、爲楹若干，規制悉如其舊，而雄傑壯麗視昔有加焉。

伯衡聞堯有九年之水，湯有七年之旱，禹鑄鼎象物，使民不逢不若，是知旱乾水溢雖盛世所不能無，呵禁不祥亦保民所當務者也，而天人感應之機存乎其人。漢天師繼黄老而作，其術之以臻寧一之治，又能交通靈明，斡旋風雨，驅役鬼神，掃除妖孽，使斯世斯民得有年穀焉，得無疵癘焉，得遂生育焉。自漢以來，人主莫不有之。宫觀相望，達于海内，有以也。

夫龍虎山乃其發祥之地，而其胤胄世守之。上清正一宫，道家會歸也，神祇願歆宜莫此若，朝廷崇奉亦宜莫此若矣。皇上建中和之極，天地以之而位，萬物以之而育，初無俟乎彼之陰翊幽贊也，然猶尚其教而修其祀。公以建宫爲請，亟命募衆以爲之，又出内帑以成之，遂使熾然建立至此，聖慮淵微非疏賤所敢知。竊意亦不自神聖，欲其通誠於上，均釐於下，俾高深廣袤之壤，生成蠢動之類，舉囿清淨無爲之域，並受安靖和平之福而已矣。

於戲休哉！星冠霞衣遊息於此者，闔亦思聖心聖德天地侔大，若何以報帝力？去而健羨，甘而寂寞，一而志慮，全而清明，無感不通，無幽不格，無祥不降，無求不獲，迓景貺於方來，保丕基於永固，則庶幾無負上意，而是宫尚亦相爲悠久哉。伯衡既述其興造顛末，乃繫之銘，俾知所自，銘曰：

於漢天師，道本老氏。行滿乘成，誕啓玄秘。握化之機，運行天地。播其陰功，于以輔治。飛符建章，百靈受制。有患斯捍，有灾斯禦。曰暘而暘，曰雨而雨。無得而名，利及生齒。翩其上昇，御彼六氣。有篆有籙，傳諸玄裔。玄裔多賢，久而彌熾。自漢逮今，歲以千計。有天下者，孰不褒異？聞孫宇初，出當聖世。褒異之隆，昔無與儷。顯號涣頒，以照纂序。時節入覲，金衣朱履。龍顔咫尺，温其天語。若曰玄門，汝爲梁柱。凡爲學徒，悉統於汝。密禆至化，用繼汝祖。宇初再拜，言於當宁。正一有壇，亦有祠宇。臣祖攸作，上爲天子。斂福敷錫，實在於此。而厄於灾，世踰三紀。不及昌辰，有墜必舉。臣且弗充，繩祖之武。龍光赫奕，矧克有負。言達睿聰，惠然嘉許。申錫泉幣，□□□。濟濟親主，莫不有施。若公若侯，洎厥士女。薦貨輸財，川委雲聚。群材足用，六工奏後。乃涓吉日，乃搆乃締。寒暑四更，功告就緒。龍虎之區，延袤千里。珍館琳宫，如櫛之比。豐棟華榱，丹楹朱户。珷玞鉛堦，雕甍綉礎。金輝碧鮮，翼映五緯。舊觀頃還，人天俱喜。

吹以祥飈，酒以甘澍。翠華繽紛，玉戚旁午。彷彿上帝，來格來下。山英川靈，後先呵扈。羽流肅肅，珮服楚楚。於焉會朝，有萬其侶。爾考爾鐘，我伐我鼓。琅璈相宣，瑟琴搏拊。一誠對越，不貳以二。導迎景貺，茂集蕃祉。鼇皇之餘，亦民之暨。皇正南面，優遊逸豫。受天之榮，永作神主。民樂時康，蕃阜富庶。居壽之城，罔間遐邇。和同天人，此維其所。興國同休，至于終古。

洪武丙子春二月，前史官眉山蘇伯衡記。

（輯自元明善、張國祥、張顯庸續修龍虎山志卷中）

和人韻題張真人畫竹

渭川春雨楚山秋，翠落寒波滑欲流。昨夜葛陂龍起處，滿空雲氣不曾收。

又

艤棹湘川誦楚騷，滿林寒玉撼秋濤。夜深酒醒推篷看，月冷江空碧落高。

（輯自錢仲益三華集卷十四）

爲周正倫題張真人雲林書舍畫

青山如龍石如羊，鐵崖半壁開金堂。上清仙翁讀書處，東風草木皆天香。五銖衣薄冰綃澀，天花散落青霞笈。日長誦徹蕊珠經，銀鸞煙冷龍霜濕。去年謁帝朝清都，染毫寫得山居圖。松濤響透毛骨□，□□若遊蓬壺。草堂夫子登瀛客，十年賣藥長安陌。一瓢藏卻九華峰，始信仙凡原不隔。我慕尋真嗟已老，何由覓得安期棗？願從夫子逐仙翁，同訪丹丘拾瑶草。

（輯自錢仲益三華集卷十八）

題上清張真人畫陰厓長嘯圖

穹厓壁立三千尺，萬梃蒼官並厓立。半空垂瀑似飛龍，怪石秋陰護苔色。水邊鵠立是神仙，意欲飛空陵紫烟。白雲不隔華陽洞，緑波遠入桃花源。羽衣翩翩無覓處，萬壑千巖鎖烟霧。龍吟鳳噭下青冥，天風振落三花樹。上清宫中仙子家，興來繞筆飛烟霞。蘇門一嘯聞千古，但恨不得隨仙槎。

（輯自王翰梁園寓稿卷二）

耆山庵詩爲太青子賦

大患爲有身，居仁緬安宅。外垣備城郭，鄞鄂司内息。爰處靜以翕，其營動而直。三物合一無，神機目爲則。衆陰辟消爍，正陽晃虛域。春澤俱盎然，解冰何液液。反驗弱爲柄，清明洞無極。外象安幻成，伏藏秉貞白。前瞻巖穴仙，後踞虎龍翼。即此運化樞，松泉丁服食。玄基已參序，審諦自無惑。夙共録天圖，今當同一得。

（輯自胡布元音遺響卷二）

無爲天師爲遠峰東堂作秋林僧舍求題

老壺畫史擅一代，尺素寒芒掃飛黛。吾甥幻筆得天機，授受傅心貌形外。遠公老禪清梵餘，扶藜信步猶龍居。談玄造詣無二致，丘壑風雲同卷舒。西原雪晴玉爲質，展拂璚臺耀秋日。飛光運肘古墨香，點染溟漲龍鸞蔚。須彌堂堂柱法身，性海泱漭川無垠。秋林花雨淨如洗，茅屋清泉薝蔔村。儼然東隱章溪曲，翠竹黄花瞭心目。青天雲氣徹荒墟，相對跏趺小山緑。堂中之人緇素流，一點湛波千峰秋。遥情空闊際無相，梧渡隱隱淩滄洲。山川今古不盡興，人境相忘表殊勝。還師仙筆圖幻空，蕩蕩虛空絶安柄。

（輯自胡布元音遺響卷三）

耆山菴爲無爲張真人賦

群巖緑清溪，狐巒出重霄。巋然丈人行，仰止非一朝。開雲結屠蘇，爲此青岧嶢。諸峰似諸孫，相拱如相朝。幽探得奇勝，燕坐息喧囂。龍劍卓其傍，百靈不敢驕。延釐贊至治，歌咏諧鈞韶。時來金華牧，或遇青城樵。紫芝初無根，黄精元有苗。服食體可移，頤養神自超。畢道方迴車，何在摶扶摇。從兹至千歲，長向此逍遥。

（輯自高得暘節菴集卷二）

題張真人爲少師姚公畫蘇臺高風圖

黄泥坂近赤霞山，臨水茅亭只半間。千載高風誰領略，待公他日拂衣還。

（輯自高得暘節菴集卷八）

答上清張真人

僕少時聞漢天師之休風，悚然驚歎，思見其子孫，以考委祉之所在。及冠遊京師，東南之士往往傳至文辭翰墨。僕一見輒識之，曰：「此非超乎埃氛之表，遺世特立而與造化爲伍者不能至也。」固已髣髴執事之爲人。數年之前在京邸，周贇禮孟啓持所畫便面致雅意，徵鄙文，若識以爲可語者。追惟夙昔之心，因不辭而爲之。然所習殊業，所趨異致，自愧不足有所發明。天台人來，忽辱去年所枉書，叙述疇昔，辭意閎眇，且喻以所存，展誦反覆，窈然如聆鸞鳳之音，爛然如覩慶雲之輝，肅然如接言笑於神明之庭、廣莫之野，不知其相去數千里之遠也。

僕嘗私悼世降術離，言道德者咸失其宗。老子之教至漢而興，然其意亦與厥初大異矣。况至于今又千載，其變遷盛衰之端可勝道邪？於此而能獨覺其意，奮乎矯厲以反本真如執事者，非高世之姿何足以臻此哉？昔之所期，今乃果合，所得者多矣。第僕資器汙陋，厄於多病，聞道之日甚淺，無由致身崇高殊特之境，以承緒論於下風。然執事方凝攝虛靜，以久視斯世，而僕年齒志力，尚有進者。他日或遂邂逅，握手相目，各語所聞，以較異同得失，計未晚也。春和，道體何如？山中多高人隱者，無由奉見，徒有傾向而已。

（輯自方孝孺遜志齋集卷九）

奉寄張天師二首

共唯無爲子，玄玄道之精。虬髯劍森張，神眸電爭明。號令屏鬼妖，叱咤驅風霆。静遊浮黎土，妙樂芙蓉城。屢劫洞化元，長年守黄寧。翰采昭雲漢，文藻敷天英。道義金王重，聲利塵毛輕。奉先秉教樞，尊榮列仙卿。左肩拍洪厓，右袂挹初平。微生亦有幸，相遇得真情。

又

余少頗好異，每慕神仙家。惟子守正一，與世逐群邪。玉池奥常清，金庭瑩無瑕。靈液濯丹苞，顥氣毓黄芽。煉烹肅水火，採擷淩烟霞。道畊秀嘉禾，玄圃艷珍葩。恢漠弘鴻範，沖虚去浮華。五炁自凝合，八靈相要遮。環坐鑰雲扃，游遨駕星槎。消摇居物表，瀛閬又何加？

（輯自姚廣孝逃虚子詩集卷一）

張真人墨竹爲蔣用文題

墨竹衆所好，識者余自許。吁嗟近代人，紛紛幾堪取。房山端可尚，薊丘誠足鄙。惟竹本清物，俗狀竹亦耻。無爲寫遠枝，此意頗相委。蔣子索余題，寒窗正風雨。

（輯自姚廣孝逃虛子詩集卷二）

次韻答張天師

久別思一見，急若農望歲。昨朝睹高標，連雨忽逢霽。不期自偶合，宛同執右契。嗟余衰病翁，過蒙俯青睇。蹇拙何足取，齒録加品第。丈人蓬壺仙，不肯忘道義。神章遠寄我，望鋒竪降幟。光燄赫日月，金篦除眼翳。寶此古罍洗，遂將瓦礫棄。辭意兩非凡，拳拳見誠至。好並金玉堅，陋彼瑠璃脆。久飢得美饌，渴心豈不慰？走也好於文，土炭病所嗜。老而不知休，何如性薑桂？引流固用渠，入鑿必爲枘。居官已皓首，行倦思小憩。甚欲從赤松，且學蠅附驥。微眇果何物，有幸得沫呴。茫茫宇宙間，帝德能廣被。願言留侯孫，永矣昌本系。

（同上）

初夏過城南神樂觀訪張真人無爲

遠訪無爲子，琳宫路入雲。緑陰移席就，黄鳥隔簾聞。清賞消凡慮，玄言發妙熏。賦歸非盡興，高樹閣斜曛。

（輯自姚廣孝逃虚子詩集卷六）

耆山菴爲張真人賦

耆山高莫極，絶似丈人峰。虎踞巖前石，龍蟠磵底松。有仙多著迹，無俗可留蹤。爲愛菴中趣，吾儕亦願從。

（同上）

秋日訪張天師城南新賜行館

行軒新搆倚林塘，聖主恩深雨露香。花發玉簪秋色瑩，松騫華盖晚陰凉。存心施藥開丹室，適意彈琴埽石床。俗客不來塵事遠，往還惟我獨相忘。

（輯自姚廣孝逃虚子詩集卷八）

挽張天師母玄君二首

洞府脩真歲月多，今朝别鶴意如何？料知去赴蟠桃宴，不用人間薤露歌。

六十高年絶世緣，等聞蟬蜕入蓬仙。玉簫聲斷青鸞遠，回首東風一悵然。

（輯自姚廣孝逃虚子詩集卷九）

挽張天師二首

靈標何挺異，於道悟玄玄。富貴山中相，清閒世上仙。恍然遺劍珮，無復戀雲泉。去住渾如夢，斯須五十年。

分袂俄經歲，神交不蹔忘。忽聞捐桂館，卻憶寄蘭章。金石留丹訣，烟霞護劍光。了知同羽化，寧免泪沾裳。

（輯自姚廣孝逃虚子詩續集）

國醮禮畢送張真人還山

真人黄籙脩三日，聖主丹衷息萬機。白玉印封天表進，紫霞衣惹御香歸。雙龍直向雲中見，群鶴遥臨日下飛。大禮已成還舊隱，耆山草木亦光輝。于時龍見鶴來。

（輯自管時敏蚓竅集卷六）

次張真人見寄

玉京神觀喜佳逢，始信蓬山有路通。忽報仙幡臨草澤，驚看畫鷁下天風。涼生晚渚芙蓉老，霜隕秋場稼以下闕。

（輯自王璲青城山人集卷六）

題無爲天師畫閩山勝覽圖爲延平王將軍賦

閩天設險雄兩關，九峰直下連三韓。真人落筆走山海，浮天縮地須臾間。窮崖絶壁不可攀，飛青疊翠來相攢。聳身欲上萬仞表，秖疑坐我浮雲端。壯哉形勝矜吴楚，開國英雄幾王虜。劍城高拱控雙溪，鐔水東流去千古。君不見鐔水東流去不還，鐔上至今風雨寒。深沉洞府了莫測，那知不有蛟龍蟠？好文將軍不好武，白晳專城偃貔虎。城頭皷角静朝昏，城裏絃歌儼鄒魯。幕府秋閑爽氣來，金鞍駿馬重遊陪。登高極目見萬里，壯心直與雲俱開。一時幕下皆鄒枚，摛文振藻何奇哉？開圖釃酒賦嘉頌，遥祝堯天萬歲杯。我愛名山將白首，五岳尋真不辭走。偶聞高誼逸興飛，披拂白雲笑揮手。手揮白雲袖兩毫，金天汗漫接盧敖。相期更訪蓬萊頂，百尺長竿釣巨鰲。

（輯自高棅高漫士嘯臺集卷八）

題張真人寫海門秀枝圖

楚天設險海門關，萬古東流去不還。誰識星槎張博望，能移仙島向人間。

（輯自高棅高漫士嘯臺集卷二十）

簡無爲張真人

昔在旃蒙歲，曾作清都遊。尋幽探祕窟，采真訪仙儔。徜徉南華館，宿留耆山陬。話語幸相洽，契誼殊已投。既下陳公榻，又買潯陽舟。别來忽三載，萍跡等浮漚。聖皇啓文運，萬國朝冕旒。雙鳧忽來集，劍影輝斗牛。握手烏衣巷，騁目白鷺洲。重逢動深慨，情意何綢繆？

（輯自王紳繼志齋集卷二）

和無爲張真人見寄韻

當年躡屩上清中，指點虛無問道宗。幾共五更聽夜雨，長懷一月坐春風。身遊璧水功名薄，目斷耆山礜望隆。千里緘詩勞問訊，詞源決峽勢何窮？

學道多年覺有情，幾思發軔繼周程。一經蚤授慚韋相，三策將陳愧董生。暑雨論心龍虎地，春風握手鳳凰城。何當解綬東歸去，再向玄都問舊盟。

（輯自王紳繼志齋集卷四）

再和張真人見寄韻二首

坐看日月走壺中，久識虛無是本宗。瑶草香生璚署雨，巖花影動石壇風。衣冠奕世名何遠，印劍傳家礜自隆。長憶耆山舊遊日，仙岩高處興無窮。

世故悠悠不動情，致身偶爾入雲程。談玄每遇青牛客，進諫徒懷白馬生。鳴佩趨朝鍾阜月，登臺吊古石頭城。自知家學慚司馬，空負山中歲晏盟。

（同上）

挽張真人宇初，字信甫，號無爲子，四十三代天師

憶昔瑶京相見日，許同仙籍注清班。遽聞馭氣遊無極，不復焚香授大還。笙鶴逍遥三島上，樓臺縹緲九霄間。世人空自藏遺翰，邈矣高風不可攀。

（輯自王紱王舍人詩集卷四）

爲項御史題張真人所畫烏臺春曉圖

栢府沈沈春漏長，封章書罷動晨光。吏聽烏烏知朝候，人避青驄在道傍。花外烟開金殿迥，柳邊風暖繡衣香。宦情喜託仙家筆，虎踞龍蟠識帝鄉。

（同上）

次韻張真人所畫瀟湘意

翠竹蒼烟兩岸秋，扁舟曾憶度湘流。偶來琳館看圖畫，彷彿推篷宿雨收。蒼龍掩雨響蕭騷，墨沼風生起翠濤。想見仙翁揮灑罷，洞庭空闊楚山高。

（輯自王紱王舍人詩集卷五）

題璃林積雪圖送張宇初真人歸龍虎山

北風十日雪，大地氣嚴凝。江湖千里斷行跡，温泉火井皆爲冰。盤盤龍虎山，岧嶢出塵表。勢並匡廬近斗牛，疊巘重崖隔深窕。向來積雪紛不消，千樹萬樹凝瓊瑶。素鸞縞鶴下飛舞，空中縹緲天香飄。上清真人敻清絶，吐氣如虹貌如雪。袖有三華寶篆文，腰佩千年蒼水玦。常招赤松爲雨師，曾遊東海邀安期。手執玄樞斡元化，一掃氛翳回春熙。玉皇端拱通明殿，紫鳳雲章頻召見。天京十二樓五城，親接群仙奉華宴。五彩春霞導金節，還向山中嘯飛雪。明年北上翔雙舄，更采靈芝謁丹闕。

（輯自楊士奇東里續集卷五十七）

耆山菴爲無爲張真人賦

傳聞海上有瀛洲，咫尺耆山亦易求。夜半扶桑先見日，年深瑶草不知秋。丹光焜燿騰龍虎，劍氣崢嶸直斗牛。若許它年參玉訣，也來相伴赤松遊。

（輯自黄淮介庵集卷二）

送鮑通判之任廣信兼簡張真人索瑞菊詩

寒窗燈火十年餘，今日承恩拜美除。龐統有才方展驥，陳蕃何事待題輿？分攜正及中秋節，到郡應逢九月初。龍虎真人煩致問，菊花高詠竟何如？

（同上）

題魯司樂所藏張真人墨竹

肆樂堂西萬竹清，秋風時聽鳳凰鳴。憑誰截作伶倫管，來和鈞天奏九成。

（同上）

故四十二代清虚沖素妙善玄君包氏墓誌銘

奉政大夫右春坊大學士兼翰林院侍讀黄淮撰

翰林院學士兼左春坊大學士奉政大夫胡廣書丹

資善大夫吏部尚書兼詹事府左詹事蹇義篆盖

予昕草禁林時，無爲真人張公亦蒙詔入閣纂脩道典，日遂探論輦轂之下，間泣以告曰：

「宇初禍不自殞，不幸違養，願銘諸幽以慰。」翌日，蒙其徒以狀贄焉，予於公雅故不獲辭。

按玄君姓包氏，諱淑貞，其先以儒顯於五季。迨宋，文肅公恢以資政殿大學士知樞密院事，贈南城縣侯，族蕃且振。元初，簪組蟬嫣，門第相毘，居盱之首。大父觀，詹事院左右司郎中，夫人童氏。父若芳，建昌路同知，夫人魷氏。玄君生有異徵，夫人夢紫雲覆室，若有神姥降於庭，異香浹日，覺而玄君生。年五六，警敏異庸兒。凡女紅、婦則，不習而能，猶嗜談詩書。及笄，歸四十二代天師護國闡祖通誠崇道弘德大真人沖虛張公正常，閫範雍肅，姻族皆□□□。元季兵興，玄君披艱歷危，衆賴以安。洪武初，我朝一海宇。戊申，上登大寶，公入朝，旋膺爵命。玄君克相於內，府第燬而新之，聘名師篤教諸子，旦夕嚴勵，不少怠。辛亥，姑三十九代恭順慈惠淑靜玄君卒，玄君哀禮盡孝。丁巳，公薨，蒞喪事盡禮，朝廷遣使予祭，長子宇初襲教。咸擇儷以室諸子，戒諸婦以勤儉，躬事紡績，老且不倦。辛酉，推恩封清虛沖素妙善玄君。乙丑，葬公于里之南山。丁卯，剏弘德真館于墓側，翼以軒亭庖庾。玄君間味黃老言，怡神燕景於斯。戊辰，告成，建黃籙大齋以薦先度幽，人咸戴焉，四方遊者亦盡款遇。翰林編脩蘇公伯衡實記之。己巳，上清谿決，命工禦以陂，水復故。辛未，舟毀病□□□爲渡。癸酉，三十八代妙明慧應常靜真人易氏祠傾圮，役工新之。凡道家經像輒刊梓以施，歲時猶謹於祀事。鄉里老疾周急若不及，遠邇德之。永樂四年丙戌正月廿有一日示微疾，起坐告子孫曰：「吾年亦至稀矣，吾殆逝，若等勉之。」趺坐而逝。生前戊寅十二月初二日，享年六十有九。子四人：長宇初，嗣四十三傳，素蒙眷渥；次宇清、宇珵，宇珵先八年卒；幼宇銓。女二人：長徽柔，適王氏，先十八年卒；次徽善，適梅氏，先十五年卒。孫男五人：長懋哲，後一年卒；次懋承、懋孚、嘉進、宇裕。孫女十三人。茲以戊子十二月乙酉厝南山，從治命也。

嗚呼！玄君生衣冠家，早勤嬪則，及歸僊胄，事姑相夫，下字子姓，靡不賢之。而沖虚公遞際天朝維新，恩數累加，方以禱祠致崇顯。而玄君綜理閈家以右其始終，可謂能婦矣。矧晚節旋拜徽號，迺屏斥奢靡，遊心虚玄，而卒終遐齡。其視沈溺紛華而於福祉有弗逮者，不暨遠矣哉，敢不銘以發其幽光潛德者乎！是宜銘，銘曰：

於惟玄君，文肅令裔。克相仙宗，曰昌曰裕。揫危益安，蘭玉森熾。皇朝聿新，累膺光賁。穹厦廣畬，祠葺烝饎。皇眷益熙，姑養耆頤。機訓彌篤，傳授良師。真人天遊，紹業赤曦。紫泥薦頒，尊榮孰躋？玉訣瓊函，遞資燕怡。養真遐齡，九五宜壽。孫曾駢蕃，甘旨組綉。黄封緋綬，獻彩輝晝。懿德淑儀，垂裕厥後。銘辭孔昭，百世斯祐。

永樂六年歲在戊子十二月乙酉，孤哀子宇初、宇清、宇銓泣血拜立。

（輯自龍虎山嗣漢天師府藏碑）

遊仙曲爲張真人羽化而作

祥雲凝素華，初景麗璇霄。羽駕集萬靈，上下何飄飖？要眇笙鶴音，和以空仙謡。塵緣一洗脱，頓覺神形超。下士盼末光，長跪不可招。回飈灑而至，矯首空雲翹。

剛飈載飛軒，上泝無始鄉。心冥一氣表，坐斷萬劫場。兹來食色身，緬邈情俱忘。長歌畣雲璈，朗詠流玉章。空明結真無，晝夜何煌煌？嗟哉下土家，仰止徒悲傷。

晞髮九暘城，濯足咸池津。松喬相邂逅，翼我登飈輪。金天謁西母，紫府朝玉真。朝遊扳曜羅，夕憩邇結璘。空同仰真梵，愚濁塹下民。因之一緘札，稽首黄麒麟。

化機無停輪，萬有互始終。至人出陶鈞，與道相無窮。大庭儼群仙，羽蓋時來從。逍遥玉虚境，一無每自同。真詮久云邈，至理標鴻濛。何時復降世，清都振玄風。

（輯自王偁虚舟集卷一）

寄題張真人耆山精舍

旭日初霞晃翠屏，琅玕芝草近珠庭。玉簫吹徹鸞初下，丹液凝成鼎自扃。海闊傳緘曾命鶴，夜深飛佩欲騎星。洞中石瀡移仙乳，雲際松根長茯苓。象軑朱旛朝太乙，寶函金訣授玄經。凡情久斷懸應解，塵劫都忘慮已冥。卻笑蜉蝣同草露，也應歲月羨椿齡。何由共把浮丘袂，指點三山掌上青。

（輯自王偁虛舟集卷五）

玄君孔氏墓誌銘

正一嗣教道合無爲闡祖光範真人張公宇初之配曰孔氏，諱靜柔，曲阜之裔也。父思言，元翰林檢閱官，没於王事。孔氏遺腹生，生而有異徵。母李氏，長育孔氏，苦節自礪，義不他適。比長，擇宜與配，遂以歸張氏。張公亦擇所儷，鮮愜意者，獨孔氏如志，是能内助予也。

孔氏既歸，事姑相夫恭敬有禮，宗族皆賢之。賓親往來，禮意具至，待下有恩，德感奴婢。凡春秋祭祀籩豆肴實，必躬治，務精潔。遇忌日則素食哭泣盡哀，綜治家事勤儉有法，不以貴富怠女紅。有閒則誦列女傳、孝經以訓其女，遇夜移漏乃已。張公嘗新第宅，及有所爲，竭力以相其成。恒多疾，湯藥不離，或勸之少逸，庶可愈疾，終不息。永樂丙戌，姑玄君卒，哭泣盡哀，扶疾以襄喪事，疾益篤，嘆曰：「顧豈久於人亡者耶？」明年十一月十八日竟没，生故元至正辛丑十二月二十一日，享年四十有七，以某年某月某日葬於里峴山之原。生五子俱夭，以從子某爲嗣。女二人，吴基、郭琪其壻也。又明年，張公以孔氏之行例請于朝，錫封温淑貞順沖静玄君，循其實行以著厥美，恩至隆也。張公謂其受命既光顯矣，而埋銘未作，無以掩諸幽，乃以合浦令吴侃所撰行狀來速予銘。予辭不獲，遂序而銘之，銘曰：

孔氏之裔，曰有賢女。生不見父，德成由母。長歸于張，作配之祥。宜室宜家，于宗有光。行不逾則，壽不稱德。噫嘻天只，何斯之忒。錫封之榮，恩焕日星。其在于兹，以妥厥靈。峴泉之原，山高地厚。百世其歲，斯文永久。

（輯自胡廣胡文穆公文集卷十三）

送張真人賀聖節回龍虎山

龍虎真人上界仙，桂旗蘭蓋慣朝天。承恩長到黄金殿，侍宴曾陪白玉筵。午夜星辰回使節，西江煙水送歸船。京華歲歲期相遇，來祝吾皇壽萬年。

（輯自陳璉琴軒集卷九）

張宇初真人畫爲鄭侍郎賦

雲氣茫茫樹色蒼，千章傑木擁茅堂。真人跨鶴三山去，此日空留翰墨香。

（輯自陳璉琴軒集卷十二）

題徐太常出使龍虎山張宇初所畫圖

雲漢仙槎第一程，人間何處有蓬瀛？山横龍虎開真境，地擁烟霞接太清。雲竇泉香丹井近，松風鶴背羽衣輕。畫圖彷彿神遊日，西壁悠悠萬古情。

（輯自楊溥楊文定公詩集卷五）

送天師

霜落芝城柳影疏，殷勤送客出鄱湖。黄金甲鎖雷霆印，紅錦韜纏日月符。天上曉行騎只鶴，人間夜宿解雙凫。匆匆歸到神仙府，爲問蟠桃熟也無？

（輯自千家詩卷四）

題張真人畫爲項御史賦

耆山何蒼然，樓臺淩青天。門前清溪水，遥與蓬壺連。日上璚樹緑，春入丹葩妍。雙鳥鳴其間，華采一何鮮？東風送餘音，驚起幽窗眠。卻誇韓衆鹿，飛度三山顛。手翳夫容枝，玉清會群仙。瑶階獻金籙，丹廷傳璚筵。緬懷紫霞想，飄若雲之旋。玉童四五人，吹笙間鳴絃。風掃花下石，月照松間泉。有客天上來，袖拂金壇烟。素與軒裳契，而結雲霞緣。贈之五采圖，重以丹丘言。舒卷雖異跡，玄同已忘筌。伊我拾紫芝，曾往瀛洲邊。手種緑玉樹，别來幾何年？應知碧桃花，開遍東牕前。赤松未辟穀，青雲期濟川。且爲謝青鳥，一寄瑶花篇。

（輯自王洪毅齋集卷二）

題張真人墨竹三首

河漢凝雲淡不流，玉簫聲斷鳳凰樓。天風吹下瑶臺露，散作人間五月秋。

翠竹蕭蕭粉署陰，疏簾高捲畫堂深。朝回日日焚香坐，愛爾淩雲一片心。

翠節香根帶雨移，蕭蕭偏與静相宜。春花零落秋霜後，獨立青雲君始知。

（輯自王洪毅齋集卷四）

題無爲天師畫渭川秋雨圖

朝天初自玉清還，鶴氅生涼鳳管閑。想見上方揮灑處，雨餘星月滿仙壇。

（同上）

題張真人畫竹

雙成醉後鼓雲璈，一夜涼生翠羽毛。長空萬里□□□，歷歷白榆秋影高。

（同上）

題張無爲墨竹歌

龍虎山中老仙客，愛寫琅玕時戲墨。昔曾騎鶴過三湘，覽盡三湘秋月色。三湘月色澄清景，水闊雲空鏡光冷。簫聲驚起玉淵龍，萬丈銀河挂修影。靈娥擁瑟不勝寒，二十五絃彈復彈。淚珠灑入緑雲裏，千古秋風吹不乾。仙游已絶平生夢，仙筆空留世間重。爲君漫賦修竹篇，我欲朝陽聽鳴鳳。

（輯自徐有貞武功集卷五）

張無爲畫秋原晚趣爲陳主事作

草木變黄落，青山慰遲莫。斜日下晴川，歸雲翳高樹。石田秋雨餘，茅屋溪深處。過橋一行吟，悠然得真趣。

（輯自釋正勉、釋性通古今禪藻集卷十八）

題張真人峴泉讀易圖

我昔曾聞廿四巖，仙都奇詭隔塵凡。巖中泉脉滋瑶草，巖外雲霞護玉函。玉函櫨簡青華府，代領元門襲簪組。嬾將袐籙役天官，獨玩陰陽究三古。前人於此悟參同，後妙重看相接武。泉影山光小築偏，草堂丹井自年年。通靈夜夢呑三畫，坐石晨朝手一編。神鹿銜花長聽讀，群真授簡已忘詮。本來易理該三極，柱下發揮成道德。蜀都徵士魏郎官，會通了不分區域。卦演先天世盡疑，圖翻三五人難識。想對仙山如此閒，定應妙解隨時得。餘情爲遺寫横圖，松竹清娱興未孤。西源洞口雲封樹，機杼峰前月滿湖。披圖指點讀書處，福地蒼蒼在煙霧。漫勞蕭氏送將看，題詩那有監丞句？·元陳旅有爲蕭氏題龍虎山巖圖詩。

（輯自許宗彦鑑止水齋集卷三）